共绘蓝图

"十二五"规划建言献策选编

"十二五"规划建言献策活动办公室
国家发展和改革委员会发展规划司　编

人民出版社

编 者 的 话

2011 年 3 月 14 日，十一届全国人大四次会议审议通过了《中华人民共和国国民经济和社会发展第十二个五年规划纲要》，勾画了我国未来五年经济社会发展的宏伟蓝图，确立了全国各族人民共同的行动纲领。

在规划编制中，为充分地体现民意，更好地集中民智，国家发展改革委开展了以"共绘蓝图——我为'十二五'规划建言献策"为主题的活动，请全国人民为编制好"十二五"规划《纲要》出谋划策。与"十五"计划和"十一五"规划时期的建言献策活动相比，这次建言献策活动在继续保留过去好的做法基础上，开展了一些新的尝试。一是开辟了新的渠道。活动邀请全国总工会、共青团、妇联、科协、贸促会、残联、工商联、企业家协会、企业集团促进会等人民团体和社会组织分别在系统内组织开展活动，以使不同群体的声音能够得到更全面准确的反映。二是搭建了新的平台。适应信息化水平提高的特点，在以往与报纸合作开设专栏、普通信件、电子邮件的基础上，这次活动更多地利用互联网、手机来方便公众建言献策。如，除在国家发展改革委网站开设专栏外，还与人民网、新华网、央视网、中国网、中国经济网、新浪网、网易网、腾讯网开展合作，共同设置了公众建言献策专栏；开设了公众手机短信建言平台，使公众建言献策更便利、更灵活。三是增加了互动类活动。通过召开座谈会、开展网络在线访谈等形式，与社会各界互动沟通，充分交流，面对面听取意见建议。这次活动取得了圆满成功，共有社会各界 64700 多人次参与了活动，提出的意见和建议达数十万条，不仅数量创了新高，也体现出很高的质量和水平，其中不少内容被报送规划起草组，在"十二五"规划《纲要》中得到了体现。

为使这些意见建议的内容能为社会所共享，现将部分意见和建议编辑成书，公开出版发行。在编辑过程中，我们充分尊重作者原意，仅对文字作了简单编辑，尽量保持了原汁原味。需要说明的是，这些意见建议的观点仅代表个人观点，不代表本书编者意见，更不代表社会共识。有争鸣才能有进步，我们希望这些不同观点的冲击，能为读者带来新的思考和启迪。

在本书出版发行之际，谨对参加国家"十二五"规划建言献策活动的单位和个人表示衷心的感谢。同时，也请广大读者对本书编辑工作中的不足之处批评指正。

"十二五"规划建言献策活动办公室
国家发展和改革委员会发展规划司
2011 年 6 月 20 日

目 录 |Contents

一、促进城乡区域协调发展

二、调整优化产业结构

三、强化科技教育人才支撑

四、加强资源节约和环境保护

五、大力保障和改善民生

六、深化改革开放

七、其 他

一、促进城乡区域协调发展

推动城乡统筹发展的若干建议

推动城乡统筹发展,建设社会主义新农村,是我国经济社会发展面临的重大战略任务。城乡统筹发展,就是把工业化、城市化、农业农村现代化有机整合起来,促进城乡二元经济结构向现代社会经济结构转变,实现城乡一体化发展,着重解决现实存在的"三农"问题。

第一,加快推进城乡一体化进程。统筹城乡发展的实质是有效解决农业、农村和农民问题,促进城乡二元经济结构的转变。要健全城乡统一的生产要素市场,引导资金、技术、人才等资源向农业和农村流动,逐步实现城乡基础设施共建共享、产业发展互动互促。要科学地定位城乡功能,有效地疏散城市人口,缓解城市中心区的压力,推动城市功能向郊区的分化和转移,以卫星城为依托构筑多中心城市,促进城乡协作和经济交融,实现以城市化为内涵的城乡一体化和区域协调发展。要切实按照城乡一体化发展的要求,完善各级行政管理机构和职能设置,逐步实现城乡社会统筹管理和基本公共服务均等化。

第二,深化农村各项改革。在全面推进农村综合改革,妥善化解乡村债务的基础上,着重开展三方面的农村改革。一是坚持农村基本经营制度,稳定和完善土地承包关系,创新农业经营形式。要按照"依法、自愿、有偿"原则,健全土地承包经营权流转制度,发展多种形式的适度规模经营。二是建立和完善"归属清晰、权责明确、利益共享、保护严格、流转规范、监管有力"的村级集体经济组织产权制度,将集体资产折股量化到人,资产变股权,农民变股东,享受集体资产股金分配。三是改善为农金融服务环境,提高对农民专业合作社和农业龙头企业的金融服务水平；积极推进信用村和农民专业合作社的认定工作，扩大信用担保的范围和比例，探索建立农户小额贷款联保机制，解决农民贷款难问题。

第三，强化产业支撑。一是要推进农业结构调整。高度重视发展粮食生产，加快优质农产品基地、农产品批发市场建设，把农业与城乡二、三产业发展紧密联系起来，着力优化农业产业结构，优化农业产品结构，优化农业区域布局。二是要发展农业产业化经营。着力培育一批竞争力、带动力强的龙头企业和企业集群示范基地，推广龙头企业、合作组织与农户有机结合的组织形式。增加扶持农业产业化发展资金，支持龙头企业发展；发展大宗农产品期货市场和"订单农业"。三是要积极发展特色农业。四是要加快发展农村第三产业。

第四，推进公共财政支农改革。自觉地调整国民收入分配格局，扩大公共财政覆盖农村的范围，加大对农村公共教育、公共卫生、公共设施、公共安全和社会保障等方面的人力、物力和财力投入，努力解决农村行路难、饮水难、用电难、上学难、就医难、就业难、通讯难等实际问题，保证农村广大群众共享改革发展的成果。进一步加大政府财政对农业的投入，提高对农业的综合支持力度，同时，通过运用财政政策工具，吸引和带动全社会增加对农业的投入。

第五，大力倡导、鼓励、支持农民创业，以创业带动就业。转移农民不仅仅是农民进城打工这一条途径，更为稳定有效而又十分重要的途径恰恰是农民自主创业，进入非农产业领域。应充分重视农民自主创业对城乡一体化的重要作用，出台农民创业扶持政策，如手续便捷的小额担保贷款，并加大对地方的贴息补助；对农民自主创业和农民工返乡创业初期实行优惠税收政策等。

第六，发展农村合作经济。许多发达国家的成功经验启示我们，发展农村合作经济组织，一是坚持自愿原则，不可强迫，不能刮风，充分尊重农民的意愿和自主选择。二是坚持民主管理，把办好农村合作经济组织当成培养农民参与民主管理的学校。三是形成利益共同体，引进先进管理方式，使农村合作经济组织真正给农民带来实惠。四是加快供销社、信用社、合作基金会的改革，使之真正成为农民自己的合作经济组织。

第七，加快构建农民教育培训体系。围绕培育"新型农民"，加强对农民职业教育和技能培训，进一步提高农民的知识水平和劳动技能。以培养农村实用人才为重点，发展农业职业教育；以培养新型农民为重点，加强农民继续教育，实施"绿色证书"工程、"新型农民科技培训"工程和"农村实用人才培养计划"，开展农业先进适用技术"一技一训"等；以培养农村经济"领头羊"为重点，加大农民创业带头人培育力度，为现代农业建设提供人力保障。

第八，切实加快农村各项事业发展。当前，城乡之间在基础设施、文化教育、医疗卫生、社会保障等方面的不平衡，已经较大地制约了城乡的协调发展和统筹城乡发展的推进，必须引起高度重视，加大政策倾斜力度，加快建设进度。作为政府层面，要像过去抓城市建设一样抓农村的发展，特别要突出农村教育卫生、文化体育等社会事业和交通道路、水电通信等基础设施建设，不断改善农村各项事业发展的面貌。要充分发挥城市文化和公共服务的优势，鼓励和引导城市社会事业单位和公共服务部门向农村延伸服务，让农村居民在享受教育、卫生、文化、科技等方面与城镇居民基本达到同等水平。

第九，始终立足当地优势。推进农业产业化经营必须根据不同产业、不同地域和不同经营方式，发挥比较优势，走各具特色的路子。首先，要找准自己的比较优势，对本地区的资源条件、自然环境、交通区位、历史传统等一切与经济发展有关的因素全面分析，认真研究，找出自己的优势所在、劣势所在。其次，要根据自身的优势，因地制宜、扬长避短，选择最具优势的产业、产品重点培育、重点发展，使之成为主导产业、支柱产品，把资源优势转化为产业优势和经济优势。

第十，加快城镇化进程。一是强化城镇体系规划，适时调整行政区划。要抓紧编制区域城镇体系规划，尤其是县（市）域城镇体系规划，明确发展的重点；要建立完善的镇域规划编制与实施的管理制度，改进编制方法，提高规划管理人员素质，确保规划本身的科学性；强化经批准规划的法律权威，严格规划执法，依法查出违反规划的建设行为。同时要适当调整县域内乡镇行政区划，突出县域中心镇的地位和作用。二是发展小城镇的关键目的在于繁荣小城镇经济，从而发挥引导乡镇企业合理集聚、完善农村市场体系、发展农业产业化经营和社会化服务等积极作用。三是尽快放开小城镇的户籍管理制度，逐步打破长期限制劳动力流动、影响人力资源合理配置的根本约束。四是将现有的城镇居民社会保障制度延伸到小城镇，而且一定要涵盖新进入城镇的居民。建立起适应小城镇发展要求的新的住房制度、医疗制度、劳动就业制度、教育制度和社会保障制度。同时，要结合下岗职工再就业工程，积极探索对新落户的城镇居民进行工作技能培训的措施，提高他们对城镇生活的适应能力。五是积极探索促使乡镇企业适度集中发展、合理布局的政策措施，以此作为带动小城镇发展的主要手段。六是充分运用市场机制，更多地发挥民间资金作用，开辟多渠道筹集小城镇建设资金的新路子。

（魏刚　陕西省渭南市行政学院）

当前新农村建设工作中存在的问题及建议

2006 年以来，中央把建设社会主义新农村作为突破"三农"瓶颈的抓手常抓不懈，成效十分明显，各地涌现出一些亮点和闪光点。但对于广大农村、几亿农民、农业的基础性而言，新农村建设的路还很漫长。在建设社会主义新农村过程中也存在着一些不可忽视的问题，这些问题解决不好势必会制约今后工作的顺利开展，同时对从源头上、根本上解决"三农"问题存在消极影响。

一、当前新农村建设工作中存在的问题

一是宣传不到位，农民缺乏建设新农村的积极性。农民群众是广大农村的主人，是新农村建设的主体力量。在新农村建设中，政府发挥着主导作用，但关键要让广大农民群众积极投入到建设新农村的大潮之中。由于一些基层政府在宣传解释新农村建设有关政策时不准确、不及时、不全面、不到位，相当多的农民群众凭着通过各种渠道得到的对新农村建设的有限信息，对"什么是新农村建设"，"新农村是个什么样子的"，"怎样建设新农村"等概念一知半解或完全不理解，导致市里下劲，县里被动，乡里应付，村里无奈，群众冷漠，其结果是领导在动，干部在动，而群众不动，大多数群众对新农村建设持观望、不积极的态度。

二是实惠得不到，农民缺乏建设新农村的动力。建设新农村就是要让农民群众得到实惠，享受到中央和国家支农、惠农政策带来的利益。但个别基层政府热衷于"短平快"、"出政绩"、"图形象"，把主要精力放在建设新农村住宅上，对农村住宅重新规划，拆除原住宅，建设新房子，还有一些乡村片面地理解新农村建设的含义，让农民自家拿出钱来建房子，至于住上新住宅后，如何增收致富，如何提高农民的收入水平这一关键问题却本末倒置。笔者调查，广大农民群众辛辛苦苦积蓄多年盖起来的房子说拆就拆，各级政府配套、补偿的物资远远不够新住宅建设，很多群众认为建设新农村还不如不建、无利反而有害。

三是资金不充足，新农村建设缺乏新意。新农村建设，首先"硬件"要硬，宅、水、电、路、网要配套；其次"软件"不软，在基础设施建设的基础上，重点提高农民群众的科学文化水平、改善生活习惯，真正实现新农村建设的初衷。然而在建设过程中，由于资金不配套、不到位、不充足，导致一些新村建设不规范或者走入误区。城中村改造、新型社区建设、新村建设（迁址新建）、旧村改造等，在究竟建设多大规模、人均占地多少、基础建设如何定位等方面往往规划欠科学、建设不规范、设计不完善、设施不配套、功能不齐备、界定不清晰，或者浪费，或者起点低，或者把城市落后的理念及过时的设计方案搬到农村去，为将来的发展埋下隐患。

四是机制不顺畅，土地处置不合理。广大农户拆了自家房，拿出自家钱，建设自家房，终于住上了新住宅，积累所剩无几，甚至负债累累。眼瞅着旧房子、旧宅基地闲置，却换不来钱，不能得到补偿。旧住宅、旧宅基地如果能够得到土地整理，进而纳入土地流转（出租、参股、复垦等）中，不仅使土地得以有效利用，还能为新农村建设置换出大量资金。不少人担心搞不好就会出现"新住宅建不起、旧村子更破烂"的局面。

二、农民群众的"五种担心"

一是没实惠、先出钱。建设新农村，宅、水、电、路、网等基础设施，学校、医院、商店、活动室等配套设施，方方面面都需要钱。国家、省、市、县逐级拨付配套一部分，但更大一部分需要村里和农户自筹。而如今，种粮不再缴税，村里不再收取提留款，村里无积蓄，农户就要出钱。由于新农村建设的所需投入较大，不少农民认为"新农村住宅建设是给有钱人盖的"。

二是一刀切、无特色。建设什么样的新农村，各地、各级、各村，市情、县情、乡情、村情、户情，各不相同，需要统筹兼顾、全局谋划、着眼未来、突出特色，靠城、依山、傍水、近矿、邻景等各式各种村落模式视实情而定，不能一刀切、一个标准。要突出特色，展示田园风光，体现实用、适合、适宜的特点。如，房前屋后的树种选择，要尽可能选择经济实用、适合本地生长的苹果、枣、桃、梨、杏、李、樱桃等树种为宜。否则"天下农村一个样，家家户户一个脸"，失去了其独有的本色和优势，何"新"可言。

三是新农村、老思想。很多新农村建设，宅水电路网焕然一新，但农民群众的素质依然如故。农民兄弟住到新房后，思想没入新房，生活习惯还停留在过去。新房里家徒四壁，生活条件并没得到改善。不少媒体报道别墅里烧柴火的例子就可以说明这一情况。

四是开支大、收入减。新农村建设起来了，在为广大农民群众带来便利的同时，也增加了电、网、气、物业管理等不少开支，而农民们的收入却没有增加，尤其是城中村、城郊村经新农村建设后，居民们住进了高楼大厦，失去了原本的租房收入。有的农户因为建新房耗掉了多年的积蓄，重返贫困，以后的生活及养老无着落。由于部分农村的划片集中居住，农户距离耕地较远，劳作十分不便，劳动成本加大。

五是干部贪、利益损。由于农民群众没有参与和监督新农村的住宅建设，很多农户担心本来就不充裕的、从各种渠道筹集到的新农村建设资金被一些基层政权的干部贪污、挪用、甚至挥霍浪费，担心新农村建设工程质量和进度难以保障，担心豆腐渣工程和腐败问题迭出，坑害农民群众的根本利益，影响农村的稳定和谐。

三、新农村建设中需要处理好的"四个关系"

新农村建设是一件新事物，就其内涵来说其核心是突出"新"字：要有新理念、新举措、新习惯、新生活，要上新台阶。同时新农村建设又离不开"农村"二字，新农村建设要以方便农业生产、农民生活、改变农村面貌、发展农村经济为目的。新农村建设的主体是广大农民，在建设中一是要动员广大农民积极参与，二是让广大农民对新农村建设满意，三是让广大农民群众在新农村的建设中得到实惠，增加收入，提高生活水平和质量。因此，在新农村建设中一定要处理好以下关系：

一是新农村与新住宅。建设新住宅是新农村建设的重要内容之一，但我们不能把新住宅建设等同于新农村建设。新农村建设内容丰富、充实，不但要建新住宅，更要处理好旧住宅；不但要突出新住宅的风格（特点），而且要突出旧住宅（传统建筑的优点）的特色。同时，住宅的建设要把好施工队伍准入关、建筑材料关、施工质量关，使用好节能环保等新材料。新村模式或以工业开发为主，或以观光农业为主，或以度假休闲为主，或以住宅为主，或以地域文化为主，或以旅游为主，其发展方向一定要实事求是，科学定位，精心设计规划，注重地形地貌保护和文化资源保护、开发。

二是新农村与新农民。如何让新农村中的农民群众成为新型农民，是新农村建设的重中之重。新型农民要"有文化、懂技术、会经营"，而我们的相当一部分农民群众远远不能达到要求。据全国公众科学素养调查显示，城市居民具备基本科学素养的比例为 4.1%，农村居民的科学素养达标率仅为 0.7%。在劳务输出大省江西，2005 年有 2/3 以上的乡村从业人员未受过专业技能培训。传统的小农意识和"重商轻农"观念在相当一部分农村仍然存在，重经验、轻知识、对新技术新的生产方式不易接受、小富即安、不求进取、缺乏扩大再生产的精神、不懂市场经济运作规律等观念根深蒂固。以上种种因素迫切需要我们不断夯实农村九年义务教育，加大职业培训力度，开展远程教育，利用农村文化阵地（建设农村文化站、图书馆、阅览室），尽快培育出新型农民，壮大新农村建设的有生队伍。

三是新农村与新生活。新农村建设不但要面貌新，更重要的是要以新生活为依托，改变农民群众原有传统的、落后的生活方式。要吃的健康、营养，穿的大方、得体，住的舒适、安全，行的快捷、方便，不但拥有宅水电路网等基础设施，而且要配套沼气取暖、秸秆气化、垃圾中转、废物回收、污水处理，学校、医院、超市等配套设施。可采用分期、分批、分级建设的方式，先建成一批新农村示范，以发挥榜样和标杆作用，不断总结经验教训。尽快入住一批，让农民群众切身感受到实惠、享受到便利，以现身说法。同时，可采取出租、转让、流转土地使用权，超市、饭店等经营权的方式吸引社会投资，以推进新农村建设。

四是干部与群众。新农村建设，政府是主导，农民群众是主体，建设主体和受惠主体最多的是农民，农民群众才是新农村建设的主力军。因此，广大基层政权的干部要以人为本，以广大农民群众的根本利益为本，广泛征求农民群众的意见和建议，吸引农民群众积极参与，主动接受农民群众监督，妥善处理主导与主体、主动与被动、拆迁与建设、硬件和软件、生产与生活、特色与普遍、领导与群众、群众与群众等错综复杂的各种关系问题。总之，只有干群一心，和衷共济，我们才能建设真正意义上的社会主义新农村。

（刘田忠　河南省三门峡市陕州中学）

多方"给力" 积极稳妥推进城镇化

未来"十二五"时期，用全新的发展理念加快推进城镇化发展，对于区域经济的协调发展，全面实现小康社会宏伟目标和构建社会主义和谐社会具有重大现实意义。建议"十二五"规划关于城镇化问题进行的详细表述，概括来说是从思路、制度、政府、县域四个方面来积极稳妥推进城镇化。

一、因地制宜实施城镇化战略

城镇化不是简单地把农业人口变为城市人口，农业用地变为城市用地，更重要的是应注重质的变化。通过适宜的城镇化战略，切实地为农村剩余劳动力的转移提供更多的出路，增加农民的收入，缩小城乡收入差距，让广大农民也有机会享受现代文明的成果。

1. 以城市群作为推进城镇化的主体形态。从国际经验看，城市群是城市化发展的一条重要途径。城市群可以通过现代交通网络，把大中小城市和小城镇联结起来，促进不同规模的城市和小城镇共同发展。要坚持促进大中小城市和小城镇协调发展，遵循城市发展客观规律，以大城市为依托，以中小城市为重点，逐步形成辐射作用大的城市群。

2. 以中小城市和小城镇建设作为重点。在中西部地区，以县城为基础积极发展中小城市；在东部沿海地区，把有条件的中心镇发展成中小城市，与大城市和现有中小城市形成有序分工、优势互补的空间布局。充分发挥大城市的辐射扩散作用，以大带小，既克服大城市发展中的局限性，使大城市获得更广阔的发展空间和基础支撑，又使中小城市获得集聚和增长的动力，促进区域的协调发展。

3. 稳步有序推进中西部城镇化。有序推进中西部城镇化过程，既是创造和扩大内需的过程，也是带动和促进区域协调发展的过程。为此要积极完善相关配套政策法规，大力促进中部地区崛起，发挥承东启西的区位优势，深入实施西部大开发战略，在中西部资源环境承载能力较强的区域，加快承接产业转移、完善公共服务体系和有序集聚人口，积极培育和发展城市群，推进经济增长和市场需求空间由东向西、由南向北拓展延伸。顺应产业聚集、重点地带开发等区域发展趋势，协调推进新型工业化、新型城镇化。

二、改革完善城镇化体制框架

"十二五"规划建议提出"完善农村发展体制机制"，内容很多，关键有以下几点：

1. 完善农村土地制度。农村土地承包制没有把土地所有权和农户宅基地所有权归还农民，没有赋予农民以长期永久经营使用权和土地处置权。承包农户只是半自主的经营主体，没有将农村集体组织改造为名正言顺的合作经济组织。集体经济和农户经营"两张皮"现象严重影响了农民收入增长。因此，重构农村生产组织制度和治理结构是城镇化进程中最重要的任务。

2. 完善农村产权制度。尝试以股份合作制改造农村集体土地所有制。对农村土地实行股份合作制，将价值形态的土地产权落实给农民，使农民有进入和退出的自由。改造农村土地集体所有制度，用农民集体成员按人头进行分配来实现所有权的具体化，使土地产权清晰，长期归属于承包农户，并以此来减少土地私有化对农村经济社会带来的震荡，化解当前矛盾。尽快完善土地流转办法，确保农户在承包期内可依法自由转让、出租、抵押、入股、继承土地承包权。

3. 建立城乡统一的社会保障制度。对已进城并转化为城市居民的农民、进城农民工和没有进城的农民，均应"还"其以国民待遇。当前在我国城镇重点是将社会保障制度覆盖范围扩大到进城务工经商的农民。在农村，重点是深化农村合作医疗制度改革和养老保险改革，探索建立由政府组织、引导和支持，农民自愿参与，个人、集体和政府多方筹资，以大病统筹为主的农民医疗互助共济制度和较为完善的养老保险制度。此外，要鼓励发达地区率先建立农民最低生活保障制度。

4. 深化城镇化发展的配套制度改革。加快推进户籍管理制度改革，放宽城镇准入条件，凡有合法固定住所、相对稳定生活来源的农村居民及其随同居住的直系亲属，准予其在城镇落户，逐步实行城乡统一的户籍登记管理制度。加快推进劳动就业体制改革，建立完善城乡统一、竞争有序的劳动力市场，加强就业服务体系建设，使城乡居民享有同等的劳动就业权利。

三、政府主导推进城镇化

推进城镇化，关键在于加快政府转型。可以从以下几个方面着手：

1. 建设公共服务型政府。政府必须通过自身改革，突破目前城乡分割、公共资源集中在城市的行政管理体制，合理界定各级政府在推进城镇化过程中的责任和职能。各级政府要为城乡产业统一规划、城乡产业统一布局和城乡产业一体化发展营造良好的制度环境。各级政府要积极探索城乡互动的社会管理新格局，健全城乡新型社区管理和服务体制，统一城乡新型社区发展的目标和标准。政府要把实现基本公共服务均等化作为重要突破口，严格界定各级政府在基本公共服务中的职责。

2. 构建科技创新体系。要逐步加大对教育特别是职业教育的投入力度，深化教育体制改革，重点推进基础教育和职业技能教育，为农村和农业培育合格的劳动者。抓好农村地区的扫盲教育和科普教育，加强农业实用技术的普及推广工作，高度重视人力资源的市场建设，强化人力资源的市场配置功能，大力引进人才，加强对外技术合作，建立各县市人才高地，组织农民参与职业技术培训，通过各种职业技能培训，使劳务输出人员掌握一定的劳动技能，提高劳务输出的质量。

3. 缩小城乡收入差距。要坚持"多予少取放活"方针，落实"工业反哺农业、城市支持农村"政策，大力提高农民的工资性收入、财产性收入。一是加大财政投入。重点是加大对农业基本建设、农村公共设施建设、农村社会化服务体系建设、农村社会事业发展的投入力度。二是加大金融支持。积极完善农村小额贷款政策，对一些重要农业贷款项目给予必要的财政贴息，加大对农业产业化企业的扶持。三是推进保险制度。要改变农业保险滞后的局面，发展政策性农业保险公司，对风险较大的农业项目进行保险，保护投资者和生产者的利益。四是推进多方融资，优化投入方式。通过建立农业投资激励机制，发挥财政支持和导向功能，完善投资环境等方式，充分挖掘社会投资者，特别是民营资本投资，发展农业类上市公司利用外资筹集农业资金的潜力。

四、重视县域经济加快城乡融合

1. 把县域作为推进城镇化的实现主体。县域作为联系城乡的桥梁、工农互动的纽带、统筹社会经济发展的重要载体，加快我国城镇化进程，积极稳妥推进城镇化，根本离不开县域经济的发展。推进城镇化发展，首先就要明确把县域作为统筹城乡发展、推进城镇化的实现主体，以县为单位构造城镇化的主体框架，包括空间布局，产业，就业和社会保障，社会和政治、生态环境等全方位的一体化。

2. 充分发挥县城的纽带作用。加快县域产业集聚，要开发利用和创新本地的比较优势，整合提升传统优势产业为主的块状经济，加大对县域科技产业的扶持力度，并且通过改革和制度创新优化工业园区发展环境，突出园区特色，吸引外来投资者；消除体制和政策障碍，发展和完善县域市场体系、社会化服务体系；把发展民营经济作为推进县域改革和发展的重要手段，为民营经济创造更加宽松、公平的环境，拓宽民营经济的市场准入领域，加强对私营企业的法律保护，创造条件使私营企业尽快上规模、增效益。

3. 加快县域农村、农业、农民现代化的步伐。重点抓好县城和中心镇的建设和发展，要加快农村新社区建设，围绕建设现代化新农村，积极推进城中村、城郊村和园中村改造，进一步优化村庄布局；加快农村各项社会事业发展，完善村党组织领导下的村民自治，扩大基层民主；要在保护粮食生产能力的前提下，稳步推进农业生产结构调整，加快现代农业的发展，充分发挥专业市场的作用，使其成为农村劳动力就业和农村居民增收的重要渠道；对于发展农产品产后经营业的农民，在资本投入、技术装备、人员培训以及人才引进等方面进行大力扶持，进一步降低农民进城的门槛，推进农村城镇化和农民市民化。

（晋凤　河南省平顶山市委党校）

关于城乡规划等若干问题的建议

第一，随着"十二五"时期我国发展模式的重要转型，城乡规划的职能也应相应地发生重大转变。城乡规划应改变其主导地方政府招商引资、推动地方土地财政的现状，转而以城乡发展战略、城乡空间布局、城乡民生建设等为主要服务目标，盘活城乡大量闲置用地，实施城乡土地滚动开发，以控制城乡空间的无序扩张。并使城乡规划能对房地产的无序发展进行合理控制，使房价从非理性发展回归到理性发展。

第二，城乡系统由其自身的多样性和复杂性从而导致城乡未来发展的不确定性，所以城乡规划必须具备一定的科学性和前瞻性。城乡规划应从长远考虑，为未来的城乡拓展留有余地，避免因为规划的短视行为而造成重复建设和规划浪费。城乡规划的实施应该按照开发时序进行滚动开发，并在实施过程中不断总结经验，为下一轮的城乡规划提供重要依据。

第三，继续推进和实施已经制定的区域规划，推动现有区域规划向新型区域规划转变。新型区域规划应要求区域内各城市打破行政壁垒，以城际轨道交通为依托，以产业互补发展为方向，促进人才、资源等各种要素的自由流通，积极打造"巨型区域城市"。遏制区域之间以及城市之间主导产业雷同发展、基础设施重复建设等无序竞争的现象，以达到城市竞合、区域共生的新型区域发展格局。

第四，协调交通规划主管部门、国土规划主管部门以及城乡规划主管部门之间的衔接关系，实现综合交通规划和城镇空间布局规划的无缝接轨。全国综合交通规划接轨全国城镇体系规划，区域综合交通规划接轨区域城镇体系规划，城市综合交通规划接轨城市空间布局规划，在国家—区域—城市的三级城镇结构层面上，实现综合交通网络支撑城镇空间布局，城镇空间布局引导综合交通网络的互动发展。

第五，在东部和中部、中部和西部的交界处以及省域经济区的交界处重点建设一批区域性支撑城市（如徐州、南阳、宜昌、怀化、桂林、赣州、赤峰、邯郸、大同、天水、汉中、昭通等），强化支撑城市对区域边缘地区的辐射和带动作用。区域性支撑城市对于促进中西部地区发展有着重要的作用，并能承接传递产业转移、缩小区域差距，促进区域可持续发展。

第六，加快大城市周边地区农村土地制度改革，促进城乡土地整合利用，为大城市的发展提供支撑空间。土地整合利用可以让土地要素在城乡之间有序流动，不但能重构城乡一体化的空间发展格局，也能使农民享受城镇化、工业化、土地增值带来的红利。土地整合利用应根据具体情况先在适宜地区开展试点，然后总结成功经验并不断推广。

第七，以低碳化的城市空间布局为导向，以发展低碳产业为载体，探索中国城镇化的低碳发展之路。城市产业结构调整需要与城市空间结构相协调，并以空间结构优化来促进低碳城市的建设。基于低碳目标下产业结构调整的需要，对城市功能进行合理分区，合理进行土地利用规划，控制城市密度，并将公共交通可达性作为城市空间结构调整的依据之一，建设低碳化的公共交通系统。

（王光远、罗珺　苏州科技学院建筑与城规学院城市规划
08级研究生）

我国"三农"项目资金运作方面存在的问题与对策

"三农"项目资金多渠道投放，使少数的腐败分子挪用、套取甚至贪占项目资金有了可乘之机；"三农"项目资金运作的透明度不高，个别地方、个别单位存在暗箱操作的问题；"三农"项目资金运作难以监管。

因此，建议进一步健全"三农"项目资金的投放办法：明确国务院涉农部、委、办"三农"项目资金的投放范围，不搞交叉投放；地方政府涉农部门的职责应与国务院涉农部、委、办相对应，形成上下一致而又通畅的"三农"项目资金投放渠道。

为了确保"三农"项目资金运作的安全，应该建立项目数据库，严查多头申报的现象，并且充分发挥地方各级部门内部审计和监督的作用；上级部门到下级部门督查，要真督导，不走过场；在公示项目名称、资金、额度等内容的同时，还应该公示各级各部门及掌控"三农"项目资金运作人员的电话号码，接受社会各界的询问和监督。

（石耀天　河南省淅川县大学生村干部；

石健明　河南省淅川县移民局）

加快川滇黔接壤地带区域开发

以攀（枝花）西（昌）裂谷和金沙江下游为核心的川滇黔接壤地带，是我国乃至世界的资源富集区。水能资源蕴藏量 6000 万千瓦以上，居全国第一，仅金沙江下游可开发水能资源便约 4000 万千瓦，超过两座长江三峡；以攀西地区钒钛磁铁矿为主的铁矿，探明储量近 100 亿吨，钒、钛、钪储量居世界第一位；铜、铅、锌、锡、锑等有色金属，硫、磷、石灰石等非金属矿亦十分丰富且组合良好，有建成我国最大的以水电、钒钛磁铁矿开发为重点的能源原材料生产基地的条件。

改革开放以来，这一区域经济已有很大发展，但主要受原有基础和交通条件制约，与全国和周边地区仍存在明显差距，贫困面大，自然灾害频发。随着技术进步和国家经济实力的增强，加快这一区域开发、彻底改变其落后面貌的条件已日趋成熟。"十二五"时期，加快这一区域的开发，将对国家能源和产业结构调整、生态环境改善、民族团结、社会和谐稳定发挥重要作用，并为全国资源富集区的可持续发展和后进地区的跨越式发展树立典范。

一、加强交通基础设施建设

西部大开发十年来，随着国家对交通基础设施投入的增加，这一区域在已建成广（通）大（理）、内（江）昆（明）铁路的基础上，又动工兴建攀（枝花）丽（江）铁路及乐山经宜宾、毕节至贵阳的客运专用线，并兴建成都—攀枝花—昆明，内江—宜宾—昭通—昆明，贵阳—昆明—大理—瑞丽等一批高速公路，但从路网密度和经济需求来看仍是十分薄弱。在当前及今后 5 至 10 年内，亟须建设并完成成昆铁路复线，攀枝花—昭通铁路，攀枝花—宜宾、西昌—昭通、毕节—六盘水—昆明等高速公路及其配套设施，改善金沙江下游航道，在区内形成三纵三横的路网格局，为长江经济带的向上延伸，为地区推进城镇化和经济发展创造有利条件。

二、加快资源开发、产业发展和综合利用

金沙江下游溪洛渡、向家坝电站已于2005年、2006年先后开工，将于2012年开始发电。应加快白鹤滩电站、乌东德电站可行性研究，促成其在"十二五"初期早日开发并于2020年前后投产。金安桥、官地等金沙江中游、雅砻江梯级同步推进，同时开发太阳能、风能、生物质能，可在"西电东送"、减少碳排放和国家能源结构调整中发挥重要作用。

川滇黔接壤地带是我国南方最大煤炭产地，保有储量在600亿吨以上，除无烟煤外，炼焦煤占很大比重，可为钢铁工业发展提供便利条件。以攀钢三期为中心的钒钛磁铁矿综合开发利用，以铜、铅、锌开发为重点的高载能有色金属及其加工，以储量达30亿吨会东、雷波、马边磷矿开发磷化为重点兼煤化、气化、盐化和精细化工的多种化学工业，在区内均有很大潜力。

三、加快生态建设和环境保护

这一区域有绵延数百公里的干热河谷，光热资源丰沛且立体气候明显，有利于烟、糖、丝、茶、菜、果、畜、药等农土特产品基地形成。这一区域又是长江上游重要的生态屏障，目前水土流失严重，侵蚀模数每年每平方公里在2500吨以上，中度、重度流失区仍占很大比重，滑坡泥石流等地质灾害频发，小江泥石流综合治理已引起国内外关注。需在夯实农业基础的同时，进一步加大水土保持和人工造林力度，健全生态补偿机制，加大财政转移支付，发展生态旅游和环保产业，以利于当地及长江流域的可持续发展。

四、加强区域联合，加快开发前期工作

川滇黔接壤地带山水相连，习俗相通，资源和经济互补性强，早在1989年11月已成立了包括12个地、市、州的攀西—六盘水开发区协调会，并先后在昭通、宜宾、西昌举行会议。1991年3月由国务院三线建设调整改造规划办公室主持完成涵盖川滇黔接壤地带 68 个县、17.6 万平方公里的《攀西—六盘水地区资源综合开发规划》并得到国家计委的批复，对区域联合开发发挥了积极的作用。

步入新世纪，区域开发的环境条件已发生很大变化，金沙江水能资源开发已经大规模启动，钢铁及有色金属等矿产资源市场需求和价格变化巨大，农业产业化和扶贫开发全面推进，长江上游生态屏障地位日益突出，亟须进一步加强联合，并根据 20 年的新形势调整区域范围，制定科学合理的前瞻性规划。在"十二五"即将展开之际，国家需在规划、组织协调、资金、政策等方面及时给予更多关注和支持，这一地区将在全国区域发展战略中发挥更大作用，并为全国人民作出更大的贡献。

（孙尚志　中国科学院地理科学与资源研究所）

城镇化建设要有长远眼光

我们的国家正在经历快速城镇化的过程。作为一个老年人，我亲眼见证了祖国翻天覆地的变化，见证了城市的兴起、扩大和繁荣，感到非常自豪。同时，也想提点小小的建议：

第一，关于城市建设的地基问题。城市建设的地基要打牢，要考虑到长期的稳固和安全。我在上海郊区长大，记得很多沿江地方地基很软，不敢建房。但是，现在这些地方建上高楼大厦了，尽管现在的科技很先进，我觉得还是要警惕地基方面的问题，在设计、施工和监督、监测方面要加强工作。这些年，个别城镇建设项目地基变形的情况是有的。

第二，城市建设和规划要有一个远期的目标。现在主要是做五年规划，但是城镇一旦建起来，可能就关系到今后几十年、上百年。一方面城市的交通、管线、布局要考虑长远些；另一方面在建筑风格、建筑质量上也应提出更高的要求，考虑怎么样才能经得起历史的考验。例如，上海外滩是 19 世纪末开始建设的，不得不说那些老建筑到现在也很美观、适用。我们现在建的楼房、商业街有多少能用 100 年呢？很多 10 年、20 年前修的地方现在看来已经落伍、破旧了。希望我们的规划者、建设者能站在历史的角度、文化的角度，为后人把城镇建设好。

第三，要建设低碳城市。现在大城市里浪费现象太严重了。我们强调加快城镇化为拉动内需提供巨大的空间，但是我理解，扩大城市消费不是浪费，不是单纯的多消费，而是要提高消费水平。就说"吃穿住行"中的"吃"，城市里食品浪费很普遍，我们国家农地很有限，人均自然资源并不富裕。随着城镇化的发展，对农业的压力会越来越大，应该提倡节约食物，追求绿色、健康、节制的餐饮文化，而不是铺张、讲排场。再说"行"，城市拥堵已经很普遍了。其实很多人买车、开车是为面子，不是单纯作为出行工具，加剧了交通问题。如果不提倡低碳的生活方式，加快公共交通建设，交通难、空气差会成为城市发展的主要障碍。总之，建设低碳城市，关系到城市的可持续发展，要从转变人们的观念抓起。

以上是一些拙见。希望我们今天的建设者为明天、为子孙后代留下美丽的城市。

（曹煜明　北京市朝阳区花家地西里）

要正确处理好城镇化建设与养老保障机制的关系

工业化和城镇化成为中国当前经济发展过程中的必然趋势，与之相伴的是大量失地农民的产生，对失地农民的社会保障问题也成为中央及各级地方政府密切关注的问题。经过多年的探索和实践，形成了初步的针对失地农民这一特殊群体的养老保障模式。

政府主导的社会养老保险型失地农民养老保障模式以较大的资金投入为前提，存在着基金增值空间不大、保障水平较低、基金监管机制尚不完善等问题。商业保险式养老保障模式存在着保险产品有待完善、缴费难度大、覆盖面不足等缺点。

在社会保险式养老保障模式及商业保险式养老保障模式之外，不同地区在自身探索中，总结了一些特殊的养老保障形式。目前，大体上有以下几种形式：以苏州为代表的依据劳动能力定做保障模式、以义乌为代表的团体年金分红保险模式等。但目前建立的失地农民养老保险制度，大多本着"广覆盖、低门槛、低标准、保障农民基本生活"的基本原则，实际保障水平较低，与城市养老退休金相比有很大的差距，所以探索新的养老保障措施很有必要，笔者认为可以从以下几个方面进行考虑。

一、政府与保险公司优势互补型

政府主导的社会保障型养老模式其最大的优势在于有政府托底，政府参与承担了一定的经济支出。对失地农民来说，政府的参与也是最大的安慰，是失地农民的"定心丸"，因此，就养老保障资金的征收来说这是优势所在。商业保险最大的优势则是其管理的专业性和较大的增值潜力，因此探索建立由政府主导，政府、集体、个人多方筹集资金，商业保险机构运作的养老保险模式就能够取长补短，将现有保障模式中的"个人—集体—政府"（社会保障型模式）以及"个人—保险公司"关系重新组合成为"个人—集体—政府—保险公司"关系。既明确了政府的责任，借助政府的行政和信用优势，提高了失地农民自愿参加社会养老保障的自觉性，降低了征收养老保障资金的难度系数，同时又能充分运用保险公司在保险技术、专业人员、管理经验、网点设置、资金运作以及高效服务等方面的优势，最大程度地发挥二者的养老保障作用。

二、存量土地增值型

失地农民养老保障问题的根源在于农民失去土地后就等于失去了维持养老所需的资金来源，从这个角度出发，如果能够维持住征地前农民从土地经营中所达到的收入水平，那么养老保障问题也可以迎刃而解。在地方政府、村集体、个人尚不足以支付社会保障型养老保险金的情况下，在征地过程中划拨给村集体部分土地一起加入政府整体征地规划（商业开发性质）不失为一种有效之策。不可否认，从商业开发和工业建设的角度来看，政府对土地的经营成效远远高于单纯的农民农业生产产出。在具体运作上可以借鉴股份公司的运营模式，村集体将存量集体用地按人分配到户，前提是农户拥有土地收益权，但是运作上必须服从政府的统一调度，这样就保证了政府能够自由支配土地以适合整体规划。这种"股份式"的拥有方式可以不受地域限制，类似于股票的性质，只是用来分享收益的凭证，不参与生产流程，保证每个农民手中有一块保底地，但是要对这种"股份"土地的流转进行限制，防止部分农民只图眼前利益，重新引发"失地致贫"的状况。在确保预留给村集体发展用地政策的基础上，对村集体进行清产核资，再以土地资源、集体积累及农民个人相关条件为依据，将集体资产量化给村民，对不愿意接受股份入股的农户或个人，由政府支付征地赔偿金收归国有，或者由村集体以村集体的现有资产支付赔偿金，将"购买"来的土地再次分配，但是这种自愿性只限于征地后的第一时间内，一旦同意以土地股份入股便不得撤出。失地农民土地股权严格实行"按股分红"，占地经营公司企业要按时支付给农户股份收益，并由政府监督严格执行，从而使政府真正在职能上突出为失地农民负责的特色。

（陈军、陆其　湖北省英山县政府办公室）

设立欠发达地区小城镇基础设施建设专项资金

　　小城镇是农业产业向城市延伸和城市产业向农村延伸的结合点，直接体现着农村经济社会的总体水平，对于打破城乡分割状态，实现城乡一体化发展具有不可低估的作用，是实现城乡统筹促进基本公共服务均等化的有效举措。发展小城镇是实现农村城镇化、农村工业化的必由之路，是实现区域经济跨越式发展的突破口，是促进城乡协调发展的重要举措，是农民增收新的经济增长点，是社会主义新农村建设的重要推动力。同时，发展小城镇是吸引农村剩余劳动力和扩大内需的重要措施，小城镇其实就是发展农村第三产业的转移园，是带动农村经济和社会发展最具活力的新的增长点。实践表明，小城镇是城乡互动的桥梁和纽带，具有聚合辐射功能，能够在一定范围内将各种生产要素聚集起来，一方面，直接吸纳农民转换身份，使人口以及经济活动由农村向城镇集聚，成为农村剩余劳动力的"蓄水池"和"转化器"；另一方面，加快农民从事二、三产业生产，促进二、三产业集中连片发展，成为培育乡村二、三产业的"转移园"和"驱动器"。总之，把优先发展小城镇作为新农村建设的重要抓手，以小城镇为载体整合各种要素资源，实施全方位纵深开发，对于全面推进社会主义新农村建设具有纲举目张的战略意义。

　　建设和发展小城镇是一项繁杂的系统工程，但是，目前在小城镇建设上还存在一些比较突出的问题：一是对小城镇建设的认识不深、重视不够、指导乏力，在认识上缺乏主观能动性，在规划上缺乏前瞻性，在机制和体制上缺乏协调性。二是小城镇建设缺乏整体规划，导致城镇布局不合理，功能定位不清，低水平重复建设，资源浪费，环境恶化。三是小城镇建设质量、管理水平不高，社会化服务水平低，基础设施薄弱，缺乏相应的水、电、路和环卫等配套设施，"脏、乱、差"现象未得到根本治理。四是小城镇是上级资金投入的盲点，小城镇所在地的街道不是乡村道路，排污管道不是排水渠道，与交通或水利等上级部门的投入沾不上边。五是地方财政配套困难，目前欠发达地区的县（市、区）还是"吃饭财政"，有的甚至是"讨饭财政"，无力投入资金进行小城镇建设等等。

加大资金投入是加快小城镇建设的强大推动力。城乡一体化建设离不开政府观念的转变以及相应的引导、支持，在目前欠发达地区的县（市、区）和镇两级财政无力投入资金建设小城镇，山区市场发育又不完备，市场化手段配置资源又不可能的情况下，中央和省级政府要加大资金投入，配套相应扶植小城镇建设的优惠政策。所以说，尽快建立和完善适合小城镇基础设施建设的财政体制，才能从根本上解决小城镇运行中存在的问题。为此，建议中央和省级财政专门设立欠发达地区小城镇基础设施建设专项资金，用于补助小城镇规划编制、市政基础设施建设、村庄环境整治和管理人员培训等支出。与此同时，在当前正在进行的机构改革中，恢复设立镇级村镇建设管理机构，人员经费纳入财政预算，便于管理职能的延伸，确保村镇建设管理工作扎实有序开展。

（刘志刚　广东省平远县人民政府县长助理、县建设局局长）

调整、优化中国工业化、城市化发展取向

第一，调整、优化工业化、城市化发展布局取向。制定各项优惠政策，加快转变工业产业、产品生产、销售发展布局取向和新增就业导向。鼓励东部沿海地区，即环渤海、长三角、珠三角地区，外向型工业调整、优化。特别是拉动涉农和民生内需，诸如农林牧、中药产品加工业、民生用品、农林牧副业生产资料、"三农"现代化建设所需的建筑建材等内需市场潜力巨大的工业产业向中、西部的转移。并且，加快发展以农林牧渔业为依托，以涉及民生就业和衣食住行为重点，可再生、循环的工业，切实为中、西（北）部城乡居民，大、中专毕业生新增就业岗位和培育人居、物流与消费市场。

第二，探索并推进城乡现代化（一体化）建设（有别于离土离乡的城市化）发展格局。即我国农村以东、中、西部现有大、中城市为中心，大、中、小城市布局合理，以县域周边工、农、林、牧业资源为依托，以内销为导向，内、外市场互补，工农业产销，互利共荣、风险共担。也即城乡自然、人文、社会资源优势互补、互动共建的现代化国民经济发展模式。诸如，在大、中城市城乡结合部或农业资源丰富地区，建立密切关系上述群体民生就业的工农业生产，民生消费商品交换市场，以及调整、优化学校、医疗、卫生等民生社会建设工程布局，调减国家、地方政府各部门公共服务等领域税、费征收额度，减轻城乡居民就业、民生成本，把党和政府让利于民、改善民生的郑重承诺付诸行动，为探索并推进大、中、小城市布局合理的并与周边农村实施城乡现代化（一体化）建设的发展格局，加快经济发展方式的转变闯新路。

第三，为高速城市化和"二超一高工程"降温。国家应严格限制特大、超大城市持续扩容膨胀，郑重审视和限制一掷数以千亿计的重大的超前、超豪华、高消耗工程，务实、利国、惠民、节俭地举办国内外重大活动，如国际大型体育赛事等的举办、投资。在集中财力方面，优先、重点治理久治难愈的"城市病"，改善、完善现有城市经营管理机制，化解民生就业、居住、教、医、养等矛盾、难题的同时，对后奥运、后世博和后亚运等，应集中领导精力和民智，积极消化其投资，并把它转化为促进国家首先是举办城市和周边地区的政治、经济、自然生态与社会文化、文明和谐发展，进而提升国家软实力的强大动力。

第四，先富促、帮后富，城市反哺农村，城乡共建。党和国家应有责任促使新中国成立六十多年特别是改革开放三十多年来，以举全国、全民之力而首先获得超前发展而先富的超大、特大城市和地区，在经济金融，教育科技，文化传媒，医疗卫生，服务管理等领域，充分发挥优势反哺农村，为科学、稳步地推进城乡现代化（一体化）建设，逐步实现我国城乡国民经济、教科文卫、社会保障、居民就业、国民收入协调、绿色、可持续发展的、新型的，既均衡、优化地保留城乡二元结构，又为实施城乡现代化（一体化）建设、一体化管理、一体化服务的先富促、帮后富，城乡共建的现代化社会发展格局探索新路作出贡献。

（卢六海、孙敏毅　广西壮族自治区北海市靖安路 15 号世纪公寓）

实施国家县域开发推进战略

第一，把实施国家县域开发推进战略纳入国家中长期发展规划。建议将"科学实行城乡统筹，实施国家县域开发推进战略，为实现中国新农村建设和全面建设小康社会又好又快发展开辟道路"写入国家"十二五"规划。

第二，加大建设资金投入力度。提高中央、省区市和地（市、州、盟）财政性建设资金用于县域开发县（市）的比例。国家金融组织和外国政府优惠贷款，在按贷款原则投放的条件下，尽可能多安排在县域项目开发上。中央和省区市的有关部门在制订行业发展规划和政策、安排专项资金时，应当充分体现对县域开发县（市）的支持。制定相应特殊的优惠政策，鼓励企业资金投入县域开发县（市）进行大中型项目建设。

第三，优先安排建设项目。在农业、水利、交通、能源、通讯等基础设施，优势资源开发与利用，有特色的高新技术和农业产业化等方面的项目，优先在县域开发县（市）布局建设。

第四，加大财政转移支付力度。随着中央财力和省区市财力的增加，逐步加大中央和省区市对县域开发县（市）一般性转移支付的规模。在农业、社会保障、教育、科技、文化、卫生、计划生育、环保等专项补助资金的分配方面，向县域开发县（市）给予必要的倾斜。

第五，加大金融信贷支持。银行要根据商业信贷的自主原则，实行国家贴息、补贴等扶持政策，鼓励银行增加对县域开发县（市）农业、城市建设、优势产业、小城镇建设、生态环境保护建设、企业技术改造、高新技术企业和中小型民营企业的信贷支持。

第六，大力改善县域开发推进软环境。进一步推进县（市）行政机构改革，转变政府职能，减少项目审批环节和事项，简化办事程序，强化服务意识，加强依法行政，保护投资者合法权益。加强环境保护，坚持以诚信立县、向生态要发展优势的建设方针，防止项目恶性开发和盲目重复建设。

第七，实行特殊的税收优惠政策。对设在县域开发县（市）国家鼓励类产业的内外资企业，在30年内减为按10%的税率征收企业所得税，提高对县域开发县（市）的地方税收的留成比例；对国税收入按40%留成比例留给县域开发县（市）。

第八，实行人才支撑行动计划。一方面，制定有利于实施国家县域开发推进战略的吸引人才、留住人才、用好人才、鼓励人才创业的优惠政策，贯彻落实好实施国家县域开发推进战略人才支撑行动计划任务；另一方面，挖掘现有社会闲置可能可行可用人力资源，返聘近年来县（市）党政机构改革一刀切退下来的55岁以内懂经济会管理的科处级干部，成立和充实到县域开发项目推进工作组，实行项目包保或领办项目开发建设和发展。

第九，改革户籍管理制度。打破城乡和地区界限，放宽条件吸纳县域城市人口。

第十，大力推进行政管理体制改革。积极开展省级行政区划改革试点，全面实行省直管县。按照增省、减地、强县、精乡、实村的客观要求，在可能可行必要的前提下，统筹部署试点层级和范畴，减少地区行政所属县域的省与县的中间环节，包括对全国30个少数民族自治州实行自治县体制，逐步减少多环节行政层级管理给地方县域发展造成的负担以及负效应，在改革发展中适时科学增加省级行政区划建制，为全面实现有效的省直管县行政管理体制和推进中国特色社会主义建设事业又稳又好又快发展开辟道路。

（田玉鸣　吉林省延边州委财经办公室）

加快社会主义新农村建设

社会主义新农村建设既能加快城镇化、扩大内需，促进经济发展，又能提升社会文明，是一项利国利民利后代的好事。但同时又是一项复杂艰难的系统工程，需要因地制宜，统筹规划，各方兼顾，共同努力。因此，我认为需要带动八方面：第一，规划带动。地理位置、自然环境、结构布局、新式住宅与传统生活方式，人文活动，新农村建设与经济发展，宅基地与耕地置换，长期建设与近期安排，货币补偿与社会保障等，需要因地制宜，因时而为，科学合理的规划。第二，政策带动。社会主义新农村建设需要合理正确的政策带动。政策制定的合情合理，全面完善，可以广泛调动新农村建设的积极性。第三，经济带动。新农村建设要有利于农民发展各项经济，增加收入。第四，产业带动。较好较大的经济项目是新农村建设的动力。好的产业项目使农民能够参与，乐于参与，争取参与，无疑可以更好地推动新农村建设。第五，科技带动。新建点的选址、布局要创新，要顺应新潮流，建筑材料要尽可能使用先进科技材料。第六，环境带动。人民不仅需要物质享受，还需要居住适宜的心理享受、环境享受。如自然环境、社会环境、社会治安、商品购置、休闲娱乐、上学就医等居住要素。第七，文化带动。一方面文化教育产业是软实力，文化娱乐，戏剧电影，网络传媒，武术电影，宗教信仰，学校教育是人们日常生活必需的；另一方面文化产业也是一项较好的低碳产业。第八，人才带动。要做好人才的培养和选拔。激励、调动其积极性，充分发挥其作用，带动新农村建设。

（王书国　退休高级经济师）

农业现代化与建设新农村的几个关键问题

我们长期关注和研究"三农"问题，完全拥护党中央的正确方针。要使中央推进农业现代化、建设新农村的决策变成现实，必须要解决好以下几个重大问题：

第一，建设现代化农业应借鉴世界各国成功经验，走家庭经营与社会经营相结合之路，不能走"归大堆"的所谓集体化道路。这是由农业生产存在许多与其他生产部门（如工业、服务业）根本不同的特点决定的。家庭经营和社会经营的结合，是农业的最佳经营结构，这是被世界各国农业的成功经验和失败教训所证明的事实。

第二，推进农业现代化、建设新农村，必须坚决贯彻依靠农民的方针，充分调动农民群众的积极性。建立以家庭经营的现代化小农场（即具有一定规模的农业专业户）和建立为现代化农业服务的企业，以及发展小城镇都需要有大批农民特别是有一定知识和技能的中青年农民参加，没有他们的积极参加，任何美好计划都只能是纸上谈兵，难以实现，无法成为现实。而要调动农民创建家庭农场和为农业服务的企业的积极性，必须与他们的家庭占有相联系。如果财产不归他们家庭占有，不归他们收益，他们是不可能有积极性的。

第三，依法合理解决农民承包地和宅基地的转让补偿费，是实现农业现代化和建设新农村的关键。根据温总理提出的按照节约用地，保障农民权益的要求，推进征地制度改革的精神，并参照山西省《征收征用农民集体所有土地征收补偿费分配使用方法》中的规定，同时考虑到补偿地方政府在征收和出让土地中实际支出的费用，根据切实保障农民利益的原则，我们建议：由政府以市场价格出售的土地出让金按以下比例进行分配：永久出让土地承包权的农民得 70%；集体经济组织（村）得 20%；地方政府得 10%。我们建议在宅基地置换中，国家应明确规定两条原则：一是换给农民的住房，地方应发给他们房产证；二是多数农民宅基地的土地面积，都比分到新房的土地面积大得多，多余土地的价格应该按市场价格折算，这样农民才可以获得合理的补偿，而农民得到这笔补偿金，将会用于创建家庭农场或到小城镇中创业，有利于促进生产的发展。

（高亮之、姜平、吴镕　江苏）

希望村村通公路政策能够延续

我是内蒙古赤峰市阿鲁科尔沁旗绍根镇温都包嘎查村的村民，我希望村村通公路政策能继续下去，很多地方因为路不好还在为有粮食卖不上好价钱、老百姓出行困难以及农资运不进来等问题而发愁，希望领导关注！

（赵继龙　内蒙古自治区农民）

推进城镇化需要注意速度

改革开放三十多年来，城乡面貌发生了很大变化，有的变化让人振奋，但有的变化让人忧心。振奋的是一幢幢高楼大厦拔地而起，忧心的是大片的农田消失。过去小站稻全国有名，今天小站还有多少稻田不得而知；过去双林农场是水果蔬菜生产基地，今天农场几乎消失，这样下去，粮食、蔬菜的供应将成为城市的软肋，一旦有风吹草动，后果不堪设想。

我有五十多年没有回老家了，2008年回过一次，农村的面貌同样有很大变化，住房有了一定改善，但这种改善是用牺牲土地换来的。过去在山区的农村，农民很少占用耕地建房，哪怕是过去的地主富农他们也尽量在山坡上盖房。今天所有的人都住在了能耕种的土地上，这样下去，农民失掉土地，他们将无法生存，依靠他们生存的城镇居民的供应也会受影响。现在有人认为城镇人口的比例是工业化现代化的象征，却忘掉了国情，盲目加速城镇化建设所造成的后果也是严重的。现在重视城乡居民的生活条件的改善比单纯强调加快城镇化步伐更务实。

（郝尚武）

加强惠农政策宣传工作

国家"十一五"出台了很多惠农政策，但真正落到实处的情况可能会打折扣。我每次回湖南省祁阳县探亲，从家人或村民口中得知，除了每亩稻田补贴（因为国家给每个村民发放了一个实名储蓄卡）外，其他都没有得到享受。国家实施儿童计划免疫是为了更好地保护我们的下一代健康成长，在不发达地区农村，一些乡镇卫生院和村卫生室把国家对农村儿童的福利变为敛财工具，把国家提供用于儿童计划免疫免费疫苗高价卖给留守儿童。不发达地区农村农民建房搭车乱收费现象严重。从2000年开始，按照国家政策和湖南省相关文件，除了收取开垦费、耕地占用税和工本费外，其他一律不得征收。在我老家那里，建房收费项目琳琅满目，名目繁多，开垦费（提高收费标准）、白蚁防治费、测绘费、档案费、设施费、耕地占用税，还不包括村和生产队缴纳的钱。通过我个人调查和走访得知，原因主要是国家很多好政策在农村特别是不发达地区农村宣传不到位，大多数农民根本没有听说过。鉴于农村现状，政府应该多措并举开展此项宣传工作。

一是现在每个村都在兴建村活动室，希望在村活动室建立一个惠农政策宣传专栏，把中央出台的惠农政策一直展示在宣传栏中，直到此项政策变化或取消才予以更换，杜绝形式主义、走过场，坚决杜绝发生"今天展，明天撤"的现象，让惠民政策真正扎根农村。二是利用村广播经常定期进行宣讲国家出台的惠农政策，充分发挥专职村干部的作用，让他们定期在村广播中宣讲党的好政策、好方针，让惠农政策深入民心。三是国家应出台相应文件，强制各级政府抓好此项惠农政策宣传工作，把惠农政策宣传工作作为各级政府年度考核的一项考核指标，让各级政府切实开展好此项工作。四是国家在这方面加大监督检查力度，督促各级政府以及村委会落实惠农政策，让农民真正体会到中央的好政策。五是采取检查考核基层单位工作与微服私访相结合的方式，改变过去下基层检查工作听取汇报检查台账这种单兵作战模式，每年派出工作组下乡直接跟百姓对话，查看惠民政策是否落实到位，招募从农村中走出来的大学生组成志愿者，利用每年回老家探亲等时间调查惠民政策实施情况。六是充分发挥舆论监督作用，鼓励各媒体记者下基层采访民情调查民意。

每次探亲回家，从乡亲们口中，听到了他们的心声，都说这几年国家出台的惠农政策让他们生活宽裕了不少，负担减轻了许多，但是国家有的政策很好，可是到了下面就没了下文。虽然我已经走出农村，但我的父老乡亲都在农村，作为一名受过高等教育的青年，我尽我所能代表我的父老乡亲反映实情和提供一些建议，希望国家惠农政策普照农村大地。

（黎有田　上海铁路局徐州疾病预防控制所）

区域协调需先协调人才分布

一线城市人才济济，但也给大城市带来住房紧张、交通拥堵、户籍难管理以及自身婚嫁、子女受教育等不可忽视的城市问题。城市要繁荣发展，离不开城市中的年轻人，要想协调区域发展，就要吸纳人才，特别是本地区的人才。

如何让家乡的人才回家，政府需要掌握人才的知识结构和专业水平，结合本地区人才市场的需求，积极采取相应的人才措施，鼓励本地人才回乡发展。

我是一名在京工作的异地年轻人，想过回到家乡发展，但至今不知道自己回到那里能干些什么，毕竟家乡没有适合我职业规划的行业和途径。

（卢雁菲　北京福建商会）

新农村建设是今后三十年工作的重中之重

自党的十七大提出建设社会主义新农村的宏伟蓝图以来，新农村建设在全国各地蓬勃展开，取得了一些成绩，但也存在许多问题。总的情况是：总体规划不够，零打碎敲，没有从根本上改变我国农村"脏、乱、差"的落后面貌。外国游客看到我国城市建设取得了很大成就，感觉中国进步很大，但一看到我国农村的现状，无不摇头掩鼻。农村落后严重影响了国家形象，抓好新农村建设，刻不容缓。我认为今后三十年应该把新农村建设摆在全党、全国工作重中之重的位置。

为什么要把新农村建设作为今后三十年党和国家工作的重心呢？我认为理由有四：一是我国农村确实太落后了，村容村貌实在有碍观瞻。二是我国城市建设经过一段快速发展后，应该暂缓一下。三是我国经济运行在金融危机的影响下存在下行乃至衰退的风险，要保持我国经济又好又快发展，必须强力拉动内需。而拉动内需的关键是房市要保持强劲的发展势头，一业兴，百业旺。把农村的房地产搞上去，这也是救房市的最佳有效办法。如果农村的房屋推倒重建，房地产业将迎来长期蓬勃发展的机遇。四是正如俗话所说，环境改变人，新农村建设好了，将会极大地改变农民的一些不良陋习，全面提高农民的综合素质。所以说，新农村建设不仅是改变现状的客观需要，也是我国经济保持长期旺盛发展的内在要求。

把农村建设得比城市更美丽、更漂亮，是否是乌托邦式的异想天开、不切实际的想法呢？我认为不是。大部分村庄的土坯房、茅草房和破败不堪的老房实在不值几个钱，推倒损失不大。一张白纸可以画最新最美的图画。所谓把农村建设得比城市更美丽、更漂亮，并不是农村也要像城市一样建那么多高楼大厦，建那么多基础设施，而是要根据农村的实际，把农村建设成绿树掩映、山清水秀、鸟语花香、风景旖旎的美丽家园。这样的投资并不很大，作为三十年的奋斗目标，完全可以逐步实现。试想再过三十年，我国农村与城市一样协调发展，相映生辉，伟大祖国环境优美、繁荣昌盛，这是多么美妙的壮丽图景啊！

（彭才福　江西省乐安县司法局）

解决"三农"问题是经济社会发展的重中之重

关于稳农、惠农、强农以及推进农业现代化应采取的政策措施，这方面的政策措施一定要"准、稳、狠"。

在广大农村基层进一步切实加强宣传、贯彻、执行落实《宪法》、《土地管理法》、《物权法》等国家法律文件的力度，要形成卓有成效的执法、监察机制。切实全面保障农民的合法权益，不容任何势力和形式的侵害。

在政策取向上要突出重点。工业化、城镇化、农业现代化如何把握？毫无疑问，任何工业化、城镇化的行为不能危害"三农"发展，不能损害农民合法权益，而是要起到有利"三农"发展、维护农民利益、促进农民增收的效果。在县以下，要着重突出农业现代化，突出现代农田产出的优质、高产、稳产，突出现代农业产业体系的开发、发展。要一心一意全力以赴去推进实现农业现代化，以此为总抓手，将有利于其他相关问题的顺利解决。

依赖土地开发搞扩城，占用大量土地特别是农田搞工业，是不可持续的，必须坚决节制。当今，工业化已深入人心，冠以各种炫目头衔的开发区十之八九是"工业区"，这类"工业区"从省、地、县直至乡（镇）乃至村，到处都有，已经遍地开花。工业已"普及"了。现在不宜再泛泛地讲工业化，而是要调整、创新、升级，要致力于推进工业现代化。调整应有整顿之意。对那些名存实亡无效益、无贡献的开发区（工业区）且"并（合并）、转（转型）、升（升级）"无望的，则要断然推倒，复耕还田。对那些布局不合理、土地利用率极低的要予以合并。努力提高国民经济运行的质量和效益。

土地使用事关全局，为了耕地不再被蚕食，有效遏制不当用地的行为，建议改革土地使用审批制度。即由土地行政部门单独审批改为由多个部门参加的政府办公会议联合审批，如土地、农业、环保、水利、规划、纪检、监察等部门都参加。要确立审批程序机制，主管农业、农村工作的部门有一票否决权，各部门均要独立提出相应的调研报告，以备查询。中央国土审批权由国务院直接掌控。一切受宪法、土地管理法、物权法等国家法律保护的宅基地、农耕地不得以任何形式侵占。关乎国家利益、民生公共利益确实要使用的，必须依法律关系按法定程序审批。对农民的补偿须参照同城市场标准（同城为农户所在地的县或县以上城市）。坚决禁止任何蚕食农用地的错误做法。土地财政要终结，更要制止向农村蔓延。

国家财政要以更大力度加强农业补贴，特别要加强对农民直接的现金补贴（补贴要与农民对粮、棉、油料等作物的贡献挂钩），使农业补贴率处于发展中国家前列。或与较大幅度提高主要农作物产品的收购价格相结合，以利较大幅度提高农民直接来自农业生产的收入。

推进农业现代化必须紧密结合国情，从农业生产的根本特点出发，长期坚持家庭联产承包经营责任制不能变。发展现代大农业，农业及其产业生产组织形式多样化，农民创业、就业多元化是趋势，但都要以尊重农民意愿、尊重农民创造性为根本前提。农村的任何合作制、股份制等生产组织，其实都是由农户（家庭）为基本结构单元组成，仍是家庭联产承包经营责任制的实现形式。

农田水利重在旱能灌，涝能排能蓄。水是重要资源。要转变一来洪水就单纯"抗"的旧观念，一排了之，而是要又排又蓄，排应急去涝，蓄有备制旱。农田水利建设要重基础、重质量、重功能、重实效。禁绝一切事倍功半的形式工程。建设和维护都要常抓紧抓不放。严禁出现年年检查，年年达标，关键时刻不管用的状况。惜水、蓄水要成为全民行动，以科学视野采取先进的科技举措，政府因地制宜规划统筹。中国妇联在西北干旱地区倡导的爱心"母亲水窖"工程真是喜降甘霖，非常好。建议狠抓在干旱地区普及到位。建议制定农村（田）水利法。

建议农田水利事业由农业部主管。种子由国家专营，质检技监部门对上市销售的种子品质负首责。种子销售给农民应是无利销售，或是无偿按需分配给农民。化肥由国家授信经营，物价部门要从源头开始严格核价，质检技监部门对市场流通环节的化肥质量要负首责。农用汽柴油以不高于成本的价格配销给农户。

（秦振生）

关于"三农"问题的建议

在城市化快速发展的同时，请关注农村留守人的生活。国家要经济转型，将经济发展的成果全民共享，让更多的人敢于消费，这是很好的政策。可是在广大的农村地区，由于农业发展水平有限，产出低，公共事业很差，留守的大多是老人和妇女。他们从事的是很重的体力劳动，而医疗、养老保障水平又很低，生活很辛苦。他们的孩子大多在城市打拼，许多人没有精力去管。而把他们带到城市生活，城市的社会保障又覆盖不到他们，这就是从农村到城市，一大批人面临的问题，这是城乡二元结构的集中体现。如此看来，农村的发展是决定中国未来发展的关键，如果农村问题解决不好，粮食安全就无法保证，城市化将是畸形的，农业没有效益，物价飞涨将必然出现。

国家鼓励大家消费，却为何效果不明显？是不敢消费，是不能消费，是消费不起。我来介绍一下山东沿海城市某农村的现状，作为中国农村发展的一个缩影，它出现的问题令人深思：

1. 紧靠大型水库，却经常受到旱灾的威胁。许多水利设施都是20年前建设的，靠天吃饭的局面并没有根本解决。

2. 1984年有了电，现在家家户户有彩电、冰箱。有点钱却不再想买家电了，原因是电力设施老化，用电量大增，变电站无法承受如此大的负荷，因为从建成后就没有更新过任何设备。

3. 村委会和村支部没有凝聚力和战斗力，选举靠的是家族势力，集体债务巨大，已经拖欠多年，无人解决，治安较差，这些问题都影响农村和谐发展。

4. 尽管有了新农合，农民因病致贫、因病返贫的问题没有解决。农村合作医疗水平差，医疗投入少，药品贵，药品采购腐败现象大量存在；农村养老保险刚刚开始，保障水平太低。

5. 农村经济水平提高明显，但农资价格上涨得更快，化肥、种子、农药、柴油的价格巨幅波动，农业的效益已经无法令许多人感到满意，土地荒废的情况绝非个例。

6. 农业综合抗风险水平太低，今年暴发的"美国白蛾"肆虐，农业损失严重，可由于是库区水源重地，不允许打药，农民眼睁睁地看着损失在扩大，却无能为力，并得不到任何的补偿；交通占地补偿金额低，通讯消费不透明、受假农资坑害农民维权难等等，严重制约着农村的发展。

总之，让农业发展好，让农村改革好，让农民日子过得好，是让城市化进程更健康，也是让父母在农村而在城市奋斗的人再无后顾之忧的必然要求。

（王兵　中国船舶重工集团公司第七二五研究所）

把统筹城乡发展落到实处

目前，农产品价格过快上涨，有深层次的原因：一是无论是大城市还是小城镇郊区大面积的土地要么被征建房，要么被囤积，农产品生产用地减少。二是种子肥料涨价，农业效益相对较低，农民弃农经商务工，农村仅剩老弱病残、留守儿童、极少数劳力，部分农田荒芜。三是农村尤其是我国广大山区农村，公路多只通到村，村组公路通达率极低，主要受交通运输不便制约，农产品市场率低，变现困难，从事农产品生产销售的积极性不高，无从谈起农林发展规划，投入严重不足，农田、山地资源优势没能得到有效的开发和利用。

为此，建议出台硬举措，把统筹城乡发展落到实处。"十二五"规划，要把统筹城乡发展作为一件大事来抓。

首先，要按照因地制宜、合理规划、科学开发、永续利用、和谐发展的原则，编制好山场、村庄建设发展规划。

其次，要适当放缓包括房地产在内的城镇建设步伐，协调推进城镇化和新农村建设。

第三，要加大对农村尤其是山区广大农村村组公路交通为主的基础设施建设投入，进一步解决好农产品运输困难的问题，调动农村居民种好田、栽好树、管好山场、发展养殖，调整产业结构，围绕市场大力发展农林牧副渔业生产的积极性、创造性，提高科技含量，保证农产品市场供应量充足。

农村村组公路等基础设施改善了，部分在外工作的农村居民就会用打工积累的资金和掌握的技术、信息，在农村寻找发展空间，中小企业、个体工商户也会因市场、城镇发展竞争压力大而在农村寻找新的发展空间，通过投资或者转让技术多种形式，参与农林牧副渔业等多种经营生产，农村居民可以从中通过务工、土地山林入股、投资自营等多种途径致富，推进农业现代化，逐步实现新农村建设目标。

同时，部分富裕的农村居民移居城镇、外出旅游，又可推进城镇化进程；农村居民富裕了，内需就自然扩大了；农业产业结构布局合理，农产品丰富了，农产品价格随市场行情在正常范围内上下波动，国家就不再担心物价大起大落影响人民群众生活。

（杨先鸿　湖北省神农架市）

农用土地的托管与租赁经营

随着时代的不断发展，农村又显现出很多问题，主要是由于每户承包的土地很少，一家一户小规模土地经营的财富量已没有进一步增加的空间；土地的规模经营问题；发展现代农业及农业机械化等一些相关问题。

解决以上问题的关键在于建立健全农用土地的流转机制。

一、农用土地的一种新的流转形式：农用土地的托管与租赁的经营形式土地的流转，在农村已经自发地运作很多年，也出现了很多的流转形式，但直到目前为止，还未出现一个有效的切实可行的土地流转形式。鉴于各种流转形式的特点，结合目前农村实际状况，本文认为，土地的流转应该是在农民自愿的基础上，政府也应该参与土地的流转，并且要进行规范和引导及监督、帮助农民进行土地的流转，并用法律和政策的形式来保护各方的利益。因此提出农用土地的一种新的流转形式，即农用土地的托管与租赁的经营形式。

农用土地的托管与租赁经营是两个过程，首先是农民将自己想要流转的土地自愿地交由政府的派出机构——土地托管机构代其管理，即托管；然后是土地托管机构将托管的土地集中租赁出去，并代农民收取租金，托管机构代管土地是不收任何费用的，是政府机构免费为农民服务，真正体现服务型政府的作用。

土地的托管与租赁经营是在家庭承包制的基础上，在农民自愿的前提下，通过政府组织引导、协调、帮助，使土地进行有序的、合理的、大规模的流转，并为农民争取到最大的土地出租收益。

政府对土地的托管只是起到一个中间人的作用，并起到担保作用，保护双方的利益。托管是动态的，有人出租同时又有人承租。

农用土地的托管与租赁经营可以使土地能够进行大规模化经营和机械化耕作，可以促进现代化农业产业发展。并可以让农民消除后顾之忧，放下害怕土地没有人经营或失去土地等的包袱，同时让农民也有一定的固定收入，作为失业的养老保障所需。土地的规模化经营是必然的选择。

农用土地的托管与租赁经营也只是一种过渡形式，是从现阶段开始一直到国家在农村所有的地方都建立完善的社会保障体系之后，彻底地取消农用土地的社会保障功能，然后，土地只作为国家资产，国家将土地资产进行出租或出售其经营权，建立农场、农庄或进行现代农业产业化经营，国家或地方政府收取租金，或征收农业产业税金等。让农场、工厂、商场三者连接起来，实现城乡互动协调发展共同富裕。

二、农用土地的托管与租赁经营方式需要农村行政体制的配套改革随着社会的不断发展、国家体制的不断改革，农村行政体制也急需进行改革，让农村的行政体制更加适应现实社会的需要。要使政府真正成为为农民服务的政府机构。根据农村土地流转的需要，结合农用土地所需要的托管与租赁经营的情况，新型农村行政体制构成初步设想为：

在县级以下设立两级政府行政机构，一是设立相当于现在镇政府级别或高于它的行政管理区，并配备政务机构和监督机构；二是设立类似于村政府或社区的政务办事处，是政府的派出机构，由行政管理区负责管理，并配有类似村民委员会的监督机构，可以由村民委员会改造而成。政务办事机构同时接受上级部门的监督。

农用土地的托管与租赁经营必须严格遵守土地承包法，必须始终坚持农村基本经营制度不动摇，即坚持以家庭承包经营为基础、统分结合的双层经营体制不动摇，必须进一步稳定和完善家庭承包经营制度，也必须坚持"依法、自愿、有偿"的原则。

土地的托管与租赁经营可以确保土地流转的有序性、合理性，这样就可以防止纠纷的发生。政府组织出面可以起到保证作用，可以使农民放心地进行土地流转，并获得利益保障。也可以确保承租者的合法权益，防止承租者所种植的庄稼被哄抢，防止随意解除租赁合同，防止村民强行收回租赁者千辛万苦才养肥的土地、果园、水塘、渔场等。经营者只有长期享有稳定而又有保障的土地经营权，承租者才有增加投入、用心养护、改善地力的积极性。承租者可以放心地投入、放心地经营，可以建立农庄或进行现代化农业产业经营。

农用土地的托管与租赁经营，虽然不是土地的最终经营形式，但还需运转相当长的一段时间，因为，健全全社会的社会养老保障体系是需要一定的时间和大量的资金与人力物力的，也只有在建立完善的社会保障体系后，同时农民也有良好的就业渠道之后，才能让农民与土地彻底分离。

（于红军　吉林省榆树市经济局）

振兴东北地区老工业基地的几点建议

东北老工业基地曾是我国工业的摇篮,但是随着改革的深化,东北老工业基地出现了诸多问题,主要有以下几点:一是国有经济所占比例大,结构单一。二是产业结构调整缓慢,产品竞争力下降,经济活力不足。三是企业资金短缺,债务过重。四是失业人数较多,社保压力较大。为此,本人为在"十二五"时期振兴东北提供如下建议:

第一,大力发展产业链经济,逐步延长产业链条。东北老工业基地产业链条的各个环节及相关部门大都是在企业内部完成,这种内部化现象,既不利于资源配置效率的提高,阻碍了社会化分工体系的形成,也对民间资本产生了一种挤出效应,扼杀了民营中小企业的发展机会。因此,必须延长产业链条。东北的产业发展应重点构筑原材料及后续加工产业、装备制造业、农产品精深加工、高新技术产业等优势产业集群。

第二,从产业发展的角度看,目前东北地区在基础设施、产业工人、人才储备和重化工基础等方面仍具有较大优势。要发挥这种优势,就必须依靠制度和科技创新,调整和优化产业结构,提高产业国际竞争力,促进地区经济持续稳定快速发展。加快装备制造业的发展,整合各方面资源,将东北地区打造成为以汽车、机床、航空、造船、发电设备等为主体的重大装备制造业基地;立足能源和原材料工业的现有基础,在石化、煤炭、钢铁、电力、化工等产业发展循环经济,搞好资源综合利用和深度加工,不断延长产业链条,促进上下游产业一体化;加大研究与开发的力度,加快高新技术产业化进程,大力发展高新技术产业。

第三,加快资源型城市的产业结构调整,有计划有步骤地实现经济结构战略性转型。积极发展战略性新兴产业，改变过去长期形成的以资源开采为主的单一经济结构，逐步建成产业适度多元化、市场竞争力较强、人居环境良好的新型产业基地。依托资源优势，搞好资源精深加工和综合开发利用，不断延长产业链条，逐步形成一批具有竞争力的优势主导产业；以市场需求为导向，大力发展具有一定优势和潜力的新兴产业，使之成为未来支撑地区经济增长的新一代主导产业；积极培育高新技术产业，使之成为地区经济发展的先导产业。通过新老主导产业的顺利交接，逐步实现资源型城市的产业转型和经济持续稳定快速发展。

第四，全方位开放，允许更多的外资银行进入东北，并允许外资银行经营人民币业务，鼓励外资特别是国外战略投资者参与老工业基地调整改造，扩大金融、保险、旅游等服务业的开放。完善国家鼓励边境贸易的税收优惠政策，扩大东北地区与周边国家的经贸合作，率先在大连、绥芬河等地开展自由贸易区的试点工作。打破条块分割，优化整合各种资源，构筑面向东北的一体化的区域要素市场，加强东北三省之间的相互开放和联合协作。

（岳金凤　四川省达县双庙乡）

以集群化形式加快发展县域"块状经济"

县域是一个特定的地理空间，县域经济是一个相对完整的经济体系。在加快经济转型升级的今天，以集群化形式，打造县域经济新优势是增强区域竞争力，实现经济转型的现实抉择。

所谓集群化，其实质就是在一定的区域内，相同、相近、相关产业的企业，围绕特色产业，通过资源的充分利用、产业链的相互配套，共同构成"群落"。广东、浙江省乡镇企业和外资企业的高度集中，就得益于产业集群的高速发展。

笔者认为，以集群化形式加快发展县域"块状经济"，必须坚决跳出"全面发展"的圈子和"经济大拼盘"的误区，走自己的特色之路。其发展思路应该是：科学定位编制规划，依据独特的微观环境、独特的资源优势、独特的产业框架，按照科学性、前瞻性、战略性和创新性的总体要求，锁定重点发展的优势产业。构筑产业承载平台，建立特色产业园区，在先行搞好基础建设的基础上，对内把孤悬的点状企业成片集聚，对外引进关联度大和上下游配套的大项目、好项目，推进特色产业集约型扩张，全力打造功能配套、个性特色明显、环境友好的产业集聚区。政策聚焦大力扶持，出台"高人一筹"的激励措施，积极组织调度各类生产要素向集群化产业倾斜，打造几个上百亿乃至上千亿的支撑产业，构筑强劲、持续的竞争优势，真正形成经济学意义上的"经济马赛克"现象。

（张舒展　江苏省东台市溱东镇政府）

农村发展的相关趋势及对策

对于"十二五"时期农村的发展形势，虽然目前我们还无法作出非常准确的预测，但正确面对和处理以下两个趋势，对于科学规划未来新农村建设是十分重要和必要的。

第一，农村发展呈空心化趋势。经测算，未来一段时间内，中国人口数量呈缓慢增长的态势，到21世纪中叶到达峰值。虽然总人口数量不断增长，但由于经济的快速发展以及城市化进程不断加快，农村人口的绝对数量将不断减少，很大一部分被转移吸收到城市和城镇化进程中。这是过去及未来一定时间农村人口流动的客观规律，符合我国城市化和工业化发展战略的需要，这种流动趋势随着社会的发展将越来越明显，农村趋于空心化。对此，各级政府在制定建设新农村的各项决策时须予以充分考虑。

第二，农村土地经营呈集约化趋势。人口众多、人均资源少、人均耕地占有水平低于世界许多国家，是我国的基本国情。由于土地能提供农民生活所需的基本农产品，长期以来，土地成为维护农村社会稳定的一项重要保证。随着自然经济退出历史舞台，社会经济发展水平进入新阶段，农业日益成为农民收入的次要渠道。农村生产经营方式正在发生巨大变化，土地流转越来越多，大批劳动力从土地的束缚中解放出来，从事其他产业，为新型工业化社会提供了丰富的劳动力资源。这种趋势促进了土地集约经营，为农业生产朝专业化、社会化和产业化方向发展创造了有利的条件。

建设新农村不可能在现有村庄规模上普遍开花，必须科学规划，统筹兼顾，走可持续发展道路。2006 年，经济学家林毅夫曾估计，农村仅公共基础设施建设的资金投入总共需要 4 万亿元，这还仅仅是基础设施一项，不包括村庄建设。这样不仅财力不允许，在投资方面更是个无底洞。在目前和今后相当长一段时间，必须顺应农村发展空心化和农业经营集约化的实际，分清轻重缓急，因地制宜，按照科学发展思路建设好农村。建议：

第一，把小城镇建设作为长期政策和资金倾斜重点。小城镇是农村政治、经济和文化的中心，具有交通便捷、生活设施齐全和文化生活丰富等特点，构成农民生产生活中不可缺少的部分，对农村经济和社会事业发展有着十分重要的辐射和带动作用。但因为被称做小城镇，不少地方常常将其排除在新农村建设之外。实质上，小城镇依然是农村，只不过是一种发展形式更高级的农村。从经济角度看，小城镇基础设施齐全，企业密集，是容纳农民就业生活的重要接收器。从社会发展角度看，小城镇服务业相对发达，由于农民生活"离土不离乡"，是相当长一段时间内农村居民流动的主要归属地之一，是解决城市和农村暂时性矛盾的缓冲器。所以，在制订建设新农村规划时，不应该把小城镇排除在外，而是作为推动新农村建设的重要着力点，而且应当上升到"卫星城"等更高的规划层次上来。

第二，把扶持中心村建设作为新农村建设的重要内容。中心村湾具备一定的生活设施条件，交通和地理位置相对方便，是当前政府推动新农村建设的主要载体。但有两点需要进一步完善。一是中心村的规划必须着眼长远。二是中心村的建设要提高土地利用率。加大中心村基础设施建设力度，鼓励农民住商品房，对在农村中心村建设商品房给予补贴和各项政策优惠等。

第三，建设非中心村要以改善生产生活基本条件为主。在农村，面积最大、人口最多的地方是非中心村地区。从理论上看，非中心村湾发展的重点应当是产业化，以生产性为主、居住性为辅，重点建设农业产业化的基础设施。在开展非中心村湾地区建设的问题上，20世纪90年代中期实施的"普九达标"是典型的前车之鉴，不少地方脱离实际，超能力举债"普九达标"。进入新世纪后，随着国家计划生育政策效应的逐步显现，学龄儿童逐步减少，完成"普九达标"的农村中小学校开始出现生源不足，大量农村中小学校不得不闲置起来，不仅原来的财政投入没有效果，而且留下了沉重的经济包袱。这一教训是沉重的，对现时期农村规划建设，仍具有十分重要的参考意义。现在农村发展的流动性趋势与当时推行"普九达标"的学校有一定的相似性，值得引起我们警惕。如果在建设新农村的过程中，不能分清主次和轻重缓急，违背自然规律，"胡子眉毛一把抓"地作出决策，最终建成的可能是一个个没人居住的空心村。因此，对待非中心村建设问题必须相当慎重。当然，也不是说完全将其排除在新农村建设以外，但从目前和未来发展趋势来看，要以水电路等基础设施建设为重点，这样既满足了当前改善农民生产生活条件等方面的要求，又考虑到了以后生产发展的需要（水电路等基础设施同样也是农业产业化的基本条件），有利于保证农村的稳定和可持续发展。

（陈建红　湖北省武汉市新洲区委宣传部）

因地制宜，加快形成我国城镇化多元发展模式

城镇化是我国实现富民强国的战略选择，必须加快推进，但不应盲目冒进，必须实实在在地以科学发展观作为指导，精心谋划城镇化发展道路。

近几年来，我国城镇化工作取得了长足发展，但也存在不少问题，严重制约了城镇化工作的深入开展。主要表现在以下两个方面：

第一，城镇化发展模式单一缺乏活力，难以持续。近几年我国的城镇化工作大多以大城市或中小城市作为城镇化工作的"前方"，不断地吸纳和聚集农村人口，形成了城市带动农村的发展格局，珠三角、长三角总体上是这种模式的典范。不容否定，这种模式对于我国改革开放三十多年的成果而言，其贡献是十分巨大的，但是随着城市空间等资源的逐渐枯竭，大城市发展模式带来的问题也不少，环境问题、资源问题、交通问题、民生问题等等正在成为大城市发展的一大困扰。

第二，大量的农村依然落后，城镇化水平有待提高。由于在城镇化的过程中，大量的农村被作为城镇化工作的"后方"，在社会、经济、文化各方面的发展布局上都远远地落后于大城市，特别是在一些事关农村发展的产业布局上没有得到相应的政策、资金的倾斜，导致了农村城镇化进程的缓慢。许多地方把农村的城镇化当做短期的战略，实施了一些村村通公路、小康村等工程，虽然一定程度上缓解了农村的一些问题，但并没有从根本上解决农村城镇化的问题。最突出的问题是，农村城镇化的进程在各地政府的城镇规划、产业发展规划等工作中力度小，水平低，有的地方甚至十分粗放，仍把农村当成封闭的系统，根本不考虑城市与农村之间，农

村与生态环境、农村与产业发展之间的关系，这些因素都是造成农村城镇化缓慢的原因。

建议因地制宜，以农村"就地城镇化"发展为方向，加快形成我国城镇化多元发展的新模式。

第一，分阶段完成城村交通、通信一体化建设，就地实施农村城镇化工程。交通、通信是最基础的城市设施，是农村城镇化发展所必须的，各地政府在这方面的规划工作中应该科学有序地寻找突破点。在具备聚集农村人口、带动城镇化的中心村镇规划实施城镇化工程。农村就地城镇化的规划工作必须作为各省、市、地政府的重要规划任务来进行并分步实施，一城一城地拿下，这样才能在长远的未来形成大、小城市的一体化格局，使农村城镇化获得强大的生命力。

第二，产业布局上必须形成强大支撑，才能实现农村就地城镇化的可持续发展。农村要实现城镇化离不开当地社会、经济的发展，脱离这一现实其城镇化将无法继续，因此，在城市、交通规划的基础上，必须加强社会、经济的规划，才能从整体上解决农村城镇化的发展问题。必须认识到，在农村就地建设城市，与在传统的大城市郊区建设或扩张城市应该不同，不论是社会、经济发展的模式都应该有所选择，以保持这些新兴城镇的农村特色、生态特色，否则，将带来更多的社会、环境和资源问题。在农村就地建设城市有许多资源优势，不一定走大城市发展的路子，通过因地制宜，完全可以完成农村就地城镇化的过程。比如，可以通过发展生态旅游、现代农业、农业加工、轻工、手工、矿产开发等特色产业作为新城市的经济基础，从而壮大城市商贸、文化等活动，使新的城市可以依靠自身发展产业获得持续的动力和活力，形成与大城市互补、互需的格局。

（李舒南　广西壮族自治区防城港市海洋局）

促进城乡区域协调发展的建议

我的家在农村，因此对农村的一些事有些切身体会。党和国家一直重视三农，农民生活水平有了很大提高，农村也有很大的改观，但自身还有一些不足，与城市的差距也在逐渐拉大。

农村交通有待进一步完善。国家实施的村村通工程让每个村都有了柏油路，但是时间长了，路面就坏了，坑坑洼洼的很难走，尤其是雨雪天气时。

加大水利建设。长期的漫灌浪费水资源，还浪费电、费人力，使土壤碱化，使粮食等减产甚至导致地下水水位下降，于民于国于后代都不利。而喷灌、滴灌应用很少，民渠也是各地发展不同（我们县就没有），渠道也没有成网，没有好好利用天然降水，有渠还可以疏导洪水，补充地下水。

加大对土地的引导性管理。建立农村宅基地和种庄稼的电子档案，使这方面的纠纷减少，让老百姓更加和谐地过日子。

对乡镇企业给予鼓励政策。加大农民技术培训，让农民就近就业。多建设几个农贸市场，让农产品方便出售，市民也方便购买。支持鼓励引导农产品深加工龙头企业，使农产品的附加值增高。

农村医疗卫生制度水平有待提高。由于医药费昂贵（尤其是治大病的），农民宁肯忍着、疼着也不看病，甚至不敢检查，唯恐有大病拖累了家人。医疗保险不能让所有得了大病的人得到治疗。

此外，还应改善农民工工作条件，加快农村信息化进程等。

（韩家伟　河北大学 2010 级学生）

建设一批中心城镇作为城镇化的重要载体

目前，我国正处于城市化加快推进的进程，对于一个拥有13亿人口的中国来说，城市化人类历史前所未有，没地方可借鉴。城市化怎么搞？以哪一级别的城市为主来吸纳农村人口？这是一个带有战略性的问题。显然光靠北京、上海几个大城市和几十个省会城市"装"不下农村人口，况且，城市规模不可能无限扩大，城市也不是越大越好，城市大到一定程度必然给交通、环境带来巨大压力，时下，北京等大城市交通拥堵就是一例。城市过大，其规模效益不但不复存在，而且必然产生负效益，甚至连饮用水供应、生活垃圾处理等都成问题。

我国实现税制改革后，各地的财力就像小溪的水往大河里流，大河的水往大江里流，大江里的水最终都汇聚到大城市这个"大海"里。这就使得一方面大城市有了钱，诸如交通、文化、教育、卫生、体育等设施投入大，各方面条件比中小城市优越，人们无限向往之；另一方面财力、各种生产要素往大城市聚集，大工程、大项目在大城市落地，为此提供了大量的就业机会，吸纳了大量的农村人口。

财力配置不均衡，使得我国城乡之间形成巨大反差：大城市花费不菲的歌剧院、体育馆等一应俱全，而在一些乡镇连处理生活垃圾的钱都没有，直接往河里倾倒，基础设施更是无从谈起；一些县财政捉襟见肘，"吃饭"都成问题，投入城市建设的钱自然有限。地级市（即设区的市），财力虽然稍好些，但与大城市比仍有天壤之别。因此，我国的城市从上到下与房价相对应地也出现一个阶梯：直辖市远比省城好，省城远比地级市好，地级市远比县城好，县城远比乡镇好，许多乡镇十几年过去仍然"面貌未改，涛声依旧"，相应地，我国房价从上到下形成了一个"怪梯"：省城的房价是县城的五六倍，县城的房价是乡镇的五六倍。实际上颇受国人诟病的高房价，当属一线大城市，许多中小城市的房价并不高。中小城市没钱建设，建设不好，吸引不了人，人们纷纷涌入大城市，而且越有钱、越有条件越要进入更大的城市。当下老百姓有这样一句话："做狗都要做大城市的狗。"人们向往大城市已成为一种潮流、时尚，每年大中专毕业生几乎选择在一线城市就业，回地方的少而又少便是一个有力的佐证。进城的 10 个人当中只要有 1 个买得起房子，汇集起来就是个天文数字；还有，子女在城里工作，一旦结婚成家，就是砸锅卖铁、汇集几代人的钱，也要给其买房子，这样一来，大城市的房价扶摇直上便成为一种必然。

解决城市高房价，有人提出必须限制炒房。固然炒房大量囤积房源，制造虚假需求，对房价有推波助澜、助长房地产泡沫产生之嫌。然而，炒房是建立在房地产有刚性需求的前提下，只要有利可图，就有人愿意投资，沽房待售。退一步说，即使房地产出现暂时的泡沫，只要市场需求未减，没几年工夫泡沫就会被逐渐消化，炒家不致蚀本，即使一代炒家蚀本，受利益驱使，第二代炒家又会产生。况且，炒房属于完全的市场行为，政府要限制，只能采取提高契税、规定"一户一宅"之类的措施，而实际上，提高契税是一把双刃剑，它在抑制炒房的同时，又可能窒息房地产二级市场运营，致使房源更趋紧张，同时，规定"一户一宅"也难以操作，比如炒家可借用别人的身份证买房等等。当然，还有相当部分百姓把买房当成储蓄、置业，以规避货币贬值之风险，要限制此类买房更是勉为其难。由此可见，政府无法阻止人们对房产增值的预期和判断，即使这种预期与现实背道而驰。

解决城市高房价，有人提出必须限制地价。高地价固然是高房价的主要成因，然而，城市土地属于公共资源，从某种程度上说是政府用大量纳税人的钱投入的基础设施建设才使土地增值的，城市的土地用于商业性的房地产开发，理应竞标，这才物有所值，符合公平竞争之原则。从某种意义上说，让有钱的人买高价的房，让有实力的房地产商买高价的地，卖地款进入政府公共财政，也是一种再分配。再者，以低地价换取低房价实际上也难以操作，房地产商售房属市场行为，如果拿地不通过市场，而是通过政府平价或优惠价供地，低地价未必换来低房价，政府的让利将不知落入谁的腰包，低价供地甚至可能被政府官员用来寻租，成为滋生腐败的温床。

解决城市高房价，有人提出政府必须大量兴建保障性住房，以解决城镇居民中低收入者住房问题。这个主意固然好，政府却鞭长莫及。试想，我国农村人口何其多，拥入城市的人口何其多，还想进城的人何其多。只要大城市的聚财效应没改变，拥入城市的人口就会源源不断，政府根本没有财力解决其住房问题，且城市的土地有限，城市不可能无限扩容。如果政府选择关闭进城闸门，户籍制度改革将无从谈起，我国的城乡二元体制将永远存在。

我国的城市化，主要应该依靠星罗棋布的中小城市、集镇来承载，要建设一批中心城镇，来分流城市化过程中从农村转移出来的人口，要有大手笔，从政治的高度，解决这个问题。

因此，国家"十二五"规划要好好研究统筹制定一个中心城镇发展规划，要投入大量资金建设一批中心城镇和风景优美、各种设施齐全的宜居城镇。地方财力有限，中心城镇建设主要要靠国家投入。让中小城市、小城镇吸引人，唯此，才是解决大城市高房价之正道。把中小城市、小城镇建设好，既有利于吸纳农村人口，解决老百姓住有所居问题，也有利于经济发展，这是一个宏观战略问题。

（谢元清　福建省顺昌县机关党工委、南平市政协委员）

城乡一体创新路，公共服务均等化

　　每年城市都要组织文化、卫生、科技三下乡活动。在新农村文化建设中，将城市文化资源逐步引向新乡村，把文化带给百姓精神食粮，实现城乡文化资源一体化。在新农村卫生建设中，将城市卫生资源逐步带给广大农民，把卫生带给病人医疗服务，建立城乡卫生合作体系。在新农村科技服务中，将城市科技资源逐步带给广大农民，把科技带给农民科技种田，建立科技种田服务站。提倡为广大百姓服务，使社会接受新事物，通过宣传教育，得到发展与进步。

　　"十二五"规划须推动城乡交流。为了发展城乡交流，根据城乡经济的特点，按不同市场的经济情况和生产季节的间歇状况，组织城乡物资交流大会。借助于这种物质交流会，促使家用电器下乡，农副产品进城，使城乡经济大大活跃起来。对国民经济的发展，起了积极的推动作用。以广州进出口贸易交流大会，来领先高级市场；以中部省份贸易交流大会，来建立中级市场；以县城、乡镇、农村土特产交流大会，来形成初级市场。依据高级、中级、初级三种市场状况，在此基础上成立会展中心。在全国范围内可以逐级推动下去，增强城乡交流新活力，加速强国崛起争一流。

（闫庆国　安徽省合肥市）

实施长三角北翼发展战略

《中共中央关于制定国民经济和社会发展第十二个五年规划的建议》提出:"按照统筹规划、合理布局、完善功能、以大带小的原则,遵循城市发展客观规律,以大城市为依托,以中小城市为重点,逐步形成辐射作用大的城市群,促进大中小城市和小城镇协调发展。"以上述思想为指导,结合我们多年来的研究,现提出实施长三角北翼发展战略的建议。

我们对长三角北翼的定义为,长江以北、黄海西侧的以下七个地级市所辖的行政范围(包括代管辖的县级市):南通、泰州、扬州、盐城、淮安、连云港、日照。由此,我们把上海市作为长三角的龙头,把苏州、无锡、常州、镇江、南京等作为长三角的脊梁,把嘉兴、湖州、杭州、绍兴、宁波、舟山、台州、温州作为长三角的南翼。

实施长三角北翼发展战略的重大意义:有利于增强以上海为龙头(或核心)的长三角地区的整体经济实力和国际竞争力;有利于亚欧大陆桥东桥头堡的崛起;有利于缩小苏北与苏南的差距。

长三角北翼发展战略的主要内容如下:

第一,实施期限。为"十二五"规划期限。这个时期实施长三角北翼发展战略,才能更充分地发挥人的主观能动性,才能取得更大的经济社会效益。如果滞后,该地域也能逐步发展起来,因为这将是历史的必然趋势,但是就不能达到主动发展而产生的极大价值。

第二,关键性和根本性措施。一是国家组成实施长三角北翼发展战略的领导协调机构。该领导协调机构,由国务院领导兼任组长,由国家发改委、铁道部等部门负责人和上海市、江苏省、山东省政府负责人任成员。

二是规划建设两条高速铁路。第一条高速铁路，也是首要的，为浦照高速铁路。起点为浦东国际机场，终点是山东省日照市，沿途站点为上海市区、虹桥机场附近、苏州、常熟、南通、泰州、扬州、淮安、连云港。第二条为高速铁路，也是次要的，为禄连高速铁路。起点为南京禄口国际机场，终点为连云港，沿途站点为南京市区、扬州、泰州、盐城。

为了降低乘坐高速列车的票价，上述铁路的建设和运营，中央和地方财政要分担部分费用，从而减少交通联系的经济门槛、经济阻力。两条高速铁路的建设，会极大地拉动沿途地方经济的发展，从而会增加地方财政收入。这样，地方财政分担的相关费用会得到间接补偿。

（蔡吉圣　泰州市城市管理局副局长；

梁春华　泰州市城市管理局工程师）

促进新农村建设的建议

结合多年从事发改工作的实践，我个人认为，农业现代化是社会主义新农村建设的重中之重，没有产业支撑，新农村建设就无法推进。建议：一是改变对农村的投入重点，由过去侧重基础设施建设转变为基础设施建设与扶持产业发展并举。农业现代化必须要有龙头企业带动。重点扶持农业龙头企业，增强它的辐射带动能力，是提高农民抗风险能力增加收入的关键，也是推进农业现代化的关键，将收到小投入大产出的效果。二是更加重视农产品流通体系建设，把现代物流向农村延伸。通过流通引导农业生产，并使农产品能够尽快从生产环节进入消费环节，从而提高附加值，增加农民收入。三是强化政策引导，在整个农业现代化推动的过程中，除了给予资金扶持外，还要给予更多的税收优惠鼓励。

（朱信芳　广西壮族自治区贺州市政府）

"三农"工作的"一、二、三、四"

我常常自问自答，"三农"工作真的这么难吗？我认为问题的关键还是在思想上，在干部的思想上；在体制上，在考核干部的体制上。

如果就"三农"工作向中央提建议，只许提一条的话，我建议——改变当前对各级党政干部的考核考察机制。要把各个地方和每一个部门对"三农"工作的认识、态度、质量和效果的考核，放到头等大事来抓。让干部必须全身心做"三农"工作。

如果可以提两件事的话，我加上——以农田基本建设为主的农村基础设施建设。因为这是农民一家一户做不到的，政府要帮助解决才行。这是农民解决基本生存问题的基础。

如果可以提三件事的话，再加上——农村产权制度和户籍制度改革。因为这是农民作为中国公民最基本的保障制度，这是农民能否有尊严地做人的根本。

如果还可以提第四条建议的话，当然是——给农民平等的劳动保障和社会保障待遇。如果我们的农民真能像城市市民一样有规范化的社会养老保障和医药卫生保障，我们农民那就真的没有后顾之忧了，就真的会成为国家的主人了。作为农民的儿子，我以为，对农民来说，这就是共产主义幸福生活的开始了！

（刘亚新　xinxing141@163.com）

城市建设与规划应考虑现有资源的合理开发利用

现在，有些地方以发展和提高城市品位为理由，城市建设一味求大、外扩，有的甚至再打造一个新城。这一方面占用了城郊土地，另一方面老城内建设滞后，脏、乱、差和破旧严重。建了新城，忽略了老城区改造，结果是新城建设没填满，老城面貌没改善，严重浪费了资源。

在国外，有的特色小城，上百年面积没增大，依然有品位与魅力，人们生活得安然，很值得借鉴。城市开发不能仅看郊区成本低，应考虑对现有资源的合理开发与利用，考虑如何节约土地，如何节约资源，如何提升品位。城市改造每个方面都不能忽视。

（王永忠）

希望"十二五"规划重点关注农村问题

"十二五"时期应重点关注农村、发展农村。我上班已经 39 年了，家乡的落后仍然令人震惊。先说村路，下雨满街泥，无法行走。再说住房，新盖的房子都往村外扩展，村内成了空心村，破烂不堪。说到农民的收入，更是可怜，除了出去打工挣点钱，在家种地基本只能维持温饱。现在城乡差别越来越大，收入悬殊越来越离谱，建议国家在"十二五"时期加大对农村的投入，真正使农民富起来。

（中经网网友）

新农村建设，规划先行

中国新农村要做到超前规划，市政公用设施不要总是修了拆、拆了修，没完没了，特别是地下公用设施，比如雨污水管网、电信电缆敷设。否则，只能浪费国家和社会资源，增加贪污腐败的可能性。

（新浪网友）

应实行更加严格的耕地保护政策

去年以来，各地农产品价格疯涨，粮棉油肉禽蛋菜等竞相涨价。其中固然有游资炒作的因素，但其根本原因在于全国范围内耕地的隐性减少。"十二五"需要在可持续发展上下力气、动真格，为了我们的明天，为了子孙后代，首先要确立耕地优先的国家战略；其次对各地巧立名目占用耕地、乱圈土地搞建设的行为要动作更快、力度更大地处理；最后，加大宣传力度，使全民尤其是各级官员树立可持续发展的理念，减少短视行为。衷心祝愿伟大的祖国繁荣昌盛，人民代代安居乐业，幸福安康。

（索 xd   bz-sxd1976@163.com）

建设现代新农村的几点想法

针对建设现代新农村，我的建议和构想是，成立现代农业集团股份公司，推进农业生产现代化。如今分给农民的土地实现大规模机械化很难，国家可以把农民的土地合起来统一耕种，成立现代农业集团股份公司。负责部门可由农业部牵头，各省农业厅实施。农业股份公司发展壮大也可以上市，逐渐实现农业生产（包括种植、养殖、繁育、加工）一条龙服务。城里低保人员能到农村打工，农民也可以每月领工资，也有助于解决就业问题。建议对这一做法先在全国进行试点，然后根据试点效果再逐步推广，逐渐把农业做大做强。

（蒲万成   中国中铁电化局第三有限公司）

城市规划应该随着城市发展变化及时调整

北京交通拥堵严重,部分原因是规划调整跟不上城市发展变化。目前,在开车族中有两类需求是很难通过发展公交地铁这一方式解决的,一是小孩上学,二是老人看病。

针对这类问题,建议在新的小区建设优质学校、医院,逐步将城中心的学校医院迁移。例如,从北京磁器口到东单2公里的路上,就分布着普仁、同仁、北京、协和4个大医院,造成看病人流聚集。建议将其中3个分别迁移到回龙观地区、通州地区和大兴地区,方便居民就近就医,同时可以改善城中心的交通问题。另外,在迁移学校的过程中,建议建立教师定期流动制度,最大限度地平衡教育资源,逐步实现学生就近入学,减少学生大范围流动,缓解城中心的交通问题。

(陈刚 chen.zw.blto@sohu.com)

严控城镇规模 珍惜每寸土地

最近十几年,我国处在城镇爆炸时代,城镇规模极度增大、城镇面积急速扩张。自改革开放以来,我国的城镇面积至少扩张了1至2倍。此外，各种建设工程（包括公路、铁路等）也是星罗棋布、纵横交错、密如蛛网，被占去的土地也是以万亩计算。

城镇规模扩大、建设工程密布，有积极的意义。城市规模扩大，代表着我国已基本进入城镇化时代，人民生活水平有了一定程度的提高。各种建设工程的竣工和落成，也为改善我国交通运输状况起到了不可轻视的作用。但是，从另外一个方面讲，我国这些年也存在土地资源急剧减少的严重问题。据有关统计，我国目前人均可耕地面积还不到一亩，不到全球人均面积的一半。中国是以不到世界 10% 的耕地，承载着世界 22% 的人口。据有关资料，近些年，仅广东一省，每年就减少耕地 3.35 万公顷。按照这个参数推论，全国每年减少耕地面积将接近百万亩。一方面土地急剧减少，一方面人口不断增加，我国的粮食生产压力将会进一步增大，老百姓的吃饭问题将会受到严重威胁。GNP 虽然增长到天文数字，但是钢铁不能吃，涂料不能喝，什么也代替不了粮食生产。我们不能将老百姓吃饭这个"宝"全压在外国身上，等到人民吃饭困难了，我们再解决这个问题就晚了。

首先要严格控制城市用地，严格城市用地审批手续，同时，把每年侵占耕地多少作为衡量一个地方政绩的重要指标。一个地方年收入虽然增加了几个亿，但新侵占了几千亩耕地，也算是他的一大罪过，不能给他记功。二要科学谋划工程建设，做到用最少的占地建设效用最大的工程。目前不少建设工程存在着重复修建、反复施工、规划不尽合理的现象。我从城里回老家是 20 华里，在这段路上贯穿着四条南北公路和两条南北铁路（其中一条铁路在建）。这四条南北公路，为什么会挤在 20 华里的距离上并排建设呢？如果一条公路按 20 米宽计算，一公里公路就要占地 30 亩，1000 公里就要占地 3 万亩。若全国一年建造上万公里公路，就要占地几十万亩。这几十万亩土地，能养活多少人？所以科学谋划建设工程、力戒重复建设、反复动工，使工程效用最大化，最大限度地减少建设用地，是摆在国家各级相关部门的重大课题。我们每兴建一个项目，都要抱着对国家对人民尽最大责任的心情来做好这件事。

（文京天　人民网网友）

我国基本农田实行规模化经营势在必行

我国农田经营目前实行的是家庭联产承包责任制。小户经营导致农田基础设施薄弱，水利灌溉设施老化，很多农田只能靠天吃饭。由于无法形成规模化经营，农业机械化推广极为缓慢，农民投入产出率低、种粮积极性低，大量的青壮年劳力外出务工，很多农村只剩下留守的妇女和老人种田，很多能种二季稻的地区只种一季稻，甚至出现大量农田被抛荒的现象。一旦出现水灾或旱灾，基础设施落后的农田就会大量减产。此外，基本农田也不"基本"，一方面地方政府通过各种名义将基本农田变成建设用地，另一方面基本农田抛荒严重。

我国每年需要进口大量粮食，粮食缺口很大，粮食安全存在着极大隐忧。要解决粮食的安全问题，就必须实现基本农田的大规模集约化经营，必须引进民营资本，必须实现公司化运作。没有基本农田的规模化经营，就没有现代农业，更谈不上农业的国际竞争力。家庭联产承包责任制的实行曾经成功解决了我国 10 亿人的吃饭问题，极大地解放了农村生产力，推动了广大农民致富。但随着我国生产力的迅猛发展和人口的进一步增长，农业发展相对落后的问题逐渐凸显，小户经营的弊端正日益成为农村生产力进一步发展的桎梏。目前是工业反哺农业、推进农业现代化和帮助农民致富的最佳时机，我国基本农田实行规模化经营已势在必行。

实现基本农田的规模化经营，建议采用"新屯田制"。第一步，政府先征收农村集体所有的土地转变成国有农用地，并给予农民足额补偿，将个体农民经营的小块用地整合成规模较大适于机械化耕种的大片农田；第二步，政府与民营企业共同出资建设农田基础设施，将低产田转变成高产稳产田；第三步，民营企业承包经营农田并向政府缴纳粮食租金，上缴的粮食作为国家储备粮；第四步，加快小城镇建设，为农村劳动力转移创造更多的就业岗位。

"新屯田制"的实行可以实现基本农田的有序流转，加大农田基础设施建设投入，推广农业机械化，有利于新技术的迅速推广应用，减少土地荒芜和土壤流失。公司化运作可极大地提高农业抗风险能力，改变靠天吃饭的现状，大幅提高粮食产量，并稳定国有储备粮的来源。如果我国现有农田中能有一半实现"新屯田制"，以亩产量提高 50% 计算，全国粮食总产量就可提高 25%，就能彻底解决我国的粮食安全问题。而获得足额补偿的农民具有初步的资本积累，可以进入小城镇，既可成为农业产业工人，也可向其他产业转移。

（夏策联　davidorg2@yahoo.com.cn）

推进城镇化应解决好农村的四大难题

城镇化不可避免地要引发农村的一些问题，而这些问题随着城镇化步伐的加快，将会越来越突出。为此，建议国家在"十二五"时期推进城镇化过程中，要着力解决好农村的四大难题。

第一，土地闲置问题。城镇化中，一部分农民工进城务工或落户，势必导致一些农村土地闲置。为使这些土地得以很好的利用，建议：一是充分利用现代技术和管理方式，达到以少量劳动力耕作较多的土地；二是农民土地不能耕种的，在征得本人同意后，地方应做好土地的转交承包工作，多管齐下，形式灵活，尽可能地保证其土地的耕种。

第二，粮食减产问题。农民进城，将加大全国的粮食供求压力。因此，推进城镇化不仅要确保落实种植面积，还要大幅提高单位面积产量，实现粮、棉、油等物资的稳定供应。一是要科学耕种，通过利用科技、种植优良品种、增加有机肥等形式，提高单产水平；二是提高棉、油、蔬菜等作物的种植面积。

第三，农村村庄和学校的撤并问题。随着农村人口向城市的转移，村庄和乡村学校的人数也将相应减少。我们应考虑对村、校重新布局（该合并的应合并），并在项目建设中，充分考虑行政村建设和学校的改建、重建工作。

第四，农村管理问题。农村人口减少，更应重视农村管理问题。要进一步加强农村建设和管理，实现乡风文明、村容整洁、管理民主。

（张奋　人民网网友）

解决东西部发展不平衡

首先我们要看看西部的地理和人文适合什么样的发展需求。我国的西部有三江的源头，有富饶美丽的草原，有山水如画的西南边城，而且更重要的是这里聚集我国少数民族的兄弟姐妹。发展经济，造福一方，是必要而且迫切的，但是我们更应该重视环境保护，重视民族的人文保护和发展。西部的发展绝不是东部粗放的发展模式，而应是环境、民族文化、经济相交融的发展，走循环经济发展的新路。

通过"十一五"的努力，西部已经实现了公路、铁路和航空大发展，为发展第三产业奠定了坚实基础。随着人们的收入水平的不断提高，人们外出旅游的需求大大增加，为西部的旅游业发展带来很大机遇。因此，

"十二五"时期，我们如何推动西部旅游快速发展，是西部发展的重中之重。因此，国家要拿出更多的资金，保护好西部自然环境，大力推进少数民族的人文建设；继续稳步推进西部的道路机场建设；合理安排节假日，保持旅游持续稳定发展。

（七戒　1052278882@qq.com）

二、调整优化产业结构

保障国家粮食安全问题的几点建议

粮食安全问题是关乎国计民生的大问题。近年来，国际国内粮食供需关系发生深刻变化，粮食宏观调控面临的形势更加复杂。金融危机之后，各国为了摆脱经济困境，纷纷把增加货币供给当做拯救本国经济的救命稻草，但是过量的货币供应，必然导致未来五到十年内出现世界范围的大规模通货膨胀，而未来全球人口将会继续增加，粮食价格的大幅上涨与波动，出现的可能性极大。因此，做好国家粮食安全问题的风险防范工作，保障国家粮食安全是当下极其重要与紧迫的事情。

因此，本人为"十二五"时期的国家粮食安全的保障提供如下建议：

第一点，由于中国特殊的国情，保持一定数量的耕地就显得尤为重要，耕地的保有量直接关系到国家的粮食安全。但是，从"十一五"时期全国土地利用变更调查结果报告来看，耕地面积不断减少的趋势并没有改变，耕地保护形势依然十分严峻。要保证总耕地面积与总播种面积维持在警戒线水平以上。在"十二五"时期需要死保耕地 18 亿亩红线，保证粮食播种面积稳定在 16 亿亩以上，全力保证耕地面积的稳定。

第二点，"十二五"时期应该加大农村地区资金投入力度，改善农村、农业基础设施薄弱的现状。特别应该加强政策和资金对农村水利工程建设的倾斜力度，在完善水利设施的基础上保证良田的旱涝保收。同时提高农业科技和物质装备水平、加快农业科技创新步伐、大幅提升农机装备水平。

第三点，在农业生产经营组织方式创新上不断寻求突破，加快发展农民专业合作社、互助组、自律性供销组织，进一步提高农业产业化经营水平。

第四点，"十二五"时期应该加快农村富余劳动力的转移。调整农村地区住房结构，建立小村镇集体住户制度。使得分散的耕地可以重新整合，为耕地规模化集约化生产提供基础，使得耕地的大规模机械化生产成为可能。

第五点，"十二五"时期应该尽力完善储备调节系统，增强宏观调控能力。完善储备粮轮换机制，继续推进储备粮轮换通过规范的粮食批发市场公开进行，使储备粮轮换与宏观调控要求相适应。同时在地方上要坚持以市场需求为导向，根据粮食应急工作需要，进一步优化地方储备粮布局和品种结构，充实成品粮油的应急库存。

第六点，"十二五"时期应进一步完善应急体系，提高应急能力，在地方上完善应急体系，建立全面的应急方案，建立供应网点体系，形成应急能力保障。在大中城市建立和充实成品粮油应急储备，确保应急粮食可以随时投放市场，保证粮食供应。

第七点，建立国内、国际粮食供求形势分析中心，做好粮食宏观调控工作的信息化保障。加强统计调研和分析，重新建立粮食流通统计制度。以粮食统计工作重点，有针对性地建立调查研究小组，研究分析我国粮食流通发展形势，积极撰写统计分析资料，提出调控政策建议。进一步加强粮食市场监测和分析，增强分析的科学性。健全市场信息监测体系，扩大粮食市场监测范围；提高监测工作的准确性，增强调控工作的科学性和预见性。

（李锐敏　四川省自贡市自流井区三台寺）

居安思危，稳定发展农村粮食产业

结合"十二五"时期粮食发展、战略安全、产业布局、调整定位，以及稳定、确保、扩大早稻生产种植面积诸方面工作，笔者提出以下几点粗浅建议，供决策参考：

第一，必须从深层、远景上统筹规划，大力扶持农业发展和粮食生产。实事求是地讲，改革发展到今天，我国农业基础仍然脆弱，农民收入依然低下，农村面貌还相当落后，探索、解决"三农"问题在长时期内应该而且必须是全党工作的重中之重。

从中长期粮食产销发展进程趋势看，我国仍将存在"五个不会变"：即人口逐年增长不会变；耕地面积逐年减少不会变；全国对粮食的需求量逐步增长不会变；两种资源、两个市场相互依存又相互制约的潮流不会变；以自力更生为主解决粮食问题的方针不会变。这些客观现实再次表明，全国粮食需求仍呈刚性增长，整体仍处吃紧状态。可喜的是，近些年党中央、国务院相继出台了十多项扶持农业和粮食生产的重大决定和重要举措，这是着眼全局的治国理政之策，是富有远见、及时而必要的强农、兴粮之举。它体现出党和国家对保持农业基础性地位、促进粮食生产持续发展的决心和信心，是高瞻远瞩、居安思危、依靠自己解决吃饭问题、确保国内粮食安全而采取的扎实行动。

第二，必须从加强宏观调控入手，有效疏导新形势下粮食购销市场价格矛盾，排解供求储备协调压力。从基层实际调查情况看，当前市场上肉、油、米、禽、蛋、鱼、蔬菜等与居民日常生活密切相关的农副产品价格波动更加明显，农业稳定发展和农民持续增收的难度加大，影响民生领域和社会和谐的因素仍将不可忽视，且其运行趋势亦逐步向其他领域的商品价格辐射和渗透。

近几年价格调控表明，国民经济越发展，越需要继续加强农业和粮食的"双基础"地位；社会流通越活跃，越需要加强和规范市场秩序；市场化程度越高，越需要加强市场监管；发展越快，越需要关注和保障低收入群体的生活。因此，保障市场有效供给，抑制通货膨胀，着力完成"两防"（防过热、防过快）任务，避免价格大起大落，维持社会稳定和人心安定，促进社会和谐，实现既定目标任重而道远。

第三，必须从宏观上适应、掌控国际环境因素，积极做好应对全球粮价飙涨的心理预期和行动准备。从远期粮食生产和经济发展情形看，世界经济仍将保持上升增长的基本趋势。但必须清醒认识到，现阶段乃至今后一个时期，世界经济发生波动或增长放缓的可能性加大，经济上不测因素增多；如后金融危机时代的蔓延之势需要拭目以待，对我国及一些经济体带来的消极影响不容忽视；国际资源性产品和农副产品价格长期波动不止，甚至可能继续上涨；少数国家灾后"粮荒"波及世界许多地区，不少国家粮食供求关系紧张；在国际贸易中，针对我国的贸易保护主义进一步抬头，贸易壁垒更加严固，经济发展中面临的严峻挑战和潜在风险依然存在。所有这些，要求我们必须运筹帷幄，妥善应对，尤其是对粮食这一块要时刻保持警醒。

第四，必须建立、构筑和完善粮食生产种植和实际收成的国家财政或粮食、农业保险理赔机制体系。根据气象部门资料记载显示，鄂东地区早稻生产种植和管理近半数年份处于自然灾害频发的不确定性阶段，鉴于这一客观情况，为优化、调整农业种植结构，促进现代农业生产方式转变，进一步推进农业产业化进程，维护粮食战略安全和稳定，确保早稻种植面积与产量，从中长期粮食生产发展情况看，建议国家尽快出台相关措施，将早稻的生产种植按实际面积和概算产量统计建卡、设立台账，构筑粮食生产种植和实际收成的国家财政或粮食、农业保险理赔机制体系，加强农业灾害保险，融通相关补偿途径，让农民朋友放手放心开展种植，尤其是在粮食生产种植遭遇重大自然灾害的年份不再望天兴叹，解决种粮农户的后顾之忧。

第五，必须大力加强农业水利灌溉基础设施建设和农村科技知识推广普及工作，提高农民群众粮食生产种植能力。建议一方面充分利用广播、电视、报刊、宣传单、培训班等形式，不断加大农技知识推广、普及力度，因地制宜积极引进适合本地区自然条件种植的优良品种，及时淘汰劣质品种，优化粮食产品质量，提高粮食综合效益，保障和满足市场需求；另一方面要大兴水利，修护渠道，加强农田水利灌溉基础设施建设，提高农业抗旱避灾应对能力；政府及各有关涉农部门要继续巩固、完善重大自然灾害和病虫害预报预警制度，及时、准确地把科普知识送到农业生产第一线，送到每一个农户手中，最大限度地减少自然灾害、病虫害对农业生产和种粮农户造成的损失。

第六，必须进一步改革完善国家惠农助农政策，将种粮补贴改为按农户人口分配。据调查，国家在"十一五"时期出台了一系列强农惠农政策，一定程度上激发了农民种粮积极性，提高了农民种粮收益。但是，随着近些年农村形势发展和人口结构变化，有的政策和举措在实践中对调动农民种粮积极性、创造性方面（如调查中农民反映比较集中的"农户种粮综合性补贴"一类政策）形成真空、作用有限。建议国家把粮食直补、农资综补、良种补贴三项种粮补贴，由当前的按农户粮食播种面积发放改革为按农户家庭实有人口发放，或者改革尝试对60岁以上的农民发放养老金的方式执行。

第七，必须积极引导和促进土地流转，提高农业生产效率，降低农民种粮成本。从基层实际调查表明，近年来农村在家从事粮食种植的劳动力主要是"老、少、妇"群体，真正务农的青壮年劳动力较少，不少村组耕种田地少且零星分散，单家独户农民种粮技术和劳动生产率低下，单位值内成本较高。建议国家制定和完善相关措施，大力促进土地流转，使土地尽量流转到专业性农业合作社和一些想种田、会种田的技术能手进行集约式耕种经营，逐步实现农业生产规模化，增加粮食复种面积，优化农产品品质结构，提高机械化耕作水平，不断促进农业增效、农民增收，激发广大农村生产活力和种植潜力，确保"夏粮不减产、秋粮夺丰收"的宏伟目标实现，全面推进"三农"事业又好又快向前发展。

同时，我们一定要全面贯彻落实党中央、国务院关于巩固发展粮食和支持、扶助农业生产的各项政策和部署，把发展粮食生产作为各级党委、政府的首要任务和重要职责，围绕制约粮食稳定发展的主要问题和突出矛盾，从政策、科技、投入、资源保障等多方面入手，着力提高农业综合生产能力，通过市场、调控、行政等多种方式推动粮食生产，保障粮食储备和供给，努力构建"五个长效机制"：一是提升资源保障能力，构建耕地保护和有效利用的长效机制；二是提升物资装备能力，构建农业生产基础设施投入的长效机制；三是提升科技支撑能力，构建农业科技创新与推广应用的长效机制；四是提升抗御风险能力，构建抵御自然灾害和规避市场风险的长效机制；五是提升政策支持能力，构建激励粮食主产区和广大种粮农民积极性的长效机制，真正做到"手中有粮，心里不慌"，使我们拥有13亿人口的大国依靠自己能力解决吃饭问题，面对多变的气候、复杂的形势和不确定的国际因素，因地制宜、自力更生走出一条我国粮食生产发展的稳定、健康之路。

（汪新文　湖北省浠水县物价局）

制定和实施强农政策，夯实农业发展基础

近年来，我国出台了免缴农业税、良种补贴、种粮补贴、农机购置补贴等一系列扶农惠农政策，这对于一家一户的小农经济发展有极大帮助作

用，但对于做大、做强农业显然还不够。在"十二五"这一攻坚时期，政府对农业的投入除了继续坚持原有的针对一家一户的农业补贴和资助外，还应该围绕土地、水利和科学技术等基础建设，选准农业的薄弱环节和突破口，集中财力办大事，切实改变农业基础的薄弱地位，以利于农业发展。尽量减少出台"天女散花式补助"和"撒胡椒面式补贴"等农业扶持政策。

现阶段应集中财力优先解决以下四个方面的问题：

一是大幅度提高政府对农业水利设施的投入力度，提高农业的抗旱能力。今年春季西南地区遭遇特大干旱、秋季山西等地遭遇干旱，暴露出农业仍未摆脱靠天吃饭的窘境。就连水资源丰富的云南省，在秋冬春三季连旱时，仅仅依靠过去修建的大中型水利设施，也难以维持正常农业耕作，更谈不上发展。由于缺少政府投入，近三十年来，云南少有大中型农业水利设施建设上马，工程性缺水成为制约农业发展的命穴。因此，加大政府对农业水利建设的投入是我国农业持续发展不可或缺的条件。这个投入涉及两个方面，一方面是大中型控制性骨干水利设施建设的投入，这是投入的重点；另一方面是节水农业的投入。农业水利建设也需要开源与节流并举。另外，全国各地兴修大中型水电站，也要考虑农业灌溉问题，不要只局限于解决电力问题。

二是有计划地推进农村土地整治，加大对农村土地整治的投入。保护耕地作为一项基本国策，坚守18亿亩红线是我国粮食安全的最后屏障。要以农村土地整治为抓手，确保落实耕地保护政策，从中央到地方要投入相应的经费，以县为单位逐村全面推进以田、水、路、林、村综合整治为基本内容的农村土地整治工作，并大规模改造中低产田。这样，既能科学拟定农村发展规划，有力促进新农村建设，又可以明确落实耕地保护的边界，使严格保护耕地的措施落到每一块田地上。这也是政府花小钱办大事的必然选择。

三是大力实施科技兴农战略，加强农业科技下乡的经费投入。近年来，政府和其他渠道的农业科技投入得到大幅度的提高，但农业实用科技成果的推广与普及经费严重匮缺，造成大量的农业实用科技成果束之高阁。重视并加强对农业实用科技成果的推广与普及，健全公益性农业技术推广体系，在科技兴农战略中将起到"四两拨千斤"的功效。

四是积极筹建和扶持各地的农业协会及各种农业专业合作社，帮助分散的农户共同走市场。在现行的政策和体制框架下，家庭是农业生产的基本单位，只有通过农业协会和各种农业专业合作社才能把一家一户的小农经济组织起来，有效地适应市场经济的需要，这不仅是我国农村经济发达地区的经验，也是国外成功解决农业问题的有效路径。因此，在"十二五"时期，各级政府应下真工夫，花大力气并投入相应的经费，扶持各地农业协会及各种农业专业合作社的建立与壮大。

（杨云宝　云南教育出版社副社长；

韩跃红　昆明理工大学社会科学院院长）

"十二五"时期西部地区农业发展必须重视的几大问题及对策

就目前农业发展的实际看，农民的吃饭问题大体上已经解决了，那么，中国农业的发展必须实现"第二次飞跃"。在发达地区，由于农业发展基础较好，自然地理条件也相对优越，其"第二次飞跃"已经在不断推进的过程中。但在广大西部地区，农业发展基础较为薄弱，自然地理条件相对较差，基础设施建设不足，农村青壮年大量外出务工使农业发展缺乏劳动力等因素都严重地制约着西部欠发达地区农业的发展。甚至因为农业发展的严重滞后，已经造成了西部地区农村各方面的"空洞化"现象。

结合当前广大西部地区农业发展存在的问题及可能的发展趋势，我们梳理了在"十二五"时期农业发展必须重视的一些问题，并针对问题提出相应的应对策略。

一、关于优化农业资源配置的问题

首先，要提高土地资源的配置效率。在科学合理地进行产业规划的基础上，推动土地资源的有效流转，实现土地向合作社集中和向能人大户集中，分散农民向农业工人和农业产业化发展入股者转变。这将是提高欠发达地区农业产业化经营水平和优化土地资源配置效率的有效方式。具体而言，一要在稳定承包责任制，分离所有权、承包权、使用权，放活经营权，按照依法、自愿、有偿、集中、规模、增效、规范、有序的原则进行土地流转，形成政府、农民、产业化经营者三方共赢的局面。要规范土地流转行为，妥善处理撂荒土地。农村土地流转涉及农民的切身利益，流转必须规范有序地进行。对于因农村劳动力外出务工而出现的大量撂荒地，要建立土地撂荒处罚、流转补偿机制，在合理保障农民利益的基础上，把撂荒地收归集体所有并推动土地连片集中，再把成片的土地承包给经营者或者村委会直接成立农业专业生产队，实行农业规模化经营。

其次，大力扶持各种农民合作社，推动农业生产经营的组织化进程。在扶持农民合作社发展方面，到目前为止，可以说各级政府都已经充分认识到农民合作组织对农业产业化发展的重要作用，因此也都采取了各种政策措施来推动农民合作社的发展。要继续推进农民合作社的发展，以下一些方面是需要进一步完善的。一是在扶持重点农民合作社发展的同时，也要注意扶持有发展潜力的中小农民合作社。现在的合作社扶持政策，普惠制的太少，本就不多的补贴常常被大型的、有谈判能力的农民合作社拿走，而那些农民自发组织的专业合作社则很少得到相应的资助。在以后对农民合作社的扶持中，不管合作社大小，有无龙头企业，只要有发展潜力，对农民实现组织化生产有好处，政府就应该给予扶持。二是尽快出台扶持农民合作社发展的税费优惠政策及相关的配套政策。我们在调查中发现，尽管有法律规章规定了要对农民合作社进行扶持，但是在具体操作过程中，由于没有工作细则及相应的配套措施，一方面会导致政策的操作性不强，扶持重点和对象的随意性较大，一方面使农民合作社很难有针对性地申请政府扶持。

最后，充分发挥要素资源组织者——农业产业经营管理者的作用。在广大西部地区，农业发展之所以比较缓慢，主要原因之一就在于缺少农业资源要素的经营管理者。要实现西部地区的农业发展，必须注意引进和培养农业经营管理人才。具体而言，西部地区农业的发展不能把目光仅仅停留在招商引资上，而要在招商引资中引进优秀经营管理人才，加紧对农业生产一线有发展潜力的人才进行培养和培训，使之成为推动农业产业化经营和深加工技术升级改造的中坚力量。挑选一批懂经营、善管理的优秀大学毕业生充实农业生产队伍，从而保持农业产业化经营人才的稳定性和持续性。同时，深化农技推广体制改革，加强县区和乡镇农技推广机构的建设和基础设施建设，健全村组技术服务网络，注意激励基层农技人员工作积极性，在职称评定、职位升迁、领办农业企业等方面对基层农技人员倾斜，充分发挥政府农业技术服务这一公共职能。

二、关于增加农业经营比较收益的问题

减少农业生产经营的投资成本，降低产业风险也就自然成为提高农业经营比较收益的重要措施。在降低非生产性成本方面，应优化政府财政投资结构，加大对农业生产基础设施的投入力度，把土地整治、良田改造、水利建设等作为政府公共服务的重要内容，尽量减少农业生产经营者对农业基础设施等非生产性成本的投入数量。优化农产品流通条件，继续改善农村交通，进一步加大对农产品流通行业的税费、资金及政策扶持力度，最大限度地降低农产品的物流成本。

在降低生产性成本方面，一要保障农资供给，尽快出台一些优惠政策对农资生产、运输、经营等环节给予优惠和扶持，以缓解农资生产、经营成本上涨的压力。二要加大市场监管力度，规范市场秩序，特别要加强农业生产资料批零差价的管理，控制流通环节的加价行为，确保政府各项价格调控措施落实到位。三要建立农资风险调节基金。四要加大农资补贴力度，同时加强农资淡季储备力度，发挥农资储备企业的经营优势，平抑市场供应价格。

在发展农业保险方面：一要完善农业保险组织体系，增加农业保险的市场供给。对涉农保险给予各方面的优惠和扶持，鼓励和引导农民和农村合作组织建立农业保险互助合作社，并在税收、财政上加大对农民保险互助合作社的支持。二要建立并不断充实农业巨灾风险基金，各级政府每年应拿出部分支农资金和救灾款来建立巨灾专项风险基金，将部分农业补贴转化为保险方式支付，形成长效的农业保障机制。

三、关于改进农业发展思路的问题

从西部地区农业发展的实际看，各地的农业产业分工基本重复，缺乏细的专业分工，什么都搞，最终什么都没能形成大产业。正是由于每个产业的规模都不大，导致不少龙头企业面临着原料供应不足的难题。同时也因为什么都搞，导致每个产业都不小，但是由于没有现代化企业及时消化，以初级农产品的形式投入市场又显得过多，容易对市场造成冲击而降价。这种因产业建设多而不强而使农业发展徘徊不前的情况，在广大西部地区极为普遍。

因为没有系统科学的产业规划，支农资金的使用也是很有问题的，突出地表现在如下几个方面。一是资金使用缺乏整体规划，部门各自为政，对于支农资金安排及项目实施缺乏协调和整合机制。二是资金投入分散，使用效益不高，由于管理分散，缺乏统一规划，支农资金在支持农业产业建设过程中"撒胡椒面"的现象十分普遍。三是政府引导不力，资金浪费严重。四是信贷支持僵化，产业发展艰难。

在继续推进农业发展的进程中，绝对不能把扶持农业发展的心思仅仅放在扶持龙头企业上，而应把工作重心前移，注重对农业特色产业区域的规划与培育，在此基础上实现农业工业化、标准化与品牌化经营。要逐步形成各种专业化、标准化、优质化的大型农产品产业带，尽量避免各地产业建设重复雷同、缺乏特色的局面。在优化农产品区域布局的过程中，要注意规划，结合各地自然地理条件、产业基础、劳动力资源情况等规划出西部地区的几大产业带，产业带的建设一定要在"大、专、特"上做文章。

在产业规划的基础上，实行支农资金的捆绑使用。形成"一个产业，一套班子、一个规划、一套政策、一套实施办法"的五位一体的管理模式，以克服条块分割、部门制约的体制障碍，形成支持农业产业化发展的合力。具体而言，必须消除部门利益之争，切实形成农业发展一盘棋的思想，把农业基建投资、农业综合开发、水利建设基金、农村小型公益设施等方面的资金，按照统一的规划投入规划区域，统筹安排使用，从源头上改变投资渠道多、使用分散的状况。

在解决农业产业化发展的融资难题方面。一要切实重视解决农村金融"空洞化"的问题。开放农村金融市场，健全和完善农村合作金融、政策性银行、商业银行、小额贷款公司、借贷组织等多种形式并存、功能互补、协调运转的机制，打破和消除垄断格局，真正形成基于竞争效率的多元化农村金融组织体系。二要创新农地担保制度，解决农业中小企业贷款抵押难问题，建立农地使用权登记管理制度，引入市场竞争机制，促进农地的流转，将农地使用权这种固定的财产价值变成流动性较高的价值，优化资源配置，扩充农地贷款资金来源。三要完善农村金融的配套服务体系，如健全金融中介服务机构，为农业中小企业融资提供担保服务；加快农村征信工作进程，为农业产业化的持续发展营造良好的信用环境；对农村金融机构实行差别监管，提高农村金融服务机构的积极性，等等。

（高刚　贵州省社会科学院社会学研究所）

加强中小企业贷款政策扶持

  中国共产党第十七届五中全会审议通过了《中共中央关于制定国民经济和社会发展第十二个五年规划的建议》。"十二五"时期,有几个关键点格外引人关注,其中包括 4 个非常重要的关键词:转变经济发展方式、扩大内需、产业和区域发展、收入分配改革。并首次把"消费"排在拉动经济增长三驾马车的首位,充分显露出中央对扩大内需的重视。这些新的政策调整,必将成为指引全国各行各业深化改革、贯彻落实科学发展观的行动指南。而民营企业、中小企业作为扩大消费的生力军,必将得到国家的政策支持,获得新的发展机遇。因为小微企业在扩大内需、增加就业、繁荣城乡生活等诸多领域扮演着极其重要的角色。无论是在宏观层面还是微观层面小微企业的成长都关乎国家战略转型,关乎千万家庭幸福。但众所周知,作为一个世界性的难题,虽然各国政府极力扶持,中小企业贷款难始终在各国都没能很好地得到解决。

  近年来,中国民生银行认真贯彻中央及相关监管部门的工作要求,把支持小微企业发展作为自身战略定位,通过深入行业调研摸清客户资质和需求,以规模效益和定价优势规避、减少经营风险,在担保方式、管理流程和监管技术方面不断创新,为支持民营企业、小微企业的发展,促进国家扩内需、调结构进行了有益尝试。统计数据显示,从 2009 年 3 月至目前,两年多来,民生银行已累计向贷款需求在 500 万元以下的小微企业、个体工商户、私营业主发放 2000 亿元贷款,累计办理贷款已经超过 12 万笔,户均贷款金额在 150 万元,现有客户规模达到 9.2 万多家,这不仅直接或间接地为社会新增超过 30 万个就业机会,也为民生银行带来了 16 亿多元的利润。民生银行计划再用三年左右的时间，为 50 万家小微企业提供全方位的金融服务，重点解决经营过程中资金实力不足的矛盾，使对小微企业的贷款达到 4000 亿至 5000 亿元的水平，该目标的实现将惠及百万小微业主家庭以及千万百姓的安居乐业。

搞好小微企业金融，将是中国银行业的一次自我变革，是贯彻落实科学发展观，深化我国商业银行改革的具体实践。在改善小微企业服务方面，除银行自身在战略层面加以重视、执行层面身体力行外，建议发改委或相关部门在"十二五"规划中出台相关扶持政策，引导商业银行更加主动介入小微企业金融服务。主要体现在：

一是放宽小微企业开户的条件限制，开通小微企业开户手续快速通道，给它们融资配套更为宽松的法制环境，同时便于银行提供金融服务。

二是在信贷规模管理方面，建议突破传统资产、负债比例管理的思想，进一步放宽或阶段性取消对中、小企业信贷的规模限制，创造中、小企业金融发展相对宽松的货币政策环境。甚至可出台一些奖励措施鼓励银行针对小企业的信贷服务。

三是在税收政策方面，建议对符合条件金融机构发放的中、小企业贷款采取减免征收营业税、加大准备金提取和代偿损失税前扣除等扶植政策。进一步减轻商业银行的经营压力，提高其对中、小企业信贷服务的能力。

四是在银行资本监管方面，建议采取更加灵活、有效的风险监管政策，适当提高对该类业务的风险容忍度，降低中、小企业信贷资产风险资产权重的认定比例，调低这部分资产对银行核心资本的耗用，以此提高商业银行对中、小企业金融服务的动力。

五是在不良资产核销方面，建议国家适当放宽对中、小企业贷款不良资产的核销政策，鼓励商业银行积极探索不良资产快速核销的方法和途径，有效提高中、小企业贷款呆账的核销效率。

六是在信贷风险补偿方面，建议由政府主导探索建立中、小企业贷款的风险补偿基金，对商业银行发放的中、小企业贷款根据其风险程度按增量给予适度补助，对小微企业不良贷款损失给予适度风险补偿。

七是在产品创新方面，建议在加大对借款人信用评价的基础上，进一步破除"抵押物崇拜"的思想，鼓励金融机构积极探索动产、应收账款、仓单、股权、知识产权质押等创新的担保方式，以此缓解中小企业贷款抵质押不足的矛盾。

（丁海军　中国民生银行董事会办公室综合秘书处）

引导民间资本进入风险投资业

我国风险资本的构成以政府投入为主，70%以上的风险投资公司是政府独资或控股。从国外情况来看，风险资本的来源渠道则是多元的，其中包括富人、公共退休基金、捐赠基金、保险公司、银行等机构投资者。它们大多是民间资本，政府基金只占极少部分，仅仅作为引导者的角色存在。

与民间资本相比，政府投入为主的风险资本存在诸多问题。第一，规模普遍较小，无法长期单独支撑高新技术产业应对巨额权益性风险的需求，在市场信息传递和信息处理方面的反应不及民间投资。第二，具有政府背景的风险投资主体过度介入风险投资市场极易诱发垄断和权力寻租行为，滋生不公平的市场环境。第三，由于不能实现规模效应和分散组合投资以降低风险，我国风险投资机构选择目标企业的条件非常苛刻。通常要求企业有稳定的现金流、有资产抵押等，而这些条件对初创阶段的高新技术企业来说都是弱项，致使国内政策性风险资金更多地投向房地产、煤炭、石油等项目，造成风险资金的流失。

因此，引导民间资本进入高新技术企业，发展风险资本，促进高校科技产业化，应成为政府的现实选择。

（范曲立　南京邮电大学信息材料与纳米技术研究院）

加强互联网在公共服务中的应用，发挥互联网在构建和谐社会生活中的作用

加强政府为主导的互联网在公共服务中的应用，可以从建立以下互联网平台做起：

社区服务平台：建立社区网站，提供社区交流平台，发布社区信息公告，办理社区事务（比如前段人口普查就可以以电子报表的形式进行采集），发布贴近人们日常经济生活中经常发生的家政服务、买房卖房、租赁房屋等信息，以电子信息的形式替代楼道中"小广告"功能，从源头上清除"城市牛皮癣"，使供需直接对接，降低社会成本，增进居民和社区的交流，增强归属感。实施方法：以城市为单位建立统一数据库结构，以社区为节点进行管理，居民将供需信息实名录入或查询。在社区设立"社区服务站"，专人进行维护，并协助老年或不便上网居民进行发布信息与信息检索。如："房屋中介功能"，目前比较完备的这类平台多以商业化为主，以会员形式只供中介人员使用，查询时录入户型、层次、位置、价格等信息进行检索。如果建立统一开放的中介平台，可改变传统的中介式服务，使信息更全面便捷，使供需直接对接，节约社会成本，从客观上也可以起到降低房价的作用。

寻人平台：每每看到媒体及身边失散寻亲人的痛不欲生的样子，看到

他们为了寻找亲人抛家舍业，不辞劳苦，不远万里，倾家荡产寻找亲人的场面都会感到万分心痛，虽然他们付出了巨大的牺牲，但效果并不理想，如果能够在国家层面建立寻亲网站，将会大大降低寻人成本，增大成功机会。实施方法：国家建立统一开放数据库，按寻人与寻家进行分类，将失踪人口按性别、年龄、血型、特征等检索建立统一开放数据库供民众查询，由公安或社区、村、厂等基层统一录入并提供数据查询。

寻物平台：现在社会上"失物招领"机构很少，车站等地的招领机构运行效率很低下。如果能够在基层社区和车站设立结合互联网的"失物招领"机构，将为弘扬社会主义道德，构建和谐关系会起到很大作用。实施方法：国家建立统一数据库结构，在互联网上建立以社区为节点的失物招领点，同时在社区建立失物仓库，建立相关失物处理机制，由社区与公安或社区联合，每个社区成立专门保管机构，将收到的无主失物或寻物信息目录及图像在规定时间内录入统一数据库，供民众检索，对逾期无人认领的失物或弃物定期拍卖、丢弃或捐赠。这个平台同时可以将找不到主人的失物发放、社会救助等结合起来，发挥更大的公益作用。

实时路况信息平台：民航、铁路、交通部门结合公安交警高速管理部门、沿路村镇新闻媒体、班线司机等交通参与者建立路况信息网站，以区域和线路相结合的方式通过互联网及其他媒体实时发布实时路况，对道路的路况、限行、通行情况、是否拥堵、气象条件等进行发布，使司机车辆合理高效安排出行，以达到节能的目的。

智能公交平台：目前政府对城市公交路进行了大量投入，居民出行越来越方便，但由于各种原因有时公交拥挤、不准点，乘客不知道多长时间能够等到车，小小的麻烦阻碍了人们绿色出行的动力。智能公交平台就是通过高科技和互联网来提高公交软服务，让公交服务更贴近乘客。实施方法：（1）电子站牌：将公交站点用网络相连，公交车和站点之间通过无线感应建立联系，公交车每到一站都进行无线"签到打卡"，同时在公交站点设立电子站牌，显示车辆所到站点及乘客多少，让公交调度和站点乘客随时了解车辆运行情况和所乘车辆的到站情况。（2）网络查询：将上述信息实时发送到互联网站和 WAP 网站，使人们能够通过网站和 3G 移动网络或手机网站直接了解车辆运行状况，让乘客合理安排时间，提高出行效率，让人们公交出行更方便，增大公交出行率。

政务平台：整合部门网站，建立政务网络公开，网络征集民意、网络提案、招投标信息、拍卖信息等制度。政务平台应该在推进社会矛盾化解、社会管理创新、公正廉洁执法等工作发挥更多作用。

在社会生活中可以整合和建立的平台还很多，如社区安全网络、配送服务网络等，可以不断集思广益，通过实践不断完善与发展。同时公共服务的网络建设是一个不小的工程，具体实施还要注意以下几点：

第一，首先要做好互联网在广大农村的应用，其次要做到"村村通网络"，以村为节点设立信息采集点，配备网络设备及管理人员，负责信息采集和联络与管理。农村节点的主要作用是使信息采集更全面，还可以帮助农村发展经济，如：推介土特产品、旅游资源同时使边远地区及时准确获取外部信息，使城市农村互通有无，共同发展。农村节点的人员设置可结合"大学生村官"、"支教"等制度。

第二，这些平台的建立，必须由政府主导，原因一是涉及财力支持、设备的投入、数据库的建设与维护、网站建设、人员安排、部门协调，只有国家主导才能有序推进，最终完成。二是各级政府可以督促政府网站做到及时更新反馈，国家可以制定相关政策，规范各级政府网站，对信息公开和网站建设进行规范。

第三，推行步骤：建立数据库、建立样板网站、在城市社区推广、在边远地区推广、先易后难、先点后面、先城市后农村，先在有条件的社区建立社区服务平台。总之只有在政府规范统一的基础上才能迅速建立起完备的公共服务网络。

政府通过加大互联网在公共服务中的应用的投入，建立公共服务网络，相当于建立了"信息高速公路"，是利用高科技后发优势，用有限的投入取得最大的社会收益，是提高政府公共服务水平，促进社会进步与和谐，提高社会生活软环境，加强居民的归属感的有效手段，而且可以起到扩大就业，拉动科技产业需求的作用，从而达到用高科技网络拉近城乡距离、节约资源、提高居民幸福指数构建和谐社会的目的，还可以起到加强基层组织建设，维护社会和谐稳定作用。

（李晓明　河北省唐山市路北区国税局）

深化技术性贸易措施研究　推动产业转型升级

"技术性贸易措施"（TBT），是世界贸易组织（WTO）成员为实现保护安全、健康、环保和反欺诈等合法目标而采取的技术法规、标准、合格评定程序、动植物检验检疫和食品安全措施的统称。目前，我国三成以上的出口企业受到国外技术性贸易措施的影响，每年因此造成的损失正逐年增加——2005年为288.13亿美元，2006年为359.2亿美元，2007年为494.59亿美元，2008年为505.42亿美元，2009年为574.32亿美元。技术性贸易措施已取代反倾销措施、汇率升值，成为影响我国对外贸易发展的首要因素。同时，技术性贸易措施对推动产业结构调整的作用也不断显现，成为我们加快经济转型升级必须研究的重要课题。

一、当前技术性贸易措施发展的新趋势

1.目标作用有新定位。过去各国尤其是发达国家往往将其视作对欠发达国家实施贸易保护的一种技术手段和技术壁垒而随意采用，随着社会和经济的发展进步，已演变为世界各国调控国内外市场和促进包括本国在内产业发展的统一手段，实施准备更加充分，目的更加合理，效果更加显著。舆论也对其作用进行了客观再认识，不再简单地称为技术性贸易壁垒，更多地称其为技术性贸易措施。

2.涵盖范围有新拓展。技术性贸易措施可谓名目繁多，种类齐全。从产品形态看，它涵盖了所有初级产品、中间产品和制成品；从产品生命周期看，与研究、生产、加工、包装、运输、销售和消费以及处置等各个环节密切相关；从影响领域看，其始于生产领域，逐渐扩张至金融、信息等服务以及投资、知识产权等各个领域；从涉及国家看，发达国家主导了国际技术贸易措施的制定，越来越多的发展中国家开始重视技术贸易措施的引进和实施，大有后来居上之势。

3.安全环保要求有新提高。发达国家以保护动植物生命健康、应对气候变化为由，不断提高相关技术标准、新增相关技术法规。同时，发达国家对产品生产、运输、消费和回收处置全过程的碳排放量（碳耗）的要求也日益苛刻。

4.专利化与知识产权化有新发展。"技术专利化、专利标准化、标准垄断化"，以专利、知识产权为支撑的技术贸易措施越来越多。许多国家一方面要求进口产品必须达到其设定的技术水平或技术标准，另一方面却把实现该标准水平所必需的技术申请了专利，形成技术垄断联盟。他国产品如要进入其市场，则必须依照知识产权法向其支付高昂的专利许可使用费，购买受专利保护的相关技术。比如，欧盟打火机 CR 法案规定，国外企业必须向欧盟打火机企业支付"儿童安全锁"（简称 CR 装置）专利使用费。欧盟 REACH 法规（关于化学品注册、评估、授权和限制的法规）甚至要求，国外企业利用欧盟化学品实验数据也必须支付专利费。

二、技术性贸易措施给转型升级带来的机遇

1.带来技术进步的新机遇。现行国外技术性贸易措施大体可分三类：第一类，国外的要求是合理的，我国企业具有达到该要求的生产技术；第二类，国外的要求是合理的，但我国大多数企业目前还不具备达到国外要求的生产水平；第三类，国外实施的措施不合理，有歧视性，属于明显违反了 WTO 等相关贸易规定的技术贸易壁垒。根据商务部调查，目前我国多数企业是因为前两类技术贸易措施而受到出口损失的。因此，技术贸易措施产生了出口企业技术创新的外部压力，促使企业及时了解出口市场对产品标准和质量要求的变化，主动查找差距，增加投入，研发采用最新技术，严格成本管理、财务管理、质量管理，建立起符合技术贸易措施要求的质量保证体系，从而实现产品更新换代。如浙江的德力西控股集团，近年来投入巨资加强技术性贸易措施的研究和利用，调整生产工艺，输变配电气及控制设备电气等主导产品层次跨上新的台阶，销售量值均逆势增长。

2. 带来块状产业（产业集群）提升的新机遇。国际绿色技术贸易措施虽然实行时间不长，但内容已十分完备，涉及空气、噪声、电磁波、废弃物等污染防治、节能降耗、自然资源和动植物保护等各个方面，不但直接影响了全球 20% 以上贸易总量，而且还间接推动了许多国家和地区产业的"绿化"与园区生态化改造。据调查，绿色技术性贸易措施在浙江 21 个重点产业集群转型升级示范区中正发挥着积极的引导作用。一是加速部分高污染高能耗产业萎缩，一定程度上减轻了资源环境压力；二是产生了对环保、节能、安全原材料产业的强大需求，刺激了新能源、新光源、新材料等战略性新兴产业的发展；三是推动了块状经济品牌培育、技术创新、质量管理、标准提升和国际认证等相关工作，明显提高了块状经济整体声誉；四是推动了咨询、认证、中介、知识服务等现代服务业的发展。

3. 带来规范进口市场的新机遇。当前，由于我国技术标准总体水平不高，合格评定程序不健全，环境、卫生和动植物检验等方面措施尚不完善，导致大量不符合国际安全标准的产品进入国内市场，危及消费者人身安全。以服装为例，2010 年 3 月，浙江省工商局抽查发现，杭州、宁波、台州三地销售的 30 个国际知名品牌服装六成不合格，甲醛超标、色牢度低等问题突出。不少天价知名品牌标注的执行标准竟然是国外已废止标准。特别是在绿色进口技术贸易措施领域，由于环境标准低，更是几乎处于不设防状态，导致国外废旧电器等洋垃圾和国外污染密集型企业大量涌入，严重破坏了本土生态环境。如果我们能够深入研究国际技术标准，借鉴发达国家标准化战略的经验，加快补充和完善相应的强制性进口技术贸易措施，努力推动一批标准成为国际标准，就能够进一步规范产品的进口程序并提高其市场准入门槛，从源头上保护消费者合法利益。

三、加强我国技术性贸易措施工作的若干建议

目前，我国已建立多个部门组成的应对技术性贸易壁垒联席会议，出台了技术标准战略和"应对技术性贸易壁垒预警工作实施细则"，设立国家及各省区市的 WTO/TBT 通报咨询中心，建设了一批标准信息公共服务平台、应对技术性贸易措施公共服务平台，开展大量专题研究和帮扶企业工作，在机制建设、通报预警、平台建设、重点研究等多个层面取得了一定成绩，但也存在着两个突出问题。一是观念仍有偏差，表现在许多部门和地区仍然简单地称其为"贸易壁垒"，没有深刻认识到技术性贸易措施在经济转型升级中的重要作用。二是工作比较被动，主要停留在跟踪信息、发布预警的层面，前期跟踪及前瞻性预测至今尚未开展。"十二五"时期是我国经济社会转型发展的关键时期，也是全面提升综合竞争力，实现科学发展、赶超发展的关键时期，更是全面建成惠及全体人民小康社会的关键时期，应进一步提高认识，切实加强相关工作。

1. 更加重视技术性贸易措施工作。加强技术性贸易措施工作不仅有助于实现"走出去"战略，也有助于推动我国节能减排、生态保护和转型升级等各项工作。一是要深刻认识到加强技术性贸易措施工作的重要意义，进一步转变观念，灵活运用技术性贸易措施手段。二是进一步加强对利用技术性贸易措施的研究和解读，将其纳入"十二五"相关发展规划中。三是深化技术性贸易措施研究与利用，修订完善我国应对技术性贸易措施的相关政策文件，更好地发挥其在推动产业升级、保护人民群众生命健康、建设生态文明等方面的作用。

2. 继续完善联动推进工作机制。一是完善发改、商贸、科技、质监等部门共同参加的联席工作机制，统筹安排实施相关项目，建立和完善我国进出口技术标准法规体系。二是整合社会各方资源，加强标准信息与质量安全公共科技创新服务平台建设，完善资讯采集、分析、处理、通报发送和预警发布体系，充实产品出口资讯库、标准文献数据库，加快平台网站群和产业子平台建设，更好地发挥 WTO/TBT 通报咨询中心政策研究和公

益服务作用。三是加强区域交流与合作，加快建立珠三角、长三角、（京津冀）环渤海湾等区域性技术性贸易措施合作机制，逐步形成全国性的长效合作机制，建立完善与进口国的合作机制，不断提高技术性贸易措施的话语权和工作有效性。

3. 不断加强对企业的技术帮扶。以产业集聚区和龙头骨干企业为重点，实现技术性贸易措施工作点的提升和面的覆盖。一是引导企业主动参与预警体系的构建，积极参与通报评议、标准修订、抗辩应对等各项工作。二是及时研究制定重要产业集聚区《出口商品技术指南》，帮助企业了解掌握目标市场的技术准入条件，提出解决方案和建议。三是由国家WTO/TBT 通报咨询中心牵头，加强与重点出口企业联系与合作，逐步建立点对点的数据库共享平台，帮助企业及时获取出口国认证模式。四是充分发挥龙头骨干企业示范效应与引领作用，可以考虑在行业龙头骨干企业的培育工作中强化对技术性贸易措施工作的要求，确定一批技术性贸易措施研究和成果转化实践基地。

4. 充分发挥行业协会（商会）的技术性服务性作用。推进政府相关技术性服务性职能向行业协会（商会）转移工作，加快行业协会（商会）体制改革。成立专门的技术性贸易措施研究小组，重点跟踪国际组织、主要贸易伙伴相关标准、技术法规的最新动态，为政府、专业技术机构及企业加强技术性贸易措施工作提供情报支持。从扩大出口与保护行业安全、企业合法权益的角度出发，积极配合政府参与谈判，协助企业解决争议。建立与境外行业协会（商会）定期交流机制，开辟信息获取、国际认证、争端解决的新渠道。积极推出机制灵活的协会指导性技术文件，尽快在全行业推广应用，适时上升为国家标准和行业标准。

（林宏　浙江省省委政策研究室）

解决当前民营企业"民工荒"

一是改善用工环境，维护劳动者权益。各级政府应牢固树立"以人为本"的科学发展观，按常住地原则将外地农民工纳入管理和服务范围，在子女就学、社会保障、人身安全、权益保护等方面给予平等的待遇。加大执法力度，严肃查处企业侵害劳动者权益的违法行为，着重解决拖欠工资和劳动条件差等突出问题。

二是完善就业服务体系，发展跨地区劳务合作。按照"制度化、专业化、社会化"的要求，完善就业服务体系，加强跨地区的劳务合作。针对企业用工短缺问题，政府公共就业服务机构要进一步树立为企业服务的思想，围绕企业用工需求积极主动地开展服务，为企业分忧解难。帮助企业了解劳动力市场信息，指导企业合理确定招工条件，扩大招工范围，缓解供求矛盾。

三是加强职业技能培训，培养高素质劳动者。多渠道筹集资金，建立国家、企业和劳动者个人三方分担的技能人才培养投入机制。坚持"以就业带培训，以培训促就业"的原则，推进培训就业一体化，逐步形成"先培训，后就业"的机制，努力造就一支高技能人才队伍。

四是加大监督力度，改进企业用工行为。尽快建立企业公众信息定期调查披露制度，由政府职能部门、行业协会或新闻媒体，对企业的劳动环境、工资待遇、工作时间、社会责任等公众信息进行定期调查和披露，增加透明度，为劳动者选择就业单位提供参考，为企业合理制定各项劳动标准提供依据。同时，对模范遵守劳动法规，留得住员工的典型企业，加强正面报道，营造良好的用工环境。

五是积极推进企业党建、企业工会工作，增强企业凝聚力。通过不断提高员工的政治地位和经济地位，稳定民营企业就业秩序，调动民工积极性，促进民营经济的大发展快发展。

（刘增平　河北省沧州市委信访局）

加强电网建设

中国经济发展是以大都市为依托的辐射式都市群，对应的是已经形成的六大超高压区域网，未来的电网只能在此基础上加强和发展壮大。

第一，电网的安全性主要由构架决定，理论和中国几十年的实践都证明原超高压网构是安全的：中国超高压电网都是围绕都市群建设的放射型网构的组合，对应的是都市群辐射型构架，是电网最安全的构架。任何一条放射支路的故障切除对负荷中心的干扰最小，因为它只是汇集到负荷中心多个支路（平均六七条输电通道）的一支，最不容易发生故障的连锁效应。连锁故障是电网大停电的主要原因，而大停电是电网不安全的主要表现。三华交流特高压同步网是推荐的未来电网之一，准备覆盖在原三个超高压电网（华北、华东、华中电网）形成一个新的交流特高压电网。它的棋盘式结构是由特高压无功电压补偿要求的固有特性，是最容易发生连锁故障的网构。经过故障概率计算，三华同步网发生大停电的概率要比原来三个超高压电网高 6 倍，将会对国内生产总值占我国 70% 的核心三华地区造成潜在的大停电不安全危害。

第二，中国未来地区经济发展的电力需求主要是远距大容量输电，选择方法就是结合工程进行经济比较优选输电方式：全国电网的都市群负荷已经地理定位不可移动，电力分配只能在原构架上加强不可重建。中国六大电网区内的电源资源已经充分开发利用，未来电力需求主要靠远距输电供给。远距输电方式有多种，选择的方法就是结合工程进行经济比较，摆脱不同工程带来的差别误差，也避免用一般的行政指令代替工程通用的经济技术比较，这样常常易于造成不可问责的经济损失。

第三，特高压同步网不是中国现实电力容量发展的必然，它既无理论、又无实践根据：世界超高压同步电网的实用容量已达七八亿千瓦，是目前国内超高压网最大容量的 4 倍以上，我国超高压电网还有很大的容量发展提升空间。如果需要，超高压电网还可以采取直流分割为更小的同步网，满足进一步经济发展对大容量的需要。

第四，鉴于特高压交流输电和电网是涉及几千亿元的重大项目，建议采用科学民主决策五道程序，即公众参与、风险评估、专家论证、合法审查和集体讨论迄今尚未见有关交流特高压工程对大停电的风险评估，而且缺乏不同方案的经济技术比较。

我国今后的电网建设应以六大超高压区域网为基础，采用超高压和直流远距输电应对未来远距输电的电能需求，采用非同步的大区域网间直流互联应对电能和电力互助的需要。

一是选用超高压和直流输电组合替代交流特高压输电，可以更经济地覆盖几百到成千公里输电工程，比用交流特高压输电或三华特高压同步网输电既经济、又安全。以规划中的三华交流同步网为例，总工程造价约6000 亿元，如果改用超高压加直流输电组合，可以节约一半，约 3000 亿元。高投入的特高压同步网只能提高电价回收成本，这种无效的投入不仅浪费资源，而且制约内需不利民生、削弱国家生产竞争力。

二是采用直流（非同步）互联六大超高压区域电网，比交流同步互联（包括用覆盖的三华特高压同步网）更安全、更经济。六大区域电网实际已有四处用直流非同步电网互联，都是成功的。而同步互联电网则出现了弱阻尼低频振荡，限制了网间联络输电线的输电能力。

（王仲鸿　清华大学电机系）

促进房地产业健康发展

一是增加保障性住房供给。政府应将保障性住房与商品性住房区别开来。在调控房地产市场时，应注意区分不同的群体。一部分是低收入人群，这部分可以采用廉租房政策，地方财政收入要有一定的比例用于解决低收入的住房。另一部分是中等收入人群。对于这部分人群应采取限价房政策。还有一部分是高收入人群。这部分人群可以根据市场的需求进行定价。因此，政府在制定政策时，应避免一刀切，要兼顾不同的收入群体、不同的需求，确保政策的合理可行。当前，我国大部分人群的收入还难以满足高企的房价，为此，政府必须大力增加保障性住房供给。有资料显示，我国香港地区、新加坡的保障性住房比例分别达到了 50% 和 84%。我们有必要学习借鉴其经验，积极推进保障性住房的大规模建设，进而大幅度增加保障性住房比例。保障性住房，一方面有助于实现住有所居的目标，缓解社会矛盾，促进社会和谐；另一方面保障性住房的建设同样可以带动相关经济产业的发展，并不会削减房地产业对经济的推动作用。因此，要解决住房难的问题必须大力增加保障性住房供给。

二是抑制投机性购房。投机性购房对市场的危害很大，必须坚决予以抑制。应进一步发挥税收、信贷、土地等方面的政策，加大对投机性住房的控制。实行更为严格的差别化住房信贷政策，提高购买第二套、第三套及以上住房的首付比例和贷款利率，严格住房消费贷款管理。发挥税收政策对住房消费和房地产收益的调节作用，加快研究出台引导个人合理住房消费和调节个人房产收益的税收政策。同时，政府应该意识到在流动性过剩的投资时代尽快推出各种理财产品的重要性，而不是让投资者千军万马过购房这一独木桥。当市场上出现其他各种各样的收益更高的投资产品，如基金、证券、国债等等，并且这些产品的收益能够与房地产持平，这样就能产生替代作用。

三是加强舆论的正确引导。我国房地产市场以及消费者总体都还不够成熟，一些以偏赅全的专家言论与报道通过媒体传播，很容易引发市场的波动。比如，有的城市个别项目出现价格上涨，经媒体渲染后马上误导消费者因担心房价上涨赶紧买房，开发商也乘机哄抬房价，造成房价在短期内的全面上涨。有的媒体不从正面宣传政府的调控政策，热衷于对房价将出现"雪崩"，市场将出现"拐点"的炒作，将部分地区市场出现的问题放大到全国，导致市场观望气氛和持币代购现象蔓延，正常的住房消费也随之退出市场，房地产市场陷入萧条，还有的媒体对一些城市出台的政策进行误读，煽动群众的不满情绪。这些都不利于房地产市场的健康发展。媒体应大力宣传中央出台的各项政策措施及其成效，着力稳定市场信心。对各种散布虚假信息，扰乱市场秩序的行为要严肃查处。

四是促进房地产信息的公开透明。对于广大消费者而言，买房往往要花费人们很多年甚至是一辈子的积蓄，所以购买者在选购住房时非常谨慎。但是，由于信息不对称，认知能力有限等因素，消费者在决策过程中往往出现许多非理性行为。因此促进房地产市场信息公开，引导居民合理消费，对于房地产市场至关重要。第一，规范房地产价格的分析评价体系，建立完善的信息披露机制。鼓励和支持中介咨询服务机构的建设，作为开发商和消费者之间的信息沟通，减少信息不对称，降低交易过程中的效率损失。第二，建立和完善房地产市场的预警机制。一方面，指导开发商投资，另一方面，增强消费者的理性消费，降低投机者的投资行为。

此外，房地产调控还应处理好短期与长期、政府与市场、中央与地方、民生与经济的关系。同时还需要推进土地制度、金融体制、财政税收体制等方面的制度性改革。房地产业的问题不仅仅是经济问题，也是社会问题、政治问题。必须坚持治标与治本相结合，确保房地产市场的平稳健康发展。

（阎国平　山西省古交市）

信息化应与工业化深度融合

一是建立全国房地产资源数据库，化解高房价问题。第一步，采用8000米航拍将所有土地资源和房产资源的地理信息转换为 CAD 和 GIS 数字化地图信息，无一遗漏、统一编号纳入国家资源管理数据库。考虑全国统一航拍会发生工作量冲突，可利用原地区航拍和测绘图同时进行，以后逐步补充。利用统一编号的房地产资源，以 EXCEL 数据表申报和调查方式填表。第二步，公安户籍管理完成身份证的父代身份证号码和对方婚姻身份证号码补充工作，计算机会自动处理家庭婚姻群代关系。第三步，房地产资源数据库采集缉核工作。国家房地产管理调控所需全部数据应有尽有，那发生在房地产上的所有矛盾立刻化解。

二是建立就业信息系统，化解就业难问题。第一步，在公安部户籍管理身份证和现地税局个人所得税申报系统基础上，建立社会保障体系人力资源数据库，以城市为节点建立社会再就业服务市场呼叫中心和网站，政府为无技能的人员提供技能培训中心。第二步，就是人才及劳动力市场配套的法规、监察、调度、呼叫、结算、服务、调剂等体系的建设和运行。第三步，系统地统计及数据上报。实际上目前互联网技术的发展，系统集成等条件均已具备，只差决策者的决心，资金并不是问题。

三是建立医疗信息系统，化解看病难问题。建设远程医疗会诊中心系统，城市的远程医疗会诊中心是地道的三甲水平的医保中心医院，医疗会诊中心设立若干学科会诊室（根据就诊流量），建立医保医学影像、检查、检验中心，一般性检查乡镇社区可直接做，数据统一上传数据中心，形成个人医疗档案数据库，这个远程医疗会诊中心的值班医生不是评说会诊了结，而是和在三甲水平医院一样，负责中长期或短期医嘱，乡镇社区是护士站按医嘱指令执行，电脑程序监督，无任何疏漏，对于需要转院和需要手术的患者，会诊医生需要三人或以上提出诊断结果、评定等级，作为转院和然后进入与商业性医院治疗支付费用的依据，商业性医院按合同医疗程序完成服务和竞争。统筹的医保费用才能控制和科学管理，在远程医疗会诊室的效果完全和在三甲水平医院一样，需要诊断结果包括所需医学影像、各种检查应有尽有，全部是光缆与数据中心数据库连接，由于开通远程异地名医（专家）接入技术，聘请专家异地接入效果等同本地，整个系统完全在全新医保医院覆盖城乡（HIS，医院信息系统）程序控制下运行。

（杨洪　辽宁省阜新市）

积极推进我国制造企业发展现代服务业

一、健全制造企业分离发展现代服务业的保障体系

第一，加强组织领导，建立健全统筹协调机制。鼓励和推进我国制造企业分离发展现代服务业工作，必须加强对制造企业分离发展现代服务业的组织领导和协调力度，建议要成立制造企业分离发展现代服务业工作领导小组。组长由国务院分管领导担任，成员包括国家发改委、商务部、财政部、税务总局、统计局等相关部门负责人。同时，对制造企业分离发展

现代服务业要进行统筹规划,明确分离发展的基本流程,简化政府的工商注册、税务登记、政策申请等工作程序,为制造企业分离发展现代服务业提供最大便利,以减少企业成本。

第二,加强部门配合,切实落实各项政策。各级政府部门应密切配合,进一步优化服务,积极宣传支持制造企业分离发展现代服务业的相关政策,切实落实各项财税优惠政策,研究分析分离发展过程中的政策需求,及时调整和完善政策,充分发挥财税优惠政策的杠杆作用和引导作用,引导制造企业合理进行分离发展。

第三,搭建服务平台,建立长效机制。采取政府购买服务方式,鼓励行业协会或中介机构发挥桥梁纽带作用,利用中介机构在企业策划、税务咨询、会计核算、法律咨询等方面的专业优势,为制造企业分离发展现代服务业提供专业化的服务,同时也可进一步推动中介服务机构自身发展。

第四,加强政策宣传,建立考核评价机制。要充分发挥新闻媒体的作用,加强对现代服务业地位作用、扶持政策、发展环境和典型示范案例等方面的舆论宣传,及时报道制造企业分离发展现代服务业的成功案例,更好地营造推进制造企业分离发展现代服务业的良好氛围。此外,要加强对我国各地推进制造企业分离发展现代服务业的考核,并纳入年度现代服务业发展考核体系。

二、抓紧出台扶持制造企业分离发展现代服务业的政策措施

制造企业分离发展现代服务业是现代市场经济和工业发展到一定阶段的必然产物,符合产业发展规律和产业分工的要求。这项工作的顺利推进,离不开我国各级政府的支持和引导。为此,一要加强对现代服务业关键领域、薄弱环节和新兴行业的投资示范引导,并积极鼓励引导民资和外资等社会资本投向现代服务业。二是对从我国制造企业分离出来的现代服务企业要在市场准入、税费、用地、价格、产权变更等方面制订有关政策措施加以扶持,并鼓励制造企业进行管理创新、体制创新,进行专业化分工协作。三是税务部门应对企业分离发展中的纳税环节开展优质服务,积极宣传现代服务业相关税收优惠政策。对企业分离后的税负进行分析平

衡，财政部门可对超过原税负的部分给予适当补助，以增强制造企业分离发展现代服务业的信心和实力。

（杨书群　广东省佛山市委党校经济学部）

"十二五"交通发展规划要做到"三个面向"和"三个优化"

"十二五"时期，交通发展规划应做到面向西部、面向农村、面向未来，优化机制、优化布局、优化结构。

面向西部是区域协调发展战略的必然选择，是缩小区域间贫富差距的必然选择，是创造更多就业机会让人民更有尊严生活的必然选择。

面向农村是打破城乡二元结构的必然选择，是实现我国农业向现代化强国迈进的必然选择，是早日使我国农民富起来的必然选择。

面向未来指的是，我国交通发展规划在覆盖城乡的同时必须考虑环境保护问题，如三江源等自然生态屏障地区不宜较早发展交通等。

优化机制指的是，在尽量节约国家财政开支的基础上，大力引导民间资本投入国家建设领域并充分利用金融手段实现交通发展高效化运作。此外，要考虑在海陆空不同渠道为不同的消费人群提供不同的服务。例如，在民航领域，是否考虑为那些有能力为商务出行支付小型包机费用的人们提供专业化服务，从而促进消费，实现民航更大赢利。

优化布局指的是，在避免重复性建设的同时为世界经济周期性波动埋下伏笔，为下一次金融或经济动荡能够较好地采用凯恩斯策略留下足够的空间。

优化结构指的是，未来我国的交通发展规划必须统筹考虑、兼顾实施，把高铁建设列为重点项目，统筹考虑海陆空的综合配套发展，使交通发展为区域经济发展发挥作用。

未来一个时期的交通发展规划要发挥社会主义集中力量办大事的优越性和金融资本高效运作的灵活性，力争在"十二五"时期使我国铁路里程从世界第二变为第一。

（王可　深圳海关）

要重视交通发展阶段的转变

从"六五"计划到"十一五"规划，我国交通实现了跨越式发展，主要表现在基本解决了运输难的问题，交通运输基本可以适应经济社会发展的需要，以高速铁路和高速公路为代表的中国交通，以崭新的面貌展现在全世界的面前。与此同时，我国交通的发展又面临着一系列新的难题，如大城市交通不畅通、经济效益不高、环境不够友好、重复建设问题不小等等。以上事实表明，我国交通发展正处于发展阶段转变之中，一方面，前一发展阶段的主要矛盾已经得到基本解决；另一方面，后一发展阶段的主要矛盾已经显现。因此，对于交通发展阶段的转变应予以足够的重视。

一、交通发展阶段转变是现实的要求

以北京交通拥堵为例。北京交通为什么拥堵？因为小汽车（私人小汽车、单位小汽车和出租小汽车等）太多。为什么小汽车太多？主因是公共交通服务跟不上人们出行需求，次因是我国汽车产业政策、北京大规模城市道路建设、宽松的道路政策、家庭收入水平不断提高四大因素对购买小汽车的推动。为什么公共交通服务老是跟不上人们出行需求呢？大量的调查和事实告诉我们，根本原因是地铁和公共汽车是"分家"的，基于自身利益相互竞争，两"家"长短距离都跑，其结果是在人口高度密集、土地资源稀缺的大城市内，两"家"都发挥了劣势。本来地铁应当作为干线或主支线，高速度、大运量；事实上，许多地铁只起次支线或络线作用，站距跟公共汽车差不多，速度上不来，建设和运行成本又太高；由于资金制约，地铁无法大发展。而公共汽车跑长距离，影响因素太多，带给人们的是不准点、候车和坐车时间太长、身心劳累等，发展也面临大问题。

所以，北京交通拥堵的根源是交通的发展和运行还停留在各种交通方式自成体系发展的阶段。很显然，如果不实现交通发展阶段的转变，将无法解决北京交通拥堵的难题。交通发展阶段转变是现实的强烈要求。

二、重视交通发展阶段转变有大效益

从交通发展的实际开始，经过发展阶段转变的认识、综合交通理论的完善、交通"四网合一"，又回到交通发展的实际是一个完整的循环。在这个循环的运动过程中将会产生巨大的经济效益、社会效益和环境效益。

首先，基于交通三大发展阶段，在综合交通理论方面将向前再跨一步，既"综"又"合"，从"综"到"合"。"综合交通"是交通的一个发展阶段，在这个发展阶段中，各种交通方式将从自成体系发展转变为整体发展。这种认识将更有效地指导交通运输业的发展，这是理论完善与创新带来的效益。

其次，基于"综合交通"从"综"到"合"，在交通网络方面将向前再跨一步，各种交通方式将从"互联互通"跨向"多网合一"(主体是"四网合一"，即道路交通、轨道交通、水路交通和民航交通"四网合一"，还需要视实际情况"合一"，如货运是"五网合一"，北京市城区交通是"三网合一")。而"多网合一"将带来前一发展阶段各种难题的较快解决、交通发展方式的转变和从交通大国向交通强国的转变，其"蛋糕"决不比通信信息系统"三网合一"来得小。下面以城市轨道交通建设为例，说明"多网合一"后将带来的巨大效益。

据《中国证券报》报道，"地铁及轻轨建设的远期规划在 6000 公里以上，线路总条数在 150 条以上"。如果从"多网合一"的角度看，这 6000 公里以上的轨道线及车站在调整基础设施网络功能后，既可以缩减建设线路里程和车站数量，又可以提高效能。因为在"多网合一"后，大城市中心城区交通基础设施网络的结构与功能将更加科学，各种交通方式的分工将更加合理。就结构与功能来说，基础设施网络可划分为干线（主干线、次干线）、支线（主支线、次支线）、络线（主络线、次络线）三个层次。络线接支线，支线接干线（一般情况下络线不能越层级接到干线）。干线功能是高机动性，络线功能是高可达性，支线是干线和络线之间的连接，功能上是机动性和可达性兼顾。就各种交通方式的分工来说，轨道交通在这个体系中的定位应当是"干线"以及人口特别密集区域的"主支线"，地铁等轨道交通将从长短距离都跑转变为跑长距离和部分区域的中距离；高速公路定位为"干线"，跑长距离；一般城区道路定位为"支线"或"络线"，公共汽车和电车将从既担负机动性又担负可达性转变为主要担负可达性，即从长短距离都跑转变为接驳长距离跑中短距离。这种分工体系有两大效益，其一是将大幅度地提高城区公共交通的运输能力和对小汽车的竞争力，成为解决城市交通拥堵的基本因素；二是将大幅度地节约轨道交通的投资和提升轨道交通的效能。具体地说，在"多网合一"后，应对"城市道路交通规划设计规范"的四种公共交通方式做出调整，与公共汽车和电车有竞争关系的"中运量快速轨道交通"应予大幅度调减，增加"大运量高速轨道交通"并作为"干线"，"大运输量快速轨道交通"主要应用于人口特别密集的区域作为"主支线"，同时将减少"大运输量快速轨道交通"和"大运量高速轨道交通"线路上的车站数量，较大幅度地增加站距。做出这样的调整后，轨道线路的建设里程和车站数量会有较大幅度的减少，建设投资也会因之较大幅度减少，同时列车运行的速度、运输量、经济效益、环境效益会较大幅度提高。所以，在"多网合一"后，大城市城区轨道交通建设将能获得减少投资、提高效益、利于解决交通拥堵三方面的收获。

总之，希望决策者们从"十二五"开始，要重视和安排交通发展阶段转变的研究工作，如果能继"十一五"和"十二五"通信信息系统"三网合一"之后，在"十三五"推出交通系统的"四网合一"（或"多网合一"），那就太好了。

（江景和　江西省交通运输厅规划办公室退休干部）

加大我国水利建设力度

我国水资源历来短缺，时空分布不均，洪涝旱灾害严重。所以自古以来，我国的水利建设一直是国家头等大事。新中国成立以来，我国水利一直在不断治理，却又频繁受灾。残酷事实警告我们，我国水利建设存在着严重的缺陷和不足，"头痛医头，脚痛医脚"的做法已不能应付气候的变化，再不采取有效措施，变被动为主动，对水利进行彻底有效的治理，后果恐怕不堪设想。针对这种情况，提出以下几点建议，供相关部门参考。

建议一：必须把水利建设上升到国家战略高度，持续加大水利建设的资金投入。

建议二：加快完善水利立法，加强水利建设宣传。

目前我国已经建立了有关水利的《水法》、《可再生能源法》、《水污染防治法》、《防洪法》、《水土保持法》等和一些法律规定。这些对于保护水利资源和水利建设起了很大的作用，但仅有这些还远远不够。

当前水利法律法规的建设已经远远落后于社会发展的需要。主要表现在违法者的违法成本太低、法律力度不严、配套细则不完善、许多地方留有法律空白等等。

建议三：加大水利工程监督力度，提高水利工程建筑质量。

水利建筑工程的质量，直接关系到水利建设的成败。水利工程有其特殊性，水利工程的持久性和坚固性应远远大于普通建筑，一项水利工程普遍应保证 20～50 年的使用寿命。没有自然灾害的检验，很难准确地评估出工程的质量。若干年后，工程暴露了问题，却发现已物是人非。即使劣质工程的受害者以及良心媒体有心去追究，却不知该从何追究起。

对此，我建议对每项水利工程实行公开的"立碑制度"。把设计者、审批者、建筑者、监理者、验收者等相关负责人的姓名和职位，以树立金属铭牌或者纪念碑的形式长期留存在水利建筑上，另外还要留下水利建筑各方面的验收指标、防灾标准等数据，同时做好细致的档案资料管理，并将查阅权对所有公民开放。一旦日后工程出现质量问题，便可"按图索骥"，直接找到相关的责任者和施工单位。即使责任者异地为官或者改头换面，也不能逃避法律法规的处罚。

"立碑制度"的好处在于公开、公正、问责的时效性长。由于信息透明，普通公民都能知道当地工程的建设情况。对于跟自己生死攸关的水利工程，他们会主动地行使公民监督权。在事后问责中，也可最大限度地防止某些部门"和稀泥"、不作为甚至官官相护的丑陋现象。长此以往，定能加强政府人员的廉洁自律，提高建设者的责任心和质量意识。

水利建设是一个长期而复杂的工作，具有很强的专业性，以上的建议肯定有片面和不足，希望能给决策者们一些思考上的帮助。并衷心祝愿我们的国家能够在中央政府的带领下，甩掉多灾多难的帽子，持续发展富强。

（李绍刚　湖北省武汉市武钢总医院）

划分类别制定产业扶持政策

改革开放以来，我国在经济上取得了举世瞩目的成就，究其原因，其中政府的主导与扶持起到了巨大的作用。然而，如果延续老的经验，不改变现在的主导和扶持方式，那么将对我国经济埋下重大隐患。当前，我国政府从中央到地方，对于行业和企业，尤其是大的行业和企业，大多患有"溺爱症"。尾大不掉，短期内皆大欢喜，最终必然是伤害了其自身的成长与发展，从而伤害整个经济的成长与发展。

在此，我并不是反对政府对产业的主导和扶持，相反，我认为这是我国经济发展的一个巨大优势。但政府应该把精力投放到尚处于起步阶段或者未发育成熟的行业和企业上，这样，才能保证经济的长期健康发展。因此，对于国家的"十二五"规划，我建议将产业划分为如下四大类：

1. 经过改革开放三十多年发展成熟的行业，如：纺织、钢材、水泥、家电、汽车等，应坚决相信市场作用，不予扶持，任其自由发展。

2. 对于新兴的行业，如：新能源、新材料、高科技、软件业等，应进一步加大扶持力度。同时，在方式上我认为应该从财政补贴和税收扶持为主，转变为培育市场为主。我国的华为主要依靠的就是中国通信业大发展的市场成长起来的。而美国的思科也是依靠美国军方的订单长大的。在我看来，家电、汽车下乡，不如太阳能下乡。补贴新能源汽车，不如多建充电站并加大汽油汽车的税收。

3. 先天不足的行业，这里主要指农业，应给以长期的扶持和补贴。这就像有先天缺陷的孩子，父母予以特殊的照顾无可厚非。

4. 对于具有先天优势的行业，如：资源类的行业，尤其是房地产，必须坚决地打压。因为这些行业就如同植物的顶端优势一样，如果不予以修剪，那么它们就会抢夺掉其他行业的阳光和水分，从而对整体的经济发展造成重大危害。

（李耘　广东华拿东方能源有限公司）

遏制我国水旱灾害的根本之策

遏制或减缓水旱灾害的唯一办法是要切实加强基础水利设施建设。一是要把"以蓄为主、以蓄制洪、以蓄防旱、以蓄养生"作为我国基础水利建设的基本思路。二是要把深挖、高筑、建牢固的堤坝和洪溢设施，作为最根本设施。三是要藏水于大地，储水于源头，千方百计把大气降水留住，这是解决水资源匮乏的关键所在。四是对大江大河的治理，要按照流域及水系逐一治理，从源头开始建羽毛状、串珠状储积工程体系。五是在粮食主产区要全面实施"太平缸"工程，所谓"太平缸"是指涝时能蓄水、旱时可汲水，能确保一方平安的中小型库塘。

（齐文凯　安徽省合肥市）

要加大对建筑业发展的指导力度

数十年来的实践证明，对于我国这样一个幅员辽阔、人口众多、劳动力基数大、经济发展不平衡的发展中国家，在战略机遇期乃至更长的历史发展时期，持之以恒地大力发展建筑业这样一个多功能、多层次、包容性强、弹性大的支柱产业，对于实现宏观调控目标、解决社会就业、消除穷困、缓解社会矛盾、建设和谐家园，意义极为重大。

为了在"十二五"时期或更长的发展阶段，把建筑业打造成为具有较高贡献率的支柱产业、引领时代发展潮流的低碳绿色产业、自觉履行社会责任的诚信产业、具有较高产业素质的现代产业，我们建议在国民经济和社会发展第十二个五年规划纲要中，进一步明确建筑业的支柱产业地位，并就建筑业转变发展方式、实现可持续发展提出以下指导性意见：

1. 完善建筑市场体系，形成政府和市场相结合的准入退出制度，淘汰落后生产力。

理由：目前建筑业生产能力过剩，市场供需失衡，市场秩序不良，无原则的低价中标，交易行为不规范。由此导致建筑业存在严重的"三低一高"现象，即产值利润率低、劳动生产率低、产业集中度低、市场交易成本高，给质量、安全、环境管理埋下了隐患。因此，必须在调整完善现行市场准入制度的基础上，更多地利用法律、经济等手段，发挥市场机制在工程施工领域的资源配置作用，加强建筑市场主体自律机制、风险管理机制和违规退出机制的建设，实现优胜劣汰。

2. 着力优化建筑业产业结构和服务模式，培育具有工程总承包能力的国际化企业集团。

理由：由于管理体制和管理方法等多方面的原因，造成目前建筑产品生产链条包括项目可行性研究、设计、施工、采购处于相互分割状态，加上业主任意肢解工程，企业无法形成总承包管理能力，不能进行整体协同优化管理。必须切实从国家政策层面明确扶持和推动有条件的大型企业成为具有科研、设计、采购、施工一体化管理能力和融资能力，能与跨国公司竞争的国际化企业集团，提高其对建设工程项目的综合服务能力和国际市场开拓能力，以此带动国内劳务、建材产品、工业设备和工程标准的输出。通过简化工商和资质管理、降低税负、提供融资便利等手段，促进中小型专业化企业和劳务分包企业健康发展。

3. 加快建筑业的技术改造，积极推广应用新技术、新工艺、新材料、新设备，推动和发展现代工业化生产方式。

理由：建筑业研发投入不足，科技创新能力、技术装备水平、建筑工业化程度与发达国家的差距较大。必须通过加大科研投入和技术装备投入、加强财政支持、减免税收、制订技术标准等措施，提高行业自主技术创新能力。要研究新型建筑工业化体系政策，首先应加快制订住宅产业化有关标准，提高建筑工业化制造和装配水平，从而提高建筑产品生产效率，降低资源消耗和建造成本。

4. 建立政府主导的职业培训机制，加强对建筑业从业人员特别是生产操作人员的培训和管理。

理由：建筑业人才培养和用工机制有待完善，特别是生产操作人员素质不能适应现代建筑产品快速发展的要求。由于建筑劳务工人既分散又流动，缺乏基本的操作技能和安全生产知识，造成诸多质量和安全事故。职业培训尤其是建筑劳务工人的培训，仅靠企业难以为继，必须以国家建设主管部门为主导，改进管理体制，发挥行业优势，形成企业、个人、协会和学校共同参与的"规划、培训、考核、持证、上岗"管理的长效运行机制。

5. 加强工程建造过程的节能减排，推进建筑材料的升级换代，实施绿色施工，实现高效、低耗、环保生产。

理由：建筑活动对资源和能源消耗巨大，建筑业和工业、交通运输业并称为三大耗能产业，建筑业能耗约占全社会总能耗的三分之一。未来几年，我国城镇化建设将进入一个新的高峰期，工程建造过程中产生的噪声、扬尘和垃圾等对环境影响巨大。必须大力推进绿色施工，加快高强度、高性能建筑材料的更新换代，淘汰落后技术、工艺和材料，加强建筑垃圾的处理和再利用，控制污染，降低建筑物在建造和使用过程中对于环境的不良影响。

（赵峰、翟少清　中国建筑业协会）

发展高效生态农业模式

随着经济社会的不断发展，尤其是近十几年来农业现代技术的进步，为了追求农副产品产量，大量使用化学农药、化肥和激素类肥料，经过多年重复的使用，导致农耕地土壤破坏、生产力与质量恶化、地力低下，各类病虫对化学药品产生抗药性。造成今日即使动用大量农药与肥料亦无济于事或收效甚微的局面。同时农副产品中农药、化肥残留问题日益严重，由此造成的农副产品、食品污染已经是当今社会的一个大问题，已经引起了各级政府和广大消费者的高度关注，也极大地影响着农副产品出口，因为农副产品直接关系着每个人的健康。

"吃有机食品，过自然生活"的理念随着农产品污染、人类各类疑难杂症越来越多的出现，已经开始逐步深入人心，人们对有机食品之需求正迅速增加，这必将促使农业实现传统数量型向质量型农业的跨越。这也是改变农村落后面貌，促进城乡一体发展的一个有利契机。建议：

（一）制定相关政策，大力宣传高效农业

面对农业目前的发展形势，建议各级成立生态农业发展服务机构，制定鼓励发展生态农业的优惠政策，抽调懂专业、事业心强的得力人员组成办事机构，具体负责高效生态农业示范建设和产业发展方案的制定、落实，全面做好各项配套服务工作。严格考核制度，高效生态农业发展列入党委、政府重点工程项目，实行目标管理考核。

积极宣传生态理念，实施有机农业发展战略。生态农业是经济社会发展到一定阶段的产物。现阶段，人们对农产品的消费需求标准发生了根本变化，生态安全已成为人们追求的重要目标。应抓住这个关键时期，通过多种方式大力宣传高效生态、有机农业理念，使消费者更加青睐有机农产品，使农业生产者更加自觉地发展高效生态农业。

一是要加强对广大农民群众的宣传教育，使广大农民的思想观念得到根本转变。同时逐步掌握生态农业发展需要的基本知识和技能。二是完善配套服务，建立一整套完善的有机农业信息、物资供应系统，包括良种、良方、种苗繁育、生物农药、肥料、饲料的配置供应。三是要发挥专业合作社的重要作用，积极鼓励他们参与有机食品流通以及加工。四是要强力打造生态有机品牌，积极申报有机论证和产品产地商标，扩大有机农业发展规模，形成优势生态有机食品产业。

（二）科学规划，因地制宜，抓点带范

结合实际，合理规划绿色农业区和有机农业区，全力推进农业发展。对生态环境好，已经申请绿色农产品的区域，进一步加大措施积极进行有机申报论证。通过扩大规模、规范生产，尽快做优做强。对含有害残留物的耕地要规划进行3至5年转换期，按照生态、有机生产标准，采用粮食作物与经济作物轮作，发展绿色生产，畜禽放养等既能提高种养效益又能加速有机转换的生产模式，全力推进有机农业产业的发展。

建议以村、合作社或大户为单位，通过土地流转，因地制宜发展合适的作物、畜禽，集中土地发展农场式的休闲观光农业园。

（三）宁缺毋滥，扎实打造高信赖感、亲和力的品牌目前农产品走品牌的路子，已经为许多农民所认可，这也是大势所趋。但有些产品的美誉度和忠诚度并不高，需要通过深入的公关活动、新闻报道、营销、服务等，建立高信赖度、亲和力强的品牌。以品牌走向市场、走向消费者，从而获取最大的收益。同时要有长远的目光，不可为当前、一时的利益，自毁品牌。

（张春学　山东省东营市河口区科学技术协会）

解决畜产品安全问题的几点意见

"民以食为天，食以安为先"。近年来，我国的畜产品安全问题日趋突出，受到党和政府以及全社会的广泛关注。食品安全关系民生和社会稳定，应是各级政府部门的重要工作之一。结合我国的实际，笔者认为"十二五"时期，应把转变畜牧业发展方式，加快畜牧业结构调整作为重点，坚持用现代技术手段和物质条件装备畜牧业，提升对重大动物疫病的防控和畜牧业综合生产能力，尤其要进一步加强对畜产品安全的检测和监管，为此，特提出如下建议：

（一）完善禽产品安全管理的法律法规，强化执法力度。建议在立法中明令禁止在饲料中使用抗生素。对动物使用抗生素等药品实行严格的处方制度，畜禽患病需要使用抗生素必须凭执业兽医师或执业助理兽医师处方才可调配、购买和使用，使用处方药的商业企业必须配备经过专业培训并取得由省级有关管理部门或其授权的管理部门颁发上岗证的人员等。同时要强化执法力度。对于违规使用或销售抗生素以及其他违禁药品要加大处罚力度，对于非法加工、销售病死畜禽的行为坚决打击，在给予经济处罚的同时，还应追究其刑事责任。

（二）加强对畜产品的质量检测和监管。进一步强化对畜牧业投入品生产及无公害畜产品生产的全程监控，建立无公害畜产品从饲料—养殖—加工—运输—销售全过程的质量安全保障体系。加强对动物疫病的全程监管，严格畜禽屠宰前和屠宰后检疫，严格执行动物运输检验检疫制度。加强对农产品批发市场、农贸集市等重点流通领域的监测、检查。进一步加强对畜产品数字化监控，"十二五"时期应实现更大范围的畜产品向源头的可追溯，有效地提高畜禽产品的质量安全水平。明确各有关部门的职责范围，以避免发现问题时互相推诿。

（三）加快养殖小区建设，提高规模化、标准化生产水平。要积极探索节约发展、清洁发展、绿色发展的新途径。畜牧业生产过程也是生物生长过程，直接依赖于土地资源、水资源、饲草饲料资源以及自然环境状况。养殖场和养殖小区建设应本着合理布局、利于生产、促进流通、便于检疫、防止环境污染的原则，以标准化为基础，以良种引进、圈舍改造和粪污处理为切入点，保证适度规模。注重改善畜禽的养殖环境。如，为提高动物的抵抗力，可适当延长仔畜哺乳期；为降低生猪在冬季的热能消耗，北方地区应鼓励构建暖圈，并适当延长冬季供暖时间，以提高产出率；要重视畜禽饲舍的卫生管理，定期做好消毒工作。

（四）将发展节粮型畜禽饲养、优化畜禽品种和饲料资源开发利用有机结合。积极发展节粮型畜禽的养殖，培育和引进适合本地生产的畜禽优良品种，优化畜禽饲料配方，发展青贮与黄贮饲料，并注重研发各类添加剂预混料及浓缩饲料，以节约粮食。应改良生猪的饲料结构。通过采用高效杂交组合和优化饲料配方，提高生猪的出栏率。在条件适宜的地区，可推广种植豆科牧草、紫花苜蓿以提高畜牧业的养殖效益。在牧区地带，要把改良草场同植树种草结合起来，在保持生态平衡的前提下，发展牛羊业。在城市近郊区和远郊区应加强奶牛基地建设，增加牛奶生产，提高奶品的人均占有量和消费量，以利于提高人们的身体素质。

（五）强化畜牧生产者培训。利用各种培训资源，采取多种培训手段，对畜牧生产者开展养殖技术、管理技能、营销策略和相关法律法规等的知识培训，强化畜牧生产者的法律意识，提高养殖技术水平，使生产安全、优质畜产品成为每个畜牧生产者的自觉行为，从而保证人民群众吃上优质、安全、放心的畜禽产品。

（王慧娟　辽宁省社会科学院）

实行"计划捕鱼"政策

近些年来，随着生产力的发展，捕捞力量大幅增加，过度捕捞现象严重，中国的海洋渔业资源急速衰退，已危及渔民的生计。为实现渔业资源的可持续发展，维持渔民的生计，保护渔业资源迫在眉睫。

为了降低捕捞强度，恢复渔业资源，应参照"计划生育"政策，施行"计划捕鱼"，对渔船的数量和捕捞量，施行严格的控制。渔业资源具有公共属性，如果没有有效的管理，捕鱼就会陷入恶性竞争。当前很多渔民都深刻体会到过度捕捞对渔业资源的不利影响，强烈要求政府尽快出台政策保护渔业资源。如果政府能在全国的海洋渔业领域施行"计划捕鱼"，将有效地恢复渔业资源，从而大幅度地提高渔业产量，增加渔民收入，渔民对此都会积极配合。

（林楠　浙江省温州市）

规范粮食收购秩序，确保国家粮食安全

　　粮食是国民经济可持续发展和保持社会稳定的战略物资，是特殊商品，是百价之"基"。我国是一个拥有13亿人口的粮食消费大国，只有粮食才是决定生存的产品。确保国家粮食安全是我国的第一大计，是我们党和政府最基本的国策。近年来我国出台了《粮食流通管理条例》等粮食政策性法规，但由于一些配套政策不完善，地方粮食行政管理部门执行起来难度相当大，虽然有法可依，但收效甚微。当前粮食收购市场混乱，粮食品质下降，严重影响了我国的粮食安全。现就目前我国的粮食收购现状和存在的问题，谈几点意见和建议：

　　一、遏止无序收购。我国从2004年开始在部分省份对粮食主要品种实行最低收购价收购，这项政策对保证农民种粮积极性、平抑市场、稳定粮价起到了重要的作用。国家通过掌握丰富的粮源，增强对粮食市场的调控能力。但近年来，特别是外资进入粮食收购市场以后，收购秩序混乱。无序的竞争也给农民送去一个错误的信号，农民收获的粮食根本不整晒，你不收，有人收。个别收购商贩哄抬粮价，和国有粮食企业抢购粮源，然后掺水、使杂，随购随销到一些粮食加工企业。部分商贩甚至公开宣称，为与国有企业竞争，只赚"水杂"钱。这种恶性竞争使丰收到手的粮食人为地造成品质下降，甚至霉变损失，逼着中储粮和国有粮食企业为抢购粮源降低收购标准，加大了粮食保管成本和储存风险，给国家的粮食安全留下了严重的质量隐患。由于恶意抢购，2010年夏秋两季最低收购价政策无法启动，使国家失去了大量粮源，降低了国家对粮食市场的调控能力。

　　二、核实种植面积。政府强调全国18亿亩耕地的红线不动摇，粮食总产 1 万亿斤是底线。但由于工业化和城市化进程加快，地方政府鼓励农民种植经济作物和设施农业，占用了大量的耕地面积，国家掌握的粮食种植面积和实际种植面积是否有差距？官方报道我国连续七年粮食大丰收，总产历年都达到新高，这个数字是怎么统计出来的？是否存在有的地方官员虚报种植面积和产量以达到捞取政绩的目的？

三、完善粮食直补。目前，我国已取消了农业税，并对种粮农民按种植面积给予粮食补贴，这对占我国人口大约 70% 的农民来讲是亘古未见的，也是鼓励农民稳定粮食种植面积、多种粮种好粮、增加农民收入的一项惠民政策。但这种补贴方式是否存在漏洞？一是村、镇统计上报的种植面积是否真实？二是发放的粮食种植补贴，农民承包的土地是否种的粮食作物？如果种植其他作物或进行养殖等仍然享受这种专项补贴，就没有达到政策的目的，也失去了补贴的真正含义。为保证国家粮食安全，增强市场调控能力，政府必须掌握充足的粮源。建议将粮食补贴由按种植面积补贴，改为按农民向国家出售的粮食数量在最低收购价价格的基础上，实行价外直接补贴。这样既不增加粮食的成本价，又有利于粮食市场价格相对稳定，弥补了每年提高收购价但仍收不到粮食的缺失。这种补贴方式能鼓励农民把粮食卖给国家，也可让粮食直补真正落在实处。

四、严格市场准入。建议实行严格的粮食收购准入制度和运输许可制度，规范购销行为，严格控制外资进入粮食收购环节。外资的渗透可能会引发粮食安全问题，一旦外资掌控一定比例的粮源，问题就相当严重。随着国际环境的不断变化，加之战略需求考虑，粮源应该掌握在国家手里，垄断地位不能打破。古人讲"兵马未动，粮草先行"，这句话就集中概括了粮食的意义。同时，充分发挥基层国有粮食购销企业的主渠道作用，在重点粮食生产区加大基础设施投入，提高存储能力。这样既方便农民售粮，又可以将国家掌握的粮源，分布存放，集中在中储粮系统存放不利于预防自然灾害和国家战略需求，也会对粮食安全留下隐患。

五、提高执法能力。建议国家尽快颁布实施《粮食法》，完善粮食执法体系，规范粮食购销秩序。现行粮食批发市场制度，将政策性粮食购销集中在省级粮食批发市场，并实行公开竞价方式，是堵塞粮食流通领域漏洞最公开、最合理、最有效的办法，是依法管理的具体体现，已成为政府进行宏观调控的有力手段和工具。同时建议尽快建立和完善粮食行政管理部门执法队伍，在人员编制、岗位培训、设备配置等方面实行较为完善的政策，使整个粮食流通领域有法可依，执法必严，监管有效。

（王仁军　江苏省邳州市粮食局）

支持软件业发展

软件业环保，社会资源消耗小，并且对扩大就业、提高社会生产力具有重要作用。软件业的企业很多是小企业，而目前国家政策对小企业的支持力度太小。按现有规定，销售额超过 180 万元就要按一般纳税人缴纳增值税，即按 17% 缴纳增值税。由于软件基础成本少而人工费用大，软件代理行业给客户的价格都是产品和服务合在一起的，因而在这一规定下，做代理的软件公司税负过重、生存艰难，建议国家对此实施减免政策。

（杨育东）

加大农业基础设施建设

我是一个在西部地区基层乡镇工作的人员，目睹了"十一五"规划所取得的成果。但是西部地区的农村，仍然需要国家的大力投入和建设。就我所在的农村而言，基础设施有改变，但改变不大，农民的生产方式还很滞后，导致农民致富增收困难。个人建议：请上级有关部门能给予帮助，制定农村（山区、丘陵）农田生产基础建设方面的规划，加大小型农机具推广力度，提升农民增收致富的能力和水平。

（王兴安　LGXJFB@163.com）

加大西藏基础设施建设力度

一、完成现有铁路线路规划，除拉萨—日喀则、拉萨—林芝、日喀则—聂拉木、日喀则—亚东的线路外，还应当积极建设：①拉萨到成都的川藏铁路，按照一次双线、国铁 I 级（电气化）、时速 160 公里的要求统一规划、分段建设，建成一段即投入运行一段，在规划建设时以干线铁路的病害率最低为准则，各个经济点则以支线铁路来辐射。②云南经察隅到然乌再到波密的滇藏铁路，按照一次双线、国铁 I 级（电气化）、时速 120 公里的要求统一规划、分段建设，建成一段即投入运行一段。③拉萨—泽当镇—错那铁路，按照单线、国铁 I 级、时速 100 公里的要求统一规划建设。④日喀则—狮泉河—和田铁路，按照单线、国铁 I 级、时速 100 公里的要求统一规划建设。

二、充分利用西藏丰富的水资源，大力发展西藏水力发电事业，并与内地电网联网。

三、大力发展九年义务教育，学生实行免费寄宿（供给制），低年级配备生活老师。大力推广普通话，大力推广（卫星）广播电视事业，做到人人会听、会说普通话，人人会书写汉字。

四、合理、柔性推行游牧民族定居工程。柔性指的是不强求开展定居工程，对自愿开展的，政府给予一定的经济扶持。

（杜立华）

加快国家农业信息化平台建设

我个人认为，这个农业信息化平台主要以互联网为基础平台，通过互联网全面覆盖国家的农业生产的所有区域。为了使平台更有利于科学管理，最好以乡镇为最小的个体单元进行信息的采集和发布。这个平台要以国家一流的农业科技单位和人才作为支撑，不仅使平台具有权威性和普及化，更要使平台及时迅速对农业生产做出科学化评估，推进农副业的科技普及和发展，科学调配农业生产资源，促进农村田地和城市菜篮子的紧密联系，并对农副业生产的防灾救灾起到预警和合理应对，以及监控和治理农副产品的流通和销售中的不合理行为。

下面是对这个平台主要作用的详细分析：

一、利用国家级的信息平台的权威性、普及化和科学性，迅速、及时地采集农业生产信息，并对信息中的生产规模和生产布局最迅速做出科学计算和评估，及时纠正农业生产的规模和布局的不合理性，使产量和物流配送达到最合理化。

二、通过平台对各生产区域的气候、土质和水利等状况的信息采集，提前对各区域内的生产做出科学预估，及时提供科学的生产和管理技术，优化农业生产的基础配置，科学调整产业结构，让农业生产达到相对最科学的水平。

三、信息平台每日对各地区的城市菜价和蔬菜供应量提供信息公布，必要时通过平台向一些农副产品供应不足的地区进行科学调度，科学合理调控物价水平，让城市菜篮子丰富和实惠。还有一点，通过平台的信息数据，国家可以清晰地了解农副产品的产量和流向问题，对于打击治理囤积农副产品哄抬物价的违法行为有很大作用。

四、最重要的是，在平台内设立农业自然灾害和疫情灾害的预警、防治、补救和灾后再生产等一系列应对机制。通过灾害预警机制，提前规避农业生产损失；通过防治、补救机制，最大限度减少农业损失；通过灾后再生产机制，让农民最迅速恢复生产。

五、通过信息化平台建设不断完善和发展，对规模性和产业化农业生产有促进作用，鼓励各单元内建立产业化农业生产合作社，让农民通过集体智慧和力量以及平台给予的科学支持，为农业发展谋出路、拓销路有很大作用。

六、对于平台的信息，只要是不对国家战略安全有影响的信息，一律向公众公开。让农村土地和城市菜篮子真正建立起快速流通的通道，最大限度减少物流中的成本消耗，让菜价又新鲜又实惠地进入城市家庭的餐桌。

我个人坚信，农业信息化平台的建立对于我国的农业和农民都是一个福祉。它必然会对农业从个体性生产方式到规模性产业化的生产方式转变，带来革命性的意义。真心希望我的建议能为祖国的农业发展提供有价值的建议，真心祝愿伟大的祖国繁荣昌盛，真心祝愿中国人民生活越来越幸福。

（李泮　山东省高密市大栏乡谭家荒村）

高度重视农村水利基础设施建设

没有农村、农民、农业的小康，就没有中国的全面小康。我长期在农村生活，农村水利基础设施建设的现状令人十分忧虑。目前，农村水利基础设施大多建设于20世纪六七十年代，甚至更早。这些设施在近十几年面临年久失修等等问题，大多遭到废弃、破坏、侵占、损毁。比如，全国边缘农村的5万余座小型水库大多修于20世纪，普遍存在病险问题，急需加固。而全国边缘农村的许多排水沟、引水渠、扬水站等水利设施，更是面临严重问题。排水沟、引水渠的堤沿被铲平，有的被淤塞，有的被废弃，有的被侵占，有的甚至被开发。许多扬水站早已经废弃或者损毁。这也是近些年许多地方遇到一点旱涝灾害，就造成巨大经济损失的原因所在。"十一五"时期，我们投巨资建设了一些大型和超大型水利设施，像三峡大坝等等。建议"十二五"时期高度重视农村水利基础设施建设，也包括农村小型水利设施建设：1.普查。要对农村水利基础设施进行一次全面普查，做到心中有数。2.规划。做好农村水利基础设施建设规划，城乡统筹，全国一盘棋。3.投资。在资金上向农村水利基础设施建设倾斜。制定政策，实行改革。清理非法占用。进行维修、加固、疏通、新建等等。4.保护。要建立长效机制，保护农村水利基础设施长期有效地发挥作用。总之，在"十二五"时期，要像修高铁、高速公路一样，加大农村水利基础设施建设。

（牛兰学　河北省馆陶县人大常委会）

采取超常规的战略模式发展我国的电动
汽车产业技术

　　我们建议我国采取超常规的战略模式发展电动汽车产业技术：

　　一、发展我国的电动汽车产业，应当发挥我国作为社会主义可以集中力量办大事的优势战略模式，高起点发展电动汽车战略性新兴产业。

　　二、目前，国务院国资委分别牵头成立的"T10 电动车联盟"和"央企电动车产业联盟"也相继成立，而北京、安徽等省市也都组建了各自的新能源产业联盟；如今在被业界戏称为"国家队"、"地方队"和"行业队"的联盟之外，又出现了打破地域疆界的"国际队"；2009 年 3 月北京市成立了首个新能源汽车产业联盟并开始建设产业化基地，重庆、吉林、深圳、湖北、安徽等省市纷纷公开表示以本地汽车企业为主体，计划建立新能源汽车联盟和产业化基地；上汽、东风、一汽、长安、北汽、奇瑞、广汽、华晨、比亚迪和吉利等多达几十个企业各自自主研发新能源汽车。但上述仍然是国外的一套老旧模式，仍然是分散科研力量各自为营的老思维旧模式旧框框，没有中国特色。据已知信息显示，近年来国家相关部门开始分散地向企业投入研发资金。"十五"期间（2001～2005 年）政府共投入了几十亿元研发资金，仅在 2005 年，直接投向燃料乙醇生产企业的资金就高达 20 多亿元，可谓花了不少冤枉钱走了冤枉路。发展我国的电动汽车应当发挥我国社会主义有特色可以集中力量办大事的优势，举全国之力，由国家主持，集中全国的科研人力、经费、资源，组建国家的电动汽车研发中心。

三、打破现行的官僚体制，墨守成规的科研管理体制，消除现行的一些科研立项腐败现象。

四、发展我国的电动汽车这个大项目，决非一个企业、一个地区的人力、经费、资源所能担负。要改变现行的电动汽车产业发展模式，打破现行的行业、部门、地区、所有制（国企、民营、合资、外资）的限制，集中全国的科研人力、经费和资源。

五、发展我国的电动汽车产业，要充分发挥我国科研的人力资源优势，不拘一格用人，特别是年轻人才、海归人才、民间人才。

六、发展我国的电动汽车产业，不但要原创技术，而且可以从原始创新和集成创新技术上根本突破，打破旧思维旧模式旧框框，勇于创新，敢于发挥后发优势，从目前的技术上实现根本颠覆，例如采取物理的、化学的、生物的、仿生的可充放电电池。发展电动汽车产业的瓶颈是电动汽车的高比能量、高比功率、快速充电和深度放电的性能，需要成本尽量低、使用寿命长的可充放电电池，我国必须自创一条路子。

七、发展我国的电动汽车产业，应选择具有真才实学矢志报国、献身国家科技事业、淡泊名利、无私奉献、开拓创新、具有不懈追求精神，敢于与国际科研一争高下，敢于走前人未走过的路的人才，如中国工程院院士马伟明一类专业技术人才，作为发展我国电动汽车科研团队的带头人、领军人物。

八、发展我国的电动汽车产业，在目前基础上，重新由国家主持，广泛召集国家各界科研一流精英、高校教师、企业工程师，重新制定方向；坚决反对一言堂，一人或几个人说了算，坚决反对说假话；集思广益，拿出真正能代表我国及国际一流水平的电动汽车科研发展方向、措施、规划和办法。

科学制定符合我国实际的发展我国电动汽车产业战略和政策措施，始终站在时代发展前列，落实科学发展观，落实全面协调可持续发展的认识，增强转变发展观念、创新发展方式的自觉性和主动性，加快推动经济发展方式转变和经济结构调整，推动经济社会又好又快发展。坚持科学发展，切实在加快转变经济发展方式上下真功、见实效，促进经济长期平稳较快发展和社会和谐进步。实现创造具有中国自主知识产权的电动汽车产业的专利技术，将我国电动汽车产业的专利技术推向世界，赢得世界的佩服与尊敬，并且输出电动汽车产业的专利技术，创造外汇收入。

（王成志、李永明、王成国　重庆市建设工业公司）

加强现代物流业和交通运输业

1.《建议》中在第 47 条提了扩大物流等服务业对外开放，而对现代物流"十二五"时期如何发展没有指明方向，建议在纲要中要明示一下。

2. 交通运输业作为国民经济和社会发展的基础产业，应该发挥其基础性、先导性的特点。目前，全国各地交通运输基础设施建设如火如荼，如何把握好"适度超前"这个度，对今后交通运输业的科学发展、理性发展至关重要。特别是如何科学地确定高速铁路和高速公路的建设规模、技术标准？如何保证交通运输业在资金、能源、环境等方面的可持续发展？建议在纲要中明示一下，否则给纲要的执行者发挥空间太大。

3. 交通运输业的发展，除了硬件基础设施建设外，软件管理水平也非常重要，建议建设与管理都要两手抓，两手都要硬。尽量统筹各种运输方式综合发展、协调发展，发挥系统的效率和效益。

（魏众　中国交通运输协会）

提高农民种粮积极性

"十二五"时期是全面建设小康社会的关键时期。当前我国全面建设小康社会的重点难点在农村，农业是国民经济的基础，农业丰则基础强，农民富则国家盛，农村稳则社会安；没有农村的小康，就没有全社会的小康；没有农业的现代化，就没有国家的现代化。党中央、国务院非常重视"三农"问题，"十二五"规划中把加快发展现代农业，加强农村基础设施建设和公共服务等专门提出，并提出了相应的措施，但是这些措施是指导全国农村的，具有普遍的指导意义，对于具体地区还是要具体问题具体分析。现今农村存在的很多问题，即使有些问题不具有普遍性，但的的确确存在着，直接影响我国的粮食安全和全面小康社会的建设。

农民种粮积极性相对不高。虽然从2004年开始，国家相继对种粮农民实施了粮食直接补贴政策、农业生产资料综合直接补贴政策等，但是相比较农业生产资料的价格涨幅，粮食直补标准显得太低，难以调动农民种粮的积极性；"一刀切"的补贴方式难以发挥应有的政策效能；粮食直补政策未能体现向粮食主产区和种粮大户倾斜；存在虚报冒领和套取粮食直补资金情况，不种粮食的农民依然可以领补贴，即转包出去的土地粮食直补款未能发放到种植户手中，存在"粮补"变"地补"或"人补"的情况；粮食直补资金发放时间与农时错位，影响直补政策落实的效果；粮食直补政策宣传不到位，很多农民根本不清楚具体补贴政策。

农业结构单一、科技含量低，粮食增收有限。农民很多还是按照传统的耕作技术，缺乏系统的农业科技知识和技能；机械化的简单操作带来的是大量的秸秆被直接焚烧，造成更多的环境污染以及对土壤表层的破坏。

另外随着国家对"三农"问题的重视，尤其是粮食直补政策、最低保护价政策的实施，客观上提高了农民的种粮积极性，但是这种积极性并没有带来预期的效果，农民为了一点点利益，很多沟渠被填平、斜坡被开垦、水利等基础设施遭到破坏，没有一点起码的保护意识，农业抗风险能力很差，很多时候靠天吃饭，农业生产能力增长潜力很有限，根本谈不上农业现代化，反过来又直接导致农民种粮积极性降低。对利益的追逐加之思想上的愚昧、科技上的落后，造成很多良田生产能力很有限。

可见粮食增收、粮食安全等粮食问题依然严峻，国家应该提高粮食补贴标准，加大粮食政策宣传力度，让农民充分了解政策走向，提高种粮农户的积极性；各级政府必须从思想上对农民加以引导，从科技上对其加强培训；对一些科技种粮示范户进行奖励，并鼓励他们推广种粮经验，宣传农业科技，同时安排农业科技人员推广农业科技种植知识；各地要规范垦植，实行奖惩制度，以加强对农田水利等基础设施的保护，从而更好地提高农业抗风险能力，切实保障农业增产，农民增收。

（吴春雨　安徽省蒙城县）

规范农村市场

带病玉米种子流入害人不浅！近年来在我们这里销售的种子十分混乱，许多带病、假冒、伪劣的玉米种子大量流入，使玉米产量一年不如一年，许多农民都失去了种地的信心。望规范种子市场，杜绝不合格的种子在市场上销售等类似情形。

（彭良春　四川省芦山县）

提高高级精密仪器的国产化水平

目前，高校、科研院所和医院的高级精密仪器主要靠进口，每台仪器花费几十万到几百万元，科研单位把争取来的经费大都用在了购置、更新这些仪器方面。更有不少单位，仪器到位后利用率很低，无共用平台，无专人管理，未发挥其应有作用，造成很大浪费。

建议国家加强这方面的科研开发力度，同时重视组织管理，并加强有关精密仪器加工专业技术人员培训，切实提高高级精密仪器的国产化水平，改变长期依赖进口、受制于人的落后面貌。

（安立敦　烟台大学化学院）

明确物联网发展产业技术路线图

中国物联网未来发展有四大趋势——趋势一：中国物联网产业的发展是以应用为先导，存在着从公共管理和服务市场、到企业行业应用市场、再到个人家庭市场逐步发展成熟的细分市场递进趋势。趋势二：物联网标准体系是一个渐进发展成熟的过程，将呈现从成熟应用方案提炼形成行业标准，以行业标准带动关键技术标准，逐步演进形成标准体系的趋势。趋势三：随着行业应用的逐渐成熟，新的通用性强的物联网技术平台将出现。物联网的创新是应用集成性的创新，一个单独的企业是无法完全独立完成一个完整的解决方案的。趋势四：针对物联网领域的商业模式创新将是把技术与人的行为模式充分结合的结果。

促进中国物联网产业发展需要注意以下关键问题：要高度重视国家物联网产业战略规划，对物联网产业发展给予统一的协调指导。物联网产业的发展是中国在信息领域竞争力获得进一步提升的重要机遇。目前，部分省市地方政府均将物联网作为重点发展的产业，全国各地掀起了一轮物联网热潮，甚至股市都出现了"物联网概念"。这对于物联网获得足够的关注是好事。但是，由于目前物联网产业仍处于产业形成期，产业界和技术界目前仍处于盲人摸象、各说各话的相对混乱阶段，因此，有必要从国家战略规划层面对物联网产业的发展方向、重点领域、关键技术等做出明确的界定和规划。结合国家的"十二五"规划制定，明确物联网发展的产业技术路线图，对其所涉及的行业应用、传感感知、传输通信、运算处理等各相关领域的架构、标准、关键技术等给予明确的方向和资源投入部署。

（黄俊泉）

推进电信融合发展与重组创新

在国家经济结构调整和整体发展战略中，电信行业作为现代服务业的重要领域，要推进创新与转型，需采取以下方式：

一、电信产业建立适应三网融合背景的监管机构，实现政、监分离，从监管统一、监管融合的层面将监管独立于行政部门之外，建立国家统一监管机构，打破各部门利益格局，推进资源融合。

二、建立横向监管的管理体制，借鉴欧盟的管理模式，加大市场引导，积极推进电信运营商的网络和业务分离。改变垂直管理模式，避免重复监管和技术非中立性等问题，适应三网融合的变化。

三、推进对电信运营商的新的拆分重组，避免价格的恶性竞争。产品和服务的同质化是造成过度竞争的主要原因，难以具有差异化的手段。在电信行业，很容易表现为价格的恶性竞争。通过新的拆分重组，促进有效竞争格局的真正形成。

四、进行产权改革，积极引入民营资本，推进主体多元化。从电信产业政策上看，中国电信市场是允许国内私有资本参与的。但是在实践中，私人参与的国内电信市场目前还相当有限。只有相当比例的民间资本融入，才可能形成真正意义上的有效竞争。

（陈宏　185china@163.com）

有重点地建设基础设施

现在的情况与铁路、公路等基础设施短缺的时代很不相同，在公路和铁路的建设已经达到相当规模的背景之下，匆忙上马大量的新项目，必然会重犯盲目扩张、重复建设、低效率的老毛病。在"十二五"时期，应该给"铁公基"项目降降温，有重点、有选择、有节制地进行开发。

（宫希魁　中共大连市委党校）

提高军工产业产值在 GDP 中的比重

中国不可能走美国那样的"军工依赖型"的经济道路（目前的美国，没有军工几乎就没有实体经济），但是，大幅度提高军工在 GDP 中的比重是必要的，并作为装备制造业的支柱产业加以培育、发展，其意义十分重大。

一是有利于调整和优化经济结构。现代军工是以打赢信息化战争为目标的军工产业，具有向高端产业迈进的强大动力。比如航空母舰的建造、四代机（西方标准）的研发、新型潜艇、大型舰船、新一代坦克、战略战术导弹、卫星发射、网络安全等等，军工强大了，其形成的技术、能力完全可以有序转化为民用工业发展能力，对国民经济具有带动和优化作用。

二是有利于增强自主创新。军工技术，市场上买不到，具有最强的自主创新动力。"天河一号"超级计算机，就是很好的例证，北斗系统、反卫星能力、神舟系列、太行发动机等，无一不是自主创新的产物。我们要建设创新型国家，就应该借助军工这条战略通道，以军工产业创新带动民用产业创新，在局部领域实现跨越式发展。

三是有利于拉动国民经济增长。军工产业对于国民经济的拉动来自三个方面。一是出口拉动。目前国际军火市场总容量将近 600 亿美元，相比之下，中国军工出口只有 20 亿美元。但是，由于中国军火的良好的性价比，中国军火受到东南亚等第三世界的欢迎，出口潜力巨大，前景广阔。二是直接拉动。军工产品对经济的整体拉动力普遍较高，汽车、飞机、舰船、卫星等对经济的拉动力都是呈级数提高的。假定汽车对经济的拉动力为 1:18，飞机是 1:48，则航空母舰对经济的拉动力将高达 1:128。三是消费拉动。各类军事演习、非战争军事行动，背后都是巨大的军火消费，消费就促进经济发展。

因此，建议把培育强大的军工产业作为"十二五"规划的重要内容，采取有效措施，做大做强军工产业，逐步扩大军工产业在 GDP 中所占比重。

（杨景中　yangzk@chinasafety.gov.cn）

让公共交通更加合理

今年 9 月，我应邀回国参加国务院侨务办公室联合山东省侨办、济南市侨办举办的"第五届华交会"。我很久没回国了，而且这次会议又是在我的故乡——济南举办，所以特别兴奋。但是在公共交通方面，我觉得济南远比不上东京。东京的公司有几百万的员工，几乎没有人开自家车上、下班，而是选择乘用公共交通工具。而日本电车的准时程度，到了几时几分几秒。国内的人们生活富裕了，家用车增多了，道路虽然宽阔，路况却很拥挤。我希望我的祖籍国，能把公共交通设计得更合理，减少自家车的使用频率，以此来减少民众的相关烦恼和生活忧虑。

（李德凤　日籍华人）

搞出名副其实的"中国创造"

中国的经济已经高速发展了，人民的收入水平总体也已经有很大提高，但我们差什么呢？我觉得"十二五"要切实加强科技和教育投入，要尽快从"中国制造"初级阶段向"中国创造"阶段突破。要有真正的自己的一流领军人才，不抄袭别人的发明创造，不模仿别人的发展道路，搞出名副其实的"中国创造"来。

另外，尽管现在国内很多城市都已经很重视绿化和环保，但总体仍然还不够"绿色"。开发区、招商引资、高铁和高速公路、开矿等项目发展固然对地方 GDP 增长和创造就业机会很重要，但绝不能再欠债给子孙。希望"十二五"规划能在土地规划使用、退耕还林和鼓励真正的绿化环保方面给予大力倾斜。总之，笔者虽然人在美国，但能够感受到"十二五"规划对中国这艘巨大的"航母"继续乘风破浪前进的至关重要性。

（谷世强　美国）

提高实体经济竞争力

作为一个在海外的留学生，非常关注国内的经济发展情况。祖国经济繁荣，对我们每个在海外的留学生来说是最大心愿。

我不是经济专业的留学生，但我感觉我们国家目前的经济形势比较严峻，因为我们的经济发展过度依靠基础设施建设，比如房地产、高速铁路、高速公路方面的投资，这中间有很大的泡沫。我们应该注重发展具有自主知识产权的科技产业，要发展有竞争力的实体经济，即使将来遇到经济萧条的时候，还是有实体经济承担，那样普通老百姓的生活将不会受很大影响。很明显的一个例子，比如日本，日本经济已经萎靡 20 年了。可是他们有很多优秀的企业，先进的技术，所以对老百姓的生活影响并不是特别大，即使在日本房地产经济泡沫破灭的时候。

现在各方面的矛盾积累得越来越厉害，化解矛盾的最好办法就是消除贫富两极差距，真正地提高老百姓的生活水平，并建立自己完善的经济体系。尤其是工业实体方面的，比如汽车工业，我国作为目前世界最大的汽车消费市场，自有品牌却没有办法和欧美日竞争，这是非常可悲的。

（李坤　东京大学留学生）

把设计理念融入"中国制造"

我认为，提升"中国制造"的创造力和产业竞争优势关键在于"设计"。

在中国大陆，复制和模仿已成为制造的主流，产品或流于粗糙，或缺乏对生活的思考，设计的理念还未深入到各行各业的产品制造中。这一现象在意识上导致缺乏对消费者的引导和培养，在商业价值上导致产品附加值不高，甚至给消费者造成"中国制造"价格低廉、粗制滥造的负面形象。

普及设计理念尚需设计界、制造业界乃至社会各界的共同努力，通过市场竞争，优胜劣汰，不断发展。希望中国政府加大支持，让设计理念成为一种"全民意识"。

（贾伟　德国）

大力发展国际旅游

作为在韩国的中国教师的一员，我很乐意为国家"十二五"规划建言，希望能为国家出份力。

目前，国际旅游业发展方兴未艾。中国发展国际旅游的条件得天独厚，我们完全有条件把它做得更好。根据韩国国际旅游业的发展经验，结合我国国际旅游业发展的实际情况作如下建议：

强化对外旅游宣传。对外旅游宣传是国际旅游业发展的先导，对国际旅游业发展至关重要。对此，韩国几乎采取了一切可行措施，不失时机地大力宣传。主要措施包括，经常邀请外国记者、旅游团体、旅行社负责人来访，沟通联系，增进了解，扩大影响。

积极发展会议旅游。国际会议不仅具有明显的经济效益，而且有利于提高主办国和地区的国际声望、国际地位。我们可成立会议促进与协调委员会，提供国际性会议所必需的资讯和信息，给主办会议的组织与单位提供诸如经验、专业技术及服务方面的培训，改善与提高会议服务质量。

（金凯　韩国顺天乡大学教师）

文化产业须循序渐进

我在洛杉矶留学的时候，深深地被洛杉矶发达的文化产业所吸引，无论是迪斯尼、环球影城，还是好莱坞、比弗利山庄，"天使之城"洛杉矶的文化产业可谓是异彩纷呈。然而，尽管洛杉矶的文化产业已经发展成一套较为完整的产业链条，但是，深入研究就会发现，其产业链的建设与规模扩大乃是一个有步骤、有节奏的渐进过程。我国当前的文化产业建设可谓蔚为壮观，很多地区都在大兴土木，试图在短时间内也打造出一个类似于迪斯尼、好莱坞的文化产业"大观园"，这显然是不可取的，也是非常危险的。作为一个新型的产业门类，文化产业的发展与建设必须遵循一定的规律，渐进式地发展，做好产业与当地历史文化的有机结合，切不可急功近利，搞文化产业的"大跃进"。那样做，只会适得其反。

（李翔　美国南加州大学）

加强交通的现代化建设是当务之急

建议北京及全国各大、中、小城市一切道路的建设，都应该由交通部主管交通建设的主要负责人和各公路道桥研究机构的专家把好总体设计这一关，脚踏实地地经多方面论证合格后才可以动工建设。每条道路、每个桥梁的建设，总体的设计是重中之重。设计不合理，建成之后只能给城市多一个大肿瘤。交通是每个城市的经济命脉，老的公路建设模式已经过时，现代化的经济建设需要现代化的交通设计。

（陈树广）

治理城市交通拥堵问题的一点意见

城市交通拥堵问题是城市化进程中出现的一个"城市病"，其他发达国家和地区在其城市化进程中也曾出现过，只不过是在人口众多且崇尚集中的中国，主要大城市在加速城市化的过程中，这一问题表现更为突出一些。"十一五"时期，大城市交通拥堵问题已经成为国民经济发展中的一个显性瓶颈，因此，"十二五"规划更应当着力解决这一突出矛盾。

首先，要有决心有魄力对大城市交通事业进行全盘改造。经过改革开放三十多年的城市化，我国主要大城市基本上已经"人满为患、车满为患"。之所以出现如此严重的拥堵情况，根源正在于主要大城市集中了过多的经济社会活动，以至于涌入了过多的人口和车辆。再者，城市交通的预期设计和规划，总是滞后于城市人口、车辆的发展速度，且政府相关部门多临时性措施而少长远全盘规划，导致长期以来大城市交通拥堵问题积重难返。

其次，要因地制宜，为不同的城市量身打造不同的城市交通治理方案。要做到这一点就必须为不同的城市成立不同的专家组，对该城市的交通状况进行全盘考察，综合规划。不同的大城市，有不同的交通需求和交通特点，各种交通问题盘根错节，绝不是派一两个专家看上两天就能对症下药的。这需要一个各类交通专家齐备的工作组，在较长的一段时期内，进行细致全面的考察，充分把握整个城市的基本"交通市情"。只有在此基础上才能对症下药。

再次，以"疏导"作为制定城市交通政策之纲。前段时间北京市刚刚出台了新的车辆限行措施，取代了原来已经不能适应新的限行需要的老旧办法。其实这一做法可能是缘木求鱼。以"堵"为法，唯一的后果只能是更多更大的交通压力和交通需求让用来"堵"的各种措施、办法不断升级并最终走进历史的死胡同；只有"以疏为纲"，让交通主体更快更多更好地动起来，才能既满足人民群众日益增长的交通需求，又缓解城市日益严重的交通压力。

对城市交通设施进行全面改造包括：对一些经常造成拥堵的关键交通点进行综合治理，增加过街天桥，减少红绿灯；开辟新的交通方式，如地铁、城市轻轨交通，并促进不同交通方式之间的融合；有条件地对城市主干道进行升级改造，使原来的道桥体系更为兼容便捷；等等。

因此，笔者认为，治理我国大城市的交通拥堵问题，虽然是一个困难重重、极具挑战性的问题，但只要方法措施合理得力，决不至于如北京交通这般越治越堵。相信"十二五"规划能够为彻底治理我国当前阶段的大城市交通拥堵问题提供正确而有力的政策措施。

（崔保锋　北京师范大学）

解决交通拥堵问题

造成交通拥堵的原因主要在于：一是城市道路系统设计不合理，信号管制多，交叉路口立交桥少。二是出行时间太集中，瞬间路面交通工具混杂，行人流量大。三是居住地离就业场所远，必须依赖交通。四是学校、医院、超市主要在城市中心，人流大，因汽车规避行人，车速较慢，通行效率低。五是休假时间过于集中，易形成交通高峰。

治理交通拥堵如同治水，疏通是硬道理，以堵治堵将会决口。建议标本兼治，从造成拥堵的原因入手，在城市建设中统筹兼顾，合理设计。为此建议：一是改善交叉路口的立交通行。二是错开上下班时间，城市分片区各错一小时，降低通行密度。三是企事业单位增加公寓宿舍，方便就近上下班，减少人员流动频率。四是学校、医院、商场门前建造天桥地道，减少车辆通行避让和停车次数，提高通行效率。五是改革休假制度，建立灵活的休假机制。六是逐步对城市功能进行改造。增加直通过境道，设立大型城外停车场或物流园区，客货分流；发展城市公交小巴，实行接递式郊外换乘。

（康克明 央视网网友）

把公交优先战略落到实处

　　城市公共交通具有容量大、污染小、效率高、与民生息息相关等特点，因此，必须把加快发展城市公共交通摆到更加突出的位置，从规划制定、政策支持方面，确保公交优先战略落到实处，着力为广大人民群众提供更方便、更快捷、更安全的公交出行条件。实行公交优先战略，就是要做到投资安排优先、站场用地优先、路权分配优先、财税扶持优先、换乘衔接优先。

（lisa　新浪重庆网友）

建议重视冶金工业发展

　　目前我国高技术装备制造仍与发达国家有较大差距。我国并不缺少设计，但为什么不能实现设计意图呢？我认为这与我国的冶金工业落后有很大关系。我国生产的金属材料与国外同类材料相比，产品质量相差很大，不但不容易满足设计要求而且存在资源浪费。可以说原材料缺陷已经成为制约航空装备制造的短板，严重影响我国的航空武器装备现代化发展。冶金工业是基础，基础不牢，其后果之可怕难以想象。建议引进国外冶金行

业的先进技术，加大科技创新，编制新的冶金行业标准以适应未来发展
需要。

（三国无双　中经网网友）

三、强化科技教育人才支撑

充分利用信息化手段
提高社保、医疗等公共服务能力

当前，我国围绕公共服务和社会管理建设了大量业务信息系统和网络，但普遍以某一部门或某一地区为主体各自建设，造成了人口信息跨地区使用难，社保卡、医疗卡相通难，个人信用、养老金、低保金、保障房申领信息跨部门核实难等社会顽疾。迫切要求政府部门加强整合协同，以完善人口信息为基础，建立和完善事关民生的人口信息共享机制和手段，解决社保、低保、卫生、信用、住房等系统独立建设、信息不共享的难题，促进和完善覆盖城乡、可持续的基本公共服务体系，提高政府精准化管理与人性化服务水平。

一、主要问题分析

医疗卫生、社保、医保、低保、住房等围绕"人"的管理和服务，不仅涉及各级相关行政管理机构、行业服务机构，更需要多个政府部门共同参与。

（一）数据基准性、完整性亟待增强。由于数据分头采集，业务缺少协同，数据无法同步，跨部门的数据交换和协同机制以及手段缺乏，导致数据精确性和可靠性差。

首先是数据精确性不足，我国公安部门目前已掌握 13 亿多人的人口基本信息，但"出生不报、死亡不销"、身份证重号等现象依然大量存在；其次，数据完整性不足，公安部门对于包括出生和死亡、婚姻、教育、工作、人户分离情况等动态数据项仍不能及时掌握。

（二）信息利用率、一卡多用性亟待提高。目前，我国人口基础信息仍作为各部门信息而非国家信息，更未作为国家战略资源被有效管理、充分利用和深度开发；同时，缺乏促进信息共享及创新再利用的机制和手段，造成信息利用率低和资源浪费。

身份证、老年证、社保卡、医疗卡、公积金卡功能及应用相对单一、相互隔离，涉及个人健康、信用、住房等重要深度信息尚未得到开发和共享使用，不仅公众携卡不便，还导致国家投资浪费严重，政府公信力大受影响。据悉，单社保卡一项，在"十二五"时期预计建设资金就逾10亿元；由于个人信用管理缺失，我国金融、银行业近十几年来损失约4万亿元。

（三）系统联通性、网络统一性亟待加强。"烟囱林立"是多年来困扰我国电子政务发展的顽疾，各部门纵向网络相互独立，无法实现互联互通，不但加大了各部门统一互联的难度，加剧了协同和共享的困难，无法满足当前跨地区、跨城乡的公共服务需求及跨部门业务协同需要，还与电子政务集约化发展的趋势背道而驰。

目前，已有公安、人保、民政、税务、统计等多个部门建设了纵向网络，据不完全统计，卫生等部门在"十二五"时期提出新建网络的预算逾400亿元。

二、发达国家的主要经验

发达国家充分利用信息技术飞速发展带来的巨大机遇，将大力推进电子政务集约化发展及信息资源深度利用作为解决国计民生问题的重要手段。主要经验是：

（一）信息采集渠道统一，协同机制明确，信息准确性、可用性强。瑞典是最早实行"公民号"管理的国家之一，其公民号（PIN号码）包含了姓名、性别、地址、出生年月、出生地、婚姻状况、纳税情况、监护人等信息，是最权威准确的瑞典人口基本信息的唯一来源。瑞典PIN号码信息数据库采用统一渠道汇总，其他部门同步更新比对的协同机制，由瑞典税务局统一汇总管理，国家警察局、卫生部、保险管理局、国家海关、路政局、地区管理委员会、服务管理总局、政府办公厅等多个相关部门提供信息协同更新，共同确保 PIN 号码信息数据库信息的准确性与完整性。

（二）通过信息共享促进"一号多用"与信息资源的有效开发与使用。由美国社会安全部牵头，相关部门收集、同步并共享的社会安全号（SSN号）数据信息已经成为美国政府面向个人信息管理最可靠和有效的手段。SSN 号被主要应用于美国军队士兵识别及管理服务；与国家罪行管理信息中心协同，为美国法律施行提供联邦调查局记录核查及个人犯罪信息追溯服务；与金融体系协同，提供权威准确的个人金融信息及信用核查服务；与人力资源和社会保障等部门协同，提供权威准确的工作信息查询与记录；与劳工部协同，提供工人意外伤害险投保信息；与税务部门协同，提供个人纳税信息核查服务……案例表明，美国 SSN 号在促进社保资金管理、防止商业欺诈、维持市场秩序等方面发挥了重要作用，同时提高了政府管理效能，提升了部门业务协同能力与信息共享水平，基本实现了一号记录一生、管理一生、服务一生，为政府的精准化管理与人性化服务提供了重要支撑。

（三）通过电子政务基础设施大力推进面向民生业务的整合高效、集约化发展。目前，英国、法国、德国等 20 余个欧洲国家均各自整合建设了统一的政府公共网络平台。2010 年年初，英国颁布的 ICT 战略提出了建设以政府部门公共网络平台（PSN）项目为核心的电子政务公共基础设施。按计划，到 2012 年，多个独立的部门电子政务网络将逐步迁移到PSN，包括英国政府斥巨资建设的覆盖英国所有医院和诊所、提供电子病历及医疗影像传输的国家医疗卫生服务系统（NHS，National Health Service）N3 网络，通过 PSN 实现全国范围公共部门的互联互通，为实现跨部门、跨地域的业务协同和信息共享提供基础环境和有效手段。

三、几点建议

"十二五"时期，我国人口老龄化、城镇化等加速发展的趋势，要求政府进一步做好流动人口服务管理，做实养老保险个人账户，实现跨省可接续，健全覆盖城乡居民的医疗保障体系，加快社会信用体系建设。做好这些工作，迫切需要准确、完整、共享的人口信息作为社会管理精准化、政策制定科学化的基础，以及作为实现一卡多用的公共服务便民化、设施建设集约化的支撑。

结合发达国家的做法，我们的工作路径：一是要加大协同力度，基于公安部已建立的人口基础信息，建立与民政、统计、人口和计生、人力资源和社会保障等部门人口数据的协同机制和手段，形成准确、完整的全国人口基础信息资源；二是要以人口基础信息资源为基础，加快推进全国公民一卡通建设，促进人口信息在社保、信用、电子病历和健康档案以及低保金、养老金、保障房申领信息核查等多领域的应用与服务；三是要提速统一互联，建立各级政务部门的统一接入、互联互通，为上述工作提供一个安全可信的统一平台。

具体政策建议如下：

（一）加快推进"到底到边"的国家统一电子政务网络建设

为进一步加强我国电子政务网络建设，整合统一的网络平台，中办印发了 [2002]17 号和 [2006]18 号文件，推动国家电子政务外网（以下简称政务外网）和国家电子政务内网建设。2005 年国家信息中心承担了政务外网的建设和运维任务。2010 年 10 月，中编办批复同意国家信息中心加挂国家电子政务管理中心牌子。

经过"十一五"时期的建设发展，政务外网已经初具规模，为加快推进我国各级政务部门统一联接、协同共享提供了有利条件。从 2009 年开始，国家发改委就已经在信息化项目审批中，推动政务部门利用政务外网开展业务应用，对部门专网建设进行了控制，凡是可以使用政务外网的业务系统，不再批准各自新建网络；已经在运行的业务系统，要求其逐步向政务外网迁移。建议在"十二五"时期，由国家发改委会同有关部门共同研究，进一步加快推进政务外网的国家统一规划、统一投资、统一建设，并在政策上引导地方政府积极参与，同时坚定不再审批新专网的原则，尽快实现政务外网"纵向到底、横向到边"的建设目标，以满足"十二五"时期面向民生服务的业务部署需要，同时促进我国电子政务向统一、高效、集约化发展。

（二）促进卫生、社保业务部署，提升政务外网支撑能力

人口基础信息的准确和有效利用需要建立各部门能够互联互通、业务协同和信息共享的平台。考虑到现实可行性的问题，建议在"十二五"时期，以卫生、社保等与民生关系最为紧密，同时有明确的"到底到边"网络需求的信息化工程为主要对象，敦促其依托政务外网平台部署应用，促进人口基础信息在电子病历、健康档案、医保、低保等重要民生业务中的有效利用，逐步提升整合共享进程，为社保卡、医疗卡整合创造条件，同时进一步促进政务外网的建设发展，为最终推动人口基础信息跨部门协同和共享奠定基础。

（三）进一步促进跨部门的业务部署，完善政务外网平台建设，推进人口基础信息的完整准确与高效利用

力争在"十二五"期末或"十三五"初期，能够依赖已建成的"到底到边"的政务外网平台，进一步促进人口基础信息在公安、民政、卫生、人口和计划生育、人力资源和社会保障、统计、税务、金融等部门的批量比对、校核以及数据信息查询、查证、核实、引用服务，提升人口基础信息在人口战略、个人信用以及低保金、养老金、保障房申领信息核查等多领域的应用与服务，为全国公民一卡通的整合创造条件，提高政府的精准化管理和便民化服务水平。

（沈士凤、周民、张铠麟、盛磊　国家信息中心）

改革科技体制、重视和加强基础理论研究

当前，中国的科学研究（不论是自然科学还是社会科学）面临着非常巨大的危机，就是基础理论研究的没落和应用研究的虚假繁荣。究其根源，一是科技体制问题，一是浅表性思维模式和"官本位"的影响。

就科技体制来说，不论是自然科学还是社会科学，只有中央级的研究机构还在搞一些基础理论研究，各省区市的研究机构只能搞应用研究。我们通常都会讲：没有普及，就没有提高。而对于科学研究来说，基础理论研究是一项十分艰苦的工作，一个科研人员往往需要奋斗十年、二十年甚至一辈子才能取得一些成就。但由于国内从事基础理论研究的科研人员太过稀少，基础理论创新成果也就少得可怜。

就思维模式来说，一个民族必须用全面、综合、长远的眼光来看问题，做到基础理论的务虚与应用研究的务实兼顾，实现虚实统一。如果被急功近利的浅表性思维模式所淹没，片面追求"实效"，必然造成基础理论缺乏创新，造成自主知识产权的缺乏，不仅不可能建成创新型国家，更不可能获得诺贝尔奖。

产生以上问题的根本原因，就在于"官本位"对当代中国科学研究的严重干扰。大大小小的官员决定着科学技术发展的价值取向——不仅决定着科学技术投入的方向，也决定了如何对现有的科技成果进行评判。因此，建议国家在制定"十二五"规划时：

（1）改革科技体制，特别是偏重应用研究的科技投入机制和过于重视经济效益和领导批示成果评价机制，使基础理论研究获得应有的重视；

（2）恢复地方社会科学院硕士点和博士点的建设工作，充分发挥地方

社会科学院在培养人才方面的作用；

（3）加强对基础研究的支持力度，推动地方科学研究机构加大对基础理论研究的投入和支持力度；

（4）在科研项目立项、科研成果鉴定、科研成果评奖、科研人才荣誉称号评审、专业技术职称评审等方面，建立行政官员退出机制，尽力减少"官本位"对科学研究事业的干扰，为科研人才的成长创造良好的环境。

（郝立忠　山东社会科学院哲学研究所）

推进义务教育均衡发展

《国家中长期教育改革和发展规划纲要（2010—2020年）》明确指出："均衡发展是义务教育的战略性任务。推进义务教育学校标准化建设，建立健全义务教育均衡发展保障机制，均衡配置教师、设备、图书、校舍等各项资源。"值此"十二五"规划广征民意的机会，提出我个人对推动义务教育均衡发展的几点建议。

我国基础教育投资现状与原因分析：新中国成立以来，我国在实现教育公平方面取得了很大的成就，但教育不公平现象在某种程度上依然存在，区域经济发展的不平衡，城乡二元的经济结构，"分级管理，以县为主"的投入体制，"多渠道筹措教育经费"等教育理念的偏失和政策的偏误，导致了我国基础教育投资体制的不合理。我国目前的教育投资情况仍然令人担忧。教育经费投入不足，现有短缺的教育经费也存在配置不良的现象。另外由于历史的原因，当前我国基础教育发展的地区、城乡、校际等差距不仅依然存在，而且还有不断扩大的趋势。有鉴于此，改革现行的教育投资体制、加大对基础教育投资、实行投资主体多元化等是改善现行教育投资现状的必然举措。

推动义务教育均衡发展的建议：

1. 改革现行的基础教育投资体制

首先，实行投资主体多元化。主要措施有：第一，建立相应的激励机制与法律规范来鼓励社会各界力量向教育投资，并使其投资活动规范化。为社会投资办学提供必要的优惠条件。包括为教育基本建设项目提供优惠的贷款政策；从法律上规定企业捐资助教的经费予以减免税；对社会团体、个人办学的私立学校校舍的基本建设予以减免；对个人捐资的教育基金不计征税；大力支持学校的科研事业和校办企业的发展，适当地给予优惠政策。第二，明确各类主体的权利、义务和法律责任。明确各类主体的法律权利：举办者负责统筹规划各级各类学校的设置、调整，确定教育的大政方针，提供教育经费，保障办学的基本条件；管理者根据国家法律和政策，主要负责制定教育经费的预算并对经费的管理和使用情况进行监督；办学者应根据国家的规定，按照法律和政策实施经费的使用活动，当然也负有通过自己兴办校办企业的活动，补充办学经费不足的义务。不同主体应尽的法律义务为：作为举办者应及时定额保障教育经费来源；作为管理者应做到不挪用、不截留教育经费，公平分配教育经费；作为办学者既不能改变教育经费的用项，又不得造成其损失浪费。否则，各主体必须承担相应的法律责任。

其次，优化教育资源配置，形成有效教育供给。主要措施包括：第一，提高教育资源使用效率。既然我国用于发展教育的资源十分有限，这就要求我们一方面广辟教育投资的来源；另一方面又要合理使用教育资源，提高教育资源的使用效率，减少不必要浪费。可以通过调节教育存量，在短期内增加教育供给。第二，制订恰当的教育供给政策。恰当的教育供给政策主要包括有序的教育供给适应政策、有目的的教育供给保存政策和有远见的教育供给塑造政策。合理调控教育需求通过上述三项教育供给调节政策的相互作用，可以在一定程度上优化教育供给结构，使教育供给结构能顺应需求结构的合理变化而有效地转换，从而更有助于教育有效供给的形成。

2. 调整国家教育政策

首先，要加大教育预算内经费投入，中央教育投资应进一步向经济落后地区倾斜。为了缩小各地区在教育发展方面的不平衡，保证经济落后地区教育的发展，尤其是基础教育的发展，中央在教育投资上，应进一步向经济落后地区倾斜。中央应当在扩大扶贫教育基金规模、争取国际援助或贷款等方面继续有所作为，进一步加大教育扶贫的力度，使支持经济落后地区教育发展的活动成为可持续性的活动。

其次，要改革公共财政体制，优先保证基础教育。通过公共财政体制的建立健全，重新构建各级政府承担义务教育财政责任的新体制，改变中央和省级财政对义务教育的投入责任明显不足的局面，修改有关法规，明确中央、省级政府承担与其财力相匹配的义务教育的财政责任。在投入导向上，教育资源特别是义务教育阶段的教育资源应向处于弱势的地区和人群倾斜，特别是向农村贫困地区和西部地区倾斜，向城乡贫困家庭子女倾斜，向残疾儿童倾斜，保证贫困地区、贫困家庭子女和残疾儿童基本的受教育权利。

再次，建立科学规范的转移支付制度。实行"以中央为主"的农村义务教育投入体制要通过财政转移支付来落实。在增加中央对农村义务教育财政投入总量的同时，要逐步建立以县为中心的义务教育专项转移支付制度，农村中小学教师工资转移支付、危房改造专项资金、免费提供教科书专项资金等。在转移支付标准设计上，可以考虑将义务教育经费预算单列，采用"因素法"确定本县义务教育经费的标准支出需求和标准收入，进而确定需要上级政府转移支付的经费数量。

最后，加强农村义务教育投资体制的法制化建设。通过立法明确规范各级政府对义务教育的财政责任，保证政府投资责任到位，明确规定各级政府对农村义务教育的经费负担比例。在农村逐步建立以中央和省级财政为主的投资体制，逐步改变农村义务教育"以县为主"的投资体制，以使"以中央为主"的农村义务教育投资体制有强大的约束力，成为有效的制度。

因此，针对我国教育投资的不均衡现状，我们应通过增加财政预算内教育经费的支出比例，实现教育投资主体多元化等措施，来促进我国基础教育投资的均衡发展，进而促进我国基础教育的均衡发展，巩固我国基础教育的"普九"成果，提高基础教育的质量，从而实现我国基础教育的健康发展。

（李兵　北京师范大学研究生）

创新机制，建设人才强国

随着我国加入世贸组织和市场经济的进一步发展，人才纷纷往高处走，人才流动步伐明显加快。而传统的靠档案留人、靠户口留人，现在已经不灵了。即便是通过合同的方式硬性地绊住人才想移动的脚步，也是留住人留不住心。目前，大家都在喊"靠待遇留人、靠环境留人、靠事业留人"，但在我国，面临着很多现实问题，无论从薪酬水平，还是工作环境，都无法同国外发达国家相比。我国到底靠什么吸引人才、留住人才，已成为建设人才强国一个不容回避的难题。国家应从以下几个方面做出努力。

1.人才生态机制：构筑留住人才的"梧桐树"

虽然同发达国家相比，我国面临着很多现实问题，人才容易心态消沉，但我国企业有坚实的产业基础，有可靠的政府关系，有相当的社会诚信度，有严格细致的管理作风，有良好的人才储备，有不错的市场和客户网络。为此，我国必须挖掘和整合传统优势，用新的观念、眼光和思维来经营企业。首先结合我国自身个性，提炼出独特而前瞻的新理念，拉开人才的思维空间，有效地促进企事业变革。在确立了新理念之后，我国应主动思考未来的发展方向和发展目标，树立切实可行、鼓舞士气、振奋人心的远景发展目标，激发人才的内在热情和潜在创造力。有了目标，人才就有了干头、有了奔头、有了想头。营造以人才为本的企业文化氛围，尊重人才、关心人才、信任人才，唯才是举，以才设岗，以效付酬，鼓励创新，提倡团队，加大激励，让人才有用武之地，给人才施展才华搭起大舞台。理念、目标和文化，构成人才生态机制，从根本上促进了人才与我国的和谐，奠定了我国可持续发展的软基础。

2. 人才工作考核机制：强化人才强国考核导向

建议把人才资源总量、人力资本投资占 GDP 比例、人才贡献率等人才发展主要指标纳入"十二五"规划，作为"十二五"时期经济社会发展的重要考核指标，进一步强化推进人才强国、强省、强市建设的工作导向、考核导向。

3. 人才优先投入机制：人才强国建设的有力保障

坚持人才优先投入机制，为人才强国建设提供有力保障。在"十二五"时期经济社会发展中，更加重视人力资本投资，大幅度增加人才投入，建议明确各级财政设立人才发展专项资金，不低于财政一般预算收入的 3%，到"十二五"期末人力资本投资占 GDP 比重达到 15%。

4. 因才设岗机制：给人才施展才华搭建"舞台"

每一位人才都希望获得成就感，通过干大事创大业，展示自己的才能，为社会做出贡献，从而取得较高的薪酬和赢得社会的尊重，没有一位人才甘愿沉沦，无所事事。"怀才不遇"是人才的最大痛苦，也是人才离职、另谋高就的最重要原因。

岗位是人才施展才华的平台。人才没有了恰如其分的岗位，就等于英雄无用武之地。每一位人才如果在本单位内有施展自己才华的空间和岗位，没有人愿意舍近求远，每一位人才对本单位是有感情的。而长期以来，因事择岗、以岗择人成了人事组织不可动摇的原则。因人设岗，成了不切实际增加岗位，任人唯亲、机构庞杂、人浮于事、效率低下的代名词。事实上，传统的从组织流程、工作性质、部门分工等因素出发设立岗位也存在诸多弊病，一是很难找到适合岗位的恰如其分的人才；二是即使找到恰如其分的人才，岗位的详细描述也制约了人才的充分发展和单位核心竞争力的增强。而因人设岗也可以是因才设岗，以优秀人才为核心，去综合精简岗位，扩大岗位的外延与内涵，起到工作丰富化和工作扩大化的激励效应，做到人尽其才、才岗相适，这样既降低了人力成本，又激励了人才。

5.科学的薪酬福利机制：体现人才价值

目前，我国企事业薪酬制度存在的突出问题是工资拉不开差距。由于缺乏一个合理、高效的绩效管理系统，绩效工资部分计算形式化，从而在一定程度上一刀切，落入了"学历加资历"的老套，干好干坏一个样，起不到激励作用。存在的另一个突出问题是薪酬水平与市场相脱节，对外缺乏竞争力。整体薪酬水平和市场是一种反向关系，一般可替代性强的员工薪酬水平高于市场水平，而关键技术人才和中高层管理人才远远落后于市场水平，从而造成人才流失。改革原有的薪酬体系，建立全新的薪酬福利体系已刻不容缓。

6.公平的竞争机制：让优秀的人才脱颖而出

建立一套客观透明的激励机制，给每一位人才提供一个晋升、奖励的公平竞争机会，变伯乐相马为赛马，把千里马看得明明白白、真真切切，使每一位人才都能看到努力的方向，为每一位人才提供一个发展空间，使其感觉到在企业有干头、有奔头、有想头，从而提升其工作价值。这样，人才绩效飞速提升，单位绩效也就会水涨船高。

7.个性化的激励机制：留住人才的"金手铐"

采用的激励形式必须是为人才所看重的结果，应依据不同的人才对不同需要的追求程度进行有针对性的激励。尤其是对于追求高水平业绩的人才来说，这种业绩的最终结果必须具有吸引力。例如，对一位人才而言，如果增加工资还没有授予一个荣誉头衔有吸引力，那么该人才得到的仅是增加工资的许诺，而得不到一个荣誉称号的话，他可能就不会感到工作很有动力；对一位痴心科技攻关而错过最佳择偶期的大龄科技人才，恐怕给其介绍对象比增加工资更有激励力;个别人才脾气古怪,与周围的人际关系不容易相处,企业设法帮助其处理好人际关系,就是对其最大的激励;对带小孩的妇女人才实行弹性工作制,使其能够在家里一边照顾家庭一边工作,对其就是很大的激励。

企业在构建人才激励机制时,必须充分考虑激励的个性化特点,使激励机制具有灵活性,以便对特殊的人才以及企业的核心员工采取有针对性的个性化激励方式。

8.情感激励机制:留住人才的心

"士为知己者死"。我国有关部门应与人才多沟通,通过给予人才家庭式的情感抚慰、感情上的关爱来留住人才。设法替人才着想,解决人才家庭生活的困难,不仅节省了人才的时间,为提高效率创造了条件,而且让人才感觉到在国内工作有大家庭般的温暖。如,派出员工陪护生病住院的人才或家属;主动帮助人才解决小孩入托、子女就业等问题;帮助操办人才及其家属的婚丧嫁娶、生日晚会等;帮助人才解决从柴米油盐到洗衣服务等这些日常生活中琐碎而又麻烦的事。让在我国工作的每一位人才感到我国的人情味,用情感构筑起人才对我国永恒不变的爱,从而培养起人才对我国的归属感。

9.知识管理机制:留住人才的"才"

知识管理要求增加企业知识储备,建立企业知识库,将每一位人才的隐性知识显性化,将个人知识提升为企业知识,促进企业隐性知识和显性知识的共享,减少人才休假、离职而造成的损失。这样,即使某一位关键人才调走,其拥有的企业隐性知识和显性知识仍留在企业中。以企业知识库为基础,新来的员工就能很快地熟悉前人的工作环境,轻松地获取前人积累的知识、经验和智慧,以此为基础不断创新,实现企业的可持续发展。

10.人才租赁机制:在企业困难时期实现企业与人才"双赢"

在企业生产任务不足、产品滞销、普通职工放假等企业困难时期,人才处于无工作或"伪工作"状态。若企业强行将人才留下,则企业与人才"双亏"。这时,可将人才"租赁"出去,企业避免了冗员和裁员,降低了困难时期企业人力成本，又保持了企业博取将来订单的能力；人才也有了到外面闯荡磨砺，经风雨、见世面、长才干，拓展自己的知识、经验、能力和智慧的机会。

11. 人才柔性流动机制：不能永久也求一时拥有

对有些人才也可以不求永久但求一朝拥有。即建立"户口不迁、关系不转、双向选择、智力流动、来去自由"的灵活使用人才的柔性流动机制。这样，即使付不起高层次人才一年的高薪，但也可以付得起高层次人才的一小时、一天的高薪。在人才资源配置市场化的市场经济条件下，外地的人才只要能付得起高薪，就能招之即来，为我所用。因此，企业可以有针对性地聘请一些高层次人才在节假日为其作短期服务。也可以趁一些高层次人才观光、回国探亲访友的机会聘请其为企业指点迷津。我国企业还可利用我国丰富的旅游资源，有针对性地诚邀一些高层次人才来旅游观光，借机引智。

12. 网上引智机制：千才万里网上"携手"谱华章

一些高层次人才，即使不能拥有，也求"共享"。可以在因特网上搭建一个科研平台。根据企业需要，从国内外专家中，遴选出符合企业发展战略的高层次人才，组建企业网上人才库。并通过有效的激励机制，使其或为企业发展出谋献策，或为企业的新产品研制而攻关，从而将五湖四海四面八方的专家智力源源不断地通过网络流入企业，为企业提供强大的智力支持，提升企业竞争力。

人是生产力中最活跃的因素。人才资源是"第一资源"。"千军易得，一将难求"，在人才流动日益无障碍化的市场经济条件下，留住人才，靠什么？靠机制。只有建立一套好的机制，培养和使用好现有人才，才能真正留住人才和吸引人才。而在众多的机制中，最为关键的是要为人才搭建一个能够充分释放能量的平台，搭建一个能够大显身手的舞台，为人才的发展提供广阔的空间。

（李焦明　南京化工职业技术学院）

遏制"高考移民"现象

"高考移民"并不仅仅是一个简单的社会现象，它是如何在局部公平与全局公平之间寻求平衡点的社会问题。对此，综合学界多方观点及笔者自身的理解，对从本源上遏制"高考移民"的危害提出以下建议：

首先，要建立科学公正的教育资源分配机制。这包括以下三点：第一，合理分配高校资源。应当在内地省区市，尤其是人口大省的河南、山西等地，扶植建设重点院校。而不应当将高校的建设重点只放在现有的名校身上。第二，尽量合理设置各高校对各地的录取指标。在各地方政府对当地高校进行极大的建设援助的情况下，若是强制要求各高校平均分配招生名额，无疑会造成当地政府与民众的不满，从而造成他们对高校建设热情的降低。故而，在当前形势下，应当在一定范围内尽量为其他省区市优秀考生争取机会。第三，要求各高校专业对全国范围考生进行开放。这样不仅减少了教育中的不公现象，更能体现出高考选拔专业人才的作用。第四，借助互联网，增设网上公开课程，使得大部分教育资源稀缺地区的生源能够分享高质量教育资源。

其次，应当对现在教育水平相对落后的地区加大基础教育建设的投资。这样，不仅可以尽量拉平全国各地之间的教育水平，避免"高考移民"本身所受的教育优势打击迁入地的考生，极力维护各区域的局部公平，也可以提升现在落后地区的教育水平，使得政策不必再向西部等相对落后地区倾斜，避免全局的不公平性，一举两得。

再次，在一定程度上由各个大学自主招生，加强高校招生的自主性。这样，不仅可以避免教育中的两种不公平性，更可以针对专业进行选拔，从而更有效地达到教育的实质效果。

以上，只是笔者根据自己最近所读所感所想综合而成的一点看法，尚有许多不足、片面之处。总体而言，"高考移民"现象只是我国教育不公平的现状的一种集中体现，实质上也是一些在教育全局中受到不公待遇的考生对现存教育体制的一种反抗。就这一点而言，"高考移民"是一个警示，警示我们不可再对教育中的种种不公忽视怠慢。相对的，"高考移民"也带来了局部的不公平现象。在这个层面上，"高考移民"也是现在不得不解决的一个重要的社会问题。至于如何才能更有效、更合理地解决这个社会问题，还有待进一步的探究和实践。

（胡吉　北京大学社会学系）

加强和改进当代大学生价值观建设

加强和改进大学生思想政治教育是"十二五"时期的一项重要工作。大学生思想政治教育内容广泛，其核心就是引导教育广大大学生树立正确的世界观、人生观和价值观。青年大学生即将迈入社会，其价值观如何将直接影响日后工作生活中的价值评判。当前，大学生科学文化素质与思想道德素质总体上同自身肩负的历史使命是适应的，但是大学生由于价值观尚未稳固，容易受到社会腐朽文化的影响，容易放弃原有的道德操守随波逐流或者产生迷惘怀疑消极厌世。关于如何加强大学生价值观教育，用社会主义核心价值体系引领高校大学生价值观建设，我的建议如下：

第一，加强和改进当代大学生价值观建设应增强预防性、体现具体性。所谓预防性即加强和改进大学生价值观建设应有预防的作用。对于大学生价值观这块阵地，如果正确的价值观不去占领，错误的价值观就会去占领。因此，强调预防性，通过早宣传、早教育，避免、防止不良价值观的滋长。例如道德价值观，诸如诚信、奉献、宽容，倡导这些积极、健康、向上的价值观，使之对错误价值观诸如欺诈、自私等产生"抗体"。

所谓具体性即加强和改进大学生价值观建设应结合地区、学校、年级、专业的具体实际进行。在南方，应该加强义利观的教育，在北方应加强创新的教育。不同年级的价值观建设的侧重点应有所不同。大一大二应加强勤奋刻苦的学习观、文明的婚恋价值观建设，大三大四应该加强职业价值观建设。总之要突出差异，分步实施。

第二，辩证地看待现阶段出现的矛盾和问题。不容否认，少数干部奉行个人主义，生活腐化，严重损害了党的形象，损害了党与人民群众的血肉联系，但是以此来否认党的先进性、否认党领导全国各族人民建设社会主义现代化国家所取得的巨大成就，不仅是错误的而且是有害的。我们要认识到中国共产党是一个勇于变革、勇于创新、永不僵化、永不停滞的党，是立党为公、执政为民的党。要坚决拥护党的领导，自觉地在思想上行动上与党中央保持一致。辩证地看待现阶段的矛盾和问题才能正视问题，抓住主流，看清本质。

第三，信心满怀、理直气壮地做好宣传教育工作。信心满怀、理直气壮地做好工作是基于对我们党的正确认识、对矛盾问题的准确判断，出于对中国特色社会主义理论体系的理论自信和对国家发展脉搏的宏观把握。宣传教育工作者要站在国家和民族长远发展的高度来认识这项任务的重要意义，积极探索价值观的教育规律，敢于乐于接受质疑和盘问，耐心帮助其分析看待矛盾和问题，努力增强科学理论教育引导大学生的作用。

第四，积极构建和谐校园。和谐校园是和谐社会在校园这一领域的具体体现，构建和谐校园就是要为大学生成长成才营造良好的育人环境。构建和谐校园是一项系统工程，内含着价值观建设的因子。价值观作为社会主义先进文化的组成部分，丰富了和谐校园的内涵。构建和谐校园要用社会主义核心价值体系引领校园风尚，提高大学生思想道德素质，帮助青年大学生分清是非荣辱，明辨善恶美丑，帮助青年大学生树立正确的价值观，把个人发展和国家命运紧密结合起来，坚定报效祖国、服务人民的理想信念。

（方建　北京交通大学）

完善新能源人才培养体系　设立新能源科研机构

建议在国家重点名牌高等院校设立新能源学院，学院里面再分设各种专业，通过高等院校培养人才来支持和保证新能源经济的发展持续走在世界前列；设立新能源科研机构，保证我国的新能源技术领先并直接应用到工作和生活等各方面。具体是：

一、为我国新能源经济可持续发展提供人才支持。首先，在国家重点名牌理工科高等院校设立新能源学院，招录优秀学生进入新能源学院的各个专业，下一步再在这些院校设立新能源硕士、博士点，为国家培养新能源科学研究人员，为新能源经济长期可持续发展提供专门科学研究人才。其次，在全国各类专门培养技术工人的中专、大专学校鼓励培养新能源专业技术工人，为各类新能源企业提供专业技术工人，为新能源经济迅速发展提供保障。

二、建立直属于能源部的新能源科研机构。成立能源部并在其下设立正司级新能源技术开发应用研究所或研究中心，科研机构的职能，一是就新能源的最新研究方向的课题进行研究，并将成果直接应用到生活、工作等各领域；二是将高等院校的科研成果转化到实际生活和社会应用领域，经费由中央财政直接保证。

三、实现新能源战略计划各级政府需做的工作。我国实现新能源经济战略目标，各级政府应该做好以下几方面工作：

（一）公务员、工作人员必须加强对新能源经济的了解认识。国家公务员、工作人员不要求成为新能源经济专家，但必须对新能源经济有初步了解认识。政府是管理社会公共事务的国家机构，作为国家政府工作人员对新能源经济一点都不了解，就更别说整个社会推广使用新能源，就谈不上实现我国的新能源经济战略。一是编印并发放新能源知识解读本，其主要内容包括新能源经济的概念、新能源的种类、新能源经济的内容、世界新能源经济发展情况、中国新能源经济发展情况等，使大家读完后对新能源经济有初步的了解认识。读本发放到每个国家公务员和工作人员。二是各级党校和政府经济管理学院增加新能源经济课程。党校在对党内干部进行轮训时，在学习的课程里要有一定分量的新能源经济课程，让广大党员干部对新能源经济有比较深入的了解。经济管理学院对政府公务员、工作人员进行培训时，可以多安排些新能源经济课程，使政府公务员、工作人员对新能源经济有更深的了解认识。三是在党报、党刊、政府报刊上多刊登有关新能源经济的文章。国家能源主管部门开办能源报，面向全国发行。四是对国家公务员、工作人员进行开卷的新能源经济普及考试。具体考试内容的制定由国家能源主管部门制定组织，新能源经济战略实施的前三年，每年组织两次开卷考试，以后每年组织一次，一直到新能源经济战略实施十年并且新能源经济战略初见成效以后再取消。

（二）加强面向全社会宣传、推广使用。中宣部会同国家能源主管部门制定宣传内容和宣传计划，在全社会进行全方位宣传报道；各级党政宣传部门在地方公共媒体上进行宣传报道。宣传的内容应包括新能源经济知识、产品、好处、经济效益、开发利用等等，具体细化以中宣部、国家能源主管部门为主，其他部委配合。

（三）政府通过行政管理保证新能源经济政策措施得以实施。各级政府按照国家新出台的新能源经济有关政策，迅速贯彻落实执行。一是各级地方政府结合各地实际，贯彻中央政府的新能源经济相关政策。在不违背中央的新能源经济政策主要原则的情况下，根据地方的民俗、民情等特殊情况并报请中央政府批准后，地方的新能源经济政策可作适当修改。学习中央新能源经济政策的内容，可通过各层级各种形式的会议、宣讲会、组织干部考试、演讲、新能源知识竞答等。经过学习，促使广大党员干部特别是政策涉及的部门工作人员准确把握政策。二是各级地方政府必须准确执行落实中央政府的新能源经济相关政策。包括：通过加强学习，准确把握政策内涵；在执行各项补贴上准确把握政策；各级执法部门准确进行行政管理和行政执法；明确各地方政府落实新能源政策的时间限制。

（汪剑强　江西省纪委驻安监局纪检组）

为海外高端人才提供空间

科技创新方面，建议"十二五"时期注重创新和产学研结合，大力培养各类人才。首先，大力发展科学技术自主创新；其次，加大公益性科技投资；第三，大力培养创新型科技人才、经济社会发展重点领域专门人才和高技能人才；第四，按照感情留人、事业留人、环境留人、待遇留人的原则，为海外高层次复合创新型人才提供事业发展空间，积极引进海外高层次人才回国发展，创新创业。

教育改革和发展方面，首先，进一步促进教育公平；其次，建立科学合理的人才评价方式和科研考核机制；再次，加大吸引外国留学生力度，注重提升留学生质量。

就业和分配方面，首先，通过产业结构调整、技术改造升级、技术培训和在职研修等方法，做好高校毕业生、农民工、就业困难人员就业工作；其次，加强政策支持和就业指导，鼓励和吸引高校毕业生到城乡基层、中西部地区和中小企业就业；第三，拓宽就业、择业、创业渠道，鼓励自主创业、自谋职业等多种形式的灵活就业，以创业带动就业。

（张雷生　韩国延世大学博士生）

加大对经济落后地区基础教育政策扶持力度

经济落后地区基础教育存在如下三个突出问题：

1. 经济落后地区基础教育师资不足。目前，经济落后地区农村小学教师队伍年龄老化严重、专业素质不高。青年教师不愿到农村任教，落后地区农村学校基本是老教师任教，甚至到了退休年龄的教师还在苦撑教学任务，难以达到新的教学目标要求。

建议：制定优惠政策（包括经济、政治方面），鼓励教师尤其是青年教师到落后地区任教，在工资待遇、津贴、职称评定、岗位聘任、政治荣誉等方面提档升级，使广大青年教师愿意到基层任教，留得住、教得好，最大限度地改善落后地区尤其是农村教育教学状况。

2. 教育资源不足。目前，经济落后地区城乡教育资源不均衡，农村基础教育资源不足，地方配套资金缺位，相当部分农村义务教育学校在校人数不及城镇一个班的人数。

建议：加大对贫困地区教育投入，设立专项基金，专款专用，明确任务目标，定期考核，把基层教育发展成果作为上一级地方党委、政府经济社会发展的硬指标，纳入考核范围，确保落后地区学生享受到优质教育，实现教育资源均等化。

3.教师工资地区差别太大。落后地区地市级教师工资水平低于省级教师工资水平，县（市）级教师工资水平低于地市级教师工资水平，经济落后的县（市）级教师工资水平不及地市级教师工资水平的一半。

建议：基础教育阶段的教师工资实行省级垂直管理。

（高洁松　山东省平原县委宣传部）

加快我国教育体制改革

中国教育的问题根源在于高考绑架了基础教育，结果十几年的教育目的全都是为了高考考高分，学生浪费了大好时光，学到的东西大多数仅仅是进大学的敲门砖。为了敲门砖才会出现众多择校问题，课外学习班问题，占坑班问题，教育乱收费问题，所以斩断高考和义务教育的关系是治理教育问题的根本。

建议：改革我国的教育体制，实现十年一贯制义务教育和大学预科教育相结合的新教育体制。

十年一贯制义务教育，就是培养合格的国家公民的教育，完全由国家承担，这在我国已经大体实现。现在缺乏的是为各阶段教育制定是否合格的检验标准，好像众多的工厂生产同样的产品，但是是否合格却没人来管，是不是合格全由各个工厂自己说了算，社会也没有统一的评价标准，当然只好由高考来说话了。因此，建议国家制定全国统一的义务教育评价标准，首先是身体素质标准，比如体能标准、血压标准、肺活量标准、近视比例标准等等；其次是社会、家庭义务标准，比如参加社会服务的时间和质量，对家庭承担义务的能力和态度，执法守法情况等等；还有生存能力标准，作为合格公民必须的现代科学知识掌握标准等等。由国家组织全国统一的验收，有的是书面考试，有的是实际操作，有的是材料积累，最终给学生作出分类评价和综合评价，在此基础上对学校和地区教育部门的工作作出评价。这样所谓的素质教育才有可能得到落实。

对现有高中作调整，兴办大学预科和职业教育。凡是基础教育阶段合格的毕业生可以自愿进入大学预科或者职业学院。大学预科由大学和高中校合办，学生根据自己感兴趣的生活方向选择学校，预科生可以到大学作旁听生，熟悉自己将来选择的专业，大学有义务到预科校介绍各类专业的学习和将来可能从事的工作。当然这时的分类是粗略的，比如经济类、政法类、文史类、农林医类等，各类大学都需要的学科可以是预科的公共课程，各大类专业需要的是专业课，将来大学招生考什么学生就学什么。所以预科课程是大学联合设置，大学可以派教师到预科校兼课。现有高中教师分流，一些充实到十年一贯制学校，一些可以继续担任预科教师。预科是自费或者半自费（对贫困生补助），可以实行弹性学制，有的学生学两年就可以参加高考，有的可以学三年或四年，最多是四年。四年还考不上可以转到职业学院。职业学院可以是公费或者半公费（由合作单位赞助），由相关企业或事业单位和职业学院合办。所有企事业单位必须从职业学院毕业生中招收职工，这样也可以提高我国工人的素质，职业学院等于企事业单位的培训部。有条件的企事业单位可以单独或者合作办职业学院。

至此，高考改革也就可以进行了，大学怎么办的预科就怎么进行招生考试，联合办预科就联合考，独立办预科就独立考。学生怎么学的就怎么考。国家只需对招生规模作出规定就可以了。

（戴凤春）

搭建教育资源共享平台

促进教育均衡发展，缩小地区差异是办好人民满意教育的关键。走教育实效性、经济性、便捷性发展之路。推动教育现代化全面实施进程，必须解放思想、更新观念、实事求是；必须用发展的思想理念来解决教育实际问题。

教育有着自身的特点及规律。教育应该是服务性、公益性，不应是产业性、营利性社会团体及组织。然而，当前的教育体制并不利于教育发展，教育管理者们应该深思。主要表现在以下几个方面：教育服务管理功能滞后，增加教育成本，加重经济负担；教学现代化的步伐难以推进；教育行政主管部门对信息技术开发应用的经费投入不到位，管理不健全，机构不合理，机制不完善，分工不协调。

为此提出以下建议：

建议一：教育行政主管部门应更新思想、转变观念，把教育的公益性、服务性落到实处。义务教育阶段学生免费用书的版权国家应统一购买，并将免费用书的内容信息在网上公开发布。把教材的出版、发行、印刷权下移，做到分散适宜、相对集中。为国家免费教材降低成本，为及时更新教材内容提供方便。

建议二：建立健全教育信息技术机构组织。把懂教学、有实力的专业技术人员选拔到教育信息技术开发中心，研制、开发、传递、管理教育信息技术资源。

建议三：从国家到地方都应组建教育资源信息网。教育信息技术机构应经常性地开展信息技术资源征集评选活动，对优秀作品给予奖励。并将优秀作品统一收集在教育资源信息网中，为广大教师借鉴使用提供方便。

建议四：教师应增强奉献意识，做到共同进步、心地坦荡、志存高远、淡泊名利。

（龚绍青　云南省曲靖市麒麟区茨营乡中心学校）

质量是研究生教育的生命线

我是一名研究生，一年半的研究生学习让我切实感受到了一些问题，作了一些思考，如研究生课程设置不合理、学生们难与导师见面、忽略创新能力的培养而盲目追求发表论文的数量、学术不端等等。显然，研究生的教育质量较扩招之前有明显的下降趋势。这些问题不仅存在于我和我身边的同学身上，想来也是我国研究生教育中普遍存在的问题，要在研究生培养模式、管理体制和研发经费投入等问题上找原因。而质量是研究生教育的生命线，否则，莘莘学子辛苦换来的通知书可能对个人和社会都是悲剧。那么，我国研究生教育中存在什么现实的问题？该如何提高研究生教育质量？值此"十二五"建言献策之际，表达一下我的想法和建议。

我认为，当前我国研究生教育中存在的问题主要有以下几个方面：

第一，培养模式不合理，课程设置偏差较大，课程学习与学位论文脱节。一方面，课程设置的偏差令人"匪夷所思"。以我自己的经历为例，录取时由于成绩较低被调剂到了另外一个专业，而这个专业并未配备相应的师资，课程也大都跟随其他专业的同学一起上；更无奈的是，导师的研究方向根本在本专业的学术范围之外，该确定哪个论文方向，对我来说是个很尴尬的事情。我相信，课程设置偏差、课程学习与研究方向相脱节的问题不仅仅困扰着少数人。另一方面，在课程设置方面，理论课程多，实践课程少，课程设置面窄，缺少跨学科的内容，导致培养出来的研究生虽然有扎实的专业知识，但视野狭窄，最终沦为"专业深井型"的人才，缺乏学术研究的能力和实践的才能。

第二，导师与学生交流少，导师"一对多"的现象严重。首先，导师"身兼数职"情况比较多，好多学生都反映读研的整个阶段很难与导师见几次面，能与导师坐下来面对面进行学术思想交流的更是寥寥无几。其次，导师队伍学科背景单一，许多前沿课题都是跨学科的，因此需要导师具有的学科背景也应较强。而现在多数高校研究生教育采用导师负责制，如果导师学科背景单一，培养出的研究生则视野狭窄、知识面窄，影响研究生研究能力与创新能力的培养。再次，导师队伍的建设跟不上研究生规模的扩大，"一对多"现象严重，不能对学生进行很好的指导。

第三，研究生教育科研氛围不浓，忽略研究生创新能力的培养，大量学术垃圾产生。很多人研究生期间充当了导师们的廉价劳动力，所选择的论文课题往往都是拾前人牙惠，很难推陈出新。而且，研究生的学习比较被动，大多数人只为毕业后能找到一份比较满意的工作，对学习的钻研精神明显下降，浮躁现象随处可见。

百年大计，教育为本。如果中国的研究生教育这样发展下去，不但培养不出社会迫切需要的高素质科研创新人才，还会浪费巨大的社会资源和财富，毁掉我们民族的根基。

质量是研究生教育的本质，提高研究生的教育质量是研究生教育的出发点和归宿。因此，研究生培养的重点必须从以追求数量转移到提高培养质量上来。我的建议是：

第一，树立质量意识。思想认识是看待和处理问题的出发点，学校应转变观念，重视质量，把工作重点转移到质量管理上来。校领导对研究生教育质量管理重要性的认识，直接影响质量管理的效果。研究生教育工作千头万绪，各种问题层出不穷，在这些问题中必然有主次之分，轻重之别，只有抓住工作重心，才能事半功倍。在领导重视下，研究生教育得到人力、物力和政策上的支持，质量才有保证。同时，质量管理需要全员参与，从事研究生教育工作人员应接受培训，树立质量第一的思想，增强质量意识，使管理人员与师生充分认识到质量管理的重要性。只有充分认识到质量管理的重要性，将提高工作质量视为个人责任，明确岗位职责，增强责任意识，加强规范化管理，才能有效提高研究生教育管理质量水平。

第二，加强宏观管理，完善培养过程，优化培养方案，转变教学思想。课程教学是提高研究生培养质量的重要环节，合理设置课程体系是实现培养目标、优化研究生知识结构、保证研究生具有系统深入的专业知识的最基本环节。课程要有足够的宽广度和纵深度；课程教学要注重其学习能力、实践能力和创新能力的培养；要注重专业结构的调整，根据市场需求培养出具备多元化素养的研究生。总之，要加强研究生教育与经济社会的紧密结合，调整学科和专业结构，创新人才培养模式，使高层次人才的素质结构与社会需求相适应。

第三，加强导师队伍，深化指导力度。没有高素质的导师队伍，就不会形成高质量的研究生群体，为此需加强导师队伍建设。在研究生培养过程中，必须充分调动导师的积极性和责任感，严格导师遴选制度，严控导师资格的评审，坚持导师与研究生互选的"双向选择"制度。加强导师队伍建设，从学术科研水平和学生培养水平两个方面对导师进行评定，改变只上不下的导师终身制，保证导师队伍的高素质、高水平与高质量。

第四，营造良好的科研环境。教育投资是发展教育事业、提高教学质量的物质保证，不断加强和更新教学科研技术装备，改善研究生的学习条件，是提高研究生质量的重要方面。要加大科研经费投入，为研究生创新能力的发挥建立良好的科研环境，为培养出高质量、高层次的优秀人才创造必要条件。研究生的主观能动性决定了研究生教育的变异性，因此研究生质量管理应充分重视学生的因素，积极发挥学生的作用。研究生在学习中的主体作用无法代替，学校应创造良好的环境，建立良好的校园文化，激发其学习热情。一方面，对学生开展全面细致的工作，树立良好的学风，让学生形成良好的学习态度、强烈的求知欲望、刻苦的学习精神与科学的学习方法，有效提高教育质量。采取各种激励措施激发学习的积极性，如设立"优秀研究生奖"、各种企业奖学金；建立优胜劣汰的竞争机制，让学生有危机感，充分调动学生的积极性。

第五，建立信息反馈系统。针对研究生教育质量的滞后性，应建立有效的信息反馈系统，一是能及时获得有关用人单位、研究生培养过程等方面的信息，识别学生、社会的需求，按要求进行教学过程的策划、设计。二是通过分析、评价发现研究生教育过程中存在的问题并及时加以解决。研究生教育教学过程完成后，学校应对学生所达到的能力进行短期或长期评价，短期评价应从教育方式、课程学习成绩和学位论文质量来进行分析，长期评价则主要是采取毕业生跟踪调查的方式。在建立信息反馈系统过程中，除了信息收集工作，还应建立一套完整规范的记录表格，及时传递决策部门和执行部门的双向信息，准确有效地收集、整理分析研究生教育过程、用人单位的有关信息，为管理者提供决策依据，并向有关部门反馈执行结果。只有信息系统在质量管理的及时动作下才能保证研究生教育质量管理的有效运行。

（任乃容　山东省泰安市）

普九、降高、改大、改课　分类、终身、因材施教

科教立国，科教兴国，已成共识。然而，即便是在我们都极为重视的科教领域，仍然存在诸多问题急需解决。本文试图把脉教育方面的症结，并开出相应药方，希望能对建立人力资源强国有所帮助。

1.普及九年义务教育，提高人民群众的基本素质。

2. 降低高中规模。初中毕业后，一些学习成绩一般的就要考虑学习一技之长，学些社会及企业急需的技能和知识。相应教育机构应提供这方面的教育服务。

3. 彻底改革大学，以及人才聘用模式。对待像公务员这样的岗位，完全没有必要非得是博士、硕士、本科生等，要不拘一格降人才，不唯文凭论水平，不唯论文看实绩，选拔各行各业有突出贡献的、品德高尚的人。将一部分大学变为职业教育学院，与企业人力资源部门对接。

4. 加大课程改革力度，尤其是高中以后包括大学的课程体系建设必须与社会及企业需求相衔接。紧紧围绕素质教育、社会需求进行课程设计。

5. 分类因材施教。小学阶段就开始通过竞赛等形式选拔高智商的、天分好的学生因材施教，这类学生所有费用由国家负担，对其培养目标定为国家的科研人员，从事基础科学研究、高精尖的航空航天、国防军事等研究。将其他有天赋的音体美类人才分别送入相应教育机构由国家培养成才。

6. 社会管理者即公务员从"社会大学"选拔。必须有群众举荐这一环节。

7. 初中毕业未升学的，由国家买单进行短期职业技能培训，培训合格后方能进入人力资源市场实现其价值。

8. 建立终身教育体系。

9. 鼓励企业与大学合作办学，大学偏重基础知识以及理论部分，企业偏重实践部分，互惠互利，建立职业终身教育体系。

（马春林　山东省临沂市河东区金雀山东路杨庄小区）

做好保障措施　加快科技创新

环境友好型和资源节约型社会建设中要做好保障措施。"十二五"时期，我国已经将发展的重点之一放在建设资源节约型和环境友好型社会上，关键是贯彻落实。一是加快立法，建立坚实的法律保障。二是加大问责力度。在考核中一定要注重资源节约和社会友好，否则一律问责，健全问责细则，为生态环境建立完善的政策保障。三是加强监督。为环境友好型社会的建立营造社会基础和保障。四是加快科技创新。科技是第一生产力，科技进步是建设环境友好型社会的技术支撑，以人财物保障科技进步，以科技进步促能源资源节约。

（倪卫校　国家统计局商洛调查队）

不拘一格降人才

第一，大力营造不拘一格降人才的舆论氛围。要以新的视角看待知识，看待人才。无疑地，我们要尊重知识，尊重人才。但是，知识不等同于学历，尊重知识并不意味着就是尊重学历；人才也不等同于高学历者，尊重人才也并不意味着就是尊重高学历者。多年来，社会上普遍用一些简单和显性的标识作为判断人才的标准，于是人才与学历、职称、就职经验、是否海归等同起来。于是，年轻人要立足社会，就必须读大学。事实上，人才应该是那些认同单位的核心价值观，具有职业素养和较高工作技能，能够持续地为本单位创造价值的人。一个清洁工人，能够长期地把地扫成世界一流，就是人才。一个员工能够安心本职工作，持续不懈地提高工作效率，也是人才。人才观念的转变如果能成为共识，读大学就将成为个人发展的内在需要而不是更多地来自社会、来自生存压力，拼命"挤"大学的现象就会自然淡化，高等教育的效益也会大为增强。

第二，完善不拘一格降人才的培养机制。不唯学历论人才，并不是就完全不讲学历，更不是要忽视高等教育。高考仍然要考，这是毫无疑问的。问题在于，如何让考生变急功近利的心态为平常心态、变损害身心健康为维护身心健康、变扼杀兴趣特长为发展兴趣特长，值得我们去探索。钱学森临终前仍为我国当代教育培养不出大家而抱憾，有人还在思索民国时代教育落后而大家辈出的原因。我想，人才培养的重名轻实、短视浮躁，应该是难出大家的重要因素。目前，在普通高考模式为主的同时，有些高校还实施了中学校长实名推荐制，这是值得肯定的。职业教育、艺术教育的对口单招，更是为不少学生开辟了升学的"绿色通道"。这种单招模式，有必要进一步推广。譬如，有些学生高中数学就是一团糟，但在文史方面挺有天赋，这样的学生参加普通高考，文史优势必然难敌数学劣势的消耗，而无缘适当的就学机会。如果有单招的机会，他们的特长就可能得到充分的张扬。另外，继续教育应该务求实效。重知识、轻能力的弊端已经在许多行业造成了发展的障碍。这种状况的改变，需要就业单位和舆论的共同引导。而在职教育，虽然形形色色，琳琅满目，但大多还是流于形式。"严进宽出"甚至"宽进宽出"交钱熬时间，到时拿证书的现象比比皆是。让在职教育真正成为在职人员提高业务水平、增长业务能力的平台，让在职人员在在职教育中真正实现个人成长和发展，让人们看到在职教育的力量，是淡化"千军万马挤独木桥"的"高考热"现象的有力灵药，是对高考大军的有效分流。

第三，健全不拘一格降人才的用人机制。杀牛固然不能用鸡刀，杀鸡也无须用牛刀。让众多研究生去竞争大城市殡仪馆一个火化工的职位，这并不意味着殡仪馆人才结构的优化，相反地，这是人才培养的浪费。切实按需设岗，实现人尽其才，这是健全用人机制的核心要义。简单地用学历设置门槛的做法，不利于人才的有效使用，并且极易造成错误的价值导向，引导人们不管有没有用，不管符不符合自身实际，只是义无反顾地向着尽可能高的学历冲击，从而造成盲目奋进和大量人力物力的架空和浪费。还有个评价问题也是如此。重学历、轻学力的评价误导几乎渗透到了各行各业及从业者个人，这就使得追逐单位的某某学历比例、某个人达到某某学历成了单位建设和个人发展的"重中之重"，本职工作反而成了次要的东西。这种"只拘一格"的用人机制和评价机制对于人才的脱颖而出不能不说是一种障碍。我们希望看到，切实用科学的、发展的观点，用朴素的、实事求是的观点来指导用人机制、评价机制的建立，让人们不受各种因素拖累地去做好各自能做的事，那该是怎样的一种生动活泼、自由发展的局面啊！

（李家君　江苏省赣榆县教育局）

改善网络时代的青少年教育

　　网络的发展给社会带来了飞跃性的知识信息传输和普及，涉及社会的方方面面，特别是对于青少年成长的影响是不可估量的。大部分知识都可以在网络上查找到，对于从事青少年工作的人士带来了强大的挑战。同时信息的爆炸性增长也对网络的内容提供提出了海量和引导性的要求。我国有 56 个民族，要实现中华民族的伟大复兴，全民族的共同进步是基础，民族青少年工作是重要手段。民族间的交流、沟通、融和更是从青少年入手更容易。纵观历史的进步，其实就是民族间的不断交流和互相学习的结果。在如今的网络时代，利用网络来加强民族间的交流和学习，实现民族共同进步、繁荣和发展是当代青少年工作的重要一项。

一、由教育部、文化部、民政部、国家民族事务委员会、中国科学院和中国社会科学院、民族教育机构、发改委、共青团中央、青少年研究机构，各自治区、自治州、自治县等部门联合建立全民族的学习型网站。

1. 先期可以进行汉—藏语、汉—蒙语、汉—维语、汉—哈萨克语、汉—朝语的学习内容建设。其他少数民族内容逐步推行。

2. 在网站建设和维护中，应充分借重青少年的智慧。

3. 通过网络增强少数民族学习世界先进知识文化的能力。

4. 针对少数民族聚居区，青少年工作部门应该联合民政部门，争取每个村（居）委会建立一个网络文化室。

5. 青少年工作者应该利用网络这个平台，把青少年的心理健康培养和生理健康培养开辟出一番新天地。

二、文化部门、青少年工作部门应该在网络游戏审查入网阶段制定更严厉的审查措施，对于一些种族歧视、暴力、血腥类游戏应联合公安部门进行严格限制，文化部和青少年工作部门应当联合公布适合青少年玩的游戏名单。

1. 文化部门联合公安部门对网络游戏运营公司在注册账号时应采用身份证号码识别制度。

2. 青少年工作部门应呼吁和积极推进、参与全国人大加快网络游戏内容准入和监管的立法。

3. 青少年工作部门应联合文化部门和教育部门开发和运营中华民族有文字记载以来的民族传说、变迁、融和、发展的游戏内容。

三、设立专门针对残障青少年的网站。在网站制作时应加以文字、图像视频、音频、手语的同步，以适应盲人、聋哑人等残疾、残障青少年的学习需求。

四、文化部、教育部、共青团、妇联、关心下一代委员会、中国青少年研究中心等部门建立融合孕前、育婴、育儿的学习、教育指导型网站。

五、建立网络青少年工作机制的监督、考评制度，以及动态的工作改进、发展机制。

（王世健）

提高专利转化率

目前我国已成为专利拥有量的大国，但专利转化率很低，据报道，只有 10% 左右，而美国等发达国家，已达 70%—80%，相差很大。针对如何提高专利转化率，现提出如下建议：

一是明确规定专利转化率指标，如定为 20%。有些企事业单位领导对专利转化很不重视，有了这个指标，是对他们的约束和鞭策。对于没有专利的生产企业，也可规定使用率，建立他们使用专利的积极性。

二是成立官办专利中间机构，介绍专利买卖。目前虽有许多专利中间介绍机构，多属于民间组织，影响力不大，应由政府办理，每年从已授权的专利中评选出一批含金量高的专利介绍给使用单位，这样可增大效果。

三是降低专利使用门槛。对于一定睡眠期（如申请之日起已超过五年者）的职务发明专利，经协商，可免费使用，或向专利权人支付少量使用费，但对发明人应给予合理报酬，以利于解决在使用中遇到的技术问题。对于免费使用的专利，可多家同时使用，如一家垄断使用，则需买断。向提供免费使用专利的专利权人由国家发给使用证书，以作鼓励。

四是对于生产专利产品的企业予以一定的激励。如在贷款、税收等方面给予优惠，必要时，也可拨款支持。

（徐增华　上海材料研究所）

对我国职业教育问题的建言

关于我国基础教育和职业教育的几点疑问：

国家把职、成教任务交给常规教育，能完成"两基"达标，但是能不能完成新农村建设任务并实现一揽子经济目标？

我国县级青少年中职职业教育为什么非要办在既无资质又无实习场所，且无职业特征的普通中学？

"寄人篱下"的职业教育能不能推动生产力进步？

成人继续教育和青少年职业教育"低人一等"是命中注定的吗？

职业教育当由谁来唱主角？

幼儿学前教育不纳入普及九年制义务教育是对还是错？——叫停撤并山区和农村小学教育布点，是恢复和发展村级初小及幼儿学前教育的当务之急！

实施中长期教育规划纲要是否需要求真务实的"双轨教育"体制？

谁能为中国职业教育鸣锣开道？

我们应该准确定位和阐释成、职教与普教之间的辩证关系，传递新时期提高全中华民族职业文化素质的新概念、新动机、新观点，深刻揭示农村成人职业教育是根据职业特征和工农业生产需求，提高劳动者工作效能且任何力量也不可替代的产物，与普通教育的初、高中常规教育有质的区别。

目前我国职业教育还不足社会职业教育总量的百分之十。扩大职业教育覆盖面，改"单纯文盲识字教育"为"成人职业技术教育"，学技术、学文化、学政策、学法律常识。架构大中华民族"双轨教育"理念，恢复农村成人教育编制和组织机构，设立国家成人职业教育部。上到国务院，下至村委会，真正把职业科技继续教育落实到面向社会，面向每个人。

（严须　陕西省洋县龙亭镇）

加大科研力度，促进产业升级

我国企业的现状是以劳动密集型为主体，改变这种现状的重要一点是加大科研的投入，包括人才的投入，资金的投入，使企业产品的科技含量有所提高。在农业方面，可以加大优良品种的培育，以提高农作物的产量。在工业方面，一个产品的科技含量决定了这个产品的生命力。因此，国家和企业必须加大对科研的投入，必要的时候政策也应该倾斜，比如减税等。只有产品的科技含量的提高，才能使产品具有高附加值，使产品产生更多的利润，从而实现产业的升级。

（周裕兰　福建省平潭县北厝初级中学）

促进高等教育改革

　　高等教育作为国民教育的重中之重，发展和改革高等教育是目前政府面临的重要问题。作为一名关心国家发展的大学生，应该为未来国家的后备人才培养出谋划策。下面是一些意见和建议，希望政府部门采纳。一是改革高考制度。高考作为高等教育的敲门砖，关乎千家万户，目前的高考制度已经到了必须改革的地步。高考制度应向弹性化发展。如，把普通高等学校招生和高职高专的考试分开，并向地方政府下放权力，参照自学考试的制度，一年举行两次国家级考试招普通高校学生，一年举行两次省级考试招高职高专学生；在原有的自主招生政策的基础上，重点高校可以组成区域联盟，提高自主招生的优越性。二是限制盲目扩张。积极收缩重点大学的扩招名额，把学校的主要任务转变到提高科研技术水平上来，对于二本高校实行严格的年度考评制度，并实行降级处理制度。三是积极扶持民办大学和高职高专，实行与同级别公立大学的同等待遇。四是逐步取消大学的行政级别，积极推行全面的合同聘用制度，加大对教师职称晋升的严格把关，实行严格的奖惩机制。五是推行大学的兼并重组，鼓励重点高校设立地区分校制度，促进区域教育资源合理分配。

（陈则景）

以媒体试验室模式推进国家软实力快速提升

"十二五"规划再次把国家文化建设列到重要位置。文化产业的崛起，急需与之配套的设施。一个成功的文化建设模式是推进国家软实力的催化剂，国家"十二五"规划中应提出建设文化、传媒、传播为一体的多媒体试验基地，针对文化产业的传媒、传播等提供服务，为文化建设提供相关参考依据，推动国家软实力在世界上地位的提升。

（张灏野　河南省郑州市京广南路 56 号）

加强农村中学教育基础设施建设力度

建议加强农村中学教育基础设施建设力度，进一步提高农村教师艰苦岗位津贴，农村教师晋级优先，农村教师工资高于同级别城市教师，城市教师到农村支教者晋级优先，吸引优秀教师扎根农村，使农村偏远乡镇教师乐于奉献，真正实现教育均衡，以新农村规划中心村建设为依托，重点建设中心村的小学和合作医疗点，加强农村小学和幼教建设投资，特别招收幼教专业教师从事幼教工作。百年大计，教育为本。真正实现教育公平，必须提高农村教育水平。

（丁延年　安徽省蒙城县）

加快推进高等教育改革

建议之一，有计划地增设教育创新内容在高等教育专业结构中的比重，为教育创新在高等院校走向系统化、秩序化，达到更新教育观念，深化教学内容方式的目标；在深化教学内容时，按一定比例在不同的高教专业中增设含有创新内容的章节，为教育创新在高等教育的壁垒中扩展一片新局面。促进社会创新发展，奠定雄厚的实力基础。

建议之二，在高教专业中增设的创新内容，以国内各行各业与专业系统紧密相连的具有适用与发展前景的前沿科研成果（包括创新方法、发明成果）为主题。历史发展的实践证明，创新型国家更需要创新人才所展现的创新成果来证明，在高教专业中植入有关培养创新人才的创新内容显得更加迫切，因此，侧重精选创新人物的创新成果与促成创新成功的动力过程，置入相关专业的具体章节中。

建议之三，在高教专业结构中有序植入创新内容。鉴于高等教育创新的艰巨与传统原因，在高等教育的专业章节中，对有关创新内容的信息来源，充分估量其有限范围及其法理性，在计划植入创新内容的具体章节、安排步骤和结构形式上，根据预先选择的内容，按比例穿插在每一专业章节的适当位置，形成原有专业知识与创新内容的有机构成。教育创新知识经过教学实践的不断总结提高，逐步实现专业内容的创新在高等教育中由渐进形成到水到渠成，再集中编著一本诸如大学语文、数学、外语那样同等重要的创新专业课，列入高等教育的专业教材中。

建议之四，教学大纲、高考试题与教学课本需要三位一体同步创新。事物总有一定的质量互变过程，在高等教育的专业结构中植入创新内容的同时，教学大纲及高考试题也须同步创新，达到高教课本与教学大纲及高教试题三位一体的创新模式。

建议之五，明确创新内容在高考试题中的比重。高教试题的创新内容，直接影响着高教人才的创新观念与创新视野的扩展程度，因此将创新内容的比例提高到与记忆选择、综合分析各占高考试题三分之一的程度比较适宜。

建议之六，赠送教师尚方宝剑。高等教育专业中的创新内容，像一把天然尚方宝剑，大学教师可以凭借创新教材的创新内容，有计划、有步骤地发挥他们在高教讲台上的创新教育作用。可以想象，高等教育专业一旦植入创新内容，一幅崭新的高等院校风貌，大学教师与大学生同绘高等教育21世纪的创新蓝图，为素来在人们心目中充满魅力的大学校园，又添一层更令人神往的美好意境。登高望远，教育创新内容在高等教育专业结构中的增设过程，一旦运转成功，将为高等院校配置新颖的创新教材，为创新型国家培育更多的创新人才，让教育创新在高等教育专业中，为大学生创造更大的创新思维空间。对更新教育观念、深化教学内容方式、促进创新型国家早日实现，起到应有的作用。

（李绍新　吉林省长春市）

加大对普通院校的经费投入

建议国家在加大对重点院校经费投入的同时，一定要开始注意到更多普通高校。普通高校经费不足，由此导致的一系列问题，正在把我们扩招后的效果以社会想不到的速度拖垮。社会上都说这是扩招惹的祸，但是你会发现，美国有着比中国更多的高校，且美国人口比中国少得多，所以中国的高校规模并不是大，而是不足，因为我们是社会主义国家，我们有理由比美国做得更好。实现国家的复兴，在当今已经不能仅仅靠某个人，或者某些人，而是要靠所有劳动者，那么，在这些公民成为优秀的劳动者之前，他们是不是应该接受足够好的教育！但是现实在于，我们很多二流三流高校，实际上经费严重不足，不用说大师了，有些连基本的师资力量也不足。

（苗卫中　河南理工大学）

建议我国"十二五"规划加大科学技术研究投入

从"十五"计划首次公开向全国人民征集意见以后，每到制定新一期五年规划之时，国家发展改革委员会都请全国人民建言献策，这已经成为一种良好、健康的常态。作为一个爱国公民，我十分渴望一如既往地提出自己的一管之见，为祖国强盛尽个人绵薄之力。本次我的建议是：在"十二五"规划期间，尽可能加大对科研领域的投入，培育以知识经济为主导的经济发展模式。

建议如下：

第一，大幅增加国家对科研资金的总投放力度。2009年我国科研经费年投入量1761亿元人民币，约合260亿美元。比起美国的2800亿美元、欧盟的1999亿美元、日本的1130亿美元，我国科研资金总量有限，与GDP总量不相匹配，极其不利于科学技术研究向高、精、深方向深入开展。而2009年我国的财政收入高达68000亿元，超过一万亿美元。虽然其中绝大多数要用于刚性的财政支出，但如果从中央到地方能节省出5%的财政支出，用来投向科研领域，增加的科研经费就可达3200亿元之巨，增幅几近200%。再带动企业及社会资本投入，科研经费增幅将更为惊人。有了如此之巨的科研经费，用来添置科研设备、聘请外籍专家、增设科研项目，相信我国的科研水平必能上一个很高的台阶。

第二，选定重点科学研究方向时，要有所取舍，有所侧重。现代科学涉及内容广泛、领域众多，比较重要的领域有：生命、医药、化工、航天、航空、信息、材料、能源等。即使如美国那样国力强大，也不能做到齐抓共管、面面俱到。所以，应把虽经大幅增加却依然有限的科研经费，投入到对经济发展促进作用最大的科研领域。哪个方面科研领域对当前经济发展的贡献度最大呢？对于这个问题众说纷纭、见仁见智。我认为，当前对经济发展贡献度最大的科研领域是新能源研发。原因就在于，目前制约经济发展的瓶颈正是对石油、煤炭这类化石能源短缺的预期。所谓降低二氧化碳排放、防止温室效应，只是为掩盖公众恐惧的表面说辞，其真实目的就是减少化石能源消耗，设法推迟能源危机爆发。但仅仅推迟能源危机爆发，还不足以给经济安上推进器，想要避免2008年开始的经济萧条再发生二次探底，确保全球经济重新步入繁荣，必须彻底解除能源危机。

第三，合理安排新增科研经费在科研软硬件方面的分配比例。以往我国的科学家，能在国外取得不俗的科研成果，但回到国内却默默无闻，很大程度上与国内科研硬件设施落后有关。因此，工欲善其事，必先利其器，在加大科研经费的最初几年，新增经费用途应以添置大型科研硬件设施为主。有了完备的科研硬件设施，我国的科学研究水平就有了和国际先进水平接轨的物质基础，再凭着科学家的优秀科学素养和高度进取心，相信能够取得优异的科研成果。

第四，在加大科研投入的同时，努力推动我国科研设备制造业健康发展。用于科学研究的设备都是高精尖仪器，制造精度要求远远超过普通商业用途的设备，生产这类设备是提高装备制造业水平的重要途径。加大科研技术投入，添置大型科研硬件设施，如一味考虑从发达国家进口，一是容易受制于人，二是不利于提高我国装备制造业水平，三是也有违加大科研投入拉动经济增长的初衷。因此，加大科研技术投入，硬件设备应立足自给。

第五，改革科研成果评价奖励机制，给予科研人员更多的自由度。科学研究有其自身规律，同按部就班生产产品不同，其成果不可能在规定时间里产生，也不能因科研人员主观积极性提高就一定产生。改革开放以后，在科学界生搬硬套联产承包责任制，硬要科学家在指定时间里出成果的评价机制，严重扼杀了科学家的创造激情，迫使他们把聪明才智用在对外包装自己的研究工作，而不是精益求精做好本职研究工作。因此，有必要改革科技成果评价机制，确保科研项目一经立项便持续不断提供科研经费，不在规定时间强迫科研人员出成果，甚至允许项目可以不出成果。诚然，这样做会有部分科研经费落入个别科学界的"南郭先生"手里，造成国家财产的损失，但却更有利于有真才实学的科研人员卸下急功近利出成绩的包袱，在科学的海洋里尽情遨游，从而出真成果、出大成果。同时，科研成果的政府奖励也要减少数量和层次，把有限的资源用于奖励确有重大价值的科研成果。对于获奖的科研人员，还可以进一步给予允许他们自主选择科研课题的礼遇。以此来彻底纠正评价奖励方法不符合科学研究规律的错误。

第六，完善科研技术向企业转移机制，促成科研成果向现实生产力转化。一般而言，科研成果转化成产品的过程有十个阶段：调查分析、研究开发、实验室实验、半工业实验、工业实验、小批量生产、投放市场、市场适应性改进、大批量生产营销、消费服务。我国研发机构在前三个阶段并无重大问题，主要问题出在完成了实验室实验以后，往往因为资金缺乏、人力紧张、设施短缺、非标准设备制造困难等原因，无力进行半工业实验和工业实验。而如果能过了工业实验这一关，后面几个阶段在企业雄厚实力支持下，就能够顺风顺水开展下去了。由此可见，科研成果转化困难的问题出在产研结合不够上面，而产研结合不够，又是因为历史上计划经济造成条块分割、科技中介服务业不发达等原因造成的。

第七，注意调动全社会各种力量的积极性，共同投入科学研究事业。

一花独放不是春，百花齐放才春满园。加大科研投资是事关我国经济持续稳步发展的百年大计，中央政府的有限财政支出，还只能起到倡导示范作用，而无法收国家科技水平全面提升之功效。

（赵瑜）

"十二五"规划建议

一、进一步利用先进技术武装和改造国民经济各个领域，特别是工业系统、电子系统和动力系统等各个产业部门，提升国民经济整体水平。

自力更生发展科学技术，尤其是尖端技术特别是中国空间技术，是老一代领导人领导和依靠老一代科学家及其科技工作者闯出的一条自力更生、发愤图强发展尖端技术的正确道路，推动了国民经济的迅速发展。

二、进一步进行技术创新，尽快形成中国芯的电子工业系统和中国IT产业系统。吸收各个国家汽车工业先进技术，利用一切先进技术整合、改造、提升中国汽车工业，形成中国汽车工业系统和中国汽车系列，进一步创造、提升中国制造的重型运输系统和军用运输系统科技水平。使中国从制造大国尽快变成创新大国、创造大国。

三、进一步加大各类技术能手培养力度。中国工业系统规模宏大，门类齐全，需要各类高超技术能手，因此进一步加大工业系统各类技术能手培养力度，将进一步提升和提高工业系统技术水平和产品质量，是实现创新大国的重要基础条件之一。

（穆文林　北京跟踪与通信技术研究所退休干部）

推进我国科研经费管理制度改革

"十二五"时期，我国将进入以创新促转型、以转型促发展的新阶段，面对促进经济转型、创新发展模式的艰巨任务，大幅提高科技创新能力的要求越来越迫切。2009年，政府科研经费支出为全社会研发经费支出的23%，如何提高政府科研经费的使用效率、更好发挥政府科研经费的引导作用，是我国提高科技创新能力的一个重点任务。

我国科研经费管理制度尚存在一些深层次问题。一是科研经费配置分散。科技宏观管理各自为政，科研经费分配部门过多、计划项目林立，科技部有国家自然科学基金、科技支撑计划、"973"计划和"863"计划，中科院有知识创新工程，发改委、教育部、工程院和自然科学基金委也都有各自的科技计划，导致科研经费条块分割、重复分散，整体使用效率不高。二是基础研究经费过少。基础研究、应用研究和试验发展经费支出配置不够均衡，基础研究经费仅占总支出的4.6%。三是引进消化吸收再创新投入过低。2009年，我国规模以上工业企业引进国外技术经费支出422亿元，消化吸收经费支出182亿元，比重为1∶0.43，远远低于日韩等国1∶5～8的水平，导致生产线升级和产品改进只能依靠重复引进。

针对这些突出问题，"十二五"规划应当制定相应政策措施。一是探索建立国家科研经费统筹管理制度。合理设置国家各部委的科研经费管理权限，将政府科研经费支出职责归并到一或两个部委内，加强对重大科技计划实施和科技基础设施建设的统筹，强化国家对科研经费使用的总体部署和宏观管理。二是明显提高基础研究经费占科研经费支出比重。政府科研经费主要用于支持市场机制不能有效解决的基础研究、前沿技术、社会公益性技术、重大共性关键技术等公共科技活动，建立适合基础研究特点的长期稳定资助模式，引导企业和全社会加大相关科技投入，破解基础研究、应用研究和试验发展经费支出结构失衡难题。三是大力支持引进消化吸收再创新。在政府科研经费中设立消化吸收再创新引导专项资金，用于鼓励和扶持企业开展引进技术的消化吸收再创新活动。

（谭爽　中国光大银行）

"十二五"规划需加强重大科技对策的研究

根据几十年来对科技工作的深切理解，就我国科学发展和转变经济发展方式中的薄弱环节——有关科技的地位、作用和重大科技对策等问题建言如下：

一、新科技革命的重大机遇

讲科学发展和转变经济发展方式，自然不能离开科学技术这个第一生产力，也不能偏重经济对策、行政对策，而忽视起着基础性作用的科技对策。从时代特征和历史的经验看，近现代人类经济社会之所以能不断加速发展，最根本的推动力，莫过于来自一次又一次的科学革命、技术革命及其引发的产业革命乃至社会革命。当前，一场规模空前、影响巨大的新科技革命正在孕育和兴起，我们必须充分利用这个机遇，厘清并用好重大科技对策，在总体上应明确，改革开放和新科技革命，是中国特色的发展之道，是中华民族伟大复兴的必胜之道。

二、科技重大创新是触发新科技革命的导火索

科技重大创新是发展科技的第一要务，通常有两种表现形式：一是在

现有前沿领域和公认的产业技术高端，为夺取新的制高点和化解重大难题而实施的渐进式技术超越。这方面我国已有较大起色，今后自然还须加强，如高速铁路、超超临界发电机组、特高压输电、千万亿次巨型计算机等。二是另辟蹊径，抓一批能从根本上化解重大瓶颈制约，但会有一定风险的重大科学突破。这是未来新的技术革命和产业革命的导火索，抓住它，培育好，就可以用较小的代价去谋求发展效益的最大化。例如：

1. 能源和碳排放问题，如果不在科学突破上寻找新的出路，仅靠首脑峰会和经济手段，是解决不了根本问题的。那么科技上采取何种对策？已知的风能、太阳能等难以成为主体能源；热核聚变，不仅投资巨大，时间还得等三四十年。值得关注的是，我国已经涌现出多个可以取代常规能源的重大创新技术苗头，如用水和二氧化碳作原料的碳氢合成燃料，生产 1 吨油可消耗掉 3 吨二氧化碳；还有不消耗常规能源的自供发电技术等。

2. 在农业领域，跨界杂交新技术可使农作物产量成倍增长。

3. 在水资源领域，不少专家学者已提出大西线南水北调和海水淡化等对策，急需深化论证。

4. 在计算机领域，出现了能变革现有冯·诺依曼计算机结构、算法体系的准全系智能计算机功能互补系统。

5. 在重大自然灾害预测预报方面，有可进行定性定量预测的潮汐力谐振共振地震短临预测方法（简称 HRT 波法）。

三、制定重大科技对策的行动方案

科技对策的薄弱和缺位，历来是我国经济社会发展中的隐伤。没有重大科技对策作基础，发展的科学性难以保证，发展方式的转变也将难见大的成效。为此建议：

1. 从经济社会发展的重大需求出发，针对制约全局发展的重大难题，寻求科学技术上的重大创新突破。要像王选的汉字计算机激光照排技术彻底淘汰铅字印刷那样，由技术革命导致整个产业的革命，从而促进发展方式转变。

2. 从科学实践中寻找拔尖人才和重大发明创新课题，要不论年龄、资历，不怕担风险，只要有重大创新苗头和出类拔萃的科学思想，就应当密切关注，坚持跟踪发掘。

3. 要鼓励学术部门敢于酝酿和挑战重大创新课题，并鼓励科技伯乐和伯乐团队大力举贤。

4. 要常设一个集科技、规划、政策等多方面人才的专项工作机构，组织相关专家专门对重大创新人才和项目进行考察、检验和核定，以保证提出的重大科技对策方向准确，项目可靠。这是工作成败的关键，难度很大，但不入虎穴，焉得虎子？

5. 必须有风险投资意识和政策保障机制，下决心开设一笔小额（2亿～3亿元）专项资金，更有气魄地把科研经费优先用于点燃新科技革命的导火索！

（严谷良　原国家计委退休干部）

中小学教育要因材施教

请重视中小学的教学质量。当前，许多城市的中小学校规模越来越大，班级规模也越来越大。平均一个班的人数动辄 70 人，甚至 90 人一个班的也不少。这种情况和素质教育的要求是背道而驰的。素质教育的关键是因材施教，试想这么大的一个班级，如何进行因材施教？恐怕是批量生产同一个模式的产品吧。因此，建议中小学学校的布局要小型化，班级人数控制在 35 到 40 人内。这样既可以为因材施教创造条件，还可以创造更多的教师岗位，缓解大学毕业生的就业压力。

（新浪网友）

加强县城中小学建设

"十一五"时期，注重了农村中小学的危房改造，而县城中小学建设却成了被忽略的地方。县城义务教育阶段初中小学学校需求量极大增加，但学校数量少，因此出现了大班和超大班。同时教师数量也严重不足，需要补给编制，确保义务教育阶段的师资水平。县城学校需要大力发展，希望多建学校，多配老师，以满足老百姓对"上好学"的需求。

（中经网网友）

增强大学科研活力

中国教育最大的问题在大学教育，大学教育最大的问题是科研活力不足。科研活力不足最根本的原因是科研人员心力投入不足，科研人员心力投入不足最根本的原因是投入回报率低。这种回报率低还不仅仅体现在收入上，更重要的是体现在荣誉地位上。那些静守在实验室、研究室的科研人员常常被其他岗位上的人们呼来唤去，好不容易拿到的课题也只是为其他岗位的人们做"陪衬"——他们难以直接主持项目。中国知识分子的千年积淀的"救世情怀"以及新世纪酝酿的"报国热情"都在这种强势行政架构的大学运作机制中被耗损、磨平。建议"十二五"时期，中国大学能够将两种岗位（管理岗与教学科研岗）做清晰区隔，不要再相互贯通。管理岗人员不要去争"学术地位"与"学位高低"，致力于学术科研的人员则不需再去争取行政管理职位。

（新浪网友）

大力发展中国技工教育

未来我国应坚定不移地推进新型工业化道路，实现"工业强国"目标。技工强，则产业兴。没有一流的技工，就没有一流的产品。

虽然近几年来中国技工教育发展快速，有力地推进了中国产业结构的不断调整优化升级，对促进经济社会发展做出了重大贡献，但同时中国技工教育发展现状令人担忧。主要表现在：优质技工教育资源少，民办学校多且鱼目混珠；专业设置不合理，如汽车、挖掘机驾驶与维修、餐饮等技术含量低的较多，现代装备制造业等技术含量高的专业较少；优质高级技工学校招生少，低水平的民办学校招生多；"双师型"（同时具备教师资格和职业资格，从事职业教育工作的教师）教师少；实训条件等硬件投入少以及校企合作层次低。这些问题已经对中国技工教育大发展造成了不少的负面影响。由此建议：

一是提高和国际合作办学的水平与质量，打造中国技工教育名校。建议重点支持一些具有知名度和影响力的中国技工教育名校的建设，努力办成国内一流、在国际有一定影响力的中国技工教育名校，不断提升中国技工教育名校在国际上的知名度和影响力。

二是要在强化管理上下工夫。严格规范现代职业技能教育的办学准入条件，合理设置招生专业，严肃查处"虚假招生"、"违规招生"等行为，做到教书与育人相统一，加快培养一支能支持工业化快速发展的产业技术工人劳动大军。

三是加快建设一支适应未来现代职业技能教育发展的"双师型"教师人才队伍。

（陈红兵　重庆五一高级技工学校；肖雅　重庆市二十九中学；罗卿　西安财经学院文理学院；宗晓　西北工业大学计算机学院；肖静雯　云南省昭通市水富县云天化学校；肖世钟　云南省昭通市威信县扎西中学；肖世翔　云南省昭通市威信县招商局）

建立科技发明交流平台

科技是第一生产力，只有科技迅猛发展，各方面的发展才能提速。建议在全国各地建立科技发明创造交流馆与交流网站，给发明创造者一个施展智慧的场所与空间。通过这个平台可以把各自的思维付诸现实，可以和专家、智者一起探讨。聚众家智慧于一起，提高思维速度，创造出更多更好的高科技产品。

（秋天的白菜　中经网网友）

促进教育均衡发展

搭建教育资源共享平台，促进教育均衡发展，缩小地区差异是办好人民满意教育的关键。教育要走实效性、经济性、便捷性发展之路。推动教育现代化全面实施进程，必须解放思想、更新观念、实事求是；必须用发展的思想理念来解决教育实际问题。然而，当前的教育体制并不利于教育发展，教育管理者们应该深思。主要表现在以下几个方面：

一、教育服务管理功能滞后，教育成本过高。一是教材的编排、出版、发行管得过多、统得过死、程序繁杂。高度集中的管理机制，使部分教材内容（品德、思想政治、语文、历史等）更新不及时，难以做到与时俱进。二是教材的征订数和实际需要数难以吻合，要么出现资源浪费，要么出现数量不够。三是现行运行机制，造成义务教育阶段免费教学用书运输费用增加。

二、教学现代化难以推进。一是实现信息资源共享、借鉴他人成功的教学经验实在不容易。因为许多好的教育信息、好的教学成果已被市场化，不出钱是不可能借用到的。二是不能有效利用现代教育教学手段开展教学研究、教学交流。教育教学研究存在各自为阵的态势，没有搭建好共同分享教育信息技术资源的平台。谁开发的教育信息技术资源谁占有、谁利用。循环开发制作，增加教育信息技术开发利用成本。一个优秀课件的开发制作，需要付出许多心血和汗水，没有熟练的计算机技术作保证，一般教师是不能完成的，但对优秀课件的使用一般教师是都能做到的。三是教育行政主管部门对信息技术开发应用的经费投入不到位，管理不健全，机构不合理，机制不完善，分工不协调。

教育有着自身的特点及规律。教育应该是服务性、公益性，不应是产业性、盈利性社会团体及组织。领导、教师、社会都应为教育的服务性、公益性提供平台，创设有利于教育发展的良好环境。结合上述问题，建议：

第一，着力降低教育成本，推进资源共享。一是教育行政主管部门应更新思想、转变观念，把教育的公益性、服务性落到实处。义务教育阶段学生免费用书的版权国家应统一购买，并将免费用书的内容信息在网上公开发布。把教材的出版、发行、印刷权下移，做到分散适宜、相对集中。为国家免费教材降低成本，为及时更新教材内容提供方便。二是建立健全教育信息技术机构组织。把懂教学、有实力的专业技术人员选拔到教育信息技术开发中心，研制、开发、传递、管理教育信息技术资源。三是建设教育资源信息网。教育信息技术机构应经常性地开展信息技术资源征集评选活动，对优秀作品给予奖励。并将优秀作品统一收集在教育资源信息网中，为广大教师借鉴使用提供方便。

第二，着眼长远，统筹规划。教育不是一蹴而就的事，是一种积累，一种沉淀。几千万的教师面对十几亿的公民，不可避免会出现一些不尽如人意的事，教育不能头痛医头脚痛医脚，要有长远规划。校园安全、教育及教学模式改革、学校与社会的联系可能是近几年的热点。要制定长远的、全盘的规划。注重细节不是不对，但不要舍本逐末，尤其是忽略教育的规律。

教师教育学生过程中应继承传统，适度给予学生惩罚是合理的。度的把握是有要求的，教师不能像服务员。教师对所有学生有爱心，但有服务意识应看学生对象，不能一概而论。

安全教育应系统化，建立设置相关课程。此外要切实提高教师待遇，几乎所有的义务教育阶段教师都恪守职业道德，但他们真的清贫，希望国家关注教师的住房、生活、精神、工资、身体。

第三，明确教育导向。目前教育问题的根子在于教育理论与教育思想上的偏颇。指导不到位，培养的人才就变样——只知追求权钱名利。教育思想上的核心问题是人的发展观与价值观。必须把提高人生价值与精神境界作为人的发展方向和目标。人生的价值等于他为多少人的生存发展创造与提供了多少有利的条件这一客观实际，不是等于他获得的金钱、权力、名誉、地位。

（根据人民网几位网友的建言整理）

加大教育投入

希望在国家"十二五"规划纲要中，能体现出对教育投入的加大。不仅仅是基础教育，更有高等教育；不仅是自然科学，更有社会科学；不仅只是经济学，还要有人文社会科学。基础教育是提高公民素质的有效途径，从过去来看，政府在基础教育上的投入还是取得了非常显著的效果。

笔者目前在剑桥大学学习，根据自己的体会，希望国家加大对出国留学生的支持，尤其是对人文社会科学学生的支持。

（郭之天　英国剑桥大学硕士生）

支持大学生开展社会活动

韩国每年由政府、企业、社会团体资助的大学生团体活动数以千计，这些大学生们策划的活动，对韩国经济、文化、科教、环保、社会生活等方面起了非常大的促进作用。作为一名在韩国留学的大学生，我能深刻体会到来自年轻人的朝气和激情，他们可以迸发出许许多多成年人难以想象的创造力。

因此，我们更应该利用和开发这种人力资源，让年轻人在校园中就能充分接触实践，得到锻炼和支持，今后更容易适应并融入到社会中去。

（唐晔　韩国建国大学学生）

关爱贫困地区教师

中国现在的教育体制存在什么问题、具体应该怎么改革，我说不清楚。但是有一点我是知道的：中国不缺少教师资源，只是师资力量的分布十分不均衡。在中国，教师的福利及工资正在不断上调，所以教师这个职业正被越来越多的人所向往。但是中国发达城市和较发达城市的教师资源严重剩余，而偏远贫困地区的教师资源严重缺乏。我认为，对待偏远地区的教师在福利及待遇方面应该给予特别的优惠：一方面作为他们工作在艰苦条件下的补偿；另一方面可吸引更多的教师到偏远贫困地区支教。仅仅依靠"到艰苦的条件下锻炼自己"的口号让大学生去支教，作用甚微。

（张积诚　丹麦）

培养人们学习的兴趣

作为一名国家公派留学生，经过两年的国外学习生活，我想谈谈教育方面的话题。

要建成终身学习型社会，我认为改变传统的教育思路是必不可少的。要想让一个普通人持续终身学习，需要的不仅仅是社会公共资源，还有更重要的东西——兴趣。俗话说"兴趣是最好的老师"，但一些年轻人缺乏的正是兴趣，这其中，我认为旧有的教育理念有一些影响。好多人高考选择的专业都是参考"市场行情"来填写。在科研方面也存在同样问题，许多老师选择"时间短，利润大"的项目，但重要的科研成果往往需要长时间的研究。当然，造成这些现象的原因不仅仅是教育问题，还有很多其他因素。但我觉得，教育要以培养人的兴趣为主，使每一个人能主动学习，完全发挥自己的能力做某件事情，最终找到自己的快乐点。

（衣鹏　瑞典）

增加对学前教育的投入

有资料表明，我国财政性学前教育经费占国内生产总值的比重近十年来一直徘徊在 0.03% ~ 0.05% 之间，学前教育支出处于财政支出的边缘。

联系现实，不难发现基层由于财力不足等影响，一方面无力开办更多的幼儿园，另一方面现有的公办幼儿园不少也被转给私人承包经营了，幼儿园领域公共投入缺位、不到位现象并存，无论理论研究还是客观实际，都在一定程度上揭示学前教育投入不足是目前"上幼儿园难、进幼儿园贵"的重要原因。

笔者以为，"十二五"时期，为切实解决"上幼儿园难、进幼儿园贵"问题，各级政府财政应该积极增加学前教育投入，单列学前教育经费，确保学前教育经费逐年稳步增长。公共财政必须进一步优化支出结构，支出范围必须积极覆盖学前教育，千方百计确保农村学前教育投入力度，使幼儿园教育服务基本均等化。同时，还要积极引导社会资金、民间力量投资兴办幼儿园，并对其兴办幼儿园在用地、师资培养、管理制度供给等方面提供积极政策支持。

（彭竹兵、徐路琼　云南省曲靖市财政局）

改善边远山区的教育

我是陇东南渭北的一位山区教师。这几年，不少山区学校（特别是边远学校），由于缺教师，已经到相当艰难的地步。缺教师，不少同志一味将原因归咎于教师品德和山区条件。然而，我以为，除了上述因素外，还有教育本身所存在的问题：

一是办学结构不合理，该设置的学校没有设置。我们村距村委大村有五六里路，去村办小学要翻越一座大山。本村 600 多人，涉及适龄儿童 100 多人，就这个条件，有理由创办一所小学。然而，地方却以一个大队只能办一所小学为由拒绝这个请求。

二是现行的管理制度存在问题。现行的教学管理制度是"包乡包片包校"，即教育局将责任包给学区，学区将责任包给学片，学片再将责任包给学校。这样虽说层层有人管，但却层层推卸责任，结果是办事者很少去山区，更不愿去边远学校，山区教师住房、职称、生活等方面的要求无法得到解决。

三是政策落实不力。目前，我们不难看到优惠山区、优惠山区教师和高考分配首先保证山区教师的政策，但执行起来却很难：不少分配去的教师很短时间就调离了；而且可能分配时在县乡领导中就存在问题，如他们首先想办法不让自己的子女进山区。政策宣传倾向山区，而在实际操作时却相违背。

针对上述情况，拟建议如下：

一是适当放宽山区办学条件。学校的设置与撤并，应根据地理环境、人口数量和路途远近等因素确定。如果路程远，群众需要，我们就应该设置小学，而不应仅仅以一个村、一个乡的统一标准去要求。办学应灵活，应遵循一切为了群众的原则。

二是改变现有的管理模式。应改变现有"教育局下达学区，而学区又很少下去"的管理模式，对缺编较大、问题较多的山区校，教育局应直接纳入管理的范围，派人蹲点解决突出的问题。

三是有重点地帮扶山区学校。拿地方主管教育的教育局来说，应把全面管理变为有重点的管理：成立山区教育管理办公室，全方位支持山区教育；帮助缺编学校的办学，通过"送教"、"送经验"的方式，提高山区学校办学条件。

四是改变领导作风。要使山区教师安心工作，首先教育主管领导应常去看望他们，应多了解那里教师的情况，为他们办些实实在在的事。

五是提高执行力度。要改变政策执行不力的现象，努力使行动和政策相统一。省市应建立严格的监督管理机制，专门负责落实农村教育优惠山区教师政策。

（张奋　人民网网友）

推进高等职业教育法制建设

在国家构建社会主义和谐社会和建设学习型国家的大背景下，高等教育和职业教育的双重属性使得高等职业教育已经成为我国高等教育大众化、构建国家终身教育体系、实现国家人才发展战略、促进产业优化和产业升级、实现国家充分就业宏观经济调控目标的重要载体。高等职业教育的改革和发展需要得到全社会的文化认知、地方政府的财政支持和政策调控以及行业企业的积极参与。

纵观全国高等职业教育的改革和发展进程，由于高等职业教育法制建设的滞后，高等职业教育在体制机制和制度层面的改革和创新，还没有跨越理论研究和相对狭窄范围内的实验探索阶段。因此在"十二五"时期，切合我国国情，推进高等职业教育的法制建设势在必行。

高等职业教育的法制建设包括三个层面的内容：第一个层面是通过国家立法制定相关的法律法规，确立高等职业教育主体和从业者的制度规范；第二个层面是省（区、市）教育行政部门通过制定相关的政策和制度标准，规范高等职业教育主体的办学行为；第三个层面是高等职业教育主体（高职院校、行业企业和社会投资者）通过建立规章制度，规范高职院校的微观运行。"十二五"时期，高等职业教育法制建设应实现以下几个目标：

一、制定高等职业教育法。制定《高等职业教育法》是对《职业教育法》和《高等教育法》的继承和完善。通过立法明确高等职业教育的体制、性质、地位、体系、主体（高职院校、行业企业和社会投资者）准入、办学经费、办学机制（校企合作、工学结合）、职业资格证书与培训等实质性的法律规范；明确国家（省、区、市）教育行政部门、人力资源和社会保障部门以及行业企业监管部门对高等职业教育的责任义务；明确行业企业和社会投资者参与高等职业教育的主体地位以及经济和社会利益；明确国家通过政策性扶持、财政补贴和转移支付等有效措施支持行业企业参与高等职业教育的相关义务。

二、修订教师法，制定国家高等职业教育教师资格考试制度。根据高等职业教育的特殊需要修订教师法，主要是补充高等职业教育教师的准入条件和培训等内容。对高等职业教育教师的准入，应在工作经历和专业技术方面作出特别的规定，对"双师型"教师和"双师"结构教学团队等重要概念作出明确的解释。除此之外，还要通过制定和实施高等职业教育教师资格考试制度，不断充实高等职业教育的师资资源，保障高职院校对"双师"结构师资队伍建设的有效需求。

三、取消高职院校的行政级别，建立现代法人制度。应根据《国家中长期教育改革和发展规划纲要（2010—2020年）》，取消高职院校实际存在的行政级别和行政化管理模式，建立适应高等职业教育社会化发展的法人制度，完善对高职院校法人行政的监督、考核与评价机制。建立适应高等职业教育内涵发展的二级法人制度，明确高职院校二级法人在教育组织和创新、师资配置和科研管理方面的决策和财务权力，赋予其配置和优化社会教育资源、构建"双师"结构教师团队、制订专业（学科）带头人和一线专（兼）职教师岗位考核标准的权力。

四、制订高职院校教师专业技术资格标准。目前全国大多数高职院校在专业技术资格评审过程中所执行的都是普通本科院校的试行标准，不适应高等职业教育发展规律，造成高职院校专业技术资格评审工作混乱。因此，教育行政部门应当会同人力资源和社会保障部门出台高职院校教师专业技术资格标准。制订高职院校教师专业技术资格标准：一要有利于全面推进高职院校的人事制度改革；二要有利于提升高职院校的核心竞争力；三要有利于改善高职院校的教育生产关系。

五、打破专业技术职务终身制，建立全员岗位竞聘制度。建立全员岗位竞聘制度是打破专业技术职务终身制、全面推进高职院校人事制度改革的重要环节，其核心是建立适应高等职业教育内涵发展、满足不同岗位需要的岗位责任制、绩效考核与评价、奖惩与激励制度。通过实施全员竞聘上岗制度，实现高职院校对专业技术岗位的动态管理。

六、取消高职院校事业编制，推进全员社会化养老制度改革。取消高职院校事业编制、推进全员社会化养老制度改革是我国深化改革教育体制的客观要求，是实现高等职业教育社会化发展的必要条件。取消高职院校事业编制涉及全体在编人员的切身利益，因此不能一刀切，可以采取由双轨运行向单轨过渡的办法稳步推进：一方面要遵循科学发展观，逐步解决高职院校事业编制人员的转轨问题；另一方面还要敞开高等职业教育的大门，优化整合社会上高等职业教育的人力资源，通过国家立法保障高等职业教育所有从业者的合法权益。

（李生京　吉林工业职业技术学院）

改革职业教育管理机构

目前我国高职教育发展存在着一个瓶颈，即校企合作不紧密，这也直接降低了高职教育服务社会的能力。解决校企合作这一问题，事关国家的改革发展进程，意义重大。

当前，国家教育体制改革把构建现代职业教育体系作为改革试点的一个重要内容，但我国现行的职业教育管理结构却不适应职业教育发展。如，职业教育归教育部职业教育和成人教育司管理，高职教育又归属高教司高职高专处管理，但职业教育的属性决定必须有企业共同来完成。

为此，建议成立一个独立于教育部的职业教育管理机构，全面强化职业教育与经济社会的联系，同时引入教育专家、行业协会和企业代表为机构顾问，使职业教育和产业更好地对接。修改《职业教育法》，对参与职业教育发展的企业给予税收优惠等政策的支持。

（夏鲲鹏　山东省聊城市职业技术学院）

构建国家"十二五"教育扶贫机制

我国现有贫困人口大约两千多万，但随着我国拟大幅提高贫困线标准，贫困人口的数量将进一步增加。在目前的贫困人口中，农村人口占了绝大多数，大多分布在地理环境差、自然气候恶劣、交通偏远的老、少、边、贫地区。为此，建议国家在"十二五"时期建立教育与扶贫联动机制，贫困人口家庭中适龄学生由国家全程资助上学，通过接受优质的职业教育（中职、高职），使其成为出色的技术型人才，从而改变贫困家庭的收入结构。并通过子女在中心城市的就业，带动全家向中心城市迁徙，用市场的手段达到贫困地区自然迁移的目的。具体做法是：

一、建立教育扶贫专项资金。从扶贫资金与教育支出中各切出一块，作为教育扶贫专项资金。中央政府按发达、一般、欠发达三种情况向各省按比例下拨教育扶贫专项资金。其比例可定为4：6：8。假设一个学生接受为期三年的优质职业教育，其间学费、生活费和住宿费为1.6万元的话，则发达、一般、欠发达地区分别可得到中央政府教育扶贫专项资金为6400元、9600元和12800元。差额部分由地方配套解决。

二、从老、少、边、贫地区的农村贫困家庭中选择适龄青少年，由政府全程资助接受优质职业教育。学生在校期间，不仅学费、书本费全免，而且伙食费、住宿费也由国家承担。家庭只需负担孩子在校学习时的交通费和必要的日杂费。

三、根据人力资源市场对技术人才的需求程度，由各省教育行政主管部门确定学生所学专业和就读学校。被资助的学生所学专业不仅应是市场急需的，以保证学生毕业后能立即为用人单位聘用，而且所学专业技术含量也应较高，以保证学生在掌握了这门技术后，能在相当长的一段时间里具有专业技术上的优势。就读学校既可在本省确定，也可选择外省学校，无论选择省内还是省外，一定要保证教学质量。

　　四、尽可能将贫困学生集中在几所学校，并配备学校的优秀辅导员。使他们在求学期间，不仅能接受国家经济资助，而且能养成健康人格心理，为今后的成长塑造出良好的心理品格。

　　　　　　　（崔裕蒙　广东省湛江师范学院法政学院公共管理系）

四、加强资源节约和环境保护

加大我国土壤污染的防治力度

中央《建议》在"加大环境保护力度"部分提出了多项环保任务，特别是将土壤污染这一具有隐蔽性的问题与水和大气一并列为了防治重点。在此谈几个西方国家实施土壤保护较为成功的案例，希望能以此引发国内制定更加具体的、操作性更强的土壤污染防治政策措施。这三个例子涉及的议题分别是：定期对高风险企业进行环评；通过立法将外部成本转变为企业内部成本；制定法规帮助市场合理定价土地。

例一：在欧洲，凡是有可能对土壤或地下水造成高风险的企业，比如加油站，化工厂，采矿企业等，政府都要求由专业的环境公司对其进行定期的环评。环评频率主要根据其风险高低而定，一般每半年或一年全面抽样检测一次。环评一旦发现问题，则企业必须立即进行维修。通过定期环评，一方面有利于督促企业提高警惕，及时发现问题，降低环境污染事故发生的可能性和破坏性；另一方面有利于促进环境评估及修复的环保产业发展，增加就业机会，并提高环境与土壤资源在国内生产总值计算中的分量。据了解，目前国内的一些高风险类企业，比如化工厂，只有在要搬迁时才会有土壤污染评估，但那时污染可能已累积多年，程度严重，且因厂方要搬走，缺乏土壤修复的积极性。而通过定期环评则可帮助解决这类问题。

例二：在美国的阿拉斯加州，现在正在展开一个题为"阿拉斯加的选择：金子还是三文鱼"的激烈讨论，讨论的核心是一个叫 Bristol Bay 的海湾。这个海湾每年夏天有 3 千万到 4 千万的野生三文鱼在此产卵，是世界著名的三文鱼之乡。近期在这个原始的环境优美的海湾，勘探队测出了有可能是世界上最大的金矿和铜矿。自此，包括采矿公司、环保组织、当地居民、州政府等多方面的人士对 Bristol Bay 今后的发展展开激烈讨论。

让我感到钦佩的是，面对当今炽热的黄金价位以及当地就业的困难，当地居民和政府并没有立刻采纳开矿的建议。在他们提出的讨论题目中，有这样一个问题：开采预计可以操作二十年，在此期间我们这一代会有更多的就业机会和更高的物质享受，但二十年之后会是什么情况呢？万一我们的土壤和湖泊被破坏了，三文鱼就不会回来了，到那时我们还有什么呢？我们下一代的孩子靠什么生活呢？看到这些朴实的本地人可以为他们的土地和水资源做长远的考虑，很让我深思。

值得一提的是，在讨论中，所有有关人士达成一致的观点是：如果决定开采，那么采矿公司不仅要在矿运营期间采取严格的环保措施，二十年后矿井关闭，采矿公司还必须保证对空矿进行永久的监测和维护，而且这笔费用必须现在就规划出来。这个规定有效地体现出环境资源在经济效益权衡中的价值，将部分长期外部成本转变成公司内部成本。

现在，国家已很重视追查企业环保责任，最近的紫金矿业汀江污染案就是一个例子。在中央《建议》中也提到："健全重大环境事件和污染事故责任追究制度……建立健全污染者付费制度"。我希望在这方面不仅仅是在事后追查，也要在前期把付费制度建立好，以保证做出有利于长期可持续发展的决策。

例三：在一个著名的欧洲城市，由于城市扩建，一个老储油场需要搬迁。起初储油场主人想将这块地以低廉价格直接出卖，但后来通过比较后，决定先进行修复，结果价格高出十五倍。其中一个主要原因是，根据该国法律法规，修复前的土地只能作为停车场等对人身伤害小的一类建筑设施使用，而修复后则作住宅楼或办公楼使用。这个项目的修复成本其实只占最终土地售价的百分之五，这就是为什么西方公司会心甘情愿，有时甚至积极踊跃地修复被污染土地的原因。现在我国多数的土壤修复项目都是国家出资，但这个例子说明土壤修复不必仅仅由国家实施，只要对土地资源进行合理定价并有相关的法律法规约束，企业就会自行承担其应尽的义务。

通过上述三个例子，希望对国家相关政策制定能有所启发，推动我国土壤资源得到有效保护，进一步推进由绿色国内生产总值为主导的可持续发展，并敦促企业尽到其对社会应尽的责任和义务。

（方盟　MF 咨询公司总裁）

促进能源节约的几点建议

我们是广东省节能协会特聘的几位专家，平时分散在各自岗位从事节能、减排、低碳、循环再生等领域的研究工作。从公开的渠道知道国家发改委向全社会征集对"十二五"规划的意见，我们冒昧将近几年的一些研究心得整理成一份简约的建言上报，供领导决策时参考。

战略依据：党的十七届五中全会已向全党提出"扩内需、提民生、扩城镇、减农村、扩西部、增平衡"的"十二五"发展战略。考虑到欧美经济将在 2012 年前后复苏，对我国的出口压力减轻，建议增加一项"为了全球可持续发展，适当增加低碳产品的出口"。具体建言如下：

一、城镇化重点布局

目前东南部沿海的城市，大都接近或超千万人口，发展空间接近饱和，中部省城也都向千万级人口城市过渡，建议"十二五"对这类千万人口级城市适当控制，不应再放任发展。

建议重点对中东部大约一半左右的地级市、三分之一左右的县级市、西部省会市、资源条件较好的地县级市给予"扩充规划"政策，让大约 300 个地级市、700 个县级市进入"十二五"城镇化重点扶持领域，五年内吸收 2 亿农民入城市（大体是每个地级市每年 8 万人入城市，县城每年

2万人入城市）。大城市劳动密集型工业向这些扩充城市转移。

让2亿农民就近进入中小城市，每年衣、食扩内需7600亿元，住、行扩内需5万亿，将减轻大城市楼市的虚火和交通的拥堵。"十三五"以后再扩充剩下的300个左右地级市、1000多个县级市，再吸收2亿农村人口进城，我国将有10亿城市人口，城市化率达70%以上，"小康"就有保障。

二、用低碳技术提升国内生产总值的含金量，降低耗能水平

1.改造供用电网，降低万元国内生产总值电耗水平。

①以电池储能技术改造供电网，大幅平衡峰谷电差；

②强力推行调相、调幅、调频节电技术，大幅降低用电网的无功、电压、空载损耗，把用电户的电能浪费减下去，用节能新技术新工艺把一切用电器的电耗降低下来；

③对新增用电装备，强力推广我国创新的稀土永磁高效电机；对在用电机亦分期要求更换高效节能电机；

④照明节能，向LED+谷电储能电池+太阳薄膜光伏+管道风能综合自主供给发展。

2.用小型、分散、地下储水系统，解决农业与城镇化缺水的难题，减少水资源的浪费。

我国经过60年对大江大河的治理和近30年的南水北调工程，形成了对水的大控制，但局部干旱、水害仍需注意。"十二五"开始，建议在全国实施小型、分散、地下的储水系统工程，将水资源从粗放化管理转变为精细化管理。

①小型化：每个城市，在规划中都应在中心、周边设立若干小型湖泊、池塘，既当公园、又当湿地，在规定绿化面积率的同时，规划水面积率；

②分散化：所有水系，在大坝大库之外，用明渠或暗管，分散串联小型水库、山塘，平时多蓄水，涝时多排水，避免仅靠一个大坝泄洪，下游牺牲太大。建议以智能化手段统一管理；

③地下化：对缺水地区，像修防空洞一样，大量修建地下储水系统（有些地方用几层塑料薄膜支撑，不用水泥都可以储水，成本极低），把雨水、沟渠水尽可能储存于地下，干旱时保人、畜和部分作物用水；

④强力推广农作物用水滴灌化：只要将干旱地区的农业用水习惯改为"地下储水＋滴灌"，大量减少地面蒸发，相信我国旱涝保收农田可以扩大一倍；

⑤我国"863"计划中的"竹塑复合管材"已经成熟，可用于城市与饮用水库间的无缝连接，大范围推广后，可大量节约自来水厂的耗能，减少饮用水的多次污染。

3. 创立架空电动车公共交通系统，彻底解决大城市堵车问题，在节油的同时，实现大城市交通零排放。

①我国已引领世界率先大规模建设高速铁路，解决了城际间的高速电气化客运难题，亦开始在500万人口以上城市内启动地下铁路电气化进程，解决大城市一半人口的每天出行问题。但随着私人轿车（包括今后十年电动汽车）的快速普及，城市堵车问题依然严重，靠单双号或其他行政办法不是上策。建议将空中电动智能公交车交通系统（地面30—50米、多层、无红绿灯交会，已有国家专利）列入"十二五"规划，随着电池技术、电机、电控技术的产业化，架空电动车系统没有任何技术难度。

②加大城市内电动汽车的规模效应，争取"十二五"期末，城市内用油（气）的汽车减少1/3，十年后希望城市内部出行零用油（气），将地面、地下、空中三个交通系统全部电气化，在全球带头实现城内交通零排放。

三、发展环保、低耗能建筑用材，走可持续城镇化之路

①让几亿农民进城，将消耗巨大的钢铁、水泥、瓷砖，耗能巨大，污染也巨大，原有的建材不可为继。应当探索我国及第三世界特有的以竹、木、秸秆、草为基材，以现代化复合手段加工的生物质复合建材，逐渐代替钢铁、水泥、瓷砖，供新增城市扩容使用。

②南方大量种竹，北方大量养草，利用我国加朝鲜、俄罗斯东部储量占全球90%特有的菱苦土（氧化镁）低温烧结的菱镁水泥，与竹、草纤

维复合加工成高保温，防火、质轻、抗地震的民居墙板、门板、天花板、地板。这类工业，可分散全国各地，因地制宜，当地城镇化需要多少，便生产多少，除菱镁水泥（占复合体重量25%左右）需长距离运输外，基材全部可就地取材，增加当地产值和就业。

③大量种竹——大量吸收二氧化碳——每年每亩只伐1/3竹子，不会造成水土流失——每年每亩产出3吨竹基材，复合为4吨的建材，全国南方种植10亿亩竹林，每年可获工业化建材40亿吨，北方种草（芦苇、秸秆等），10亿亩湿地、海滩可获30亿吨工业化建材。

为扭转我们在世界减排大会上的被动防守局面，应主动提出"种树种草吸收二氧化碳指标"概念：即实际排放量＝耗能排放量－增加植被吸收量，这样对发展中国家承担减排任务有利。

四、建立"国役制"，大面积治沙

中国沙漠化已十分严重，全国陆地面积三分之一沙化，极大影响13亿多人的可持续生存。改革开放以来，我国森林面积不减反增，成绩不小，但治沙力度不足。

西部能源充沛，要开发西部地区，平衡东西部经济发展，就须让东南部沿海人口回流西北部，西北部若继续沙化就难以让人口增加。

我国已有塑网固沙种草技术，被以色列买去。只要运用塑网固沙种草加滴灌技术，和其他在内蒙、新疆多年运用成功的治沙技术，再改义务植树日为"国役制"，安排全国年满18岁男女青年，除了服兵役者外，一律服半年国役，到沙漠边域去，种半年草、树，再上大学或就业，每年动员一千多万人，连续不断地治沙，每年治理3万平方公里（4500万亩），用一百年时间，肯定能将西北治理成各族人民团结宜居的可爱家乡。

让我们的富二代三代，子子孙孙通过服半年国役，强体魄、健意志，是中华民族一旦再崛起，就再不趴下的有力支持。

五、加速军用技术民用化，提高全国科技创新能力，催生战略新产业

2010年我国有两项技术震惊世界，一是高铁速度和营运里程均居世界第一，二是"天河一号"计算机运算速度世界第一。这两项第一有划时

代意义，钢铁产量、水泥产量、汽车产量第一等，都相形见绌。

高铁已有规划，"十二五"只要将"站"周边衔接交通和配套物流系统建成，让"高速"全面发挥作用就好。

"天河一号"是军民共享的典范，天津新滨海开发区出资，支持了国防科技大学的世界顶级高速计算机的攻关，反过来又支持了地方各大工程（天气、汽车、飞机……）的服务需求，建议各大城市都普及一台"天河一号"，有 20—30 台"天河"高速计算机服务于各行各业，将极大地促进我国科技自主创新能力和重大工程的设计、施工能力。

北斗导航卫星目前已有七星在天，"十二五"还将有若干颗上天，我们要学习美国 GPS 军民两用模式，不要像俄罗斯格罗纳斯只军用不民用，运行成本极高，建议结合"十二五"电动汽车产业化发展，尽快将"北斗卫星"与汽车自动导航相结合，催生一批新产业。

六、提高我国能源保障能力——加速国防（建造航母）建设与和平外交，加大新能源在我国能源中的比例

我国节能计划一再提高指标，也不能掩盖是世界耗能第一大国的事实，未来五至十五年，还将处于高速增长期，能源进口也还将高速增长。

和平发展，是要有实力作保障的，弱国无外交，同样弱国无能源。我们没有美国的实力，美国自身的资源不开挖，依靠七支航母舰队护航，去开采中东、中南美、印尼、非洲的石油。但不争的事实是我国的油气资源，已过半依赖进口，石油已每年进口 2.6 亿吨，"十二五"时期恐怕要进口 3 亿吨至 4 亿吨，还有海上来的天然气、石油气、煤炭。为提高我国能源保障能力，建议一手加速国防建设（建造航母）与和平外交，加快对海外能源的合作开发；一手加快对生物能、太阳能、风能、地热能和海洋能等新能源的研究和开发利用，力争在 20 年内，新能源利用占我国能源利用比例的 30% 以上。

（李振昆、杨小斌、徐瑞松、康龙云
广东省节能协会专家工作委员会）

中小河流治理要以形成常年径流为目标

据统计，进入 21 世纪以来，我国每年汛期中小河流和山洪地质灾害造成的死亡人数占汛期因灾死亡人数的 70% 以上，今年达到了 90%；每年汛期洪涝灾害造成的经济损失，大多集中在江河支流和中小河流地区。今年汛期死亡和失踪人数已经超过了 4200 人，一个汛期洪水灾害造成死亡和失踪人数之多，在世界范围内也很少见。这主要是因为江河主要支流和众多中小河流治理滞后，防洪标准较低；北方地区的不少中小河流常年干涸，成了上游部分大中型水库的泄洪河，因而出现了向河道倾倒垃圾、违章建筑侵占河道现象；南方的不少中小河流在中上游地区建设水利工程后，没有预留过船设施，造成了部分河段的停航。为此，建议"十二五"时期要以水资源平衡应用为基准，使中小河流治理以形成常年径流为目标，在南方地区中小河流原有航运的基础上，考虑使北方地区的部分河流恢复航运。

一、实行蓄洪和调流相结合。在水利工程建设中要从单一的河段截流拦蓄洪水，转变为截流和调流并举的治理思路，对原有水利工程和堤防河段进行除险加固时，在已有截流设施的基础上要续建调流设施，已有航运的河流要续建过船通道。新建水利工程要设计好调流设施，已有航运的中小河流要规划设计好过船通道。

二、努力建设节水型经济和节水型社会。我国从总体上是一个水资源极度匮乏的国家，要想使中小河流形成常年径流，就必须增强水患意识，大力推进节水型经济和节水型社会建设。农业上要普遍推行渠系衬砌，推广喷灌滴灌。工业用水的重复利用率要接近或达到发达国家的水平，并在沿海城市大量应用海水冷却技术。日常生活中要将不同的用水采取不同的管道输送，根据不同的用途处理。

三、将跨流域调水和流域内自我调水相结合。我国水资源分布严重不平衡，既可以把丰水季节的水留住用于缺水的时候，也可以把水多的地方的水引导到缺水的地方。南水北调工程竣工后，可以考虑将北方缺水地区中小河流流域内的水用于流域内的自我调节，并在下游规划好拦蓄设施。

四、将对水污染的治理和保持水体的自净功能相结合。中小河水形成径流后本身就有净化和护堤的功能，因此，不仅要在上游中游的拦蓄工程中有调流设施，而且下游出口通道中所建的拦蓄设施中更要有调流设施。

五、将中小河流治理和解决劳动力就业结合起来。这样做既可以使治水有充足的劳动力、节省工程费用，又可以使大批人有活干，减轻就业压力。

（牟效升　山东省北墅监狱）

建议将气候可行性论证纳入重点工程项目的审批环节

气候可行性论证是指当我们做一项工程或项目时，考察当地的气候是不是符合条件、气候风险有多大等等。通过评价，使项目在进行过程中能考虑到当地气候可能出现的一些气象灾害或极端气候事件，从而避免工程可能造成的危害。从另一个角度来看，大型工程的建设对局地气候也可能会产生一些影响。如果这种影响非常大或者是对周围的人类活动有影响，就应建议这个工程重新规划或重新选址，保证在建设好工程的同时，不对周围的环境有所破坏。

为切实提高我国应对气候变化能力，应推进气候可行性论证工作深入有效开展，确保重点工程建设项目安全，减少气候风险。现提出如下对策建议：

一、协调整合国内现有相关部门的研究力量，加强应对气候变化相关科技基础设施和科研平台建设。尽早成立应对气候变化与决策咨询的研究机构，开展应对气候变化与促进经济发展的研究、服务和咨询工作，为应对气候变化相关决策提供科学依据。

二、编制实施《我国应对气候变化科技支撑行动计划》。将气候可行性论证列入项目审批程序，作为重大工程项目立项审批的前置条件，规范我国气候可行性论证工作。积极开展项目温室气体排放的评估工作，把重大工程项目的碳排放作为重要评价指标。科学制定和修订气候变化脆弱行业或部门的气象灾害防御标准，规避因气候变化带来的投资风险、安全风险和生态风险。

三、继续大力发展绿色能源。将节能减排与应对气候变化有机结合，积极开发和利用新能源、可再生能源，有计划地积极开发利用太阳能、风能、潮汐能、生物能、地热能等各种低碳或无碳的绿色能源，同时，加强区域温室气体排放规律及驱动因素的科学研究。

四、全面增强全社会应对气候变化的宣传普及，增进全社会对气候变化的科学认识。在各类中小学教育中纳入气候变化和防灾减灾的科普知识，使气候变化和防灾减灾教育成为国民素质教育内容，引导社会形成可持续的消费方式，倡导建设低碳型社会，为保护全球气候作出贡献。

（谢涵　湖南省邵阳市政协委员）

推动农业、农村生态化发展

随着我国现代化的快速推进，农业农村已经成为生态破坏和环境污染的重要源头和受害重点。目前，农村生态环境所面临形势已经十分严峻，环境污染已成经济社会可持续发展的制约因素。

粗放型掠夺式农业增长方式和散漫型随意化农村生活方式，是造成农村环境污染、生态破坏、资源耗竭的重要原因。突出表现为：一、农业生产投入品和农村生活垃圾污染，造成农村水质普遍明显下降，有的地方生产生活用水安全成为突出问题；二、化肥农药地膜等的大量投入，恶化了农业环境，使农业生产资料投入产出比呈现"极其夸张的下降趋势"；三、生活垃圾、畜禽粪便、工业污染物的随意弃置或大量堆积，给农村水土造成深度污染，进而威胁农产品质量安全；四、人类活动的不断加剧，使生物多样性受到严重挤压，干旱、洪涝、泥石流、蝗灾、鼠害等生态灾难易发多发。

需要指出的是：上述问题是在我国巨大的农业增产压力下造成的。换言之，我国有限的国土承载13亿多人口，既有的农村生产生活方式难以为继。在亟待改善农业农村环境与持续提高农业生产能力和农民生活水平的矛盾冲突中，"生态化发展"成为农业农村的必然选择。这正是十七届五中全会"转变农业发展方式"所要求的。

我所提出的"生态化发展"，其基本内容是：根据自然生态规律、区域自然条件和经济发展水平，按照"整体、协调、循环、再生"的原则，系统规划合理组织农业生产和农民生活，因地制宜运用现代科学技术，充分吸收传统农业技艺和农民生活精华，因势利导开发利用自然资源，努力争取生产生活生态和谐共荣。具体可从以下几方面着手推进：1. 因应自然禀赋，发展特色农业；2. 集约经营庭院，培育精细产业；3. 推广立体种养，充分利用时空；4. 推动物质循环，用地养地结合；5. 测土配方施肥，综合防治病虫；6. 协调林田山水，强化生态维护；7. 传承优良习俗，赋予科学内涵；8. 回收工业废件，处理有毒物质。

生态化发展的主要推进措施有：宣传生态理念，转变思想观念；搞好技术配套，加强实地指导；建设保障体系，强化社区管理；规模经营田土，科学布局村舍；改变获益途径，给予政策支持等，政策支持一项尤其重要。当前可考虑如下几个方面：

继续提高粮食、棉花、油菜等主要农产品的收购价格，逐步提高农业生产比较效益。建议明确提出，每年主要农产品保护性收购价格的增长幅度必须明显高于当年农资综合涨价幅度。

明确要求积极运用国际标准化委员会制定的 ISO9000 和 ISO14000 标准，全面开展"绿色""有机""无公害"农产品及其生产基地的评估、认证、标识、管理工作，为生态型农产品获得更高市场评价奠定基础。

全面展开"生态型发展县建设"工作，加大对生态型发展县的财政转移支付。

在继续加大对"三农"扶持政策的基础上，确立一批财政专项，具体扶持生态化发展项目，如对秸秆还田给予政策性补贴，向农民免费提供生物质腐化催熟剂，向农民免费提供绿肥种子，财政支持水塘、水渠、水库、渔池清淤，全面推进农村清洁工程等。

建立税收、金融鼓励政策，让生态化发展获得政策性收益。

（王罗方　湖南省农业厅）

发展可再生能源应以生物质能源为主导

一、中国需要一个新的国家能源战略

随着经济快速发展，我国能源供需矛盾日益突出。以 2005 年计，中国煤炭、石油和天然气的储产比分别为 52、14 和 45，如无重大矿藏资源发现和不计进口，中国的煤炭、石油和天然气分别只够用 52 年、14 年和45 年。如按 2010 年计，形势将更加严峻。2009 年，我国石油进口依存度53.6%，天然气也近 30%，油气已是事实上的立足国外了，这已成为我国保障经济安全的一个"软肋"。我们应增强忧患意识和安全意识，研究和制定新的国家能源战略，突出"自主"、"安全"与"积极转型"。

二、发展可再生能源以生物质能源为主导是世界大趋势

早在 20 世纪 70 年代石油危机爆发时，各国就开始寻求以生物质能源替代石油，如美国的玉米乙醇，巴西的甘蔗乙醇，北欧的生物质发电和德国的沼气等。进入 21 世纪，各国纷纷制定法律法规，确定生物质能源的地位和发展指标。如欧盟 2007 年通过立法，提出 2020 年能源消费总量中可再生能源要占到 20%、交通部门燃料消费中生物质能源要占到 10% 的目标。生物质能源在各国能源消费中占的份额不断增加。在美国，2003年生物质能源提供了 1 亿吨标煤能量，占能源消费总量的 3%。在瑞典，2006 年瑞典总理佩尔松在世界生物质能源大会上宣布，生物质能源已能满足瑞典 25% 的能源需求。

三、以生物质能源为主导是由其特质所决定的

风能、水能、生物质能和太阳能都是太阳辐射赋存于不同载体所表现出的不同能态。但风能、水能、太阳能，以及核能、氢能和未来的核聚变

等均为物理态能量，需要通过复杂的技术和装备才能转化为电与热，而且风能和太阳能很不稳定、储能性差。生物质能则是以生物质为载体的一种化学态能量，稳定性强，原料易得，加工转化技术与途径多样，产品既有热与电，又有固、液、气三态多种能源产品，其特质与功能是其他物理态清洁能源所不具备的。

四、要将发展生物质能源上升到解困"三农"和实现农业现代化的战略高度来认识

生物质产业的原料生产端在"三农"，加工和市场端在工业和城市，是"构建新型工农、城乡关系"的最佳"纽带"和"抓手"。促进农业产业结构升级，将生产链条向农产品加工和生物质产业等高附加值产业方向延伸，是培育农业农村的"造血功能"和"成长机制"的重要途径。如果使每年可用于能源的4亿吨秸秆得到开发，可相当于8座三峡发电站并帮农民每年增收800—1000亿元。如果利用非粮低质边际性土地种植甜高粱和薯类，每年可转化为1亿吨燃料乙醇并使农民增收1000—1500亿元。如果开发畜禽粪便等有机废弃物，可转化为900亿立方米的天然气并使农民增收1000亿元。必须打破现行的工农分隔体制，将发展生物质能源上升至解困"三农"和实现农业现代化的战略高度。

五、中国发展生物质能源具有突出的资源优势

我国清洁能源（不含太阳能）的年可开采资源量为21.48亿吨标煤，其中生物质能占54.5%，生物质能源资源量是水能的2倍和风能的3.5倍。在区域分布上，水能资源集中于西南，风能和太阳能资源集中于西北和青藏高原，资源富集区与终端市场分离，需远距离传输。而生物质资源则富集于经济发达的东部与南方，可以就地消费。生物质能源是篇值得大书特书的大文章。

六、固体生物质燃料要有大发展

生物质原料资源中以固体者居多，仅作物秸秆、林业剩余物和林地生物质三项的年产能潜力即超过7亿吨标煤，其中秸秆原料与木质性原料分占四成和六成，分别富集于农田和林地，有直燃发电、混燃发电、裂解气

化或液化等多种转化途径与产品。生物质供热发电是最简捷的一种对煤的替代方式，至今在欧美仍为生物质能源的重要品种，技术成熟和产业化程度最高，可作为我国近中期选择开发的重点。开发固体生物质原料的瓶颈是它的松散、能量密度低和运输不便，经粉碎压缩后的成型燃料则可以解决这道难题。成型生物燃料可直接用于燃烧供热发电，也可以作为裂解气化/液化、纤维素乙醇和其他生物质产品的原料。

七、非粮燃料乙醇要加快步伐

我国石油资源短缺，需求增长较快，是能源转型替代的重点。美欧与巴西等对运输用化石燃料的替代主要是燃料乙醇。自 2005 年到 2009 年，美国燃料乙醇的年产量新增 2000 万吨、巴西新增 700 万吨、欧盟新增 250 万吨，我国仅新增 60 万吨。"十一五"时期叫停新增粮食乙醇和鼓励发展非粮乙醇，是非常及时和正确的，但非粮乙醇发展过慢。第一代粮食乙醇在我国不可行，第二代纤维素乙醇技术难度太大。今年 5 月，在中美先进生物燃料论坛上，我们提出了"1.5 代乙醇"的概念，即以中国优势的非粮能源作物甜高粱、薯类和菊芋等为原料生产燃料乙醇，技术成熟，设备国产，可较快形成产业化和规模化生产。"十二五"时期，必须明确发展方向和重点，做好技术储备，在抓 1.5 代乙醇的同时，抓紧推进纤维素乙醇和微藻生物柴油研发。

八、将产业沼气替代天然气提上议事日程

20 世纪八九十年代，在中国开始发展农村户用沼气的时候，德国与瑞典等已开发了沼气的规模化生产与工业性用途，即"产业沼气"。产业沼气原料比较集中，易于收集和规模化生产，生产过程即是有机污染物的无害化和资源化过程。其生产技术在德国、瑞典等欧洲国家已相当成熟，商业化程度高。2007 年，瑞典有沼气驱动车 1.5 万辆，加气站布网遍布全国，预计 2040 年前后全国天然气消费将由产业沼气替代。我国有丰富的沼气原料资源，仅大中型养殖场废水、工业有机废水和城市污水三类原料即具年产 830 亿立方米沼气或 700 亿立方米天然气的资源潜力，接近于现全国天然气的年消费总量。但我国目前沼气的规模化程度和容积产气率尚低，分离纯化技术和设备刚起步。建议制定实施扶持政策和标准，逐步健全物流系统和培育市场，推动产业沼气发展，减轻天然气缺口压力。

九、用 20 年时间建设我国本土的绿色煤田、绿色油田和绿色气田

化石能源资源会越来越少，价格会越来越贵，从长远和战略上看，我国必然或迟早是要建设自己的生物质能源基地的，这个百年大计要早谋划早主动。建议投资建设一批大型绿色煤田、绿色油田和绿色气田，培育生物质能源的转化加工企业群。

绿色煤田是指能替代煤炭的生物质发电和成型燃料等的原料生产基地，包括秸秆绿色煤田，位于粮食主产区，年产出潜力约 3 亿吨原煤；清林绿色煤田，位于天然林区，年产出潜力约 1.2 亿吨原煤；荒坡绿色煤田，全国宜林荒山荒坡，年产出潜力约 3 亿吨原煤；沙地绿色煤田，位于北方四大沙地，年产出潜力约 3000 万吨原煤。

绿色油田是指能替代石油的液体生物燃料的原料生产基地，包括甜高粱乙醇绿色油田、薯类乙醇绿色油田和木本油料绿色油田，主要分布在蒙东及东北三省西部、环渤海及长江口以北的海涂和滨海盐土、内蒙古中部、武陵山区等 8 大片宜能荒地及约 1000 万公顷的非粮低产农田，年产出潜力为 1 亿吨燃料乙醇。

绿色气田是指能替代天然气的产业沼气原料生产基地，主要有包括两广地区的废糖蜜、淀粉加工高 COD 废水等在内的加工业有机排放物绿色气田，大型养殖场绿色气田和大城市与周边有机垃圾及污水绿色气田等，年产出潜力 830 亿立方米沼气或 700 亿立方米天然气。

十、中国的生物质能源企业已经"破土出茧"

一批农工联合型民营生物质能源企业正在快速发展。国能生物发电集团 2004 年引进丹麦的生物质直燃发电技术，经消化吸收和再创新，目前技术已是世界先进，且设备全部国产化。武汉凯迪公司以农林废弃物为原料，先后建成 14 座生物质热电厂，替代 15 万吨标煤，减排 330 万吨二氧化碳，使农民增收 7.5 亿元和获得 4.5 万个工作岗位。在产业沼气领域，北京德青源鸡场日处理鸡粪 212 吨和产沼气 1.9 万立方米，发电能力

1.6MW 和年减排 8 万吨二氧化碳，2009 年开始稳定向电网供电。类似的例子还有很多。这些企业在生物燃料技术产业化和装备国产化方面取得了较大的成绩，"十二五"时期应进一步加大对其政策支持力度，为他们提供一个更加宽松的成长环境。

十一、关于对发展生物质能源的质疑与答疑

关于发展生物质能源，一直存在一些质疑：一是发展生物质能源会不会影响粮食安全。答案是不会，发展生物燃料可走的路径很多，生产产业沼气和发展非粮乙醇、生物柴油都不会影响粮食安全；二是发展生物质能源会不会引起作物秸秆和薯类甜高粱等原料价格上涨。随着需求和商品价格变化而调整原料价格是一种正常的市场行为。使毫无价值或经济价值很低的秸秆和畜禽粪便等污染物无害化、资源化和增值化没有什么不好。合理提高薯类和甜高粱等的价格，对增加农民收入也有好处；三是国家补贴是否过多。国家为发展战略性新兴产业和减少排放，给予扶持与补贴是正常和必要的，各国都是如此，且力度要大得多。而且国家对生物质发电和燃料乙醇的补贴，很大程度上都转移给了农民。这种补贴方式不仅增加了农民收入，还培育了农村工业，既有"鱼"，又有"渔"；四是发展生物质能源技术是否成熟。目前看，中国的生物质能源技术与国外差距并不大，且自主性强，装备国产化程度高。

十二、关于"十二五"目标及政策建议

按 2020 年生物质能源各项规划指标的 40% 和 60% 分别提出 2015 年目标的 AB 两个方案，其相关数据如下表所示。

生物质能源发展规划	2010 年		2020 年	2015 年指标建议	
	规划	实况估计	规划	A 方案	B 方案
生物质发电（装机容量万千瓦）	550	基本完成	3000	1200	1800
成型燃料（万吨）	100	50	5000	2000	3000
沼气（亿立方米）	190	120	440	176	264

新增非粮乙醇（万吨）	200	20	1000	400	600
生物柴油（万吨）	20	6	200	80	120

对我国发展生物质能源，提几点政策建议：一是加快石油和天然气替代进程；"十二五"规划中可安排"加快发展非粮燃料乙醇和产业沼气专项"；二是鉴于生物质原料分散，宜发展中小规模及分布式布局的加工厂，建议注重发挥民营中小企业优势；三是在保障粮食安全的前提下，鼓励和支持民营中小企业参与燃料乙醇和生物柴油的发展；四是考虑到生物质能源发展有亦工亦农的特点，建议借鉴国外做法，成立由国家能源局、农业部、国家林业局、环保部组成的协调领导小组和办公室。

（石元春　两院院士、中国农业大学教授）

黄河三角洲开发应注重夯实抗灾减灾基础

2010 年，黄河三角洲高效生态经济区开发正式上升为国家战略，使黄河三角洲地区面临有史以来最大的发展机遇。对此，我们不能不欢欣鼓舞，不能不以百倍的热情去迎接并投入即将开始的黄河三角洲大规模开发建设的热潮。然而，在黄河三角洲大规模开发建设开始之际，我们也必须保持足够的冷静，立足千年大计，扎扎实实地夯实这一地区的抗灾减灾基础。

应该说，相对于我国东部沿海较早开发的珠江三角洲、长江三角洲地区，同样处在沿海、且在较为理想的中纬度地区的黄河三角洲，之所以迟迟没有得到集中开发，是因为这里的自然条件相对较差。历史上黄河三角洲地区自然灾害频发，对自然环境造成了很大损害。尤其是历史上多次发生的河道漫溢和沿海风暴潮入侵，屡次将这里的大片地区变成一片汪洋，造成了大片土地荒碱，并使人类在这一带沿海地区生存发展的条件变得恶劣、艰难，从而影响了这一地区的开发。因此，我们现在大举进行黄河三角洲高效生态经济开发，必须配套规划建设一系列水利基础设施，夯实这一地区的抗灾减灾基础。

客观地说，黄河三角洲一带，历史上水、旱、虫灾交替发生。但由于当地的地理和地形特点，成灾最严重的往往是水灾，尤以沿海风暴潮灾为甚。中华人民共和国成立以来，由于我们加强水利建设，在内河河道治理和防洪抗灾、引水灌溉方面取得了很大成绩，旱灾和虫灾对这一地区形成长久和致命威胁的可能性已经大大减弱。但在防止沿海风暴潮方面，尽管我们也做了大量工作，修筑了防潮堤坝，却由于大的自然地理环境所限制，远远没有做到从根本上消除成大灾的威胁。因为黄河三角洲所处的渤海湾西南岸，为地势低平的平原地带，沿海潮差较大且入海河口众多，海动力作用强，形成严重的海蚀现象，海岸线因长期受海潮侵蚀切割，呈异常曲折蜿蜒状。加之渤海本身平均水深不过18米，可谓底平水浅，每当海上发生强风暴，极容易推动海水涌上陆地，给地形低平的黄河三角洲沿海造成潮灾。因此，历史上黄河三角洲一带遭遇风暴潮灾害的几率，一直是山东沿海乃至整个渤海湾沿岸最高的。据地方史志记载，从明朝洪武元年（1368年）到1949年中华人民共和国成立，580多年中渤海沿岸山东段沿海共有52次潮灾记载，其中涉及如今以滨州、东营两市辖境为主的黄河三角洲中心区域的至少有28次，平均仅20多年一遇。

新中国成立后，黄河三角洲沿海也曾多次遭受风暴潮袭击，由于加强了防潮堤坝建设和对潮水的观测预防，尚未形成历史上那样重大的灾害。但由于黄河三角洲的地理位置、基本地形和形成大规模潮灾的周边自然环境未变，加之近年来地球温室效应增强，导致全球气候变暖、冰川融化和海平面上升，及沿海和部分河口的防潮工程措施还远远没有达到从根本上消除风暴潮灾害的要求，黄河三角洲地区今后遭遇特大风暴潮侵袭甚至造成严重危害的可能性依然存在。我们必须居安思危，正视这种威胁。

为把黄河三角洲开发做成功在当代、利在子孙的千秋伟业，我们在统筹谋划黄河三角洲开发宏伟蓝图的同时，应首先组织各方面的相关专家，科学地分析当地的自然地理特点，注重做好相应的规划，夯实这一地区的抗灾减灾基础。特别要综合考虑这一地区历史上曾经发生的海啸或风暴潮有沿内河大举顶托入侵的特点，从防御可能出现的最大灾情着眼，进行相关工程立项和加大资金投入，系统地规划、设计并建设、完善好与河口毗连的内河堤防和防潮防洪工程，严防海潮从各入海河道迂回"偷袭"，严防内河洪水漫溢。同时要预先制定好相应的滞洪、分洪和泄洪等相关措施。只有防好前方，护好侧翼和后方，才能切实避免海潮和洪水的淹没，从而确保整个黄河三角洲开发的长久安全，并从根本上保障黄河三角洲高效生态经济区开发长远战略规划和宏伟目标的顺利实现。

（潘钧国　山东省滨州市滨州日报社新闻研究室）

加快南水北调工程西线建设，遏制西部荒漠化

1. 西部荒漠化的根源是缺水，治理的关键是引水，现在雅鲁藏布江洪水每年造成孟加拉国的灾难，有没有可能将雅鲁藏布江中游的水引往陕甘宁、内蒙。

2. 投入大量资金研发经济型海水淡化技术，解决缺水问题最终需要海水淡化，经过淡化（或未淡化）的海水从渤海经张家口进入内蒙距离并

不长。

3.在引水工程无法实现的情况下，是否可以使用雨水收集储备、空气冷凝水滴灌的方法种植一些沙棘等经济作物，可持续治理沙漠。

4.国家出资打深井，交给农民集体管理，实现沙漠植物滴灌，是否可行？

5.向以色列学习沙漠治理技术。

（徐灵江）

产业规划要充分考虑水资源分布

水资源是工农业发展最重要的基础之一，与能源和其他资源相比，它几乎是不可替代的。而在过去做规划时一般没有将水资源条件放在一个重要的地位来考虑。现在的南水北调，试图以此来改善北方的水资源条件，其实只是杯水车薪，不能解决根本问题。如果不顾条件，随意上项目，将来很可能出现不良后果。现在就应该好好综合测算一下，每一个地区的水资源条件，比较适合发展哪些产业，发展某个产业所需要的水资源能否满足要求。建议在做"十二五"规划时，组织一个专家组，专门做这项工作，做好论证，不要等以后亡羊补牢。

（喻业勋　海军工程大学）

通过经济、法律和行政手段促进低碳经济快速发展

低碳经济作为一种以低能耗、低污染、低排放为基础的经济模式，在全球共同应对气候变化的背景下应运而生，并被专家认为是一场涉及生产方式、生活方式和价值观念的全球性革命。我认为，除继续执行好国家现行的有关政策，如风力发电和新型墙体材料的增值税优惠政策、光伏发电工程的财政补贴政策等之外，还应综合运用经济、法律和行政手段，在以下方面予以强化和推进：

一、大力推进太阳能产品的快速发展

从当前太阳能产品的现状来看，已经有不少技术比较成熟或日趋成熟的产品，如太阳能热水器、太阳能路灯、太阳能庭院灯、太阳能蓄电池等。这些产品完全可以替代某些电器产品，如电热水器、照明灯、景观灯等，从而达到节约大量能源、减少二氧化碳排放的目的。

当前，发展太阳能产品最需要的是政策的扶持和倾斜。具体是：①对太阳能产品实行免税或减税政策，为太阳能产品提供更加广阔的发展空间，迅速提高太阳能产品的市场占用率，与此同时，对电热水器、燃气热水器等高耗能产品征收碳排放税，运用税收杠杆限制其发展；②用财政补贴的方式鼓励使用太阳能产品；③为太阳能产品的研发和制造企业提供全部或部分研发经费，推动太阳能技术快速发展，如太阳能热水器，如果其出水控制点能改为储水桶的出水端，那么用户在家中一点出水控制器，就可以直接用到热水。在电脑技术数字化的今天，这个问题是不难解决的，只是推行这一技术可能会增加制造成本，但也不会增加太多，有财政和税收方面的优惠政策支持，就不是什么大问题了；④尽快处理好太阳能热水

器的安装与建筑物的设计两者的关系问题。解决这个问题需要修改建筑物设计的强制性标准，这个标准既要考虑太阳能热水器的安装问题，也要综合考虑为太阳能照明的集热板留有空间。这一标准要通过立法的形式，强制推行到所有能够利用太阳能的建筑物上去。这样就可以为太阳能技术和产品的应用和推广创造必要的条件，从而促进这一新型产业快速发展，成为低碳经济的一支生力军。

二、积极开展建筑物节能技术的推广和应用

目前，国家通过有关的政策措施在推广新型墙体材料和墙体保温方面做了大量工作，一定程度上提高了建筑物的节能保温能力，但力度和范围都还不够：一是建筑物的外墙保温标准不够高。目前钢架结构的墙体只有二十厘米左右，即使外面加上3厘米左右的聚氨酯保温材料，也难以抵挡夏天40℃的高温和冬天零下二十至三十摄氏度的寒冷；二是外窗还没有普遍推行保温效果比较好的中空玻璃窗。这样的建筑物冬天需要更多的能源来取暖，夏天则需要经常开空调来度过酷暑，一冬一夏的能源消耗量非常大。这方面我有亲身的体验。我是山西阳泉人，所住的房子是砖混结构，外墙厚40厘米，我住中单元，中间层，入住后把所有外窗都改造为双层窗和中空玻璃窗，仅此改动，我家的保温效果就大大提高了，在北方寒冷的冬天，我家的暖气设施关闭约55%后（未实行分户供暖），室内温度仍保持19℃以上，而同一栋楼的其他住户，在所有暖气设施都开放的情况下，室内温度还不达18℃。可见，仅仅一个窗体的保温，投资很少但节能效果却非常明显，节能率至少在30%以上。按北方每平方米建筑面积供暖费平均3元、人均住房面积30平米、供暖期3个月计算，再把工作场所面积折半计算，人均就可节约供暖费120元，夏天再节约60元的空调电费，全年每人就可节约180元。南方没有取暖设施，在冬天最冷的那两个月，使用空调取暖，耗电量很大，夏天开空调时间比北方时间长，因此，南方取暖制冷的费用不一定比北方少。那么，不论南方还是北方，如果全国的建筑物的保温标准都提高的话，按上面的节能率计算，农村人口折半，全国一年即可节约取暖制冷费用1710亿元，按每度电0.5元，折算为电量就是 3420 亿度电，再折算成标准煤，就是 1.38 亿吨标准煤。以上数据只是匡算，如果准确计算，可能还不止这个数。

实现这一目标也不需投入太多，只要国家在这方面出台一些政策，具体是：①制定保温效果更好的建筑物设计标准，以法律的形式予以强制推行，必要时还可以在经济上实施必要的激励政策；②尽快推行分户供暖，因为在目前的非分户供暖的体制下，北方很多地区供暖的力度很大，室内温度较高，不少单位和居民为了降低室内温度，大冬天还要开窗降温，造成了很大的浪费。只有实行分户供暖，才能堵塞这一漏洞。

综上所述，发展低碳经济势在必行，但它又是一项系统工程，需要方方面面的配套改革，法律、经济、行政等手段协同运用，才能起到事半功倍的效果，我国政府向世界的承诺才能得以顺利兑现。

（葛秀昌）

关于制定"十二五"能源发展规划的建议

一、"十二五"能源发展规划应突出如何保障国家能源安全问题

中共中央十七届五中全会提出的关于制定"十二五"发展规划的建议中明确指出：未来能源资源安全作为全球性问题将更加突出。因此，在制定能源发展规划时必须突出如何保障经济和社会发展所需能源供应量，必须突出如何保障能源安全稳定供应的战略性措施。

二、"十二五"时期在加快新能源发展的同时，千万不能忽略了对传统能源的科学开发利用

"十二五"时期，应该加快新能源开发。但应清醒地看到在相当长时

间内，新能源还不能起到举足轻重的作用。能源供应的主要部分还只能是煤炭、石油、天然气。千万不能在重视新能源的同时，忽略了对传统能源科学的开发利用。

三、"十二五"时期应把天然气这一清洁能源作为能源开发重点，加大勘探开发利用力度，使天然气在一次能源中比重有较大提高

我国国内石油生产大致只能维持在目前 2 亿吨左右的水平，难有大的增长。而天然气工业发展前景好，有比较大的增长空间。据苏联和美国经验，从 800 多亿方天然气增加到 2000、3000 亿方，分别用了 7 年、14 年和 9 年、15 年。据业内多数专家预测，2015、2020、2030 年国内产量可以从 2009 年 800 多亿方分别上升到 1500、2000、2500—3000 亿方，如果加上从国外引进的气，消费量可能分别达到 2300、3000、4000—4500 亿方，占我国能源消费的比重可以从现在不到 4% 上升到 12%—13%，减少 CO_2 的排放量为 3.2、4.2、5.6 亿吨。不仅能弥补我国能源供应的缺口，而且可以大幅度减少温室气体的排放，改善环境，减轻国际舆论压力。因此，建议在制定"十二五"规划时，应该把加速我国国内天然气工业的发展和从国外引进利用作为重点问题加以研究，制定切实可行的发展战略。

四、国内油气资源仍有相当大勘探开发的潜力，这是保障能源安全供应的基础，是国民经济的短腿，国家应该在价格、税收政策等多方面给予大力支持

国内石油资源仍有勘探开发潜力，储量还有相当大增长空间，但增加的储量将主要用于弥补现有油田的产量自然递减。天然气资源有很大的勘探开发潜力，储量可以大幅度增长，增加的储量将主要用于增加产量。国内生产的石油、天然气是保障国家能源安全供应的基础。作为国民经济的短腿，国家在价格、税收政策上必须给予大力扶持，保障石油公司有足够的勘探开发投入，避免在高油价时采用竭泽而渔的政策。因此，在石油特别收益金、资源税、税后利润分成等方面都应考虑给石油企业留有足够的自有发展资金。

五、在"十二五"时期石油、天然气领域要进一步扩大改革开放，但

开放的着眼点与方式要有重大的转变

"十二五"时期在石油、天然气工业发展中必须进一步扩大对外开放的领域和步伐。国内资源对外开放的主要出发点要从以往多年来重点着眼于引进资金，转变到主要引进先进的技术与管理上来；合作的对象要从主要是国际大石油公司，转变到不仅限于大公司而是能提供特定技术的中、小公司上来。尤其在煤层气、页岩气、致密砂气领域，许多关键技术往往掌握在中小公司手里。如果靠我们自己攻关，可能要花费许多年时间。

国务院新颁布的 36 条，允许国内民营企业参与油气上游的勘探开发。由于在我国目前还没有形成规范的石油技术服务市场，加上矿权管理方面的障碍，民营企业即使想参与，也难打开局面。要鼓励国内民营企业与国外掌握特定技术的中小公司合作，冲破目前国内大石油公司实际存在的垄断局面，在非常规天然气领域打开局面。"十二五"时期，煤层气要形成相当规模的产量，页岩气要掌握整套技术为今后加速发展打下基础。

六、在利用国外油气资源方面，要着眼长远，减小境外风险；要加大国家协调的力度，尽快改变目前存在的某些失控状态

在利用国外油气资源方面，要从国家能源供应安全的角度制定全面的战略规划，选准区域，突出重点，规避风险，注重投资效益。要加大国家协调的力度，尽快改变目前国内各大石油公司在全球四处出击，出现同一地区、同一项目相互竞争的不正常的状态。

七、要统筹考虑汽柴油动力汽车、电动汽车、炼油加工能力三者的发展步伐，防止炼油能力过快膨胀，造成决策严重失误和无可挽回的经济损失

目前我国在成品油领域出现三种状态：一是近年来国内汽车工业快速发展，汽车拥有量飞速增加，对油品需求量大幅度提升，市场供应紧绷；二是炼油能力急剧增加，据不完全统计，已建、在建及规划建设的加工能力高达 8 亿多吨，接近目前美国的规模；三是国外、国内电动汽车、混合动力汽车研发如火如荼，已取得重大突破。如果新型汽车在技术经济上一旦过关，绝大部分炼油能力将闲置。国家在制定能源发展中长期规划时要

统筹考虑近期与远期的关系，加强宏观调控，避免造成决策严重失误，导致无可挽回的经济损失。

（朱秉钢　中国投资协会能源发展研究中心）

促进节能的几点措施

一、加大对节能工作的资金投入

大力投资开发新能源，固然重要。如：风能、太阳能、水电、核电站的建设，是发展清洁能源的战略部署。但无力解决目前经济发展的需要。

投资"节约能源"这一蕴藏量为数亿吨标煤的巨大资源，应该是能源工作的重点。据资料显示，目前我国能源消耗总量在 35 亿吨标煤，70% 是工业企业所消耗，即 26 亿吨，如果我国的企业能源利用率提高 20%，年节能量就有 5 亿吨标煤。这是多么巨大的资源。据我们在基层工作中所见，我国企业的工业炉窑热效率偏低，特别是中小企业的炉窑普遍在低效率下运行。用电设备近年来得到更新，采用节能型变压器、节能电机等。但因与工艺条件不匹配，仍存在着极大的电力浪费现象。

二、拨出专业资金，扶持节能技术服务企业的发展

基层企业缺乏节能专业技术人才，而社会上大量存在着已退休的专业人才。这一部分人敬业精神强，实践经验丰富，把这一部分人组织起来，投入节能工作，其作用不可低估，既解决当务之急，又可以培养新毕业的大专毕业生，以老带新，壮大节能工作者的队伍。最好的办法是鼓励成立节能技术服务公司。

各级政府以节能资金委托节能技术服务公司，对所管辖区域内的

企业开展能源审计，建立企业能源档案。其中详实地记录下来企业在
"十一五"末的能源状况，为"十二五"时期企业能源管理进步奠定坚实
的基础，也为政府考核企业提供了可靠依据。

三、支持企业能源管理上的进步

在能源审计的基础上，企业自身在能源管理上的整改、进步应该予以
奖励。如建立了专职能源机构，配齐了能源计量仪表，建立了能源统计台
账，完善各项能源管理制度，并执行了定额考核和奖惩制度，以及进行节
能的小改小革等，并取得了一定成效，政府主管部门应对企业的有功人员
予以奖励，鼓励企业内有更多的人参与到节能工作中来。

四、扶持企业在工艺、设备方面进行节能改造

企业在改进高能耗的工艺和重点耗能设备中，常常遇到资金和技术方
面的困难。实行合同能源管理，就是要解决这一问题。目前合同能源管理
刚刚起步，首先遇到的问题是投资问题，节能技术服务公司有技术和人才
优势，但大都缺乏雄厚的资金，筹措巨额资金难度较大。政府投入节能专
项资金，作为贴息。企业节能改造项目50%从银行获贴息贷款，确立企
业是项目的主体，节能服务公司与企业签订节能目标合同，监督企业专款
专用。并以其技术专长确保采用经济实用的技术和设备，以最省的投资取
得最大的节能效果。实现合同能源管理目标。节能服务公司在节能成果中
分享效益。

如果对节能技术服务公司有过高的注册资金门槛，不符合当前的实
情。只能使得一些不具备节能技术优势的公司，主要是设备制造企业，变
身为节能技术服务公司。最终使得节能改造项目、工艺不合理，设备不匹
配。节能效果大打折扣，节能目标不能实现。

（马桂祥 安徽省皖城工业炉节能技术公司）

加快推进生活垃圾处理技术综合性多样化进程

垃圾围城是我们每天必须面对的问题，是继续走垃圾填埋的老路？还是选择垃圾焚烧发电以及其他形式的处理方式？我想这应该是我们在"十二五"时期必须有所作为、有所突破的一项重要工作。目前国内城市生活垃圾年产量约为 9 亿吨，并且以每年 8%~10% 的速度递增，垃圾处理方式以填埋为主，占垃圾总量的 70% 左右，垃圾焚烧发电是一种趋势，却备受各方质疑。两种处理方法由于受技术、管理、适应度、排放监管等因素的影响，产生的效果也是各不相同的。两种处理方式都有一定的局限性，也暴露出一些问题：一是垃圾露天堆放使大量氨、硫化物等有害气体释放，严重污染了大气和城市的生活环境；二是严重污染水体。垃圾不但含有病原微生物，在堆放腐烂过程中还会产生大量的酸性和碱性有机污染物，并会将垃圾中的重金属溶解出来，形成有机物质，重金属和病原微生物三位一体的污染源，雨水淋入产生的渗滤液必然会造成地表水和地下水的严重污染；三是生物性污染。垃圾中有许多致病微生物，同时垃圾往往是蚊、蝇、蟑螂和老鼠的滋生地，这些必然危害着广大市民的身体健康；四是侵占大量土地。据初步调查，全国垃圾存占地累计达 100 万亩以上。以上海为例，上海市的垃圾填埋厂已经由原来的 3 个扩展到现在的 5 个，但这还是难以满足上海地区垃圾不断增加需要处理的趋势。而垃圾焚烧发电由于受技术、管理、排放监管等因素的影响，也备受市民关注和质疑，关键问题在于我国的垃圾没有形成分类的习惯，而只有分类后的垃圾才可以用于焚烧发电。

其实在国外，垃圾被有关专家称为一种尚未被开发利用的资源，垃圾中有很多可供再开发利用的资源，垃圾中有塑料、泡沫、金属等，通过分类提炼，可以找到多种处理途径，比方说塑料及制品可以经过加工生产出柴油、汽油；垃圾中的建筑废料可以通过技术加工形成新型建筑材料；垃圾发电后产生的渣料和排放的液体经过处理，可以变成肥料和农业灌溉用水；等等。可以说经过多种技术的应用加工，垃圾变废为宝是一个不争的事实，必将在经济建设过程中发挥更大的作用。

随着科学技术的发展，垃圾处理的方式也将更加多样化，为此我们建议在"十二五"时期国家应该加大对生活垃圾处理技改补贴扶持力度，鼓励科技人员和民营企业等运用科学技术和方法，研制发明更加成熟、符合国情的垃圾处理方法，加快推进生活垃圾处理技术综合性多样化进程，有效解决垃圾围城的事实，创造出更多资源，为国民经济和社会发展发挥更大的作用。

（邵增岳　浙江省金华市城市管理行政执法局婺城分局）

利用大型矿作为战略储备重点

对大型矿产（特别是煤矿）资产进行开发、再利用，主巷道改造后可以作为战备、储备的重点。利用采空了的主干线巷道，重新加以改造，做好扩大维修、通风、防潮等工程改造工作，可以成为国家的装备洞、储备洞。全国有各种矿产的地方都可以开发再利用，既经济又保险，能让国家少花钱，成为国家战略储备和民生储备的固定资产。

（孙会计）

实行更加严格的耕地保护和建设用地节约措施

2010 年以来，各地农产品价格疯涨，粮棉油肉禽蛋菜等竞相涨价。其中固然有游资炒作的因素，但其根本原因在于全国范围内耕地的隐性减少。"十二五"需要在可持续发展上下气力动真格，为了我们的明天，为了子孙后代，首先要确立耕地优先的国家战略；其次对各地巧立名目占用耕地、乱圈土地搞建设的行为，惩处要动作更快、力度更大；再次，加大宣传力度，使全民尤其是各级官员树立可持续发展的理念，减少短视行为。衷心祝愿伟大的祖国繁荣昌盛，人民代代安居乐业，幸福安康。

（索学德）

关注中小流域治理问题

2011 年，我国洪涝灾害频发，损失巨大，但是一些大江大河却没有出现以往的重大险情。影响洪涝灾害的直接原因除了强对流天气和大范围降水外，中小流域在行洪、排涝等方面的能力不容乐观，这是影响生产生活的突出问题。

目前，我国中小流域治理主要存在以下问题：

一是河道采砂和过度开发已严重影响到了河床安全，对河道行洪带来不利。

二是南方地区的山塘、北方地区的水坝均以抢险加固为主，主要进行传统的修护，没有进行清淤等处理。

三是一些地方为了发展经济，提高农业生产和城市化进程，将河道裁弯取直，获取了许多土地资源，但是出现了安全隐患。一些地方的城市建设以亲水为主，在河道附近建设影响生态和水循环的各类建筑。

四是地下水资源普遍过度开采利用，而地表水又无法合理地补给，所以出现遇雨就成涝的老问题。特别是一些位于中小流域的城市，内涝更是十分严重。

今年的汛情最为突出，虽然党和国家投入了大量的人力物力进行防御，但27个省都出现了洪水灾害，灾情不断告急，损失也相当巨大。建议编制"十二五"规划时，关注水资源的安全管理，重点考虑中小流域的治理，建设和谐的生产生活环境。具体建议包括：

一、将中小流域治理纳入"十二五"规划

我国的河流以中小流域为主，一些中小流域涉及多个地区、多个省市，一地一段的治理根本解决不了问题。必须在科学调研和认真总结的基础上，进行全流域的综合治理。并将治理的投入、规划、设计、建设、维护纳入"十二五"国家规划和地方规划，采取国家推动、地方执行、部委检查、综合处理的方式进行科学整治。要重点对河道进行保护，防止过度采砂作业。对河道周边的湿地、自然资源、行洪区、山塘水坝进行整体规划。

二、大力推行退耕还湖政策

河道裁弯取直后的生态问题十分突出，人水争地和城市建设与水道争地问题势必影响到经济和社会的发展。一些地方大量兴建的亲水大宅、水景观带，严重影响水资源的自然循环，破坏了生态环境。国家应加大力度进行退耕还湖，对于城市建设影响水资源问题的项目、工程和规划要进行深入研究论证。在审批城市发展规划时，要警惕城市开发占用水资源、破坏水系统的问题。

三、开发泄洪井补给地下水

目前，许多城市的地下水资源受到破坏，水资源枯竭，地下水体安全和质量问题严重。同时，地表水和雨水实现循环的情况不多，地下水补给量不高。我们要学会向天要水，对降水进行循环利用，实施回补地下水、中水再利用的规划。应该有针对性地开发建设泄洪井、渗透井，配以泄洪渠，进行雨水收集、净化、渗透。还可以兴建水窖工程，并进行联网，汛期防洪导水、旱时集水储备。

四、对灾后水毁工程进行有效的评估和维护

此次南北方因洪水产生的水毁工程很多，一些水毁建筑本身就是不合理的违章建筑，应当拆除，防止出现安全隐患。对于一些水毁塘坝、库基、河渠应该进行加固维护和重新建设。要特别用好江河大堤防灾害能力建设资金，把防治白蚁等破坏问题纳入统一规划，不能因为涉及城市就多投入，是薄弱环节就不投入、少投入，要建立相应的科学规划和财政保障机制。还要进行山塘、库坝等中小型水利设施的定期清淤工作，采取社会分担、财政保障、流域内共同规划实施的办法，增加山塘水坝、小水库的分洪行洪能力，有效地防灾减灾。

五、中小流域内的各类城市应建设好城市安全体系

我国绝大多数的城市防洪防涝都已成通病，根本无力防范大规模的强降水。城市硬件设施是一方面，城市的周边环境和流域治理问题也相当突出。城市地下设施的安全设计和保障能力需要提高一个等级，城市的防灾标准和建设施工、排险检查手段必须重新确定。城市水资源整体的循环利用和导水、排水系统等安全建设标准应该及时出台。

（杨建光）

加强生物质资源开发和利用

我国是一个人口众多的国家，粮食安全问题是一个关系国家稳定的头等大事，长期以来党和国家非常重视。目前我国一方面面临粮食安全问题，另一方面又存在着大量的生物质资源极大浪费的现象。

生物质资源除口粮外还包括蔬菜、水果、饲料粮、蛋、肉、奶，人们日常必需的棉、麻、皮，以及秸秆、树枝、树叶、杂草、农副产品和下脚料。由于生物质来自于日光积累，来自于土地，是太阳能与土地的结合，它们的产量受着多种因素的限制，因此是有限的、珍贵的。

目前全国的各种秸秆、各种果树、针叶林的碎枝、碎叶、南方草等利用率极低。这些本是宝的东西被政府误认为废物，每年的秸秆禁烧，每年的森林防火都是这些宝在作怪，而政府只会头痛医头、脚痛医脚，没有让这些宝充分利用起来。

生物质资源主要产生于耕地、山地、草原和海洋。今后中国农业发展必须保住 18 亿亩耕地红线，必须注重海洋开发、山区开发和草原的综合利用，必须加强秸秆、树枝、树叶等生物质资源综合利用和深度开发。

"十二五"时期全国必须大力发展以秸秆为主食的草食反刍动物，它们不像猪、鸡与人争粮，它们每天消耗的是草、秸秆、树叶，换来的却是高营养的牛肉、羊肉、羊奶、牛奶，给人以牛皮、羊皮、羊绒、羊毛，可改善人们生活，可减少粮食的需求，可吃掉政府认为大患的垃圾，却可变为人们生活必需的宝。更有意思的是通过它们消耗原本被作物不易利用的秸秆、树枝、树叶，又变成好的生产生物质肥料，让作物吸收。

在制定"十二五"规划时，我建议：

一、在禁牧同时大力提倡利用秸秆舍饲养殖,保护生态,减少林牧矛盾,加大农民舍饲养殖扶持力度。

二、加大易舍饲品种的选育和舍饲技术的研究推广力度。

三、尽可能减少粮食的转化和浪费,杜绝秸秆和其他生物质的焚烧,加大全国秸秆、农副产品、树枝树叶、南方草的利用研究和技术推广,特别要加大秸秆青储技术研究与推广。

(张爱昌　河北省涉县)

控制水污染物总量排放

在总结"十一五"时期主要水污染物化学需氧量(COD)减排成绩的基础上,结合在水环境治理方面的研究成果,对"十二五"时期的水污染物减排计划建议如下:

一、建议提高计划指标

建议我国"十二五"时期的主要水污染物化学需氧量(COD)和氨氮(NH_3)的去除量以 2010 年为基数,减少 20%(包括工业、农业和生活源等所有入河水污染物),从而使我国的水环境质量全面好转。

二、适当调整水污染治理的目标和政策导向

在"十一五"时期及以前,我国水污染治理的重点是放在工业及城市生活污水方面,节能减排的考核也是以工业及城市生活污水的 COD 减排为指标。相应地方政府投入了巨大的人力物力去进行 COD 减排。工业及城市生活污水的 COD 减排有望完成"十一五"的计划。但江河湖泊的整体水质还没有明显改善。其原因是农村及农业源水污染物在"十一五"时期没有削减，还可能随着高效农业的发展有所上升，抵消了工业及城市生活污水的 COD 减排效果。根据我国发布首个全国污染源普查公报，2007年全国主要污染物排放总量：废水中化学需氧量为 3028.96 万吨（含农业源 1324.09 万吨），氨氮为 172.91 万吨，这比节能减排 2005 年的 COD 基数 1414 万吨增加了一倍多。我们认为这就是"十一五"时期我国虽然修建了大量的污水处理厂，COD 减排完成"十一五"计划，但江河湖泊水环境不见明显好转的主要原因。因此，建议我国的水污染减排政策在"十二五"时期作适当的调整，把工业、城市生活和农业源等所有的水污染物总量减排作为考核目标。再辅助考核水环境功能区的水质达标率。只有这样，我国的江河湖泊天然水体的水质整体才能好转。

三、严控治污设施的出水水质标准

在"十一五"时期及以前，我国兴建的污水处理厂的出水水质没有达到 Ⅴ 类地表水的水质标准，污水厂的出水水质还没有与污水厂下游的天然水体环境容量挂钩，这也是很多城市河流水质差的主要原因。这样的结果导致了现存绝大部分的污水厂今后还要提标改造。因此，"十二五"时期，我国要强制污水处理设施的出水水质要与其下游天然水体的环境容量挂钩，污水处理设施的出水水质要达到其下游天然水体的水环境功能区的相应水质标准。这样就能保证天然水体的水质逐步好转。而现在也有经济适用的水处理技术能满足此项要求。

四、强化以小流域为水污染治理的控制单元

在"十一五"时期，我国兴建了大量的污水处理厂，但这些污水处理厂大部分都没有以小流域作为治理单元，导致截污系统复杂并且造价高，给地方政府带来了巨大的财政压力。有部分城镇污水厂的综合造价超过 10000 元 /m³ 污水治理的水平，导致水污染治理的投入产出比很低，相应也削弱了水污染治理的进度。作为与水有关的问题，用流域的观念来考虑肯定是科学和符合实际的。因此，在"十二五"时期，水污染治理和控制的技术政策要鼓励开发各种适用于小流域水污染治理和出水水质能满足下游天然水体环境功能要求的水污染治理技术，并且这样的工程项目都可以纳入水污染减排的总量考核。

五、放开水污染物减排的市场

"十一五"时期,我国的污水处理市场开放虽然有一定的成绩,但很多大的项目还是以当地国营垄断为主。治污模式也是以"大截污＋污水厂"为主。这样的治污模式存在着工程艰巨,征地拆迁难,造价高,效率低,对农业源污染无能为力,导致天然河流湖泊的水质改善小,工程目标没完成也不需要负责等缺点。因此,在"十二五"时期,我国应强制开放水污染治理市场。政府只要提出减排的目标和强化监管,企业通过竞争性投标获得特许经营权。投资回报要以削减污染物总量进行计算(前提是出水水质达到下游天然水体的环境功能要求)。

(甄建伟　广东省江门市洁源环境科技有限公司)

把发展循环农业作为"十二五"新农村建设的突破口

一、发展循环农业是实现农业可持续发展的重要措施

切实解决"三农"问题最根本的途径是发展农村经济,实现农村经济又好又快发展。循环农业是运用可持续发展理念和循环经济理论与生态工程学的方法,以农业资源循环利用为途径,以保护环境、节约资源、能源为重点,以减量化、再利用、再循环为原则,把农业经济活动组织成一个"农业资源——农产品——再生资源"的反馈流程的生产模式。站在农业发展新的起点上,如何走出一条科技含量高、经济效益好、可再生资源循环利用能力强、环境污染少的内涵型农业发展的路子,是亟待研究和解决的重大课题。

发展循环农业与发展传统农业有着本质的不同：一是在产业发展理念上，循环农业更加注意把循环经济理念应用到农业生产中，提倡农业生产全过程和农产品生命周期的全过程控制；二是在生产方式上，循环型农业摒弃了常规农业一味追求高投入、高产出、高消耗、高排放的生产方式，注重建立资源利用高效率、外部投入最低化、污染排放最少化的生产目标；三是在产业模式上，常规传统农业往往局限于农业系统内部的小产业，忽略与相关产业的链接和循环。循环农业从整体角度构建农业及其相关产业的物质循环产业体系，使农业系统与生态工业系统相互交织构成大产业系统。因此，发展循环农业，不仅仅是对传统农业的发展，更是对传统农业的创新。

二、循环农业发展过程中存在的主要问题及原因

目前，我国循环农业发展总体上滞后于农村经济发展，可以说处于起步阶段，这已成为农业可持续发展的薄弱环节。主要表现在农业废弃物资源的严重浪费和对环境的污染，废弃物利用率较低，只是在局部或者低层次实现物质能量的循环：一是农作物秸秆露天焚烧现象严重；二是未经处理的畜禽粪便大量流失；三是农村各种生产、生活垃圾到处可见。从大的方面看，全国循环农业的发展还处于初级阶段，发展机制尚不健全，技术支撑尚未成熟，全面发展循环农业还面临着很多困难和问题。就目前情况看，认识不到位，投入不足，缺乏适合于循环农业发展的制度体系是循环农业发展缓慢的根本原因。

三、以发展循环农业为突破口，更好更快地推动"十二五"新农村建设

发展循环农业，建设节约型社会，是一项涵盖经济、社会和环境的系统工程，涉及因素多，见效周期长。

1.加快新农村建设，牢固树立优先发展循环农业的全新理念。在新农村建设中，加快发展循环农业经济，既可带动相关产业的发展，培育新的经济增长点和增加就业，还有利于提高全社会的资源环境意识和道德素质，有利于提高人民群众的生活质量和幸福指标。因此，要做到：一是强

化政府功能;二是深入开展形式多样的宣传教育活动,不断提高全国人民对发展循环农业经济、节约农业资源和保护环境重要意义的认识。

2. 加快新农村建设,努力营造大力发展循环农业的宽松环境。发展循环农业,规划要先行。因此要做到:一是应构建循环农业技术创新体系。农业产品能否被有效利用,循环农业发展能否步入良性轨道,主要取决于相关的技术水平和工艺水平。因此,要积极鼓励涉农部门和农业产业化龙头企业不断加大农业经济新品种、新技术、新工艺开发力度,尤其在农业废弃物综合利用和农业再生资源循环利用方面应加大人力、物力和财力支持,努力突破制约循环农业发展的技术瓶颈;二是应构建产业带动体系。要使循环农业得到可持续发展,必须依赖于产业带动,产业是循环农业发展的发动机。因此,要通过政策倾斜、信贷扶持等手段,着力培植一批骨干龙头企业。同时,应加强龙头企业与农民的利益连接,建立合理的利益机制,真正形成企业与农户之间利益共享、风险共担的市场经营机制;三是应构建管理保障体系。循环农业的发展,总是与完备的管理和配套服务联系在一起的。建立"以政府为主导、市场为主体、社会积极参与"的工作机制,就为循环农业发展提供了有力的保障。

3. 加快新农村建设,形成激活发展循环农业的良好态势。我国循环农业的发展还刚刚起步,全面整体推进这项工作会有许多困难和问题。在加快新农村建设过程中,应因地制宜,探索适合我国不同地区循环农业发展的不同模式,以取得实实在在的成效。为此,一是应积极探索发展农村沼气项目;二是应充分转化利用农村各类作物秸秆资源;三是应推动农村生产生活垃圾资源化处理。同时要建立"户集、村镇运输、县处理"的农村垃圾处理的长效机制,推动农村可再生资源回收利用的健康发展。

(黄雄壮 安徽省桐城市畜牧兽医局)

加大力度支持采矿选矿废渣资源综合利用

目前，我国 92% 以上的一次能源，80% 的工业原料，70% 以上的农业生产资料来源于矿产资源。采矿选矿废渣是主要的矿山固体废料，我国每年要花费数十亿元用于筑坝堆放采矿选矿废渣，不仅浪费资金、占用大量土地，而且会造成严重的地质灾害，如地表下沉、滑坡和泥石流等。为此，我们提出以下建议：

一是加大对采矿选矿废渣资源综合利用的投入，加大金融政策扶持和协调服务的力度。如为资源综合利用项目启动设立专项基金，在政策性银行设立专项贷款，并提供低息、贴息等信贷优惠政策。

二是给予相应的税收优惠政策，鼓励开展采矿选矿废渣的综合利用。将利用采矿选矿废渣生产建设用原料（如建设用砂石）的矿山企业纳入《关于资源综合利用及其他产品增值税政策》的名录中，享受税收优惠政策，以调动其投资的积极性和主动性，并对利用采矿选矿废渣生产出的建设用原料实行减免资源税优惠。

三是加大对矿产资源综合利用的科技投入。提高采、选、冶综合利用技术水平，鼓励科技开发和创新，并给予资金和政策上的支持，加快建立以企业为主体的技术创新体系，推动"产学研"相联合，促进资源节约与综合利用科技成果的产业化。

四是选择"固废"资源丰富、地理区位优势明显的大型矿山作为示范项目，初步建成几个具有鲜明循环经济特征和清洁生产特征的采矿选矿废渣综合利用示范基地，并对采矿选矿废渣综合利用效率高的项目在资源配置和土地使用等方面给予适当的鼓励。

加大力度支持采矿选矿废渣资源综合利用，有利于保护环境，维护生态平衡，提高矿产资源的经济价值，对于实现我国矿业可持续发展具有重要意义。

（黄继杰　河北省迁安首钢矿业公司）

对我国连续发生严重自然灾害的几点思考和建议

今年以来，我国连续发生严重自然灾害，特别是洪灾，一些地区由于暴雨、台风，诱发泥石流，造成尾矿库、小水库、江河堤防连串溃决，致使灾区城市乡村大面积淹没成灾。洪灾给我国灾区的经济建设和广大人民群众的生命财产安全造成了巨大损失。

今年的灾害特点不同以往，它对全国人民特别是水利工程科技工作者，提出了新的严峻挑战。灾情过后，痛定思痛。清华大学土水学院的王清友、张超、张仁、惠士博、府仁寿、姚汝祥、王可钦、吴之明、韩文亮、才君眉等老教授进行座谈，分析了今年我国连续发生的特大水旱灾害，针对"十二五"水利发展有关问题，提出几点思考和建议，供建言献策主管单位参考。

一、建议大力进行流域基础资料普查，建立新的数据库，做好"十二五"流域水利规划。

二、建议编制专项规划，解决城乡饮用水安全和大中城市应急地下水源安全问题。

三、建议切实推进全国病险水库治理工作。

四、建议研究长江、黄河年输沙量大幅减少的规律，制定水库群联合防洪调度预案。

五、建议对尾矿坝灾害治理给予高度重视和充分安排。

六、建议普查全国滑坡泥石流危及地区，建立可靠的预警系统。

七、根据新的资料数据库，重新核算全国河流堤防的防洪标准。要考虑暴雨洪水泥石流造成人为洪峰时的堤防安全。科学制定经济发展和技术提高条件下江河堤防的近期防洪标准、远期防洪标准和应急防洪预案。

八、建议组织水文气象科技工作者对近年来因地球变暖而产生极端气象的规律和特殊水文现象及其发生规律进行模拟研究；建议研究水库合理的动态汛限水位，充实水文理论和计算方法，使之能运用到水库工程规划设计中，发挥水库工程的综合效益。清华大学曾对密云水库动态汛限水位进行研究，1991 年汛限水位由 147.0 米提高到 150.0 米，增加了密云水库的蓄水效益。

（张超、王清友等　清华大学老科协土水学院教授）

以科学发展观应对自然灾害

我国幅员辽阔，灾害频发。建议我国分阶段建成防治灾害之强国："十二五"打基础，"十三五"大发展，"十四五"大变样，"十五五"基本建成防治灾害强国。

一、灾情普查

2011 年省地市（县）进行全国灾情大普查。灾害含旱、涝、火、虫、疫、风、沙、地震等。普查内容包括现状、历史状况、损失、经验教训。各地普查人员由专家、干部、知情群众代表组成，其文字资料存档，并编入县志、省志。中央和各省对灾害易发区重点调查评估，制定初步防治规划，按灾害类别制成灾情地图。

二、以人为本

1. 扩充原地震局为防治灾害局，配合相关单位统管各类灾害。其机关干部选派年轻化、专业化、事业心强的，对现有不适应的原地震局员工逐步调整。

2. 优化预警机制体制，情况紧急时须采取"临门一脚"，及时避让疏散，保障人的生命为第一要务。突出"时间就是生命"的理念。

3. 组织精干的特别能战斗的专业队伍。新办防治灾害的职业技术学院，设置在国家中部灾情易发区，高速铁路枢纽附近。在抗灾现场充当排头兵，高效防治灾害，视具体情况，可增办分校。

4. 重视平时组织好快速反应队伍。部队的飞行员、空降兵、当地驻军中的工兵，配合当地救援力量查明灾情。采用最现代化信息传媒工具向领导报告，当地医疗队伍及时上阵。

5. 设定每年9月11日为全国防治灾害日，全民动员，居安思危。下午二时各地拉响防灾警报，疏散迁移演习，并组织学习有关知识，参观展览，听讲座，看电视电影，各地科普协会积极开展宣传活动，并开展防灾捐资活动。

6. 编写发行从小学到大学有关阅读教材，学校组织师生学习。

三、科技支撑

1. 新建专业防治灾害的大学（建议命名"绿色平安大学"），根据防治灾情需要和灾情类别下设各系，如防旱涝系、防震系、预警信息系等。该校应办成国家防治灾害的智囊团和参谋部。

该校联系国内外相关大学和科研机构，吸纳外国先进经验，如日本的防地震，芬兰等国家防治海水等，进行国际交流合作，吸引外国高层人才，再加上借鉴世界历史特别是中国历史防治灾害的经验教训，与时俱进，锐意进取，探索出一条科学有效的路子，为人类做出应有的贡献。

2. 大学办出版社并兴办防治灾害的报刊杂志，报告各地灾情动态，表彰防治灾害的英模。总结古今中外灾情的经验教训，宣传有关科普知识，总结规律，鼓舞斗志，广纳诸方意见，为国家起草防治灾害法初稿。

3. 在灾害易发区的附近完善公路交通网络，适当增设机场。研发、生产先进的防治灾害的器材设备，或是先进口后改进。仓库不仅适当储存器材设备，而且要储存灾民亟须的生活用品。中央和各省都要有储备，按灾情级别调用。逐步完善先进的救灾网络系统，保证 24 小时畅通。

4. 一分为二、认真总结重大灾情的经验教训，讲科学，实事求是，以利再战。总结要真实全面有重点，揭示深层次矛盾，科学评估。

5. 重视从源头上防治灾害。如水土保持等，采取可持续发展的有效措施，日积月累，坚持不懈，谨防好了伤疤忘了疼，或是热一阵冷一阵。宜平时加大督查力度，及时整改。

四、统筹协调

中央成立统一的防治灾害指挥部，不再有地震局、防汛指挥部等。下设办公室处理日常事务，负责全面沟通协调、汇聚整合防治灾害的各方资源，当好参谋。各地防治灾害局逐步调整和充实力量，要成为科学防治灾害的合格干部。

防治灾害是系统工程，需要中央与地方，不同职能部门之间、军队与民众团结一心，协同作战。如防治水旱灾害，水利和农业部门要齐抓共管涵养水源、保持水土、治理河流等。"绿色平安大学"不可能把防治灾害的担子全挑起来，应在防治灾害中当好参谋，科学建言献策，着力培养防治灾害的高层人才。

统一制定防治灾害法。初稿交群众讨论，规范防治灾害流程中的科学因子和干群的言行，并明确奖惩条例，如森林中吸烟须严惩。

（陈同坤）

建设节约型社会的五项建议

节俭是中华民族的传统美德，古语有"成由勤俭败由奢"。面对当今资源日益匮乏的时局，我国作为世界人口第一大国，为了可持续性发展，同时也为了造福子孙后代，在全民大力开展节俭活动，培育节约意识，普及节约知识，这已是势在必行而又刻不容缓的大事情。建言如下：

1. 加大宣传和教育力度，使节约的观念深入人心。

2. 在一年中选择一个纪念日，作为"全民节约日"，丰富此纪念日的内涵，重在教育国民厉行节俭。

3. 对不可再生资源做长远的战略性规划，兼顾长远利益与眼前利益，使国家的发展有充足的后续力量，而不能为了眼前的经济利益而牺牲长远利益，使国家在未来受制于人。

4. 科学引导国民的消费观念，合乎情理地引导国民将对物质的过分追求转移到对自身精神世界的建设上来，力避奢侈品在全民中普及。

5. 加大对公共设施和场所的能耗管理力度，减少或取消不必要的建筑灯光装饰。

（戴膺赞）

建立垃圾处理厂　发展循环经济

关于逐步建立垃圾处理厂、发展循环经济，加大环境保护力度的建言：一是从 2011 年开始，有条件的县都要建立垃圾处理厂，停止对垃圾实施掩埋的处理办法；二是建立垃圾处理厂应本着城乡一体规划，生产力合理布局的原则进行；三是垃圾处理厂的资金可以来源于政府和财政收入，也可以来源于民间的个人资本，成为私营企业投资；四是当地政府要协助企业做好污染物减排和治理工作。

（王广纯　吉林省蛟河市经济局）

转变资源管理机制

我国转变资源管理机制要做到以下几个方面：

一、统筹整合资源环境立法，实行资源法治

目前，我国资源治理方面的法律、法规、条例不少，均由相关职能部门草拟制定，如《森林法》、《水法》、《野生动植物保护法》、《自然保护区条例》、《义务植树条例》、《防沙治沙法》、《水土保持法》、《环境保护法》等等，其主要特点是将互相联系密切的资源分项立法、分项治理，法律理念和原则多，法律规范的实务简单，法律程序不够严密，导致法定自由裁量空间过大，执法处置裁决随意性强，严重影响法律的公正、效能和权威。必须统筹整合资源环境立法，确立"资源主导、民生本位"型法律框架，强化法律的导向性、规范性、操作性和实效性。整合互相联系密切的相关法律法规，如将《森林法》、《义务植树条例》、《森林采伐更新管理办法》、《野生动植物保护法》、《水土保持法》、《防沙治沙法》等整合为《森林植被资源法》；将《水法》、《环境保护法》等整合为《水土和空气资源保持法》。

二、统筹整合资源环境管理，强化资源保护

目前，我国的资源管理职能分属于林业局、国土资源部、农业部、水利部等职能部门。同时，资源保护和环境保护密切相连，资源与环境相辅相生，一般情况下，破坏资源即是破坏环境，保护资源即是保护环境。必须强势整合资源管理和环境保护职能，组建资源环境部，统筹管理陆地资源和海洋资源，地表资源和地下资源，林地资源、牧草资源和耕地资源，森林资源、生物资源和淡水资源，统筹资源决策、资源立法提案、资源权属、资源行政许可和审批、环境保护与监察、资源保护与监察等职能，理顺资源和环境管理机制，确立可持续发展的制度框架。

三、统筹整合资源环境执法

归并、整合分散于各有关部门关于环境资源方面的执法职能，组建资源环境公安局，由公安部管辖，使环境资源决策、管理和监督职能与环境资源执法职能相分离，使对资源的经营利用职能和执法执纪职能相分离。提升执法效能和执法的公正性。同时，整合农林牧渔产业发展、技术推广等产业服务职能，组建农林畜牧水产事务局，使之与资源管理、资源执法职能相分离，使决策管理职能、执法监察职能、指导服务职能分体运行、互相制约与促进，力图从制度安排上遏制体制性腐败。执法罚没收入全部进入"民生公益财务局"设定账户。

四、法定森林植被封育区，铁腕管住资源底线

根据森林植被资源发展战略，法定林地、草原、耕地、牧场区域和面

积，并在此基础上法定森林植被封育区。对于江河源头及其入河支流两岸设定里程之内，大中型湖泊四周设定里程之内，生态脆弱区、生态恶劣区（如西北等）、荒漠化、盐碱化核心区及其周边设定里程之内，均应列为法定森林植被封育区；所有防护林、生态公益林、自然保护区均应列入法定森林植被封育区。封育区设定年限之内不准进行任何采伐、开垦和猎捕，设定年限之外只能进行技术性采伐和猎捕。封育区居民能迁移的尽可能迁移，不能迁移的由政府发放生活补贴，同时大力发展林下经济（如森林旅游，资源管护，野生动物养殖，有机食品、中药材和食用菌生产等）。

（熊慧明　江西省宜春市林业局副局长）

理顺绿化体制　建设绿色中国

国力有限，民力无穷。要彻底改变中国绿化现状，需进一步明确各有关部门的职能和责任，理顺各方关系，调动全社会的力量，政府主导，全民共建，确保实现 2020 年绿化目标。

建议如下：

一、明确全国绿化委员会（以下简称"全绿委"）的协调职责

撤销全绿委与国家林业局的挂靠关系，避免全绿委与国家林业局的一体化。

明确全绿委的协调职责，主要职责是统筹各全国（地区）绿化工作。包括制订年度计划；统筹确定区域性绿化的用地地点；确定使用品种；制订全国（地区）乡土苗木培育以及种植计划等。

设立全国绿化专家委员会，真正发挥全绿委的协调沟通和智囊团的作用。

赋予全绿委检查监督职能，检查全国绿化建设实际效果，协调绿化方面的生态建设问题。

二、明晰各有关部门的职能和责任

进一步明晰国土绿化各相关部门（林业、农业、建设、水利、交通、国土、海洋等）的行政职能与责任范围，建立部门联席沟通机制，由全绿委负责监督实施沟通协调工作，避免条块分割，避免职能交叉和责任范围交叉。如城市规划区范围内的绿化由建设行政主管部门负责；农田四旁绿化由农业主管部门负责等等。

三、建立实事求是的绿化监测指标体系，完善动态监测管理机制

绿化建设既是一项长期而艰巨的任务，又是需要各级政府实事求是、脚踏实地完成的基础工作。然而，近年来，由于各类达标评比和创建活动如火如荼开展，一些地方出现了"浮夸风"。许多绿化数据不准或者有意弄虚作假。有些领导不顾实效，只为政绩，重复创建、重复评比、重复检查比比皆是。如某市 2005 年提出创建"国家园林城市"，2007 年经建设部综合评审达标通过，2008 年又提出创建"国家森林城市"，各项考核指标几乎是一样的，2008 年内国家林业局就予以命名通过。事实上，后面的创建不但没有增加绿化量、提高建设与管理水平，反倒浪费了大量资金搞文字材料、搞检查接待、搞媒体宣传，劳民伤财。为此，全绿委要制定实事求是的指标测控体系供各地、各部门使用，统一监督监察各地、各部门绿化建设的实际效果，并将结果定期对外公开。

在绿化动态监测方面，住房和城乡建设部、国土资源部都有较成熟的经验。住房和城乡建设部最近发布的《国家园林城市遥感调查与测试要求》就十分实用。

随着科技发展，卫星图片（卫片）越来越容易获取，价格也越来越便宜。在有卫星图片的基础上，应用 RS 数据和 GIS 研究平台，使用分析软件和 SPSS 统计软件和数学聚类模型研究方法，不仅可以轻易掌握各地绿

地变化情况，还能够了解不同树种、绿地及植被对缓解热岛效应的作用。通过不同时间段卫片对比，甚至可以掌握此处地上生物量变化情况，净初级生产力变化情况等，推算出本地区年度二氧化碳固定量，具有快捷、准确、实用的特点，既能对各有关部门的绿化成果作出客观公正的评价，又有利于对占绿、毁绿等破坏行为的监督与查处。

（张常路）

送肥下乡使城市更美丽

送肥下乡就是城镇把全部的生活污水集结在一起，经初步处理后用污水泵和管道送到产粮区、蔬菜种植基地或其他经济作物种植基地的污水处理池，并进行无害化处理等。

送肥下乡完全符合两型社会和发展方式转变的要求，具有巨大的经济效益、社会效益：

首先，为农业生产节省上万吨化肥，免除了大量化肥对地表水系的污染，同时大量减少因生产化肥所需原料、电能、石化燃料和向大气排出的二氧化碳。

其次，简化了城镇生活污水处理方法，因此节省了昂贵的生活污水净化处理装备设备和高昂的运行费用。

再次，送肥下乡能使我国从"石化农业"（不可持续的农业）转变成可持续的"有机农业"。以有机肥料为主、以化肥为辅的有机农业几乎不消耗石化能源，能持续增加土地的肥力，可把"死地"复活成肥沃的土地，可把黄土地改造成黑土地。

最后，送肥下乡是一个综合系统工程，艰巨而伟大，必将形成庞大的城乡结合的产业链的发展，必将大大拉动我国内需和城乡就业，必将持续推动我国经济又好又快发展。

（张培榕　湖北省武汉市洪山区华中科技大学）

调整和完善南水北调工程余（渣）土占地弃置方案

南水北调工程河南省南阳市方城段明年就要动工了，其工程余（渣）土的弃置方案事关我国经济社会可持续发展的大局，事关工程的更加科学和完善。

方城段工程余（渣）土达2300万立方米，计划占压土地307hm²，需占地费1.15亿元。以赵河镇段为例：赵河镇境内南水北调渠线约长11.00km，占地平均宽120米，渠道需占耕地130hm²；除工程使用外多出余（渣）土270万立方米，需占压耕地46.67hm²，赵河段南水北调工程共需占地176.67hm²。如果利用这270万立方米余（渣）土，在保障赵河最大行洪需要的前提下，填入赵河临近南水北调渠线5km内荒滩，可造地约80hm²，按此计划赵河段仅占耕地50hm²，比原计划少占耕地126.67hm²。

南水北调方城段有赵河、清河、干疆河、脱脚河、贾河、蔡庄河等荒滩可利用；在二郎庙、古庄店等区段又有山地荒沟可利用。如以造地为目的，以二郎庙乡为例，将马道南荒坡（沟）利用，就可造地60hm²；如以消化余（渣）土为目的，利用夏家岗北浅山深沟，在消化余（渣）土1000万立方米的同时，能造地40hm²。

方城县段余（渣）土 2300 万立方米，如将方城县沿南水北调渠线 5km 内的荒滩、荒沟充分利用，在不占耕地的情况下，既消纳了 2300 万立方米余渣土，还可造地 575hm²。南水北调方城段计划渠线占地约 1080hm²，余（渣）土占地约 307hm²，两项共约需占地 1450hm²。如充分利用荒山、荒沟消化余（渣）土，可将渠线工程必占地 1080hm² 相抵 575hm²，使南水北调工程占地降低到 505hm²，节约占地 875hm²。

上述方案，是科学发展观的具体体现。它对于我国保 18 亿亩耕地红线，保障国家粮食安全，促进可持续发展具有重要意义，经济、社会效益十分可观：

在我国人均耕地 1.5 亩的情况下，875hm²（合 13 亩），可使 8750 人有了赖以生存的基础；

南水北调方城段 2300 万立方米，需占地费用 1.15 亿元，如采取以上措施，将该 1.15 亿元作为河滩、荒沟造地的治理费用，将会带动其他行业发展，最少还能为 2300 人提供就业岗位；

利用荒滩、荒沟造地指标置换新农村建设用地，可改造空心村 3—4 个，每个村庄又可多造出土地 10hm²；利用 1.15 亿元占压土地费用，作为新农村建设启动资金，可建住房 2300 户。

建议：

一、调整南水北调余（渣）土弃置方案。充分利用各地不同的自然环境，形成良性互动，在保证干渠工程用地的情况下，利用余（渣）土造地，实现耕地渠内损失渠外补，使之趋于"占补平衡"；

二、建立重大工程公示评议制度。就南水北调干渠工程而言，对专家和设计单位，对工程设计的合理性、科学性、可操作性等毋庸置疑，但专家们不可能对其他（如弃渣弃土利用）相关方面均能做出最周密、合理的计划。公示评议制度，能广泛征求社会各方面的合理化建议，使国家重大工程项目更趋科学完美。

（赵大伟、李金如　河南省方城县国土资源局）

加强生态保护，将"退耕还林"改为"退耕种林"

实施退耕还林是党中央、国务院为改善生态环境做出的重大决策部署，受到了广大农民的拥护和支持。但是，由于解决退耕农户长远生计问题的长效机制尚未建立，随着退耕还林政策补助陆续到期，部分退耕农户生计将出现困难。为此，国务院决定完善退耕还林政策，继续对退耕农户给予适当补助，以巩固退耕还林成果、解决退耕农户生活困难和长远生计问题。但相关政策好像仍旧不能较好解决这个问题，因此笔者建议国家进一步将退耕还林政策改进为退耕种林政策，对退耕农户长期提供基本补偿金和生态补偿金，让农民的长远生计问题由耕种粮食等改为种植生态树林草地来解决。具体设想如下：

首先，对退耕农户长期提供基本补偿金，不论退耕后土地中林草等的生长情况如何，主要用于保证农户的基本生存生活需要。同时针对退耕后由其管护的土地中林草的生长情况，产生的生态效益每年（不再设补偿期限）提供相应的生态补偿金：比如草地可少些，树木可多些；树、草存活生长情况好可多些（因其产生的生态效益也好些），反之则应该少些。以此来鼓励农户加强对林木、草地的后期管护，搞好补植补造，提高造林成活率和保存率，提高生态建设的实际效果，同时也有助于解决农民的长远生计问题。

（陈健敏　水政发展研究工作室）

实施城市清洁工程

实施城市清洁工程，笔者主要有以下三点政策建议：

一、我们的城市生活污水主要来源于人的粪尿和其他生活水

人粪尿是制造沼气的原料，国家应在每个城市规划建设大型沼气池站，并结合收购城市周边农民的秸秆以及大型养猪场、养鸡场、养牛场的粪尿，生产沼气供应城市。此外，将沼液沼渣抽出来供应农田，改良我们的土壤。具体运营方面可考虑成立中国沼气公司，先由国家进行公益性经营，待时机成熟后再进行转制。

二、建议国家给每户居民发放两个小垃圾桶以替代塑料袋装垃圾

垃圾桶内禁止塑料制品和玻璃制品放入。在小区增设环保岗位，环保工作者负责每天上门回收居民放在自家门口的小垃圾筒，并进行垃圾分类和指导。回收的垃圾可进行堆置发酵，形成优质的农家肥，集中使用以改造我国的中低产田，减少垃圾填埋以改善环境。生活垃圾沤制点可建在沼气池上或沼气池旁，以方便把沼液沼渣作为生活垃圾沤制的添加剂和催化剂，此外产生的废气废液流到沼气池里也可减少二次污染。

三、考虑到城市生活垃圾大部分来自农村，经过加工又能变成农家肥，可由送农副产品进城的汽车再运回农村，给果园、菜园送去绿色养肥。

（王明亮　西北农林科技大学斗口实验站）

树立科学防灾备灾理念

一、树立防灾备灾思想对建立科学的防灾减灾体系极为重要

要加强教育和宣传工作,将防灾减灾的科普知识纳入国民素质教育体系和工作计划,普及灾害预防等科学知识。实践证明,无论是公众的安全意识,还是领导的安全责任意识,都需要系统的防灾减灾科普教育来培养。因此,要充分利用网络、电视、报刊、短信等各种传播媒体的宣传优势,有计划、有步骤地向公众普及应急常识,推进应急工作进企业、进社区、进农村、进学校、进家庭等,不断增强公众的应急知识和自救、互救知识。要加强科技防灾减灾宣传教育的组织领导,制定宣传计划,组织开展好"地球日"、"减灾日"、"科技宣传月(周)"、特殊纪念日的防灾减灾宣传教育活动。要在社会各个层面开展灾害防御知识和技术的培训工作,适时组织居民进行应对突发灾害的演习和训练,不断提高民众的防灾意识和应对灾害的技巧。

二、组建综合、分级的科学防灾减灾管理中心

科学的防灾减灾体系涉及社会各个方面,是一个复杂的系统工程,要实现良好运转、有序管理,离不开在综合减灾思想指导下的管理机构。自联合国开展"国际减灾十年"活动以来,我国各级政府和社会公众对中国灾情的认识都有很大提高,但在防灾减灾主体的管理体制上,目前是从单一灾种出发、对灾害进行部门式分割管理。尽管在汶川地震后,各地地震局纷纷改为防震减灾局,但部门分割管理的问题仍未得到根治。建议在国家减灾委的统一指导下,设立省、市、县三级区域综合减灾管理中心,直接挂靠在相应的管理部门。综合防灾减灾管理中心可以打破按单一灾种进

行研究的局限，统筹协调各方科技力量进行攻关，有助于协调统一、信息共享，提高工作效率，可以更好地利用科学技术来为防灾减灾工作服务，真正做到"全国上下一盘棋"，全面提升科技防灾减灾能力。

三、做好防灾减灾的科学规划

灾害管理的目的不仅在于组织人力、物力、财力综合防灾，尽力减轻损失，更在于采取预防对策，强化管理体制建设。现有的《中国减灾规划》及《中国 21 世纪议程》都是中国安全减灾在 21 世纪前十年的国家级战略政策，在此规划指导下，我国政府十分重视减灾科技工作，在监测技术、灾害机理、预测预报、防御技术、危险性评估与区划研究等方面取得了进展。但是，防灾减灾的综合水平与国际相比还有很大差距，难以满足社会公共安全需求。因此，建议根据科学防灾减灾体系建立的需求，优化、整合各类资源，将依靠科技建立自然灾害的防御体系纳入国家和各地区的国民经济和社会发展规划，指导科学防灾减灾的发展。

四、做好沟通协调

各级政府要逐步建立和完善各部门的协调机制，加强政府间的横向沟通，充分发挥国务院和地方各级政府已成立的有关减轻灾害风险的部门协调机构的作用。加强各种主体的协作和资源共享，共同应对各种灾害。在分类管理中突出协调统一，在灾害发生时快速高效调动各方防灾减灾资源。在现有的资源条件下，要努力形成政府统一领导、部门协调配合、社会共同参与，结构合理、功能齐全、科学高效、覆盖灾害风险防范全过程的综合减轻灾害风险的协调机制，即整合灾前备灾、灾中应急和灾后恢复与重建为一体的综合减轻灾害风险的协调机制。

在资源取向协调方向上，包括三个层面：一是上下协调沟通，即加强各级政府之间联系，实现防灾减灾行动一体化；二是横向跨区域协调沟通，即在中央政府的统筹下，各地方政府加强横向合作，实现跨区域的科学资源的最有利整合优化，实现救灾减灾科学化、现代化和网络化；三是区域内部的沟通，即加强政府主导地位的前提下，明确社会各方面在防灾减灾中的责任、权利和利益，改变由政府包揽一切的做法，建立由政府、企业、民众组成的社会化减灾系统，实现防灾减灾投入的多元化、全面提高各地减灾防治能力和覆盖区域。此外还有一点需要注意的是注意军民防灾减灾科技的协调统一。

五、建立防灾减灾技术研究联盟

在政府为主体的科学防灾减灾体系中，可以建立起防灾减灾技术研究联盟。该联盟以科技项目为引导，以高等学校和科研院所为骨干，以大中型减灾企业为核心，通过各种技术创新要素的优化组合，鼓励和引导研发共性技术和制定重要标准，攻克减灾技术的重大战略和有关技术问题。该联盟的建立在于实现防灾减灾重大技术、关键技术的自主创新。联盟的另一个重要作用是，在突发灾害发生后，可以快速地实现技术资源的整合，并加以运用，这对于抗灾减灾和灾后重建的现实意义很大。在汶川特大地震后，各种科研力量通过跨区域的技术联合，大大提高了科技减灾能力。目前应该随着灾后重建的加快进行，形成相关重建技术的联合攻关研究。

六、建立灾情信息数据库

所谓灾害信息，是指为防灾减灾研究服务的信息。科学防灾减灾体系的建立以灾害损失最小化为原则，这需要建立信息共享机制。目前来看，通过努力，有关灾情信息数据库的建设已取得了长足的进步。但在实践中仍存在一定的困难：一方面是涉灾信息不能满足需要；另一方面是已有的有价值的涉灾信息不能够得到充分利用。针对这一现实，应该建设全国联网的防灾减灾实时信息共享平台。

（周洪、潘婧等　四川省成都市科学技术局）

综合开发澜沧江流域

澜沧江流域有丰富的水力资源、动植物资源及矿藏资源。同时，由于自然和历史的原因，多数地区的人民生产条件十分落后，生活十分贫困。为此，建议在编制国家国民经济和社会发展总体规划时，将"澜沧江流域综合开发（建立澜沧江经济带）"的内容纳入总体规划。具体而言：一是编制旅游总体规划使澜沧江旅游形成一个整体；二是编制交通建设规划，修建沿江铁路、公路和水运航道码头，使之成为走向东南亚的国际大通道；三是编制生物资源总体开发利用规划，使丰富的动植物资源得到有效开发和利用，如建设茶叶、核桃、橡胶、咖啡、药材等综合开发区，将原料变成商品为当地人民脱贫服务；四是建设澜沧江流域生物基因库，有效保护得天独厚的自然资源，为千秋万代留下珍贵的自然遗产；五是加大对矿产资源勘察力度，编制好矿产资源开发规划，使沉睡亿万年丰富多彩的有色金属矿藏为国家现代化建设服务；六是编制能源开发规划，在进一步开发澜沧江及其支流水能资源的同时，大力发展风能、太阳能等可再生资源，使之为建设低碳经济服务。

（杨廷礼　云南省凤庆县政协退休职工）

加快发展"阳光绿色产业"

根据我国"三农"工作的现状和 21 世纪产业发展趋势，建议由国家发改委牵头，组织多部门、多学科专家参与，把成立"农林草海沙五产业总体策划开发部"纳入国家"十二五"规划，正式启动钱学森倡导的"阳光绿色产业"，为我国农区、林区、湖海区、草原荒漠区的变革和农牧民生产方式的改革，闯出一条新路。同时建议：由中国老教授协会、国杰老教授科学技术咨询开发研究院首先策划、参与运营以国家战略性资源天然杜仲橡胶为主要目标的第一个阳光绿色示范园；参与组织相关教授、专家立项，策划和筹建"总体策划开发部计算机、网络和通信工作平台"的工作。

一、以科学发展为主题，创建全新概念的阳光绿色产业思维方式

（一）从依托化石能源为主体的经济社会发展方式向以阳光能源为主导的发展方式转轨

占世界人口 1/5 的中国，不可能把支撑经济社会发展的主体能源放到脆弱的不可再生的化石能源上。钱学森在 1984 年总结了 20 世纪 70 年代世界连续两次出现能源危机的教训，站在中国产业革命发展大趋势的视角，根据国情的实际，果敢地提出了"以太阳为直接能源，靠地面上植物的光合作用"，谋求生物质产量最大化，大力发展生物能源；密集知识，开发生物质产品，满足和改善民生需求，保持经济平稳健康发展，促进社会和谐稳定的战略性决策。

（二）走出小农经济狭小种植空间，到接受阳光的农田、林地、草原、海洋、沙漠等地球表层广阔空间谋求发展

太阳一年辐射到我国 960 万平方公里土地上的能量，相当于 16000 亿吨煤，这是一笔极大的财富。现在的问题是，由于限于水和肥料的供应，限于光合作用所必需的二氧化碳在大气中的浓度，限于植物本身的能力，巨大太阳能只有小部分转变为植物产品。这个比例不到百分之一，常常只有千分之一，大量的能量没有得到利用。钱老主张：密集现代知识，最大限度地统筹国土空间，增强区域发展的协调性，以市场需求为导向，根据不同的地理环境和水热资源，到更大空间谋求生物质产品的多种性，创建一种新型的阳光绿色经济，促进生物质产品生产和经营的专业化、标准化、规模化、集约化，并在符合条件的阳光绿色产业区，有序推进新型城镇建设。

（三）重新审视植物的叶、皮、果、花、枝、干、汁等整体综合效益，建立起生物质多层次开发的循环生产体系

钱老认为，绿色植物是一个用之不竭的天然资源宝库。现在的问题是，我国传统的单一取向的农林业经营方式效益太低了。以粮食作物来说，籽实在干产品中占不到一半，在籽实加工利用的过程，还要耗损 20% 左右的糠、皮等之类的剩余物。目前，农区大量秸秆烧掉了，林区价值几百亿、上千亿元有价值的落叶、落果、枝杈等不仅未能开发出产品，而且成为污染环境的"垃圾"、森林大火的源头。钱老主张提高生物质利用效益，在生物质加工中，尽量插入中间环节，最大限度地把动植物中的有效成分开发出有用产品。例如，利用秸秆、树叶、草加工成配合饲料，有了饲料就可以养牛、养羊、养兔，还可以养鸡、养鸭、养鹅；牛粪可以种蘑菇，又可以养蚯蚓。养的东西都是产品，蘑菇供人食用；蚯蚓是饲料的高蛋白添加剂，排出的废物也还可以再利用，加工成鱼塘饲料，或送到沼气池生产燃料用气。

二、以加快转变经济发展方式为主线，开拓阳光绿色产业运行模式

（一）"密集"现代化新技术和新技术革命的成果，是产业运行的内核

钱老对"知识密集"的基础做过这样的分析：20 世纪 70 年代末 80 年代初，世界上"相继出现的重组 DNA 技术、动植物细胞大规模培养技术、

固定化酶（或细胞）技术等现代生物技术，开创了工农业生产发展的新途径，为人类解决当今所面临的食物、健康、能源、资源和环境等一系列重大问题提供了强有力的技术手段"。他断言："以微生物、酶、细胞、基因为代表的生物工程，到 21 世纪将发展为以动植物工程、药物和疫苗、蛋白质工程、细胞融合、基因重组等为核心的生物工程产业，它的产业化将创造出高效益的生物物质，从而引发一次新的产业革命。"

钱老对"知识密集产业"做过这样的描述："我们一方面充分利用生物资源，包括植物、动物和微生物，另一方面又利用工业生产技术，也就是把全部现代化科学技术，包括新的技术革命成果，都用上了。不但技术现代化，而且生产过程组织得很严密，一道一道工序配合得很紧密，是流水式的生产。"

钱老对知识密集型的阳光绿色产业运行体系做过这样的阐述：这已经不是传统的农业了，"其特点是以太阳光为直接能源，利用生物来进行高效益的综合生产，是生产体系，是一种产业"，是一项"农业系统工程"。所以钱老主张把太阳光转化成生物质的高产性、生物质产品加工的高效性为产业目标，走出传统，跨行业、跨领域地运用物理的、化学的科学原理，信息革命的成果和新工艺、新材料、新技术，创造植物光合作用的条件，最大限度地利用太阳能，创建以生物质综合开发利用为对象的大产业。

（二）产业园的规模化、集约化，是产业运行的基础、产品标准化的前提

钱老认为，阳光绿色产业"主要不是发生在大城市，而是发生在农村、山村、渔村和边远荒漠地带"，这是一次旨在"消灭几千年来人类历史上形成的城市和乡村的差别"的产业革命。规模化、集约化，是生物质产业的基础，也是绿色有机产品专业化、标准化的前提。钱老曾说，"林业知识密集产业不是农业区中有片林子，那不叫林业产业，林业产业需要一定规模，如有约一万人口。规模小了形不成特色的知识密集产业"。可以断言：根据"种"、"养"、"加"、"产"、"供"、"销"等"一条龙"的高

效产业化需要，创建具有一定规模的产业体系，将在 21 世纪今后的几十年内，催促传统的中国农林第一产业从历史上消失；产业园的规模化、专业化、标准化，将为国家有机食品、生物医药提供安全保障，将会催生一系列新型生物质产品工程。

（三）建立多层次开发、生物质循环利用的生产体系，是产业的主要途径

钱老认为，"我们的产业是要高效益地运转，产业的组织结构又非常复杂，一层接一层，一环扣一环，非常严密，容不得半点差错，生产组织指挥是用电子计算机计算的"；"不但技术现代化，而且生产过程组织得很严密，是流水线式的生产"。钱老构建的这种"多次利用循环"的高效生产体系，把单一以籽实作为效益点的粗放传统农业生产方式，转变到以密集知识为依托的规模化循环产业轨道上来，彰显了阳光绿色产业发展的途径，为人类解决当今所面临的食物、健康、能源、资源和环境等一系列重大问题，提供了强有力的技术手段。这种阳光绿色产业，不仅是以市场需求为导向，瞄准具有战略意义的高分子新材料、新型天然橡胶、生物能源、生物医药等资源，创建一种生产人们生活必需的粮、油、肉、蛋、奶、棉、丝、胶、茶、药等绿色有机产品的新模式，而且还要在重构中国绿色生态环境的同时，把新型五大农产业的产值提升到占国民经济总产值的相当比例，把阳光绿色产业建设成中国经济社会坚实的基石、稳定民生强有力的基础。

三、产业思维方式和产业运行模式的转换，必然促发组织管理的革命

随着 21 世纪第一个十年中国经济社会的快速发展，党中央对中华民族崛起却提出了冷静的思考：我国经济社会发展，短期问题和长期问题交织，结构性问题和体制性问题并存，国内问题和国际问题互联，既有许多有利条件，也面临不少困难和挑战；特别是 2010 年 12 月召开的中央经济工作会议，与年复一年的一号文件一样，在再次强调"强农惠农的思想认识只能增强不能削弱，强农惠农的政策力度只能加大不能减小"的同时，还提出了"要加快转变农业发展方式，坚持用现代物质条件装

备农业，用现代科学技术改造农业，用现代产业体系提升农业，用现代经营形式推进农业，促进农业生产经营专业化、标准化、规模化、集约化"的方略。这是对阳光绿色产业的组织、管理、运行机制变革的呼唤。

鉴于此，我们认为：

（一）由国家发改委牵头，把阳光绿色产业纳入"十二五"规划的条件和时机已经成熟

钱老26年来一直坚持倡导的阳光绿色产业，是发展农、林、草、海、沙五大产业的"农业系统工程"。20世纪90年代，一批有识之士根据钱老的倡导，从农业、林业、草业、海业、沙业中的"小弟弟"沙产业做起，成立了"沙产业基金"，在宣传"阳光绿色产业"的理念、人才培育、抓示范典型等方面，做了许多前瞻性工作，得到胡锦涛、温家宝等中央领导同志的热情支持和肯定；特别是进入21世纪后，国际社会围绕气候变化，提出了与钱学森"阳光绿色产业"内核相一致的"碳汇经济"理念，这是对以"农、林、草、海、沙五大产业"为主体的中国第六次产业思想的极大推进。由国家发改委牵头，启动钱老倡导的"阳光绿色产业"，时机已经成熟。

（二）成立"农林草海沙五产业总体策划开发部"，有利于跨学科、跨部门、跨行业的统一协调、有效组合

钱学森倡导的"阳光绿色产业"，把谋求生物质产量最大化，放在提升植物光合作用转化太阳光能的基点上；把极大开拓国土空间创建阳光绿色经济，放在密集现代知识的基点上；把最大限度地开发生物质产品，放在对生物质进行多层次开发的循环生产体系上。这种全新概念的产业理念，冲破了农林传统的条条管理、部门分割的计划经济管理模式，扬弃了禁锢于"以粮为纲"、"砍树取材"的思维方式，主张跨学科、跨部门、跨行业，成立有交叉学科人才密集的中国老教授协会、国杰老教授科学技术咨询研究院（科技部业务主管）和中国老科技工作者协会参与的"总体策划开发部"，在以计算机、网络和通信为核心的高新技术支持下，对我国"三农"各种问题，进行总体分析、总体设计、总体规划、总体协调、总

体认证，提出具体可行性和可操作性的产业方案，开创新型的"农、林、草、海、沙五大产业"。

四、"阳光绿色产业"促发的变革，将给未来经济社会带来一系列的巨变

（一）以化石能源为主体转向以阳光能源为主导，把解决中国能源问题，放在紧紧依靠"植物光合作用高效转化太阳能"的基点上。这种产业思维方式的转折，为中国应对"高价石油"，实现"石油后时代"的经济持续发展，奠定了基础。

（二）打破几千年小农经济的禁锢，拓宽劳动对象，重新审视全国接受阳光的农田、林地、草原、海洋、沙漠五大类型地球表层，相当多的农民将会走出依山扎寨、傍水建村的小农经济天地，到更大的空间谋求更大的发展，极大地解决困惑社会的就业难问题。

（三）以生物质高产性、生物质加工产品高效性为目标，运用系统工程理论，根据"种"、"养"、"加"、"产"、"供"、"销"等"一条龙"的高效产业化需要，密集组合现代科研成果，创建以生物质综合利用为对象的几百亿元、数千亿元效益的新型阳光绿色产业，摆脱传统农林业依靠国家扶助政策求生存的被动局面，逐步建立自立、自强的产业发展模式。

（四）以粮食、树干效益为主要取向转向以植物叶、皮、果、花、枝、干、汁等整体效益为取向，利用植物、动物、微生物等，建立多层次开发、生物质循环利用的生产体系，不仅可以获得丰富的粮、棉、丝、肉、蛋、奶、茶、油、胶等产品，还可以开拓出生物能源、高分子材料、生物医药、木塑建材、新型天然橡胶等资源，极大地满足人们衣、食、住、行、用等多种形式的需要。

（五）温饱型的分散村寨生产方式转向规模化产业庄园运营机制，集信息、金融、管理、科技、生产，加上工、商、贸于一体，创建"密集"现代科技的集团公司，将催使"家庭"农林生产方式、传统落后的中国农林第一产业，从历史上消失。

（六）传统的条条管理、部门分割的农林计划管理方式转向由国家宏观调控部门领导下的"农林草海沙五大产业总体策划开发部"。总体分析、总体设计、总体规划、总体认证、总体协调，不仅可以横向组合数十万高智力人才的中国老教授协会、中国老科技工作者协会，提供了发挥"交叉学科优势"的用武之地，更充分地展现老教授、老专家"金色晚年"的风采，还将冲破目前有些项目"同体运行"、既当"赛事的策划者"，又当"赛场的运动员、裁判员"的不公正操作的樊篱，营建起"异体"交替参与产业运行过程中策划、监管和评估的模式，倡导一种严谨、公平、公正的运行机制。

（七）促进国家开发银行、国家保监会与阳光绿色产业联盟，共建效益稳定利好、几十年甚至上百年不败的绿色"银行"，既可以促进规模化产业园有序快速发展，又可以促进"开发性金融服务经济发展方式"的转变，提升"保险资金风险控制能力"，创建一种"互利共盈"、强国富民新模式。

（八）充分发挥规模化产业庄园的"社会系统工程"功能，促进城镇、乡村的建设同步发展，真正让农民成为推进劳动资料进步、拓宽劳动对象范围、增强劳动者素质的生力军，彻底破解困扰我国经济社会发展的"三农"问题。

（刘恕　中国科学技术协会原副主席；刘于鹤　林业部原副部长；董智勇　林业部科技委原主任；田裕钊　中国科学院自然资源综合考察委员会原副主任；贺庆棠　北京林业大学原校长；谢联辉　中国老年报社原副总编辑）

推进节能减排工作

一、通过发展第三产业和技术创新推进节能减排

为保证实现我国在哥本哈根大会上提出的到 2020 年单位国内生产总值二氧化碳排放比 2005 年降低 40%—45% 的承诺，《建议》明确指出"把大幅降低能源消耗强度和二氧化碳排放强度作为约束性指标，有效控制温室气体排放"。从各方资料看，发达国家的单位国内生产总值能耗，即使按购买力平价计算，也仅为我国的 1/2—1/3，其主要原因是我国第三产业比重仅为 43.4%，远低于发达国家 65% 左右的平均水平。因此，"十二五"时期要重点抓结构节能，大力发展能耗低、吸纳就业能力强的第三产业，有力推进节能减排工作。"十一五"时期的经验也充分说明了这一点。如，2006 年全国唯一完成节能指标的北京市，便主要得益于三产比重高（69.1%）。从发展条件看，随着城镇化推进和居民生活水平的提高，社会服务业和旅游业等产业发展势头良好；随着我国进入老龄社会和医疗科学的发展，保健养生和养老事业亦大有发展前途，均为第三产业快速发展创造了良好条件。第三产业发展关键是加强管理和给予必要的支持。

同时，应严格控制第二产业的过度发展，提升产品等级。除严格禁止"两高一资"产品出口外，还应鼓励通过技术创新调整产品结构，如钢铁业应多生产高强度钢。这样，既利于降低产值能耗，又可为社会节材节能创造条件。此外，还应大力扶持高新技术产业发展。

二、建立生产者责任延伸制度和分类回收体系，促进循环经济较快发展

发展循环经济对促进资源合理利用和节能减排作用很大。虽然我国已

颁布施行《循环经济促进法》，但循环经济发展不尽如人意。其主要原因是未能充分发挥生产者责任延伸制度和分类回收体系的作用。发展循环经济较早的德、日等国，由于切实实施垃圾分类回收和生产者责任延伸制度，各种废物均得到了较好利用。以容器包装废物和汽车废物的循环利用为例，生产者为降低循环利用总成本，从生产设计上就为实现废物减量化和再利用及降低分类回收成本而创造条件。如，为便于再利用，德国汽车制造商除对冲撞器选择合理材料外，对其他塑料部件也尽量减少品种，并标明用料。

与日本相比，我国的循环再利用水平很低。日本钢铁业年利用废塑料50万—60万吨，而产量为日本5倍的我国钢铁业却基本上未利用。在日本，生活垃圾已基本上做到分类回收利用和焚烧处理，而北京市仍停留在居民混合倾倒、拾荒者挑捡的低水平。《建议》提出"实施生产者责任延伸制度"，非常必要，应认真贯彻。

水泥工业作为废物循环利用的主要行业，在"十二五"时期应作为重点示范行业推广。日本每吨水泥的废物利用量高达500公斤左右，而我国仅为其1/3，若能尽快赶上，则每年可利用废物将达7亿吨。

建议对城市生活垃圾的分类回收利用实施重大改革。分三大类采取最佳的回收利用方式，一是对于废牙膏皮、废饮料瓶和废家电，采取由商店折价回收后返还厂家利用；二是对于废金属、废塑料、废纸和废纤维，由供销合作总社在社区设立的废品收购站按质论价分类收购后，交由总社集中转至有关企业利用（若部分废物利用成本过高则按生产者责任延伸原则由相关行业协会予以补助）；三是对于其他废物，居民按有机、无机两大类分类投放，由环卫部门分别运至垃圾处理场，将无机废物作为墙材原料利用，对有机废物可掺石灰制成生物燃料块供水泥回转窑和锅炉燃料之用，或配入秸秆、粪便生产沼气以燃用。通过以上三种回收方式，基本可做到废物零排放。可以先选择一些城市进行试点，完善后推广。

三、对节能减排实行科学考核

"十一五"因采取严格的考核机制，节能减排工作取得了较大成效，但亦有不足之处，值得"十二五"借鉴和改进。一是《节约能源法》修订直至 2007 年才完成，未能及时发挥法治的作用。二是部分省（自治区、直辖市）对考核机制贯彻不力。如，2009 年金融危机后，部分地区对市、县干部按国内生产总值 15 分、财政收入 10 分和节能减排 5 分考核，基本上又恢复到以国内生产总值论政绩。当 2010 年 9 月发现五年节能减排指标完不成时，一些地方便对工厂和居民采取了限产停电等措施。除居民叫苦外，工厂为保订货合同而采取柴油机发电，不仅造成柴油荒，总能耗亦难以下降。

为吸取上述教训，建议"十二五"时期采取以下措施：一是进一步修订完善《节约能源法》，并争取于 2011 年 3 月经人大通过后颁布实施，强化节能减排工作；二是加强市场经济及法治经济的教育，使各级领导提高执法的自觉性，真正做到有法可依、违法必究；三是加强科学发展观教育，使各级领导明确节能减排乃抑制地球变暖的大事，务必认真贯彻，同时，要从以人为本出发，不应为保所谓政绩而损害群众利益。

（郭廷杰）

加强环保宣传和推广

我国加大环境保护力度可以从两方面着手：首先，加强环境保护的基础设施建设，加大设施建设资金的投入。举一个简单的例子，我现在留学的国家是韩国，韩国从环境保护的角度出发，对垃圾进行分类。无论在公共场所，还是小区、学校，都可以看见至少三到四种分类的垃圾箱。而我国目前仅仅在大中城市的部分地方才可以看见简单地分为"可回收"和

"不可回收"的垃圾箱。

在国内，人们对环境保护的意识比较薄弱。以我为例，在国内的时候，我不知道垃圾需要分类，来国外生活了一段时间，再回国去，经常感叹：什么时候我们国家也能进行垃圾系统分类，有效利用资源，保护生态环境，就更好了。我相信教育和宣传会改变人们的观念。所以，应加强环境保护意识的宣传和推广工作。

（韩书　韩国高丽大学博士生）

沿太行山脉开展植树造林

太行山脉北起北京西山、南达黄河北岸，与秦岭相连。建议沿太行山脉植树造林，用 100 年的时间使太行山脉的森林覆盖率达到大兴安岭的50%—60%；沿黄河两岸植树造林，努力恢复黄河流域植被覆盖良好、森林稠密茂盛、水土流失情况不严重的历史面貌。努力改变华北大平原干旱气候条件，保护好华北大平原。

在今后 100 年的时间内，山西省一是要搞好煤炭的综合利用，因为能源是现代人类活动的基础，在没有别的能源代替煤炭的情况下，我们必须保护好煤炭资源，即使将来有了替代煤炭的能源，我们也应该保护好煤炭资源；二是要进行植树造林。植树造林要选择合适的树种，因地因时适地而种；适度规模发展。

（齐胜利　河南省焦作市统计局）

遏制我国耕地减少的对策

针对我国耕地减少的现状，提出如下建议：

一、强化对国土主管部门的监管。国土主管部门不能坐在北京审议方案，要来实地考察——换句话说，国土资源部自身也要受到监督，如果国家国土资源部认为方案可行，但此后有充分证据证明方案不可行时，国土资源部就要受到相应处理。

二、要确保复垦真实。复垦不能只是纸上谈兵，要有实足证据。比如，要有复垦前和复垦后的照片和录像等证据（时间、地点、结果、人证和物证等）。

三、改良土地质量。建设用地一般表土都不能使用，但是恰好这层土最肥，要把这些肥土用于改造荒山和瘦土用，以有效增加耕地面积。

四、对政府土地管理工作严格实行问责制。通过建立有效的责任约束机制，限制和规范政府权力和政府工作人员行为，将政府土地管理和耕地保护的责任落到实处，坚守住18亿亩耕地"红线"。

（hangjiqan@foxmail.com）

五、大力保障和改善民生

调整收入分配结构

当前社会分配不公的问题十分突出，企业主收入和财富急剧膨胀、职工工资增加缓慢，基尼系数不断扩大，广大劳动群众相对贫困甚至绝对贫困的问题已经到了必须尽快解决的时候了。我根据自己长期研究收入分配结构和对基层企业收入分配中存在的问题提出以下分析和对策意见，供国家制定"十二五"规划时参考。

一、收入分配向企业主（企业股东）倾斜的问题主要有三个原因：

1.劳动力供给增加过快，使劳动力处于卖方市场，劳动力价格受到市场约束。改革开放以来，二、三产业发展较快，需要增加城市劳动力，引起农村劳动力积极向城市二、三产业转移，加上"三农"问题解决较慢，中青年农民急于改变生活状况，成几何级数地涌进城市找工作，带有一定的盲目性，形成城市劳动力供大于求的局面，劳动力价格不利于二、三产业和第一产业的采掘业的职工。

2.国家对职工工资水平是否与劳动生产率和企业利润同步增长关心不够、监督不够，反而长期沿用计划经济时期的"高积累、低消费"观念在宏观上限制职工工资的增长。

3.增长方式以外延为主，企业需要的投资多，就从职工劳动应得的收入中强行扣除大量的份额，这实际是对职工的剥夺。

二、职工工资偏低的制度因素

1.就业稳定性缺乏保障。很多雇主并不与劳动者签订劳动合同，在乡村企业和城市服务业中尤其突出，造成劳动力简单再生产得不到制度保障，政府对此监管不力。

2.劳动合同中许多条款不利于职工。许多企业的劳动合同不按国家规定内容书写，且解释权在企业，职工被迫接受不利于自己的条款，如工资低于同地区同行业的平均工资以及缺少社会保障的条款。

3.企业普遍占用职工休息时间，甚至在国企和央企中也是如此，如一周工作6天、每日工作12个小时以上、法定节日不放假、不发或少发加班费。

4.工资结构简单，奖金不是按职工实际贡献发放，而是象征性地发一点，国家规定的奖励基金占企业利润比例过少。

5.劳动保护条件低于国家规定，影响职工安全和健康，加大职工后期生存成本。

按照"三个代表"重要思想，国家各级职能管理机构必须加大改革力度，把"以人为本"指导思想贯彻到调整职工收入这方面来，并严厉打击公职人员与企业主勾结，坑害职工的行为。

三、"十二五"时期应按市场经济规律制定科学的收入分配机制

1.市场经济国家的收入分配遵循生产要素配置规律和法律约定，因此其分配结果符合"柯布—道格拉斯"生产函数的统计分析结果，即

$$Q=AL^a K^\beta$$

在式中 Q 是企业收入，L 是职工工资，K 是企业资本总额，a 和 β 是收入分配系数，输入三三组数据，运用回归分析的数理统计模型估算出我国企业平均的分配结构，即 a 和 β 的数值（ a +β ≈ 1）。运用"柯布—道格拉斯"生产函数计算西方市场经济国家的分配结构，其结果一般都会是职工份额占75%，资本份额占25%。按道格拉斯一句十分精辟的话说："这是一服劳动与资本结合的最佳配方"，"任何国家都惊人地遵循这一比例"。如果哪个国家的企业背离了这个规律和比例，市场的消费基金就会萎缩，导致商品供应大于需求，再生产就不能正常循环，更无法扩大。我国要对某些发达国家对中国的制裁形成反制能力，就得扩大内需，因此提高农民和职工的收入在国内生产总值中的比例是至关重要的。

建议国家发改委、国家统计局共同编制全国各个行业的生产函数，用

近年来各行业的企业纯收入作因变量，用各行业的工资、企业资本作自变量，测算两个自变量的指数。如果我国生产函数中劳动的弹性系数低于市场经济国家，其小于 0.75 的部分就是我们劳动报酬提高的区间，可以分 5 年逐步使之规范。根据经验，我觉得我国的分配格局中，劳动者报酬的亏欠在 30% 左右，意味着每年给劳动者收入的份额增加 6 个点，五年中可以完成收入分配结构的调整。

2. 运用国家法律和执法手段监督企业规范职工劳动就业合同、工资标准、工作时间、劳动强度和劳动保护措施。在大幅度地提高基本工资标准的同时，坚决取缔靠加班和增加劳动强度发给职工的似是而非的"奖金"，取缔加班制度，强化法定休假制度，使劳动岗位与劳动力供给相均衡。

3. 为体现有中国特色的社会主义市场经济的优越性，就得提高劳动者的分配份额，而政府的统计、审计、社会保障机构对企业管理和经营必须严格监督，对违反国家规定、分配比例不适当的，给予制裁。

4. 加强对弱势群体的法律援助，加强职工权益的法律宣传。

5. 对国家积累的利用，要惠及劳动者，除提高失业、退休保险金水平外，显著提高公职机关的职工工资水平，以引导社会平均工资的提高。

6. 提高农产品收购价格，推动职工工资水平提高。

7. 对企业所得税的征缴必须严格，且不能再降低所得税了，已经给予的优惠税率也要在适当的时机终止优惠。

当然，有人可能担心我们的国际收支出现逆差，但是我觉得，现在出口加工企业的外汇收入主要用途还是进口原料，这一块的收入减少了，需求也会相应减少，可以实现在较低水平上的新平衡，不会影响我国对高技术产品的进口资金，同时，我国没有必要维持过高的外汇储备，可以用大量的贮备外汇进口高技术产品，这虽然缩小了顺差甚至有几年逆差，对防范美元贬值风险不啻为一种好办法。

我在国家统计局工作期间曾主持过我国的国际比较工作（及汇率测算），我国的物价和服务价格偏低对科学地进行购买力平价测算和对官方汇率解释造成了两难选择，要统计部门低估人民币的汇率不符合我国统计法和联合国规则，但要在落后的劳动力和商品素质基础上估算人民币的购买力平价，也缺乏国际可比性。因此，作为统计工作者和购买力平价的官方测算单位，我们希望尽快改革我国工资制度，进而调整收入分配结构，把企业分配制度提升到市场经济环境和国际约定俗成的规范中去。

（阿思奇　原国家统计局国际统计信息中心主任）

关注青少年健康发展

改革开放三十多年来，在经济高速发展的同时，我国的竞技体育项目更让世人瞩目。从 1990 年亚运会开始，20 年来中国竞技体育在五届奥运会和六届亚运会上，将金牌战略发挥到了极致。如今中国奥运会金牌第一、亚运会金牌第一，中国已成为名副其实的金牌大国。然而令人深思的是，虽然我们是金牌大国，但我国的民众体质却连年下降。一百多年前，外国人说我们是"东亚病夫"，一百年后的今天，国人体质依然令人忧虑。从公布的结果看，全国现在有 1.6 亿人患高血压、1.8 亿人患高血脂及心血管疾病、有 2 亿人超重或肥胖，中国是世界癌症发生率非常高的国家，每年有 180 多万人死于癌症，并且人数逐年上升，75% 的国民处在亚健康状态。

国民体质的不断下降，究其原因，与人们的生活方式有关，在影响生活方式的指标里，体育锻炼是影响民众体质健康的最重要因素。因此，我国国民体质特别是青少年体质数十年下降，恰恰证明了全民健身运动不能满足人们的日常需要。有组数据显示，现在小学生近视率为 27.6%，初中生近视率为 42.7%，高中生近视率为 82.4%。即使在这样的情况下，该问题依然得不到有关部门的重视，有的中小学到现在没有一个上体育课的操场，许多学校把延续多年的体育运动会相继取消；为了追求高分数，各学校的体育课经常被挤占甚至停上。如，邢台地区有一千多所中小学，可是在这如此众多的学校，竟然没有一个正规的足球场。

全民健身的真正意义是塑造健康优秀的中国公民形象，而国人的体质严重衰退，我们国家应当反思中国的体育发展战略。国家每年花巨资培养那么几个有数的运动员，让他们努力为国争光，就算他们把奥运会的金牌全部都搞定，对全中国人而言，除了满足人们羞涩的虚荣心之外，其他任何实际意义都没有。

为了国人的健康，为了我们的孩子能够茁壮成长，建议国家在发展竞技体育战略的同时，要大力发展群众体育事业，要把竞技体育和群众体育放在同样的位置来抓。考核各省市的体育指标，不再只看拿金牌多少，而要看各省市为群众办了多少件实事，举办了多少次群众体育比赛，建设了多少体育场地。今后的城市建设，不仅仅要看建了多少绿地，而且要把公共体育设施纳入考核范围。要让每所学校的体育课多增加一些，增加学生体育锻炼的机会，要把学生的体能测试当做一件大事来抓，建议全国高考时，把体育考试分数计入总分。为了我们的国家更美好，为了我们孩子的前途更光明，希望国家将大力发展群众体育事业列入"十二五"规划。

（白金跃　河北省邢台市马路街小学家属院）

推进网络执政能力建设　加强和创新社会管理

目前，我国已经成为互联网大国，互联网逐渐成为加强和创新社会管理的重要平台和手段，并积极推动形成"社会协同、公众参与"的格局。

一、推进网络执政新模式的重要作用

近些年来，从中央到地方，社会管理体制改革都迈出了坚实的步伐，但是改革的艰巨性仍然非常突出，具体表现为如下几个方面：一是社会管理体系运行效率低，各项政策执行落实难；二是对各级干部缺乏有效的监督约束机制；三是缺乏相应的制度安排引导社会公众有序参与社会管理；四是第三方组织发展不健全，多元化的社会管理体系尚未形成，社会自治能力非常薄弱，各种社会力量还无法协同联动以实现对社会的共同治理。

在改革发展稳定的均衡决策框架下，以网络执政新模式来加强和创新社会管理，可以在社会管理制度改革知易行难的现实困局下另辟蹊径，优化不合理的社会话语权结构，以新的利益表达机制释放社会风险，为长期停滞不前的社会管理难题提供新的动力机制，以较小的改革成本引导社会公众有序参与社会管理、实现社会协同。

二、推进网络执政新模式面临的主要问题

（一）对网络执政缺乏系统全面的认识。目前，各级政府对网络执政新模式的内在机制、管理规律和重要意义认识不足，多数还停留在网络舆论监督的认识层面。同时还有很多领导干部对互联网持有消极抵制的态度，不善于同互联网打交道、不知道如何同网民正常互动交流。

（二）管理创新模式个性化色彩浓，缺乏制度保障。在 2008 年胡锦涛总书记指出互联网是"做事情、做决策，了解民情、汇聚民智的一个重要渠道"之后，网络反腐、网络问政、政府微博等不断涌现，但这些管理创新模式大多是在少数开明官员的大力推动下进行的，没有形成稳定的工作机制，缺乏规范的制度保障。

（三）不合理的管制影响了互联网的自由公正性。互联网的开放性导致了不良信息、网络暴力、影响社会稳定等消极因素的出现。由于仍没有建立对互联网的正确认识、摸索出一套科学合理的管理方法，很多地方采取删帖、封站、压制网民参与等手段干预网络，其过当的管制在抑制了消极现象的同时也降低了政府的公信力，削弱了网络执政新模式的积极作用。另一方面，互联网也正在受到金钱权力的侵蚀，在经济利益的驱动下，出现删帖公司等，试图控制网络舆论和网络民意，这些不好的苗头未得到有效的遏制。

（四）实际工作对虚拟模式的配套不到位。要使互联网在社会管理中发挥作用，必须做到网上工作和实际工作相配套，形成以虚拟网络促进现实工作的动力机制，否则新模式就会流于形式。面对这一新生事物，网下实际工作还未根据对网上新模式的要求作出调整和优化，网下和网上脱节、不配套的现象比较明显。

三、利用互联网加强和创新社会管理的政策建议

在"十二五"规划中，作出"推进网络执政能力建设，利用互联网加强和创新社会管理"的战略部署非常必要。这有利于推动网络执政能力建设的规范化、制度化、系统化，促进"党委领导、政府负责、社会协同、公众参与"格局的形成。

（一）统一认识，营造宽松民主的网络环境。正确认识互联网的重要作用，把握其运行机制和管理规律，在扫除网络不良信息、网络暴力等消极现象的前提下，注重引导规范，避免行政权力对互联网过当干预和管制，遏制金钱权力对互联网的操控和侵蚀，营造宽松、民主的网络环境，构建有序合理的公共话语空间。

（二）形成机制，使网络执政新模式规范化、制度化和系统化。认真总结网络问政等管理创新模式的经验和规律，逐渐将局部性、试点性的创

新实践规范化、制度化、系统化，并在更大的范围之内大力推广实施，使创新的火花上升为全局性的变革。

（三）加强引导，开创公众参与、社会协同的新局面。以更为积极开放的心态引导社会公众通过互联网参与社会管理，加强政府和社会公众的互动性，开创公众参与社会管理的新局面。为此，一要加强网络问政，尽可能让社会公众便捷地参与到政策制定的各个环节，鼓励热心网友通过互联网参与社会管理；二要引导公务员个体以网络联系群众、服务群众，鼓励各级人大代表、政协委员等通过新模式参政议政、化解矛盾、反映民情，弥补现实体制程序复杂、层级过多的不足，使其成为观察员，更好地发挥作用；三要建立自我管理的网络志愿者服务体系以实现社会互助，引导网络社团的发展，促进公民社会的发展，提高社会自治能力。

（四）虚实互动，促进实际工作和虚拟模式的衔接配套。以网络执政能力建设为动力，以新的标准和要求切实推进实际工作的优化和改进，做好实际工作对网络执政模式的衔接配套，使民智民情民愿在网络上汇聚，在实际工作中得到体现和落实，提升社会管理水平，促进社会管理体制渐进式改革。

（五）调整方向，以电子政务为纽带促进网络执政能力的提高。电子政务是网络执政新模式的重要组成部分，调整电子政务建设重内部管理轻社会服务的倾向，以服务型政府为目标，建设开放性、服务性、参与性更高的电子政务系统，以实现电子政务同网络执政的对接，促进公共服务和社会管理的网络化。

（王晓冬　国家信息中心）

加强公共危机管理指挥中心建设

建议在"十二五"时期，加强公共危机管理，建立更加集约化、更加强有力的危机中枢指挥常设机构，从而保障危机管理的指挥机构居于核心地位，且具有最高权威，能够在危机中发挥快速决策、快速动员的作用，而不是一出现危机就不停地召集各级领导开视频电话会议，冗长的会议确实动员了各级领导的力量，但时间也在无形中浪费，若是碰到紧急事件，这种方式将大大贻误行动时机。

建立管理机制的基础是建立综合的信息中心和指挥中心，它不仅仅要能够整合110、120、119危机呼救和反应平台以及政府办公网，还要将危机信息监控、信息收集、信息分析和管理以及信息发送和媒体应对等全面整合进来，并能应用如 GIS 地理信息系统、移动通讯系统等最新科技，从而充分发挥它们在信息系统中的作用，为最高决策者作出决策提供最快速最有实效的支持平台。

（黄静　广东省中山市气象局）

采取措施　促进社会和谐发展

我们是浙江省舟山市老干部社会科学研究所的离退休干部。最近，我们认真学习了中共中央十七届五中全会通过的《中共中央关于制定国民经济和社会发展第十二个五年规划的建议》，并进行热烈讨论，一致认为这一纲领性文件提出的建议符合我国的国情和民情，对于全面建设小康社会，推进中国特色社会主义伟大事业，具有十分重要意义。为了响应国家发改委和浙江省发改委的号召，我们提出了一些看法和建议。

一、重新界定"公有制为主体"的内涵

党的十七大报告已指出："坚持和完善公有制为主体，多种所有制经济共同发展的基本经济制度"，并提出"两个毫不动摇"，以及"健全劳动、资本、技术、管理等生产要素按贡献参与分配的制度"等。对于以公有制为主体，过去曾有一些解释，如"国有和集体经济要占国内生产总值的70%，国有经济应掌握有关国计民生的产业"等等。我们建议应根据我国国情对其内涵重新予以规定，统一认识。以有利于今后公有制经济与非公有制经济的共同发展。

二、合理调整收入分配关系，大力促进消费

（一）目前，垄断行业和竞争性行业之间、物质生产部门和非物质生产部门之间、企业高层管理者和普通工人之间，工资收入差距过大，垄断企业管理者年薪多的有几千万元，少的也有四五十万元。建议合理规范垄断企业高收入群体的工资水平，坚决降低过高的部分。过去退休早的企业职工工资很低，近几年已增加一定比例，今后应年年增加，最终达到一个合理水平。

（二）教育、医疗、文化等事业单位，由于过去强调市场化运作，自筹资金，财政补贴越来越少甚至取消，造成众多不合理现象。如，现在上学，不仅学费高昂，且存在学校巧立名目，随意收取择校费、赞助费的现象；有的医院因制药企业与医药销售企业之间不正当的运作，使得药价飞涨，造成"就医难"、"药费贵"的现象。如何在改革中体现这些单位的公益性质，甚为必要。同时，这些事业单位的人员有学识、技能，不少还是学术界、科技界、文化界、教育界、卫生界的专家和学者，对他们的工资应保持一定水平，不能降低，否则，将非常不利于我国的基础学科发展和科技创新。

（三）国家公务员工资问题。目前公务员实行的是基本工资加工作津贴和生活补贴的办法，离休干部是在职同等职务人员津贴和补贴之和的90%。由于我国东、中、西部生活水平有差异，同一省内各地区也存在价格水平各异的情况，因此，生活补贴应根据各地区的物价水平，制定不同的量化标准，并两年调整一次。关于工作津贴，则应根据公务员不同职权和职位合理制定，并规范年终考核奖金。对于已退休公务员的工资，其生活补贴标准建议按在职同等职务的津贴和补贴之和的80%。

（四）非公有制经济部门的普通工人工资偏低的问题，是分配不公中最突出的部分。私营企业吸纳的农民工很多，但由于农民工来自四面八方，缺乏对工资协商议价的能力，在确定工资时，往往只能按企业主提出的标准签订协议，工会很少介入或者很不得力，造成农民工权益受损。这些问题应在"工资法"中明确规定。对于代表工人谈判的职工，其合法权益应予以保护，不得无故辞退。

（五）国有单位包括企事业单位和机关，在正式编制外，还雇佣合同工或临时工，但他们的工资明显被压低，形成"二等工人"，这与同工同酬的制度要求是不相符的。建议出台相关政策，适当提高他们的劳动报酬，以符合按劳分配的原则。

（六）要解决贫富差距过于悬殊的问题。要正确领会"健全劳动资本、技术、管理等生产要素按贡献参与分配"的含义。目前资本获取利润过高，工人的劳动报酬所占比例过少，建议通过税制（如个人所得税改革）改革，以调整收入分配格局，提高劳动收入在国民收入分配格局中的比重。

三、加快推进城乡居民的养老保障和医疗保障体系

我国早已进入高龄社会，人口老龄化发展迅速，在1.67亿老年人中，80岁以上的高龄老人有1899万人，失能老人1036万人，半失能老人2123万人，两者合计占全国老年人口的12.9%。这些老人迫切需要给以护理、照料服务。不少家庭对照料这些痴呆老人、瘫痪老人，力不从心，迫切需要社会养老机构解决这个突出问题。目前一些养老福利机构接待的多是有生活自理能力的老人，服务比较好，但绝大多数养老院没有具备护理照料这些失能和半失能老人的条件。卫生部门的老年康复医院也未能很好地解决老年人的护理照料问题。我们建议民政和卫生部门共同解决失能和半失能老人的护理、医疗问题。2010年11月28日，民政部部长李立国接受新华社记者的专访，表示加快建立健全社会养老服务体系，我们认为完全正确，希望各地在"十二五"规划中认真贯彻落实。

四、切实打击贪污腐败、黑社会组织等刑事犯罪活动

打击贪污腐败关系人心向背和党的生死存亡，人民群众十分关注，十分盼望党风、政风能全面好转。希望中央能切实坚持从严治党，贯彻为民、务实、清廉的要求。今后，要坚决贯彻党的十七大报告中提出的"坚持标本兼治、综合治理、惩防并举、注重预防"的方针，要查实查处收红包、贪污、受贿、跑官卖官和放任、纵容配偶子女利用职权搞权钱交易、办商业或从事中介活动牟取非法利益等行为。希望各地能像重庆那样进行"三项治理"（红包、超标汽车等），教育干部自觉纠正这些不正之风。希望各地政府对申报家庭财产的规定要切实执行，纪监部门要一一核实，对申报不实的坚决予以处分。

打击黑社会组织也是一个重大问题。重庆打黑揭露出的问题十分严重，黑社会组织背后有保护伞，他们潜伏在党政机关内，有些是党政领导干部，经查实必须严肃查处，各级党委、政府要作专项任务来抓，但要防

止乱打。

我们认为以科学发展观为主题，以加快转变经济发展方式为主线，深化改革开放，保障和改善民生的指导思想是完全正确的。贯彻落实这一指导思想，解决当前存在的矛盾和问题，推进规划的实现是非常重要的。盼望从现在起，就要加大推进力度，一步一个脚印，较好较快地解决这些矛盾和问题。

（浙江省舟山市社会科学研究所的离退休干部　蒋高敏执笔）

解决失地农民的养老保险对策

随着经济与社会的发展，城市化进程加快，越来越多的农民失去了其赖以生产和生活的土地，同时也失去了其老年得以保障的生活来源。失地农民逐渐成为"务农无地、上班无岗、社保无份"的特殊弱势群体，其社会保障问题特别是养老保险问题日益突出。

在调查过程中，我们发现失地农民主要以参加农村养老保险为主，只有少部分参加城镇养老保险。随着城市规模不断扩大，城市近郊的农村地区势必会被纳入城市范畴，农民最终将实现向城市居民的转变，因而无论失地农民养老保险还是农村养老保险，制度设计的合理选择应该是具有普遍适用性的新型城镇养老保险，即国民社会养老保险。所以，在设计失地农民养老保险时应充分考虑与城镇养老保险的衔接。

由于经济发展水平的制约，我国仅有少数经济较为发达的地区实行了失地农民养老保险，而大多数地区失地农民的养老保险仅仅处于制度设计阶段。在实行失地农民养老保险的地区，除了由于补偿标准较低、养老保险待遇水平不高等原因造成实际参保率低之外，失地农民参保意识淡薄也是一个重要原因。大部分失地农民对养老保险不"感冒"，倾向于持有现金。所以，政府应当采取多种手段（如报刊、电视、广播以及互联网等）加大养老保险制度的宣传力度，让更多的失地农民了解养老保险的性质、待遇水平、缴费方式、政府资助政策等内容，进一步增强失地农民的自我保障意识。为了提高农民的参保积极性，政府还可以为参保的失地农民提供一些优惠政策，如对参保人员进行收入补贴或保险费补贴等。

（成新轩、黄鹏章、李超　河北大学管理学院）

大力发展我国"银发经济"

随着社会经济的发展，现在越来越多的老年人不再满足于过去的生活方式。然而令他们苦恼的是，他们想买的东西在市场上却往往找不到，有时甚至为了一个顶针、一个小小的穿针器都要找遍大半个城市。大部分老人对目前老年人日用品消费市场不太满意，觉得他们是被遗忘的群体。在日用品选择方面，除了适合老年人的衣服和食品，放大器、老花镜、穿针器、假牙清洁器、定时提醒药盒、顶针、老剪子都是老年人日常用到的东西，但买起来真是很难。整个市场上没有为老年人设计的护肤品。老年人买东西全靠"碰"。老年用品专卖店难找，以太原为例，全国连锁的老年用品专卖店顶多只有三四家。

2010 年我国老龄人商品市场消费潜力 6000 亿（中国老龄委专家对老龄人商品市场调查后得出的结论），当前每年的老龄人商品市场供应量却不足千亿元。一方面是老年人收入提高和消费观念的变化，另一方面是市场不能提供丰富的商品和应有的服务，使得老年人并没有完全从经济和社会发展中受益，使晚年生活更加丰富起来。

"银发经济"蕴藏着巨大的商机，谁在这个领域成为先行者，谁就可能成为最大的获利者。但老年产业投资巨大，获利周期长，这让不少商家望而却步。

培育老年人消费市场，除了经营者应该针对不同年龄老年人的不同心理、消费需求、积极开发特色市场外，还离不开政府的政策扶持。另外根据国家社会经济的进一步发展，还需要开发老年人的玩具市场，老年人的护理市场，还需要满足老年人的养老需求、学习需求、健康需求、健身需求，需要建设更多的敬老院、老年大学、老年医院，可以开发更多的就业岗位，可以满足更多人的就业需求。为此建议国家借鉴发达国家的发展"银发经济"的经验和做法，在"十二五"期间大力发展我国"银发经济"，大力发展老年事业，制定优惠政策鼓励更多的企业开发老年用品，满足老年人日益多样化的需求。

（张素梅、王范　山西省原平市政协）

分配公平　重中之重

《中共中央关于制定国民经济和社会发展第十二个五年规划的建议》指出："初次分配和再分配都要处理好效率和公平的关系，再分配更加注重公平。努力提高居民收入在国民收入分配中的比重，提高劳动报酬在初次分配中的比重。"笔者认为，分配不公问题已经成为目前我国社会矛盾的一个焦点，它关乎社会稳定、人心向背，深化分配改革，实现分配公平迫在眉睫，应作为"十二五"规划的首要重点。笔者提出以下建议，仅供参考：

　　大幅度提高劳动报酬和居民收入的比重。在初次分配中，劳动报酬占 GDP 的比重越高，公平度越高。有资料显示，政府、企业、居民在国民收入中的比例，美国是 10∶10∶80，日本是 10∶15∶75，我国是 33∶30∶37，相比之下，我国的分配公平度明显偏低。笔者建议：将劳动报酬比重提高到 55% 以上，将政府收入（全口径）控制在 20% 以内，将企业收入控制在 25% 以内。根据马克思主义的劳动价值理论和《宪法》"按劳分配为主体，多种分配方式并存"的原则，确立"公平为主，兼顾效率"的收入分配原则。尽快出台"工资法"，明确各级政府维护劳动者工资权益的法定职责，增设恶意欠薪罪。根据经济发展、企业效益、物价水平、国际参数等因素，确立正常的工资增长机制。各地政府应根据劳动力的真实价值大幅度提高最低工资标准，并及时调整。政府应当及时发布工资指导线。还工会以工人群众组织的本质，改变其党政机关附庸的形象，使其真正成为工人群众的代言人，代表工人与企业（协会）、政府集体协商工资及其他劳动权益问题。

　　恢复财政资金的公益本质职能。一是出台"机关事业单位编制法"，明确机关事业单位人员占总人口的比例。严厉处罚编制违法者，严禁超编进人，所有单位的编制人数公开，进人程序公开。二是制定"财政基本法"，科学、合理地确定政府在国家收入分配中的比重。按照事权与财权相匹配的原则，明确中央政府、省级政府、市县政府的财税收入比例和其所承担的财政支出责任，尤其在社会保障、教育、公共卫生等事关民生的财政负担分工。建立精细化、明细化的财政预决算制度，取缔预算外资金，设立"私设小金库罪"。政府的每一笔花费都要记载清楚，都要经过人大的审批，杜绝目前乱发补贴（有的福利超过工资）、铺张浪费、大手大脚等问题。将财政（财务）公开作为政务公开的一项重要内容。三是由全国人大制定"税收基本法"。"税收基本法"要根据《宪法》，确立国家税收的基本原则，设置基本税种，规定税率的制定和调整原则。明确公民、法人及其他组织的纳税义务和权利，规定严格的法律责任。缺乏法律依据或全国人大授权的收税或收费，都是违法的。

推动以分配公平为目标的税制改革。由于直接税有利于公平，间接税有利于效率，因此笔者建议：以直接税为主体取代目前的以间接税为主体的税制。一是完善个人所得税制度。将个税占税收总额的比重由目前的 7% 提高到 40%—50%，扩大征税范围，使其达到所有收入和所得的全覆盖；调整税率结构，减并级次；防止某些人"化整为零"，偷逃税款。二是完善财产税。针对少数人炒房牟取暴利，增设房产税。增设遗产税和赠与税。三是开征社会保障税，以保证社会保险费的规范、足额征收。四是调整流转税。将营业税并入增值税，减轻税负，以鼓励人们投资实业、自主创业。五是完善消费税。降低以至取消居民生活必需品的税率，以便鼓励人们消费。同时，对奢侈品和奢侈行为提高税负，扩大征税范围。六是建立个人账户制度。个人的所有收入、所得、交易等都必须记载于个人账户。通过信息化建设，税务机关与银行、工商管理、海关、统计等部门联网。七是完善金融实名制。每个公民、法人只能开设一个银行户头，坚决取缔目前社会上广泛流行的匿名金融购物卡。八是限制大额现金流通，推广电子货币一卡通。九是立法规范网上购物行为。解决网上交易的纳税办法。十是尽快制定与《物权法》配套的财产登记制度。

充分发挥社会保障在调节收入分配中的作用。一是增加政府对社会保障的投入。国外财政投入社保的资金占全部财政支出的比重为 20% 左右，美国为 30%，加拿大为 39%，北欧、西欧在 45% 以上，而我国仅有 11% 左右。为了提高我国的社保水平，必须将这一比重提高到 20%。二是制定"'社会保险法'实施条例"，明确划分中央政府与地方政府承担社保资金的具体责任。三是加大各级政府对农民的补贴力度，以便缩小工农收入差距。四是实行公职人员与一般群众平等原则，以便缩小官民收入差距。

加快国企改革，打破行业垄断。借鉴国外成功经验，除极少数行业外，其他行业均对民间资本开放，实行市场化公平竞争。对保留下来的少数国企，制定专门的"公法人法"（或"特殊法人法"）加以规范。按国际惯例，政府参与国企分红，并纳入财政预算。国企高管和员工工资，或者按公务员标准，或者由立法机关专门规定。国企的年度财务报告呈报同级人大，并接受公众监督。

深化产权制度改革，使劳动者变为主人。一是将农村土地、宅基地分给农民个人，使农民成为土地所有者。政府征收农民土地时，双方按市场价格协商。二是清理近年来国有企业未经人大审批而派送给高管的股份，收归国有。三是向每一位公民平均派送国有股份，作为公民的财产性收入。

（朱向东　河北省唐山市委党校）

为盲人提供无盲的环境①

目前，国家发展和改革委员会受国务院的委托，正在根据《中共中央关于制定国民经济和社会发展第十二个五年规划的建议》组织编制《中华人民共和国国民经济和社会发展第十二个五年规划纲要》（以下简称《纲要》）。并向全国各族人民和社会各界群众征求意见和建议。为了全面落实科学发展观和构建社会主义和谐社会，让全国各族人民和全体社会成员共享我国改革开放和现代化建设的物质文化成果，不断充实和完善这个《纲要》，根据国家发展和改革委员会的公告要求，我提出几点建议，使《纲要》成果惠及广大人民群众。

一、建立全国盲人高等教育统一自学考试制度

1984 年 5 月 3 日，全国高等教育统一自学考试指导委员会在北京成

---

① 原信全文为盲文，由中国残联委托盲文出版社翻译而成。

立，标志着我国正式建立全国高等教育统一自学考试制度，使数以万计的各族有志青年能够自学成才，成为建设国家的生力军。从建立高自考制度至今，有一千多万名有志青年走进考场，通过了高自考，获得了不同等级、类别、专业的学历，和普通高等教育学生一样，成为我国各领域和专业的优秀人才。高自考是我国高等教育的重要组成部分，是普通高等教育的有益补充，是选拔和培养人才的重要途径，是个人自学、社会助学和国家考试的有效结合，必将成为各类有志青年成才的桥梁。

我国有 1691 万视力残疾人，其中大多数属于适学年龄。他们热爱生活，好学上进，自强不息，但受视力的限制，不能和健全人一样参加普通高考，走进大学校园，与普通人一同接受高等教育，为日后的择业和就业奠定坚实的基础，成为终生的遗憾，也成为国家人力资源的重大损失。为了让广大有志视障青年接受高等教育，增强职业技能，拓宽就业渠道，与健全人平等竞争，建议我国建立全国盲人高等教育统一自学考试制度，并做好相关工作。一是编制全国盲人高等教育统一自学考试的方案、计划、办法，先试点，后推广。二是翻译、编写、出版适于盲人考生阅读和学习的各类教材、教学大纲、讲义和参考书，以盲文为主，同时推出电子版、大字版和录音版。三是建立全国盲人高等教育统一自学考试远程教育网和服务中心。四是研究制定符合实际、可操作的盲人高自考的优惠政策，以切实减轻盲人考生的经济负担。五是选择北京市、山东省、湖北省、江西省、广西壮族自治区、甘肃省等六省市在法律、哲学、心理健康教育、汉语言文学、工商管理、特殊教育等六个专业进行试点，总结经验后推广。六是建立盲文考试用书循环使用制度，以节约教育教学资源。七是关于试点地区和试点专业，需要征求有关专家、单位和广大盲人考生的意见。八是聘用少量德才兼备的盲人老师作为辅导员。

二、建设中国盲文普及网

为了推动随班就读发展，帮助中途失明者学习盲文，方便港澳台地区同胞、华侨华人视障者和外国视障者学习盲文，促进残健交流，建议建设中国盲文普及网（简称"盲普网"）。网站内容包括：盲文的起源和发展，中国盲文的发明、应用和完善，盲文数理化符号和音乐符号、英语电子字符及拉丁文点子字母，以及盲文研究和推广的政策等，可以通过文字、图片、声音、视频等多种形式宣讲。网站还应当设有"交流、互动"和"有问必答"两个栏目。

三、建立中国残疾人服务中心，开通中国残疾人服务网和全国统一号码的残疾人服务热线电话（123XY）

为了方便全国各地残疾人群众咨询、投诉、举报、维权、查询、求助，切实为他们排忧解难，建议建立中国残疾人服务中心，开通中国残疾人服务网和全国统一号码的残疾人服务热线电话（123XY）。

总之，希望随着经济发展和社会进步，随着《纲要》的实施，我国残疾人事业得到快速发展，给广大残疾人群众带来实实在在的利益，以实现"平等、参与、共享"的伟大目标。

由于本人学识水平有限，难免有不妥之处，望你们认真研究采纳。

（盲人孙东　山东省滨州市）

缩小我国居民收入差距的一些思考

自改革开放以来，我国国民经济持续快速发展，综合国力空前提高，人民生活不断改善。三十多年来取得的伟大成绩，举世公认！但在发展中，也出现和存在一些值得关注的问题，居民收入差距扩大问题就是其中之一。

一、从数据看我国近年来的居民收入差距

（一）基尼系数

自 2000 年起至 2007 年我国的基尼系数已连续 8 年在 0.4 以上的高位上，据中国统计网的《国际统计数据 2007》显示的基尼系数：中国 2004 年为 0.47，在该表的 43 个国家和地区中排在第四位。中国前面只有巴西（原始数据为 2004 年，基尼系数为 0.57），阿根廷（2004 年，0.51）和委内瑞拉（2003 年，0.48），（马来西亚原始数据为 1997 年，南非为 2000 年，故未予考虑）。也就是说，我国的基尼系数，不仅高于几乎所有高收入国家，也高于许多发展中国家。

（二）贫富差距

占 10% 人口的最高收入组的人均居民收入同占 20% 人口的低收入组的人均居民收入的比值，是可以显示贫富差别的重要指标之一。据收入模型的计算：我国 1985 年最高收入组的人均居民收入为同年低收入组人均居民收入的 4.67 倍；2000 年为 10.28 倍；2007 年增至 15.09 倍。

（三）谁是低收入群体成员

占全社会人口 40% 的低收入组和中下收入组居民人口，基本上就是占我国乡村 80% 左右的中低收入人口（只不包括占乡村 20% 左右的高收入人口）；占全社会人口 40% 的低收入组和中下收入组人口的收入增长缓慢，主要是由于农业劳动者和农民工的收入增长缓慢所致，是由于其收入增长速度大大低于生产率的提高速度；所以也可以说：全社会的收入差距扩大问题，首先是城乡居民收入差距的扩大问题。

（四）谁是高收入群体成员

在高收入组中，大多数成员都是中国特色社会主义的建设者，甚至是有突出贡献者和社会精英；他们是社会的强势群体。他们既是高收入者，又应是减少收入差别和走向共同富裕的推动者。他们的收入也是合法收入。对于合法收入，当然要依法保护；但是也应当从走向共同富裕的更高高度来研究有关"法"的完善程度。研究居民收入分配，就是为了依靠人民（包括高收入者）摸清情况，完善法律，依法稳步减少收入差别，走向共同富裕。

二、走向共同富裕

当前居民个人收入（居民个人劳动收入和居民个人财产收入之和）占 GDP 的比重偏低，已是广泛共识。据测算：2006 年居民个人收入占 GDP 的比重仅为 57.4%（美国 2000 年为 82.8%）。要适度增加居民个人收入占 GDP 的比重，必须适当提高居民个人收入增长率，使其稍高于 GDP 的增长速度，并相应降低非居民个人收入增长率（间接税，企业未分配利润及折旧）。据测算：要将 2010—2050 年居民个人收入增长率提至 6.5%，稍高于 GDP 增长率（6.17%），到 2050 年居民个人收入占 GDP 的比重方可达到 61.5%，即上升 4 个百分点。

若不调高居民个人收入增长率，使其稍高于 GDP 增长率，就不可能调高居民个人收入占 GDP 的比重；而且难于在着重提高低收入群体收入水平的同时也使绝大多数人民的收入有不同程度的提高；也难于在着重提高劳动收入的同时适当提高财产收入，使企业保持活力和竞争力。

缩小居民收入分配差距的思路是：

（一）必须坚持在发展经济的基础上逐步减少收入差别。考虑到经济增速将呈先高后低趋势，减少收入差别也将随经济增长趋势的变化而变化，也将是近期多调整，远期少调整。

转变经济增长方式和减少居民收入差别要结合进行。积极推进技术进步和技术创新、提高劳动者素质、转变经济增长方式是增强企业消化不断提升的劳动成本能力的根本途径，也是防止发生工资和物价反复上涨恶性循环的根本措施；而积极稳步提高劳动收入和减少居民收入差别则是企业推进技术进步和技术创新、提高劳动者素质、转变经济增长方式的内在动力。

（二）减少收入差别，实现收入增速快慢有别。着重加快低收入群体的收入增长速度，收入愈高群体收入增速相对愈慢，使绝大多数人民的收入都有不同程度的提高，只对极少数（万分之几人口）的暴富人口实行适当的限富政策。

（三）暴富者，是指只占万分之几人口的超级富人，其年均收入比占人口10％的最高收入组的从业者年均收入高出10倍、几十倍，甚至更多。限富政策可否有以下几点：第一，提倡和鼓励慈善精神。各地对于有突出贡献的慈善家，应同杰出的劳动模范、杰出的道德模范、杰出的科学家、杰出的教育家、杰出的专家、杰出的企业家、杰出的艺术家、杰出的体育明星、杰出的领导人一样，将他们记入地方志。第二，对他们的超高部分收入，依法按个人所得税的较高的递增税率，实行适当力度的再分配。

（四）减少居民收入差别是一项十分艰难而又复杂的系统工程。既要鼓励各地积极探索，又要加强中央政府的统筹规划稳妥渐进。防止发生地区间的资金与人才的异向流动；防止发生资金非正常地流向境外，防止高端人才流向境外。

（张鸿博　机械科学研究总院）

加大农村政策倾斜　支持农村青年创业

如果国家能在"十二五"规划期间，在继续加大农村地区政策倾斜、资金投入的同时，让信贷、YBC（中国青年创业国际计划）这样的公益性机构和公益性项目能在广大农村地区覆盖，降低门槛，运用政策手段、行政调控、法律法规的手段和方式多措并举，引导和鼓励银行、金融机构、公益机构更加关注农村，降低门槛。政府出台相关政策对外出务工人员回乡创业信贷、经营等其他相关方面予以支持和保障，切实解决像我一样有创业意愿的人群缺少资金、贷款难的问题。

（李维　湖北省恩施州鹤峰县走马镇柘坪村7组）

完善养老保险降低储蓄率

"十二五"规划纲要，关系每一位中国百姓的切身利益。我们留学生身在海外，也密切关注着该纲要的编制进程。在此对"十二五"规划纲要提议如下：

首先，我认为一些城市已经开始实行的每个家庭限购一套住房的政策，可以在更多城市中推广。这样可以在一定程度上抑制房地产泡沫的出现与增长。与此同时，国家也应该制定房屋买卖、租赁的相关政策，如提高房屋转卖的交易费用和税收，制定规范房屋租赁的相关条款等，从而有效地遏制房价的上升。完善公共交通设施，在更多的城市修建城铁、地铁，使得更多的老百姓有动力购买城市周边地区的住房。

其次，与世界其他国家相比，中国的储蓄率仍然居高不下，这绝不仅仅是文化方面的原因，更主要还是经济原因。例如，我的导师，美国著名经济学家 Laurence J. Kotlikoff 教授早在 2007 年便建议中国制定完善的养老保险体系，即建立私人账户型养老体系。如今，中国的养老保险体制还并不完善。没有完善的养老保险，人们就会过高地选择储蓄。我建议政府鼓励、督促各类保险公司能推出更多的养老保险方案供个人选择。这样可以间接扩大内需，降低储蓄率。

另外，我在国内一些中小城市的餐馆里吃饭时，经常遇到若顾客不要发票，便可享受到折扣优惠的事情。这些餐馆明显是利用顾客爱贪便宜的心理逃税。大多数顾客会选择折扣，这主要是因为对于自费用餐的顾客来说，折扣的预期收益大于发票中奖的预期。因而我建议政府相应增大中奖发票的数量，使得发票中奖概率提高，让人们索要发票的预期收益更高，更有动力索要发票，防止这些餐馆的偷税漏税行为。

（张小佳　美国波士顿大学经济系在读博士生）

大力倡导与扶植发展慈善事业

慈善事业作为社会财富第三次分配的重要手段，给予大力倡导与扶植，有利于缓解当前社会上存在的贫富悬殊、分配不公的矛盾，意义重大。目前我国慈善事业已有相当发展，在救灾、扶贫、济困等方面都有出色表现，但在发展广度、深度上还有很大潜力，在调节社会分配中的积极作用还未能充分发挥。

我国拥有优越的社会主义制度，完全有可能在慈善事业方面超越发达国家。同时，倡导与扶植发展慈善事业，也体现了"以人为本"、全国人民团结互助、走共同富裕道路的社会主义思想，弘扬了奉献爱心、扶贫济困的高尚情操，促进了社会主义核心价值体系建设，对构建和谐社会具有重要意义。为此，建议在"十二五"规划中，宜对大力发展慈善事业的内容适度增加一些。

兹提出一些具体设想，供参考：

一是加快完善法律法规和政策措施。"十二五"时期要加紧研究制定"慈善事业法"，并颁布执行。加快研究制定"遗产税法"。适时发布指导性文件，大力倡导与扶植发展慈善事业。进一步修订完善、建立健全既符合国情，又有利于慈善事业发展的有关财政税收等相关政策措施。积极引导、推动慈善事业的快速健康发展。

二是加大表彰力度。建议每年召开一次规格较高的全国性慈善事业工

－306－

作会议，表彰对慈善事业发展有突出贡献的个人、集体，以鼓励社会各界积极参与慈善事业发展。

三是培育若干慈善事业单位。积极培育发展若干个实力较强、组织网络较为健全，并为广大人民所信赖的、能够公正、廉洁、勤俭、高效运行的全国性慈善事业单位，发挥其在开展慈善事业工作中的骨干作用。倡导、鼓励大企业参与出资，或与之建立合作伙伴关系。加强对其承担的重点慈善项目的审计，并及时向社会公布审计结果，以取信于民，增加人民群众对慈善事业单位的信任度。

四是加强慈善组织自身运作能力。依法成立的慈善基金会都是独立法人，要支持其独立地依法、依章程开展各项活动，包括开展一定不以盈利为目的的经营、服务活动。所有慈善基金会，特别是大型慈善基金会都应努力完善治理结构、健全内部管理体制与运行机制，严格自律。根据客观需要，可考虑选择若干高等院校适当培养从事慈善事业的专业人才，并通过多种途径和方式，对具有较大影响力的大型慈善事业单位的现职领导层成员实施必要的培训。

五是推进慈善活动常态化。除发生特别重大自然灾害需及时发动全国人民捐款捐物外，还需认真开展日常募捐工作，将其制度化、常态化、组织网络化，以激励和方便群众捐赠。采取多种形式开展慈善活动，可组织志愿者运用智力方式进行扶贫济困，如，送科技下乡和实行义务教学、义诊等活动；倡导有影响的文艺团体、体育队伍每年自愿举办若干次义演、义赛，捐献其门票所得。

六是推广基层典型。精心培育若干个奉献爱心、助人为乐的慈善事业先进基层典型，适时总结其先进经验，及时交流，积极推广。对此应持之以恒，使慈善之举逐步在广大城乡遍地开花、在全社会蔚然成风。

七是发展壮大志愿者队伍。近年来，通过抗击重大自然灾害、举办奥运会、世博会、亚运会等的锤炼而发展壮大起来的志愿者队伍，表现十分耀眼、成效卓著。志愿者队伍无疑将成为推进慈善事业发展的一支生力军。为发展壮大这支生力军队伍，并进一步发挥其在推进慈善事业中的积极作用，建议有关部门在这方面作出一些具体规划设想，适时研究制定相关政策措施。

八是加强宣传报道。引导有关重要媒体进一步加强对慈善事业和爱心人士的宣传报道。中央和省级综合性媒体，可考虑定期或不定期地开设慈善事业专版、专题，出版发行全国性慈善事业专业报刊并建设办好网站。有关机构可定期或不定期地举行全国性或地方性的慈善事业先进人物评选活动，赋予慈善先进人物以应有的荣誉，大力宣传他们的先进思想、事迹。有关部门、有关单位可适时组织召开慈善事业论坛，为促进慈善事业发展出谋划策，也可召开较高规格的国际性慈善事业论坛，以借鉴国外有益经验、开阔视野和思路。文艺界要把慈善事业作为创作的重要主题之一，列入创作日程，不断推出人民大众喜闻乐见的精品佳作。各级学校要对学生广泛深入地开展奉献爱心、助人为乐、走共同富裕道路、构建和谐社会的思想教育。总之，要想方设法继承和弘扬扶贫、济困、助残、帮弱、尊老、爱幼等等闪光的思想观念，努力营造、烘托广大人民群众踊跃参与慈善事业的浓郁氛围，这既有利于社会主义核心价值体系的发扬光大，也有利于慈善事业的积极推进。

（邢幼青　国家发改委离退休干部）

保障农民权益的建议

"十二五"时期政府要逐步缩小征地的范围，让农村集体建设用地进入市场，使其与城市国有建设用地同地同权同价，并且征收农民土地的资金绝大部分应该归被征收了土地的农民所有。提高土地征用费标准，让失去土地的农民富裕起来。同时要建立进城务工农民宅基地和承包地的退出机制，这样才能有效地增加农民的财产性收入，大幅度缩小城乡居民的收入差距，让更多的人享受现代化带来的发展成果，促进社会公平正义，促进社会和谐发展。

（陈佩富　马钢集团设计研究院有限责任公司）

加大公共精神卫生工作体系建设

当前国家已经将精神卫生工作纳入公共卫生服务范畴，但精神卫生服务工作原有的"重临床，轻预防"以及"公共精神卫生服务缺位"的矛盾仍然比较突出。为此，建议国家在"十二五"规划期间，将公共精神卫生工作体系建设纳入其中，现提出如下建议：

一、明确我国公共精神卫生工作的任务

我国公共精神卫生工作的任务是建立和有效地运行精神疾病的三级预防服务体系，以防治各类精神疾病，减少和预防各类不良心理及行为问题的发生。具体任务大体为：

1. 拟订公共心理卫生服务工作计划、技术标准和工作方案，在政府卫生行政管理部门监督下实施；

2. 对公共精神卫生服务过程进行质量控制和效果评价；

3. 进行针对全体人群的精神卫生知识健康教育与健康促进；

4. 重性精神病人的社区管理治疗；

5. 突发事件的心理危机干预；

6. 开展精神卫生流行学调查；

7. 精神疾病的信息管理，承办信息报告、管理和预测等服务工作。

二、完善我国公共精神卫生工作的政策法规

公共精神卫生服务工作属于疾病预防控制的范畴，但多年来没有相应的公共精神卫生服务的政策法规支撑。需要在国家层面出台若干政策法规，进行顶层规划和设计，才能有效地推动工作。因此，建议中央机构编制委员会出台"公共精神卫生服务工作机构编制管理办法"，明确公共精神卫生服务工作机构职能、设置原则、人员编制设置标准等内容。建议国家财政管理机构出台"公共精神卫生工作的经费保障管理办法"等政策，以推动公共精神卫生工作的开展。

三、建立提供公共精神卫生服务的不同机构

鉴于当前我国各地社会经济文化发展的不平衡状况，精神卫生服务资源差别化情况明显，建议国家出台"关于公共精神卫生服务提供模式的指导意见"，鼓励各地因地制宜，充分利用现有的服务资源，逐步形成多元化的公共精神卫生服务组织机构。

四、建设国家公共精神卫生服务信息平台

为了使我国的公共精神卫生服务工作进一步科学化、规范化，建议按照功能一体、系统一致、条块协同、承前启后的总体目标，建立覆盖国家、省、市（州）、县（市、区）和社区卫生服务中心（乡镇卫生院）这五个层次的公共精神卫生服务信息平台。或者在国家疾病预防控制中心的信息平台内，增加"公共精神卫生服务模块"，完成重性精神病人的数据报告、社区管理治疗监测、流行学调查资料统计等服务工作。

五、制定公共精神卫生工作效率考核办法

为保障公共精神卫生工作的有效开展，建议制定"公共精神卫生服务工作绩效考核办法"，以保障公共精神卫生服务工作全面落实，提高公共卫生服务资金的使用效益。该办法应包括考核目的、考核原则、考核对象、考核的指标体系和考核结果的应用等内容。

（黄宣银　四川省绵阳市第三人民医院）

解决农民看病难问题

我出生在农村，对农民看病难有着深刻的体会。在农村人朴素的观念里，健康是福。看病难，难就难在：农村医疗条件差，医务人员水平参差不齐，生了病得不到及时有效的治疗，甚至要费尽周折去大医院。而另一大难正是：去大医院要交纳高额的费用。随着我国经济的发展，我国的医疗卫生事业取得了很大进步。新型农村合作医疗制度的建立和推广，使广大农民受益匪浅。但是不可否认，我国农村的基层医疗条件仍然有待提高，看病难问题依然是广大人民群众的一块心病。建议可以采取如下措施解决农民看病难的问题：

一、完善新型农村合作医疗制度

新型农村合作医疗制度很大程度上缓解了广大农民看病难的问题。但是部分农民对新型农村合作医疗认识不清，信任度不高，担心报销比例太低、手续太麻烦、合作医疗的药价高等等。因此我们应努力完善新型农村合作医疗制度，扩大群众的受益面。具体措施如下：

1. 扩大宣传。通过发放宣传资料，在各乡镇、街道和定点医疗机构悬挂永久性标语等多种形式宣传新农合的相关政策，使广大农民对新型合作医疗制度有更加清晰的认识。

2. 进一步提高补偿比例，简化报销程序。这样新农合的参合率会大大提高，更多农民将从中受益。

3. 强化对新农合办事机构和定点医疗机构的监管。保证农民参加合作医疗之后药价合理，报销及时，真正做到让农民安心看病，放心花钱。

二、改善乡镇医院的医疗条件

当前，农村的乡镇医院一般规模小，设备陈旧。因此，农民群众有些病本应及时治疗，缓解病情，却因医疗器材短缺不得不转送大医院。因此，改善乡镇医院的医疗条件势在必行。具体措施如下：

1. 政府应根据当地情况适当拨款，保障乡镇医院医疗设施的完备。

2. 应建立检查、监督机制，使得各个乡镇医院及时更换落后的医疗设备。

这样广大农民就可以放心地在"家门口"看病，及时治病，不用费尽周折去大医院了。

三、提高乡镇医务人员的医疗水平

在改善乡镇医院医疗条件的同时，我们也应看到，乡镇医院更匮乏的是具有一定医疗水平的医护人员。很多医学院校的毕业生选择了待遇更好的城市，而不愿到乡镇医院去工作。因此，乡镇医院不乏"庸医"。这也是很多农民生病之后不能得到有效治疗的原因之一。鉴于上述情况，我们应努力提高乡镇医务人员的水平，具体措施如下：

1. 政府应制定优惠政策，鼓励医学大专院校毕业生到乡镇医院任职，提高乡镇医务工作者的素质和医疗水平。

2. 省市级医院应多组织专家巡回医疗服务队，深入乡镇医院看病，同时帮助当地的医务人员提高医疗水平。

乡镇医务人员的水平提高了，农民生病之后可以就近得到有效的治疗，对乡镇医院的信任度会逐渐增强，在一定程度上也为县、市级医院减轻了压力。

总之，解决广大农民看病难的问题是关乎民生的大事。我们应不遗余力地继续推进新型农村合作医疗制度，并逐步完善农村的基层医疗设施建设，鼓励更多优秀医务人员到农村服务。我相信，通过各级政府的不断努力，我们一定能够使广大农民群众就近看病，及时看病，放心看病。

（毛明震）

应该免费向公众提供民生信息

现在是信息社会，信息不对称会给当事人造成不便甚至不必要的损失。而与民生相关的信息，如气象信息、道路交通改造信息、食品安全信息、药品质量价格信息、房地产调控信息、就业创业扶持措施、识骗防骗温馨提示等更是如此。

建议"十二五"时期，国家应该免费向公众提供民生信息：

一是结合党务公开、政务公开、厂务公开、村务公开、应急值班制、突发事件处置、政府新闻发言人等载体进行。

二是夯实免费民生信息提供平台，应该通过手机短信、报纸、网站、板报、广场电子屏墙、广播、电视等向公众及时发布民生信息。

三是按轻重缓急分类处置，对于急需向公众发布的民生信息要及时发布，提高覆盖面，不留死角。

四是应该多方联动，通力协作，建立健全组织领导、信息审核（批）、投入保障、跟踪反馈、责任分解、奖惩激励等机制。

五是完善相关法规，明确各类传媒对民生信息传播的权利、义务。对依法及时发布民生信息的传媒应该有补助、资助等支持奖励机制，反之则相反。

（彭竹兵　云南省曲靖市财政局；

徐路琼　云南省曲靖市第一人民医院）

实施文化立国战略

建议"十二五"规划中有以下内容：我国经济建设取得了举世瞩目的成就，已经成为经济大国。但是，目前我国文化的影响力和文化产业的竞争力还远远不能适应经济发展的需要。"十二五"时期，要从战略高度深刻认识文化建设的重要性，实施文化立国战略，围绕从文化大国迈向文化强国的目标，依靠体制和机制创新，依靠科技和人才支撑，加大文化投入力度，加快公共文化服务体系建设，培育文化市场主体，打造文化精品，促进文化繁荣，不断增强文化的创新能力和文化产业的国际竞争力，推进中国文化走向世界。

文化是一种生产力，是综合国力的重要组成部分。当今世界，文化与经济、政治相互交融，在综合国力竞争中的地位和作用越来越突出。国家富强、民族振兴、人民幸福，需要强大的经济力量，更需要强大的文化力量。我国改革开放后，经济建设取得了举世瞩目的成就，国内生产总值（GDP）已经跃居世界第二位，成为一个经济发展迅速的国家。但是，伴随日益强大的经济实力增长，目前我国文化的影响力和文化产业的竞争力还远远不适应经济发展的需要，无论是在国际上塑造文明民主和平、负责任的大国形象，还是在建设中国特色社会主义、不断满足人民群众日益增长的文化需要、形成核心价值观方面，都迫切需要提高与现代经济实力相适应的中国文化"软实力"。

实施文化立国战略，就是要在新的历史时期，面对发达国家在经济文化方面的强大渗透，有效抵制腐朽低俗文化，弘扬民族优秀文化，创造与现代文明和当代经济发展相融合的中国特色社会主义精神文化财富，壮大中国文化产业规模，通过输出中国文化，树立与日益强大的经济地位相匹配的良好国际形象，最终使我国在提高文化软实力和产业竞争力的过程中获得实实在在的经济利益，并且为世界和人类文明作出新的贡献。

一、实施文化立国战略是社会主义现代化建设的必然要求

（一）文化发展是满足人民群众文化需求的直接内容，是提高国民生活质量的重要内容。随着我国经济发展，收入水平提高，消费结构升级，人们对文化产品的需求日益增长。社会主义生产的根本目的就是不断满足人民群众日益增长的物质和文化生活需要。文化产品需求弹性远远大于物质产品，因此，在告别物质产品短缺之后，促进文化大发展、大繁荣，既是社会主义生产目的所在，也是当前和今后落实扩大内需长期战略方针的要求。文化不仅是凝聚人心的精神纽带，而且直接关系民生幸福。

（二）文化和经济融合产生的竞争力正成为一个国家最根本、最持久、最难替代的竞争优势。随着我国居民收入水平不断提高，消费升级也在拉动产业升级，文化产业成为经济增长的新增长点。文化产业直接构成了经济的内容，文化事业同样构成 GDP。文化不仅对经济增长的直接贡献越来越大，而且对提升经济发展质量的作用越来越突出。文化发展过程中，通过与现代科学技术结合，使得文化内容创新、文化载体创新、文化业态创新等各个方面始终处于引领潮流和时代的前沿，不断催生新的精神产品和新的产业形态。同时，文化产业低碳、节能、环保，发展文化产业有利于转变经济发展方式。

（三）文化发展为经济建设提供思想和制度保障，在社会转型的关键时期意义重大。健康的文化发展有利于丰富人们的精神追求，提高社会道德水平，从思想上通过维护社会共同的价值观达到规范人的行为和社会秩序的目的。因此，从社会的制度构建出发，它与法律法规等"硬"制度同样，发挥着规范经济和社会行为的作用。而且具有"柔性"特点，成为人们的自觉意识和行为，在相当程度上弥补法律制度的不足，起到不可替代的作用，从而实现文化建设与经济建设的协调发展。

（四）文化发展是社会文明进步的重要标志。文化不仅是推动社会发

展的重要手段，而且是社会文明进步的重要目标。在我国经济发展取得巨大成就的同时，加强社会主义文化建设，促进公共文化发展，重视人民群众文化权益保护，不断促进基本公共文化服务普及，提高人的文化素质，树立健康、积极、向上的社会道德风尚。避免成为物质财富的绿洲，精神财富的沙漠，从而实现文化建设与社会建设的协调发展。

（五）文化发展为民主的政治制度奠定文明基础。文化的大发展、大繁荣，特别是我国多民族国家的文化多样性，体现着多种文化的兼容并蓄，反映了社会的包容性，同时，尊重各民族人民的文化习惯习俗，维护中华民族的共同利益，构建核心价值观，正是平等、自由等民主精神的最高境界。通过大力发展文化事业和文化产业、加强社会主义精神文明建设，在不断满足人民群众日益增长的文化需求过程中，建设中国特色社会主义文化和民主制度，从而实现文化建设与政治建设的协调发展。

二、"十二五"时期实施文化立国战略面临历史性机遇

（一）从供给能力看，综合国力显著增强，为实施"文化立国"战略奠定了物质技术基础。随着我国经济持续发展，公共文化投入力度将大幅增加，能够有力地促进文化事业加快发展，提升公共文化服务水平。转变经济发展方式和产业结构升级，将促进资金、技术、劳动力等生产要素更多地转向精神产品领域。"三网融合"加快和3G时代、Web3.0时代的到来，数字技术和网络技术日新月异，在应用这些技术促进文化产业发展的同时，也将有力地打破行业界限，催生新的文化产品和业态。

（二）从需求拉动看，随着城乡居民收入水平不断提高，人们用于文化消费的支出数量将会不断增长，居民消费结构调整升级，为文化产业发展创造了巨大的市场需求。同时，随着中国经济地位的上升，世界更加关注中国、渴望了解中国，这将为我国文化"走出去"提供难得的机遇和广阔的国际市场空间。

（三）从动力机制看，文化领域的体制改革不断深化，重塑了文化市场主体，激发了文化单位前所未有的活力和创造力。我国文化体制改革在探索中稳步推进，国有经营性文化单位转企改制取得决定性进展，

文化产业结构调整和资源整合力度不断加大，国有文艺院团、新闻媒体、综合执法等领域改革取得重大突破，广大文化工作者改革发展的积极性主动性显著增强，将促使文化事业和文化产业呈现加快发展的良好态势。

（四）从发展环境看，党中央、国务院高度重视，各地发展文化的积极性显著提高。在改革不断深入的背景下，国家出台了一系列旨在促进文化发展特别是促进文化产业发展的政策，高度重视文化的发展。地方各级政府也认识到文化发展不仅是经济社会发展的重要支撑，而且是吸纳就业、保障民生的重要组成部分。

三、实施文化立国战略的总体思路

（一）战略目标

实施"文化立国"战略的核心目标，是促进我国从文化大国向文化强国迈进，最终建设成为文化强国。具体目标是提高我国文化产业占 GDP 的比重，提高文化对国民经济的贡献率。在全面建设小康社会的重要时期，最大限度地满足人民群众日益增长的精神文化需要，提高文化供给能力。

全面推进各项重点改革任务，着力构建充满活力、富有效率、更加开放、有利于文化科学发展的体制机制；创造更多更好适应人民群众需求的优秀文化产品，让人民共享文化发展成果，更好地满足人民群众多样化多层次多方面的精神文化需求；推动社会主义文化大发展大繁荣，不断增强我国文化软实力和国际竞争力，掌握文化发展和文化传播的主动权，促使我国从文化大国迈向文化强国。

——文化产业增加值占 GDP 的比重达到 5% 以上，成为国民经济支柱产业，文化服务业对国民经济的贡献率显著提高。

——基本形成充满活力、富有效率、更加开放、有利于文化科学发展的体制机制。

——形成覆盖全社会、全民共享、结构合理、功能健全、实用高效的公共文化服务体系，顺应改善文化民生的期待，最大限度地满足人民群众日益增长的精神文化需要。

——文化产业加快发展，文化产业整体实力和竞争力不断增强，培育一批坚持社会主义先进文化方向，有较强自主创新能力、国际市场竞争能力的文化企业和企业集团，满足人民群众多方面、多层次、多样性的精神文化需求。

——文化"走出去"开创新局面，对外文化交流范围和渠道不断拓宽，文化产品和服务出口逆差不断缩小，主流媒体的国际传播能力不断提升。

——社会主义核心价值体系得以巩固，最大限度地发挥文化引导社会、教育人民、推动发展的功能。

（二）战略重点

1.加快公共文化服务体系建设，完善公共文化设施

发展公益性文化事业，保障人民基本文化权益，是社会主义文化建设的目的。建立健全公共文化服务体系是人民群众基本文化权益的重要保障。大力发展公益性文化事业，提升国民的文化素质，为文化大发展大繁荣提供坚实基础。

坚持政府主导，动员社会参与，创新服务方式，拓宽服务渠道，提高服务水平，统筹城乡文化建设。按照体现公益性、基本性、均等性、便利性的要求，大力加强公共文化服务体系建设，让最广大群众共享文化建设和发展成果。以各级文化事业机构为主要依托，以公共服务为主题，建立投入保障机制，确保每年文化建设投入不低于同级财政经常性收入增长幅度。转换体制、明确责任、增加投入、改善服务，使城乡居民把加大投入力度与改进投入方式结合起来，切实提高财政资金使用效益。通过政府招标采购、服务合同外包、社会志愿服务等多种形式，引导社会力量以兴办实体、捐赠、赞助、免费提供设施等方式参与公共文化服务，促进公共文化服务供给的多元化、社会化。

2.加快文化体制改革和机制创新

按照创新体制、转换机制、面向市场、增强活力的要求，推动文化体

制改革取得进展。加快经营性文化单位转企改制，推动已经转制的文化企业建立现代企业制度、完善法人治理结构，培育自主经营、富有活力的文化市场主体，打造一批有实力、有竞争力、有影响力的国有或国有控股文化企业和企业集团。

稳步推进公益性文化事业单位改革，推动形成责任明确、行为规范、富有效率、服务优良的公共文化服务运行机制。坚持公有制为主体，鼓励支持非公有制资本以多种形式进入文化产业，逐步形成以公有制为主体、多种所有制共同发展的格局。

繁荣城乡文化市场，培育各类文化产品市场和要素市场，完善现代流通体制，加强文化市场监管，加快培育大众性文化消费市场，构建统一开放竞争有序的现代文化市场体系。

加快推进文化管理体制改革，加快转变政府职能，健全文化法律法规和政策体系，完善国有文化资产管理体制，推进文化市场综合执法改革，努力做到依法管理、科学管理、有效管理。

3. 做好优秀传统文化的传承工作

大力展现和弘扬中国优秀传统文化，努力扩大中华文化影响。在全球各种思想文化交流更加频繁、活跃的形势下，更加注重对外文化交流，更加注重让中华文化在更大范围、更广领域"走出去"，通过向外界全面展现中华传统文化，让外国人了解中华文化，热爱中华文化，从而增强中华文化的国际影响力和竞争力。

4. 不断增强文化的创新能力和文化产业的国际竞争力

以市场为导向，以企业化管理为基础，认真落实文化产业振兴规划，推进文化产业结构调整，培育新的文化业态，提高文化产业规模化、集约化、专业化水平。引导和规范非公有制经济进入文化产业，形成以公有制为主体、多种所有制共同发展的文化产业格局和以民族文化为主体、吸收外来有益文化的文化市场格局。支持文化企业通过上市融资、跨地区跨行业整合资源，实现低成本扩张，迅速做大做强。按照建立现代企业制度的要求，深入推进经营性单位转企改制，培育一批骨干文化企业和文化产业战略投资者。充分调动广大文化工作者和各方面的积极性、主动性、创造性，大力推进文化科技创新，着力提高我国文化产业总体实力。

（杨玉英　国家发改委宏观院产业所）

提高反贫困的实际效果

改革开放三十多年来，经济快速增长和扶贫开发使中国在反贫困领域取得了巨大的成就，为世界的减贫作出特殊的贡献。但是，与贫困女性的需求相比，中国的许多减贫政策远未对社会性别平等给予足够的关注，缺乏社会性别敏感性的问题突出，这些都影响了减贫的效果。

研究表明：非常明显，由于社会性别规范、价值、观念和制度的影响，贫困妇女无论在收入与消费、经济资产（土地、房屋、信贷）、社会网络支持、社会资本与服务（教育、医疗、保险、技术与信息）等方面的获得，人类福祉和尊严的享有，机会与权力的分配等方面处于弱势；由于年龄、民族、身份、婚姻破碎、身体的缺损等多重脆弱性结构与社会性别的结合，致使她们更容易在各种艰难的时刻受到贫困的侵袭，因而应该受到反贫困政策和措施的进一步关注。

基于上述的认识，我们向国家政府及各部门、各民间团体和组织特提出如下建议：

（一）将社会性别平等作为反贫困的目标纳入扶贫规划

重视贫困对女性的影响，认识到解决女性贫困问题对中国减贫的重要性，关注资源、机会、权力获得等方面社会性别差异带来的结构性贫困问题，用制度创新和政策改善来增加贫困人群综合资产和减低其易受损害性，这样才能持续减少贫困。

（二）确保妇女的参与

1. 在目标和原则上强调和重视不同贫困妇女的经验、认识和观点，倾听贫困妇女声音；

2. 在新的扶贫规划中确保妇女及民间组织的参与的机会和渠道，设定目标、指标和实现的机制；

3. 扶贫项目的整个周期（规划、实施、监测评估）中，用有效的方法和策略确保妇女参与。

（三）将性别平等纳入具体的扶贫措施和社会保障制度

1. 在扶贫开发的各种措施中不仅关注经济收入增长和基础设施建设，更注意增加妇女对资产（土地、房屋、信贷、技术、信息等）、社会资本等占有及控制的项目设计和资源分配；

2. 试点社区干预：对与社会性别有关的突出的贫困问题进行系统干预的城乡社区试点，包括在社区内开展倡导社会性别平等意识活动；关注侵犯妇女合法权益所导致的新生贫困问题，并支持法律援助和司法救济制度等；

3. 在扶贫项目实施中防止新的项目活动增加妇女的劳动负担：倡导推动改变社会性别角色的陈旧分工，鼓励建立男性分担家务及照顾老幼的新型社会规范；支持设立及开发减少日常劳动量的新技术和设施，建立农村社区托儿公共服务等；

4. 改善现有的信贷、技术培训及服务（包括内容、方式、时间和地点），保证信贷服务、技术培训和技术推广服务的资源对农村贫困妇女的可及性；重视本地种养殖经验和知识，建立贫困男女参与新技术研制和推广的机制，重视新技术在贫困地区的适应性和可持续性；

5. 加大以赋权妇女为目标而设计小额贷款等反贫困活动，在资金、组织和能力建设上支持妇女小组、妇女合作社和妇女协会，增强其参与村民自治和社区管理，并应对农业产业化扶贫措施中妇女处于价值链最末端所带来利益分配不公的问题。

（四）关注多重交叉的易受损害人群的贫困问题及其社会性别差异

重点关注老年、残疾、单亲、民族、受艾滋病影响、流动人口、失地、失业的妇女，并制定更加切合她们需要和实际经验的反贫政策和措施。

1. 政府财政、民政要加大城乡边缘贫困妇女的社会福利资金的投入，建立政府救济和社会互助相结合的制度；加强针对各类边缘贫困妇女的社会救助工作。

2. 关注她们的特殊需要，完善现有社会保障制度。

贫困老年妇女：建立健全农村养老保障制度，不断提高养老金水平；逐步缩小退休年龄的性别差距并启动弹性退休制度试点；及早将以省为单位向 80 岁以上老人发放高龄津贴的计划推广到全国；将遗属养老金纳入社会保障制度；

单亲妇女：设立法律援助支持，提供就业渠道和稳定生计的培训，廉租房对单亲妇女的倾斜，向孩子就学的单亲母亲提供津贴；

受艾滋病影响的妇女：及时得到救助，在低保公示中加强对艾滋病感染者的信息保密；增加女用避孕工具的研究和推广；

关注失地农民，特别是妇女的就业和养老保障；

落实出嫁女、上门女婿的土地赔偿。

3. 劳动与社会保障部要保护妇女的就业权利，就业政策向城乡贫困妇女倾斜，加强妇女的职业培训，向需要贷款的老年、单亲妇女、艾滋病患者及母亲提供有针对性的优惠及服务；将艾滋病患者的遗属、艾滋孤儿和严重残疾保险纳入社会保障制度。

4. 医疗部门应对患重病的特困的老人、单亲妇女、艾滋病患者和严重残疾妇女发放医疗救助卡，享受医疗优惠政策，并弥合城乡之间、城镇职工医疗保险和城镇居民医疗保险之间的差距。

（五）在社会变迁、重大社会经济事件及自然灾害的应对措施中关注社会性别平等

当发生经济危机、经济转型和结构调整以及自然灾害等情况时，研究

并制订预防和缓解妇女贫困风险的预案，在制订减贫、减灾的政策、机制、措施中改善性别不平等状况。

1. 在救灾、恢复、重建中提供性别平等机会，增强妇女的参与和提高对资源的分配和掌控；

2. 重视识别和满足妇女的特殊需求和减少易受损害性。关注在灾害和经济危机中女童、妇女在家庭中的地位、生存质量、劳动总量和生育状况，使她们能够获得其特殊需要的物品和服务。增加干预家庭暴力、性暴力，以及反拐卖和反使用童工等的相关策略和措施。

（六）完善分性别的贫困状况监测指标及反贫困效果评估制度

1. 完善反映贫困现状和反贫困实践效果的分性别监测、评估指标和分析框架与评估机制；借鉴国际上有关贫困和社会性别的监测与评估指标，并对国别扶贫规划的评估进行比较研究；

2. 国务院扶贫办协调有关部门和机构，全面回顾、梳理现存于各个部门与群众团体中分性别的反贫困为主题的统计和调查，推动数据整合工作，建立资料分享及统计调查合作机制；在贫困人口统计、常规人口普查、城乡住户调查、城乡低保和五保户制度中设立分性别及年龄组（60 岁以上）指标，对现有的贫困监测，将分性别及年龄组作为关键变量加入到数据分析处理中，并按照分性别和年龄公布调查、统计结果，以提供分性别和年龄组的贫困现状和反贫困实践效果等重要资料作为政策完善的依据；

3. 在贫困村建立扶贫措施参与性监测评估机制的试点，试点县扶贫办和有参与性经验的民间团体作为中介和协助者的角色，保证项目社区中贫困人群和妇女参与监测、评估，包括指标的确定和监测评估方案和计划的实施，在项目的监测和评估中发挥主体作用；

4. 重新审视和完善社会性别与贫困监测的指标，修订现有贫困村识别和监测指标，选择体现两性贫困状况比较的分性别指标而不是孤立的妇女指标，包括：经济资源获得与分配（土地与宅基地、民间借贷与信贷、交通与通讯工具使用、家庭经济收入与支出的决定权等）、就业与收入（职业、种养殖品种与产品出售、不同劳动和经济活动的性别分工、换工与雇工、外出打工与收入及流动决策等)、教育与培训(正规、非正规教育性别比、辍学率性别比及其原因)、健康和保健(慢性病患病与就医、家庭营养品分配)、劳动分工与时间分配、社区参与和社会交往、社会保障覆盖、贫困救助享有和社会态度等方面的指标。

(七)能力、资源配置、部门协调的机制保障

1.提高反贫困相关部门的社会性别意识和社会性别与贫困问题的分析能力,在贫困与社会性别的工作方面进行系统的能力建设和人才配置;

2.加强政府各个部委及群团组织在扶贫开发政策与社会保障制度规划与工作的整合,建立信息交流、研讨与合作机制;重视扶贫办在扶贫开发中的专业经验以增强其协调角色和发挥更大作用,加强扶贫办与民政在救助方面的协调与合作,共同解决难点问题,制定反贫困实践效果的监测、评估机制;

3.增强政府、学术界及民间组织在社会性别与反贫困新领域的交流与合作,增加资金投入,进一步从社会性别视角深入研究中国的反贫困工作。

(八)重视民间组织在反贫困中的作用

重视并进一步发挥民间组织在反贫困和社会性别平等领域的理念、经验引进,实践协助和模式创新的作用。

1.完善法律、政策和措施,改善和保障国际、国内民间组织在中国宪法和法律框架内开展扶贫工作的外部环境;用法律、政策营造和推动有利于公益性民间组织发展的宽松环境,让那些有志于在中国注册为本地公益机构的国际非政府组织能够取得法律身份,以便于更好地发挥民间组织的作用;

2.高度重视在长期的全球扶贫和发展工作中积累的宝贵经验,作为新视角和经验的来源,认真吸收其合理建议,建立有效机制,以便使非政府组织的经验和探索能够迅速、顺利、恰当地纳入到国家扶贫和发展、妇女发展的相关规划和项目工作中来;

3.增加对国内非政府组织的支持和扶持,以使国内非政府组织获取多元的资助渠道,增强它们与国际非政府组织尤其是资助型非政府组织的对

话与对接能力;

4.改善法律和政策现状,明确公益捐赠和工作的免税政策,让企业和公民的社会关怀得以通过捐赠实现。

(赵群　云南省社会科学院社会学研究所)

关注残疾人的就业和养老问题

我是一名基层残联的专职委员,在社区工作,直接接触我们众多的残疾兄弟姐妹,他(她)们的生活都很困难,只能维持日常的生活开销,即使现在国家对每位残疾人都给予了很多优惠政策,也为大多数残疾人办理了最低生活补助,可是这也只是让他们的日常生活有了一定的保障,使他们的生活现状得以改善,但很多人的生活还是非常艰难。就业和养老问题是众多残疾人最棘手的问题,也是他们最需要解决的问题。

残疾人就业难:残疾人中有很多的优秀人才,有的健全人做不到的事残疾人却能做到而且能做得很好,可是即便如此,还是有相当多的单位不愿意接纳残疾人,因为他们只看到残疾人在生活上存在着诸多的不方便,他们并没有从这个人本身的价值出发。其实有很多残疾人都不错,只是社会不给他们体现自身价值的机会罢了。

养老问题难:残疾人因自身的残疾,进而影响到身体的各个方面,我想提议就是让残疾人比健全人提前五年退休,这样对残疾人比较合理,因为所有的残疾人因残疾而引起很多的疾病,导致所有的残疾人身体极差,有的残疾人交不起养老保险,男的60岁退休,女的50岁退休,有的残疾人一辈子生活都很难料理,怎么能交得起养老保险,所以他们一直生活在社会的最底层。国家应该对这些残疾人给予办理养老保险的补贴或者减免，只有弱势群体的生活好过了，才能真正体现国民的生活水平提高。

以上这些只是我作为一名基层残疾人工作者的一些建议，也是我在和众多残疾兄弟姐妹接触中深切感受到的最需要解决的问题，我在这里提出来，希望领导能采纳。

（陈莉　内蒙古乌兰察布市集宁区前进路街道办事处新兴社区）

彻底铲除"退休制度双轨制"

为了能够达到真正的公平、公正，在制定"十二五"规划和制定收入分配改革方案的同时，应下最大决心，尽最大努力，彻底铲除"退休制度双轨制"。

为此，我们建议应根据个人的实际工龄重新制定统一标准，即各人由一年工龄按 100 元为基数计算。此标准根据不同的省或城市，上下可以浮动但不宜过大，不能繁琐复杂。在此基础上，还应做好以下工作：(1) 新中国成立前和 1953 年年底前参加工作的人员统一按离休处理。(2) 退休前具备干部身份的，都应按其原来的干部级别、职务或干部性质分别拟定标准给其递增。(3) 所有成员的科技职称，是国家统一规定、经过严格考核和上级政府认真评审并发给其相应证书的，按高、中、初三种职称拟定不同的标准给其递增。(4) 医保问题：新中国成立前后参加革命的老干部、老职工按全额保障；其他群体，都不分行业、不分系统，统一拟定标准。(5) 原行政、事业调企业并在企业退休的国家干部的一切待遇都和当今的退休公务员一样，享受同等待遇。（6）殡葬费问题和遗嘱补助问题，都应实行相同的标准。

（陈龙才　江苏省盐城市滨海县城人民支路双灯路 24—2 号）

应有效遏制收入分配差距拉大的趋势

按劳分配，多劳多得，同工同酬一直是我国社会主义的分配原则。但是，近年来由于我国发展不平衡、不协调，导致不可持续的问题相当突出，主要是经济增长的资源环境约束强化，投资和消费关系失衡，科技创新能力不强，农业基础薄弱，形成城乡区域发展不协调，特别是收入分配差距拉大，更使社会矛盾增多，如何解决收入分配不公这个问题，理所当然地成为党中央、国务院在"十二五"规划期间要解决的首要问题。

收入分配差距越来越大，这种社会不公正现象如果长期得不到解决，社会矛盾积累到一定程度就会引发群体性事件突发，这种情况发生，无非是采取两种态度：一种是通过行政手段进行压制，当然会导致压而不服；另一种是通过经济手段，以"花钱买稳定"的方式抑制矛盾，这样做在一定程度上可以取得短期效果。然而，这两种态度都不能从源头上根本解决问题，矛盾可以延迟爆发，但不会消解。因此解决收入差距这个问题再也不能停留在口头上而应列入党中央、国务院和各级党政机关的重要议事日程和"十二五"规划中首要解决的重中之重，笔者建议：解决收入分配差距拉大这个问题应分以下几个步骤：

一是对低收入者进行适当补助。包括优抚对象、城乡低保户和五保户等弱势群体。增加企业职工、事业单位职工工资。增加企业、事业单位退休职工的退休养老金。建立完善的农村养老体系，使农村老人真正享受老有所养，逐步提高他们的养老水平，让他们在社会主义制度下，通过政府提高收入来满足生活的基本要求。

二是采取措施稳定物价。大力发展农业生产，稳定农副产品供应，降低农产品流通成本，保障化肥生产供应，规范农产品经营和深加工秩序，加强农产品期货和电子交易市场监管，健全价格监督检查和反价格垄断法，完善价格信息发布制度，切实落实"米袋子"省长负责制和"菜篮子"市长负责制，切实稳定物价，让人民群众安居乐业。

三是对高收入者加大调节力度。首先对垄断行业的利润进行税收调节，其次对垄断行业企业高管收入进行监管和调节，尤其是中央企业高管，充分发挥税收调节收入分配的作用，实施个人所得税改革，逐步缩小和低收入者的收入差距。

四是逐步消除收入差别。逐步消除垄断行业企业职工和其他行业企业职工收入的差距，消除城市和农村居民的收入差距，尤其要消除中国养老体制的巨大差距。

总之，合理调整收入分配关系，是群众呼声最强烈、全社会十分关注的问题。合理的收入分配制度是社会公平正义的重要体现。我们相信在党中央的正确领导下，通过发展经济，进一步深化收入分配制度改革，提高居民收入在国民收入分配中的比重，一定会将收入分配差距拉大这个问题解决好，让全体人民都能够共享改革发展成果，促进社会和谐稳定。

（董晋会）

扩大就业的几点建议

就业形势面临着严峻的挑战，有必要进行就业策略研究，真正实现促增长、保就业，实现经济增长与就业增长同步进行。现提出以下建议：

一、实行"负税制"的就业制度

对大型企业、经济规模型企业全部按投资规模安置人员，会产生人员过剩现象。而人力资源需求量较大的劳动密集型产业、高新技术产业、技术密集型企业和小型企业投资有限，但对人员需求相对较大，因此可通过对具有一定投资规模且产生较好效益的企业实行"负税制"，以其收益转移来补贴和鼓励密集型企业和第三产业用工增加。

所谓"负税制"就是通过全社会分配的投资或企业的产值、收入、成本、利润等一定比例确定企业相对合理的就业人员安置定额，如果企业不能按照分配的定额安置就业，就要付给社会一定的税费，用来补偿资源利用所应该做出的贡献。

二、限制法定工作时间长度

在劳动密集型企业、在连续性生产的轮班岗位以及非连续性间断岗位都要按照法定小时安置人员，避免超时劳动和限定周加班小时数。把超限劳动时间和机会分配给还没有劳动机会的人员，合理分配劳动力资源和社会资源，创造均等的劳动机会和合理分摊劳动机会。

三、对垄断行业实行宏观控制和增加就业

铁路、城轨、公路、港口、水库、输水工程、城市道路、地铁、供电、城市供水、供气、供暖企业和科技教育等国有资产投入单位、公用事业设施建设和管理单位等，往往具有天然垄断优势，在竞争性市场中，自然垄断行业具有较高的收益水平，并占据了较多社会资源。应通过增加就业岗位，安置劳动力，增大成本支出，调整投入与产出比例，缩小因非竞争因素引起的市场垄断行为导致的资源不合理占有，以优化社会资源配置，使更多的人共享社会利益。

四、把新建和扩建项目的增加投资与解决就业相结合

经济持续增长、投资规模不断增加，陆续新建和扩建了一些项目，应按照相应的经济增长速度考虑增加就业，以投资额确定一定数量的就业人员数量，经济和社会发展同时进行，在实际岗位上锻炼和培养人才成长和为岗位服务。根据目前每年需要就业的人数和投资比进行就业安置计划。不能安置就业的，以缴纳"负税制"办法补偿人员安置费用。

（纪素芝　辽宁省人力资源和社会保障厅就业和社会保障研究院）

建立全民统一的医疗信息网络服务平台

为了建设一个和谐的社会，为降低广大民众的医疗费用，为国家提供一个完整的健康资讯，我们可以开放出一个全国统一的网络服务平台。目标内容是：提供全民统一的医疗保障平台；记录个人全部健康信息，包括病史、国民记录、过往医生诊断等；为国家提供健康普查信息，降低调查统计成本；提供健康咨询服务。希望逐步形成全方位覆盖的医保体系，达到避免重复检查、帮助国家及时了解国民健康水平的目的。

（孔繁云　大连理工大学）

解决因失地"农转非"成为"边缘人"群体的问题

"十二五"规划应从制度上明确将优先解决因失地"农转非"成为"边缘人"群体纳入新农保范畴。

国家现设计执行的城市社会保障体系理论上包含因失地"农转非"人口,其实不然。可以说,没有几个人愿意离开农村,因为无技能,所得迁移补偿费只有6000—15000元不等,怎么过一辈子?这种因失地"农转非"人口与享受国家政策性"农转非"人口不同,他们一辈子生活在农村,公共财政的阳光已初照到农民身上,却无法照到他们边上。

与传统城市人口有别,对因征地"农转非"人员,这部分人既不能参加农村合作医疗,又未进入城市社会医疗保障体系;既不能参加新农保,又未进入城市社会养老保障体系。部分失地农民失地失业失保障,也负担不起城市高额社会医疗养老保险费用。

建议如下:"十二五"规划应关注"边缘人",从制度上明确解决之道。让因为征地"农转非"人员在无能力参加城市养老、医疗保险情况下,可以选择参加新农保,并可选择参加农村合作医疗。

国务院文件(国发【2009】32号)的发布给失地农民带来了曙光。然而国家政策落实到地方,没有非常明确具体的要求,地方是很难落实的。

建议对参保范围中"未参加城镇职工基本养老保险的农村居民"明确为"含因征地农转非原农村居民"为要,并且,新农保应优先考虑解决因失地"农转非"成为"边缘人"群体。

为了改革开放的顺利实施,失地农民作出了巨大的牺牲,现在国家有能力也应该回报勤劳朴实善良的农民了。农民安，天下稳；农民乐，城里香！这是国情，也是实情。同在一片蓝天下，共享改革开放成果，作为弱势群体中的弱者，"边缘人"亟待政府和社会的关注，更盼望从制度上落实解决因失地"农转非"成为"边缘人"群体老有所养老有所医的后顾之忧。

（邹玉秀　财政部驻广东专员办）

缩小两极分化

一、关于调节分配

在"十二五"时期，缩小收入差距，调节分配无疑很重要。但是，分配调节不是万能的。工薪阶层，可以通过限高调低来增加中低收入者的收入。可是，目前中国有很多就业者是在私营企业，国家不可能强迫他们给雇工涨工资，假如最低工资标准太高，他们会削减用人，那将导致失业人群增加，对低收入人群更加不利。另一方面，那些私企老板们只要是合法经营，他们赚得钱再多，国家也不能强迫他们拿出来分给穷人。即使是国营企业的工人，也要根据效益分配，不可能由国家统一涨工资。另外，还有不少无业市民，失地农民，涨工资和他们没有什么关系。因此，我认为，仅靠调节分配，调节居民收入来缩小两极分化是不够的。

二、建议通过财政补贴缩小两极分化

我认为，对居民给予生活补贴对缩小收入差距、缩小两极分化乃至于构建和谐社会会有很好的作用。针对目前生活费用指数上涨的形势，建议对购买生活必需品的居民发放补贴。例如，凡到超市购买限量内的普通粮食、蔬菜、肉食的当地居民可以持购物小票和身份证领取财政补贴；生活用电量大的提高电费，而在限量内的生活用电、生活用水，都降低价格甚至免费，而由财政给予供电、供水单位补贴；取暖费用也可以参照实行。这种做法无疑会给低收入家庭涨工资，会有效缩小收入差距，更重要的是，会使所有居民感到社会主义的温暖，这对于促进社会稳定、构建和谐社会具有很好的作用。假如实行这种政策，社会上的流浪乞讨人员也会大大减少。由于这种办法不限于低保家庭，会省去很多环节，而且不会造成其他人群的不满。

另外，针对中低收入人群出行大多使用公共交通工具，大力发展公共交通，并且给予使用公共交通工具的居民补贴，对购买使用自行车的居民给予补贴。这一方面等于给低收入者发放福利，另一方面也有利于促进节能减排。

（马继禹　山东省临沂市开阳路 28 号临沂二中家属院）

创建"百姓文化娱乐休闲中心"

一、建设"百姓大舞台"。百姓在当今安居乐业、幸福平安中免不了要歌唱"好日子"、舞动"好日子"，但多年来只能集中广场、街道、公园、小区等处站着开展文体活动，有时还有阻塞交通及噪音扰民的嫌疑，观众与表演者均非常劳累与疲乏。随着群众文化不断发展和生活水平不断提高，许多城市产生了"禁噪"与群众活动的矛盾冲突。要活动就会产生噪音，要"禁噪"就找不到活动的地点，群众的迫切需求得不到满足，怨声载道。因此，建议遵循科学发展、以人为本的要求，在力所能及的情况下，甚至可以由某些企业赞助，筹建"百姓大舞台"，免费给群众使用，让"百姓文艺家"在台上表演歌唱，群众休闲地坐在舒适的坐椅上轻松欣赏。"百姓大舞台"应尽可能建设得功能性多一些，可作为百姓电影院、百姓剧院、百姓文化宫、百姓报告厅、百姓会堂等使用，并进行声乐、戏剧、舞蹈等大型群体培训与比赛。通过百姓自身提供丰富多彩和谐的精神生活，进一步提升城镇的现代文明和谐度及幸福感。

二、建立"心理减压中心"。随着工作生活节奏的进一步加快，百姓心理压力越来越大，但对于医院的心理热线及心理门诊，群众又不愿意接受，普遍认为只有"有病"的人才去咨询问诊，且费用高昂。建议各地能建立"心理减压中心"，针对心理"亚健康"人群和"健康"人群，用喜闻乐见的文体活动吸引广大群众参加集体互动，或与咨询师单独在"宣泄室"进行心理疏导减压。"心理减压中心"可从心理减压入手预防心理疾患、对高压力职业群体进行职业压力管理（仅此项目要与单位签约，为有偿服务）、预防心理失控引起的人为灾害（如闻名的大学生杀人案、驾车撞人案、导游伤人案等），提升城乡安全与文明和谐，迅速有效地提高广大群众的生活质量与生命质量。

（彭新评　民建昆明市委盘龙总支会员）

加强艺术科学的建设

由于历史的原因，我国艺术科学的发展十分滞后，艺术科学的建设非常薄弱。艺术科学的建设长期处于不受重视甚至被忽略的境地。我国艺术科学的发展在国际上远远落后于西方资本主义发达国家，在国内，远远落

后于自然科学、技术科学以及社会科学等许多其他科学门类。学科的建设
残缺不全。许多学科，甚至一些重要学科领域长期处于久荒不植的空白状
态。特别是一些基础性学科和前沿学科的建设严重不力。学科体系和人才
队伍的建设存在很多问题。管理上严重缺乏科学性。这种状况已经影响到
了我们国家建设和社会发展正确、健康、和谐地进行，拖了国家建设的后
腿，让我们的建设走了不应走的弯路，遭遇了不应有的曲折。这种状况在
造型艺术建设领域表现得尤为突出。

属于精神文明建设范畴的造型艺术的建设在诸艺术门类中与物质文明
建设的联系最为紧密，特别是一直被视为造型艺术诸门类之首的建筑艺
术，它与物质文明建设密不可分。自有人类文明发展史以来，造型艺术的
建设一直在世界各民族的发展中占有重要的地位。然而，自晚清我国固有
的造型艺术体系解体之后，西方主要在工业革命以后形成的资本主义现代
造型艺术发展机制对我国的新的造型艺术体系的建设和发展带来了巨大的
冲击和影响。它固然给我们带来了一些可取之处，但同时也对我们民族造
型艺术建设的自主性发起了强大的挑战，挑战我们人民的理想和信念，挑
战我们民族伟大复兴和建设中国特色社会主义文化的事业。而我们却未能
有科学的力量来应对这一挑战。在这一领域里，我们既缺乏成熟的艺术科
学，也没有成功的管理经验。在建设的实际过程中严重缺乏自觉性，存在
着严重的盲目性。国家在造型艺术建设方面缺乏一个长远的战略，在建设
实际过程中常常受到一些不良艺术思潮，特别是来自西方的不良思潮的影
响，给我们国家建设和社会发展造成问题，埋下隐患。因此，下力气抓好
艺术科学的建设，是我们这个具有五千年传统的文明古国在新的历史时期
的当务之急。

（阮宗华　中国画研究院）

坚持一切发展为了人民

穷富差距的不断扩大是目前我国最突出的问题，凡关心国家大事的人普遍认同。我有五点想法：

一、坚持走中国特色社会主义道路，汲取先进的发达国家经验、改变思路、继续坚持："真正让一部分人先富起来。"同时，采取各种政策、措施，让大部分人过上好日子。继续加大力度，加大革命老区、民族地区、边疆地区、贫困地区的经济发展。为尚未脱贫的群众，暂时有困难的群众，帮一把，扶一把，让他们的日子一天一天好起来。要为他们办实事，做好事，这部分困难群体是我们共产党的基础，是根本。千万不能忘掉他们。

二、农村、农民、农业是我国政府的工作重点，我们关心重视还不够。去年国家已经排上日程，给农民 60 岁后发养老金，每年能拿到 600 元养老金，平均每月只有 50 元，但对农村中的农民以前老了没人管相比，今天有政府想着他们。农村中老人靠子女照顾还有困难。当然 600 元一年，还有不少地区做不到。希望这项工作，一定要做，一定要做好，越做越好。

三、"教育公平是社会公平的起点"要认真贯彻落实。国家应该加大贫困地区的教育经费投入。在东部地区中小学义务教育已实施多年，他们的子女上高中、大学所承担的经费，对一部分家庭来讲，不是负担，没有必要全免，而对贫困地区上小学、初中的学生不仅需要学杂费全免，还应该帮助他们，让他们吃饱肚子。小学、初中入学率是这些地区的考核指标，一定要让各级政府部门做好这项工作。

真正贫困地区的学生，大学录取分数线可以略微降低一点，让这些地区每年有人进入大学，走出山区，几十年后，有人不断回去，改变地区面貌，那时中国才真正有希望了。

四、加快实施"走出去"战略，这次上海世博会，不少国家希望与我们联系，要我们去投资，国家应该以各种方式——凡是人家欢迎的，对他们有利，对我们也有利的事，放手让大家去做。森林、矿产、种地、养殖、贸易、运输、文化、艺术等坚持互通互利。政府有关部门做好组织、服务工作，这项工作是国家今后可持续发展的源动力。

五、缩小贫富差距是我国长期目标，要做好两点。

一是坚持不搞形式主义，不弄虚作假，不搞劳民伤财的工程，不搞指标，不搞评比，让各地区按照当地自然条件和经济发展水平走自己的路。二是给各地领导、规划、组织者一定学习、借鉴的机会，不要一说学习就出国，可到对口地区有的放矢学习，如深圳、上海、温州、昆山，脑子里有了东西，才能编出一个结合实际的好规划，好计划。

（陶福康　高级工程师）

促进农村卫生事业改革发展

中共中央、国务院在《关于深化医药卫生体制改革的意见》中提出要大力发展农村医疗卫生服务体系，从宏观上要求继续办好"一乡（镇）一院"、"一村一所"，并明确了三级医疗机构的功能。笔者对此有不同看法，理由如下：

改革开放前，农村人口流动性非常小，加之交通不发达，农村人口呈自然状态稳定分布是那个时期的显著特点。在当时背景下推行"一乡（镇）一院"、"一村一所"发展模式是符合实际的，对农村常见病、多发病的防治发挥了重要作用，为提高全民健康素质作出了卓越贡献，值得肯定。

但目前的状况是：随着国民经济的发展，农村城镇化速度加快，农村人口向中心村、中心镇、城市梯度转移的趋势不可逆转，农村人口密度逐渐减小；随着农村居民收入的增加，人们对基本医疗服务的需求也向多层次、高质量方向发展；随着生活水平的提高、健康状况的改善、人口老龄化等因素导致疾病谱也在发生着变化；随着县级医院能力的不断提升，交通便利的近郊乡镇卫生院已门可罗雀；部分人口少的偏远乡镇卫生院规模小，与诊所无异，相当一部分乡镇卫生院纷纷被承包或转制。这些变化和农村卫生医疗的客观现实都决定了计划经济条件下的发展模式已远远不能适应时代的发展，政府必须对其进行改革。

看病难根源于改革开放后政府对农村卫生投入严重不足、城市医疗资源过于集中及近几年农村医疗机构的低水平重复建设。解决看病难问题已不是单纯靠政府增加投入可解决的问题。转变发展思路，转变发展模式，杜绝乡镇卫生院低水平重复建设，适度制约城市大医院过快膨胀，是摆在政府面前迫在眉睫的问题，是解决看病难的关键。

卫生体制改革虽然是一个渐进的过程，但做好区域卫生规划、整合乡镇卫生院、优化资源配置却应该当机立断先行实施。只有在构建符合客观实际的新型三级医疗服务网和完善的卫生服务体系前提下，看病难的问题才有可能在不太长的时期内解决，只有在这样的前提下，"政事分开、管办分开、医药分开、营利性和非营利性分开"等改革措施才能取得好的效果；只有在这样的前提下，通过逐渐提高基本医疗保障水平、实施基本药物制度、降低药价等措施，才能逐渐解决"看病贵"的问题。

因此，本人建议国家有关部门在制订推进和深化医药卫生体制改革的具体实施方案时，应深入农村调查研究，结合农村人口分布情况和卫生现状，引导地方政府因地制宜地改革传统发展模式，以农村城镇化为依托，做好新时期农村卫生区域规划，合理布局乡镇卫生院，优化卫生资源配置，彻底解决人民日益增长的多层次、多元化医疗需求与乡镇卫生院低水平重复建设的矛盾，解决农村城镇化人口向"中心"集中与传统医疗机构布局不合理、卫生资源分散的矛盾。具体建议如下：

一、提升各级医疗机构建设标准，整合资源，优化配置，建立新型农村三级医疗网，着力解决"看病难"问题

（一）提升县级医院建设标准，提高服务能力，力争使较为复杂的重大疾病治疗不出县。建议按三级甲等医院标准建设县级医院，促使它们全面扩能提质。省级政府应制定长效机制，鼓励省级医院和医药院校与县级医院合作，加强人才、技术交流，短时间内迅速提升县级医院服务水平，使目前需要到省级医院诊治的疾病能在县级医院解决。

（二）放开县级医疗市场，增加县级城市医疗资源。省级政府可鼓励省级专科医院在交通便利、区位优势明显、辐射能力强的县城建设分院。比如辽宁省肿瘤医院就可以在区位优势明显辐射力强的凌源市城区建设分院，以解决区域内肿瘤患者化疗难的问题。引入竞争机制，鼓励民间资本开办县级民营医院，改变公立医院一统天下的局面，有效降低次均医药费用，一定程度上缓解"看病贵"问题。

（三）保留现有转制或承包卫生院性质不变。政府对已经转制或承包的乡镇卫生院不宜再收回，应保持或转为民营。现在，很多转制或承包的医院仍沿用公立医院的名称，建议启用新名称，以便与公立医院相区别。政府可引导它们向专科医院发展，以满足患者的多层次、多元化需求和弥补公立医院的不足。

（四）整合现有公立乡镇卫生院，高标准建立区域性中心卫生院。以县为单位，以城镇化为依托，以集中资源为原则，以优化资源配置为目的，制定区域卫生发展规划。打破乡镇区划限制，整合现有公立乡镇卫生院，对服务人口少、基础差的乡镇卫生院，进行撤并，在人口密集、交通发达，辐射面广、距离县城较远（超过50华里）的区域性中心乡镇重新组建区域性中心卫生院，并按二级甲等医院标准建设。中心卫生院实行县

级卫生主管部门垂直管理，其人员待遇与县级医院相同，并在职称评定、进修、子女入学等方面给予政策倾斜。中心卫生院位置的选择以服务半径20公里左右为宜，原则上首选在符合这一条件的现有公立卫生院基础上改造升级而成。中央和省政府应规定县级政府集中使用国家及省级专项资金，将有限的资金重点用到中心卫生院建设上。从基础设施入手，专业设计，做到流程合理。投送设备要按需分配，合理配置。加大人才培养和补充力度，力争建一个成功一个。争取几年内使它们达到或超过目前本地区县级医院的平均服务水平，能诊治严重、复杂的疾病，让百姓现在需要到县级医院看的病，将来在这些中心卫生院就能解决。

（五）整合现有村卫生所，高标准建立中心卫生所（或与城市统一称为社区医疗服务中心）。以乡镇为单位，打破行政村区划限制，在人口相对集中，交通便利的行政村建立中心卫生所，性质为公益性非营利性医疗机构，负责区域内常见病、多发病的诊治和院前急救、康复治疗、健康教育、中医养生保健指导、建立健康档案等工作。其服务半径以3—5公里为宜。政府最好按城市社区医疗服务中心标准来建设中心卫生所，可根据服务人口多少来配置观察床位。对现有村医进行重新考核，合格后按自愿原则充实到中心卫生所工作。人员待遇应与本地区小学教师相同。改革后未必是一村一所，主要根据地理特点和人口分布情况设置。争取实现一般疾病、小外伤、内科常见病、多发病不出村。在村级，医疗市场可适度放开，鼓励有资质有专长的医师到农村开办个体诊所，但在布局上要合理，与中心卫生所要保持2—3公里的距离，以弥补中心卫生所的不足。主管部门要严格审批，坚决杜绝非正规医学院校毕业生从事个体医疗工作。

二、成立乡镇卫生管理所，强化农村公共卫生管理

按着乡镇区划，利用原乡镇卫生院的资源，成立乡镇卫生管理所，性质可为县卫生局派出机构。承担辖区内公共卫生管理、预防接种、健康教育、中医养生保健指导等职能。预防接种是专业性非常强、关乎群众健康的重要公益性工作，承担预防接种工作的人员应专职化、专业化，目前城市中做到了这一点，但农村依然是村医生兼职承担预防接种的工作，不利

于疫苗的储存和使用的规范化、标准化，实际接种率、有效率也难以保证，严重威胁群众生命安全和身体健康。近一个时期以来，疫苗接种频频出现问题就是这一弊端的集中显现，改革已刻不容缓。

三、进一步完善和推行双向转诊制度，建立合理、有序的就医格局

建立合理、有序的就医格局是合理利用医疗资源，解决看病难的有效途径之一。具体讲就是建立三级（县级医院—中心卫生院—中心卫生所或社区医疗服务中心）分治接诊制度，让各级医疗机构协同发挥作用。通过引导患者理性就医，转变现在患者不分轻重缓急一律涌向大医院的局面。例如，引导一般疾病患者（急诊患者除外）先就近到基层医疗机构就医，有难度的，再转往上级医疗机构；在上级医疗机构，明确诊断或经过治疗病情稳定处于恢复期的患者可转往基层医疗机构接续治疗，这样就能充分利用各级医疗资源，让患者有序流动。

四、设立独立的县级急救指挥中心

目前，绝大多数的县级急救指挥中心都设在县医院，这种得天独厚的优势让它们获得了丰厚的临床资源，强化了其垄断地位，加剧了不公平竞争。政府应克服利益集团的阻力，将设置在县医院的急救指挥中心剥离出来，成立独立的医疗急救指挥中心，做到县域内资源共享，本着患者自愿就近就医原则，公平分配临床资源，加快公平竞争机制的形成。

五、做好现有人员分流安置

对现有乡镇卫生院人员进行分类，把医疗技术较好的医护专业人员充实到各新组建的中心卫生院临床一线，对其余人员进行业务培训，合格后充实到卫生管理所。

六、完善人才培养机制

合理的医疗服务体系建立之后，人才培养就是重中之重。人才匮乏是制约农村卫生事业可持续发展的瓶颈，人才断档已现端倪，形势严峻。政府应积极制订卫生人才培养规划，合理设置医学院校和专业，面向农村培养全科人才。设立卫生人才奖励激励机制，让大学毕业生下得去、留得住，让他们学有所用，为他们开辟优于城市的学术空间和职称晋升绿色通

道，为他们的技术进步和个人成长铺平道路，让他们觉得在农村工作有前途。例如，政府可以设立全国性的"农村医疗工作贡献奖"，可定期重奖工作积极、表现突出者和在专业技术上有成果的农村医务工作者，让他们有荣誉感和自豪感。由于医学的特殊性，人才培养周期长、学生家庭负担重，国家应制定鼓励政策，给予适当补贴，以吸引更多的优秀人才从事医疗工作，实现卫生事业可持续发展。

七、改革职称评定和管理工作，促进医务人员技术进步

职称对于一个医务工作者来说十分重要，不仅是政府对其技术水平的肯定和认可，还与其切身利益息息相关。目前在评职称时附加了很多条件，除专业考试外，还要考计算机、考外语，进行继续教育、评优等。诊疗水平的高低依靠的是专业技术，附加这些条件，没有实际意义，也令人费解。这样做不仅浪费医务人员很多精力和财力，还影响他们对专业技术的学习和提高。另外，职称评定和人才使用是主管部门的事，什么职称挣什么档次的钱，应该用人单位说了算，可现实中却要人事部门参与，并由人事部门设岗、聘任，否则进了职称也没用。这种做法十分不科学、不公平，容易滋生各种腐败，应当尽快改革。笔者认为仅凭专业考试晋级是最公平、最科学、最人性化的方式。晋级工作由卫生部门一个部门管理最为合理，聘任由用人单位决定最为恰当。

八、进行社会环境治理，为医院营造良好的运营环境

全国很多地方都有"医闹"的报导，原因在于某些地方政府，片面追求稳定，害怕上访，姑息迁就"医闹"者，致使医闹者有恃无恐，在医院乱打乱砸，摆灵柩，搭灵棚，焚香烧纸，严重干扰了医院的工作秩序。当事医院苦不堪言，也给医务人员的身心造成了严重伤害，挫伤了他们的工作积极性，在社会上造成了恶劣影响。农村医院若遇上这种情况更是雪上加霜，举步维艰。和谐的前提是规范和法制，如果这种局面不扭转，任其继续发展下去，那么后果不堪设想。希望政府采取措施，从立法高度，严厉打击无理取闹者，维持社会秩序，创造平安的医疗工作环境，切实保护医务人员的人身安全和社会尊严，确保医务人员和其他患者的合法权益不

受侵害。

（许国庆　辽宁省凌源市新型农村合作医疗管理中心）

对"十二五"时期卫生工作的几点建议

一、药品生产销售实行专营体制。食盐、烟草尚且能够专营，对人的生命和健康有至关重要影响的药品更需要专营，这样既能减少药品不安全因素，又可防范药价攀升。药品实行三级批发，一个渠道，全国同价，不给任何利润空间，让患者受益。改革是要改掉革除不适应生产力发展的弊端，政府有义务有责任创造人民拥护的药品专营体制。

二、加大县乡村医疗卫生基础建设和器材建设投入。我国农村人口仍占绝大多数，要尽快调整过去偏重大中城市硬件建设投资的状况，让县级医院和乡镇卫生院武装齐备。要采取铁腕措施保证医疗卫生工作重点放在农村。

三、合理规划农村医疗卫生布局，重视乡镇卫生分院建设。所谓的乡镇卫生分院就是撤乡并镇时代之前的乡镇卫生院。20世纪80年代撤区并乡和90年代撤并乡镇时，当时政策规定只撤政府机构，事关老百姓的服务机构一概不撤。在实际中，一旦行政区划变更，被撤并乡（镇）的建制卫生院名分上改为分院，分院的建设被边缘化，一个个分院相继陷入苟延残喘的萎缩趋势。但是分院所涉及服务区域的老百姓并没有因为行政区划改革而减少，分院所在地区老百姓求医问药的需求并不会因为行政区划改革而有变。分院功能消退的结果只苦了老百姓——老百姓看病加大了成本，延长了病痛时间。

四、培育乡镇卫生院专业人才要有硬措施。20世纪70年代，一个普通乡镇卫生院（当时全县有37个乡镇卫生院）至少有三个以上的医学专业本科毕业的医生；可现如今，全县16个乡镇卫生院500多人员中仅有2名本科生。基层医疗卫生人才凋零的主要原因，一是基层条件太差留不住人，二是现行体制僵化，招聘人才的规矩繁琐，往往使招聘指标落空。改变这一现状的根本途径，一是确保医药卫生人员享受公务员待遇，二是制定绝对优惠政策鼓励医药卫生人才在艰苦地区工作，三是改变现行的人才引进机制，要灵活变通。

五、医改中鼓励医疗专业人才提前退休的政策应该缓行。目前基层医院缺的就是有年资的医生，鼓励提前退休，看似减轻分流压力，其实浪费了人才，甚至造成新的医疗人才荒。同时，基础医院不在编的聘用人员大都是在卫生事业低潮困难时期进入的，与医院是同甘苦共患难的。他们当中许多人虽然素质不高，但完全可以通过培训提高他们，这样比起刚性清退分流或许更彰显人文情怀，也更有利于卫生事业的长远稳定持续发展。

六、疫苗计划、审批、生产、供应、储运等环节必须由政府严格监管。疫苗流通领域放开存在诸多危险因素。一类疫苗毫无疑问由政府集中控制，而实行"自主自愿、自费接种"原则的二类疫苗利润空间大、不安全因素多。另外，现行疫苗销售不是有计划按比例的，相关部门容易受利益驱动，疫苗购销指标的下达不切实际，造成基层疫苗过期、浪费，同时也给以后的处理带来不便。要改革疫苗生产供应机制，无论一类疫苗还是二类疫苗都必须由政府监控生产，不得作为商品进入流通领域，同时，应像国外那样管得比药品还严。

七、民营医院的业务范围应确定在特种专科范畴。业务领域不宜扩展，规模不宜过快扩张。

（余迅　安徽省潜山县卫生局）

残疾人在"十二五"时期希望得到的帮助

残疾人是社会整体的一部分，中国有八千多万残疾人。残疾人是负担同时也是资源，为他们创造好的环境，把他们好的资源开发出来，对国家、社会、家庭都是有益的，价值是不可估量的。

为了更好地发展残疾人事业，维护残疾人利益，改善残疾人工作、学习、居住、就业等环境，提高残疾人的自身素质，消除对残疾人的歧视，唤起全社会对残疾人事业的关注，让残疾人能够真正意义上生活得体面与尊严，让残疾人能够平等地参与社会并享受到社会进步的成果，现提出如下建议：

一、加强立法，保护好残疾人有限的资源，使之不被占用与流失，并能够真正用到残疾人事业上，避免假残疾人以及假残疾人项目蚕食残疾人有限的资源。

二、加强监督机制，防止政府行为存在歧视和损害残疾人事件的发生。有些地方政府在法律法规的制定上漠视残疾人的权利，损害了残疾人利益，伤害了残疾人的心。

三、加强残疾人自身素质建设，引导教育残疾人自强、自尊、自爱，有大局观念，有一颗感恩的心。

四、让残疾人参与针对残疾人的法律法规的制定，听取残疾人建议，制定之前做好调研工作。

五、加强推广无障碍设施建设，扫除残疾人平等参与社会的障碍。

六、建立一个面向残疾人的电视频道，让盲人能够听到，让聋人能够看懂。这对残疾人事业的发展可以说意义重大，也是八千多万残疾人最渴望的。

七、推广建立吸纳残疾人的志愿者组织，让残疾人为残疾人和社会服务。我有幸参与了9月初在哈尔滨市举行的残疾人企业家论坛的接待工作，在中残联肢协副主席杜仲主持策划下，这次接待成为残疾人服务残疾人的成功范例，接站、送站、会议的交通服务、接待、导游都是残疾人义务完成的，值得学习与推广。

八、做到真正意义上的残疾人按比例参与到公务员和事业单位中。

九、对重度残疾，完全丧失劳动和自理能力的人员，实行国家赡养制度。

十、支持鼓励残疾人自主创业，积极引导残疾人就业，畅通残疾人就业渠道。

十一、建立优秀残疾人工作者表彰制度，弘扬无私奉献精神，肯定他们作出的贡献。

希望残疾人事业在"十二五"时期能够更好地发展，是我们八千多万残疾人共同的心声，同时也非常感谢党和政府给了我们民主发言的权力，我们的党在进步，我们的国家在发展，我们祖国的明天会更好。

（赵吉山　黑龙江省哈尔滨市肢残人）

推动新农村文化大发展大繁荣

我国是农业人口大国，没有新农村文化大发展大繁荣建设成果，就没有全国的文化大发展大繁荣建设成就。"推动社会主义文化大发展大繁荣"，关键就在于加强新农村文化这个基础工程建设；农业、农村和农民是民族文化的根，是原生态文化的发祥地，是文化多样性的基础，也是多样性文化相互交融、渗透与竞争的基础。

一、把握好新农村文化的特点与规律

新农村文化就是新时期、新阶段，在县乡党委、政府领导下，在村党支部和村民委员会具体组织下，由农民群众自愿组成的聚思想性、艺术性、表演性、参与性、观赏性和地方性特色为一体的新农村群众公共文化娱乐活动。

新农村文化具有（1）广泛的群众性：直接服务于农业，服务于农村，服务于农民；（2）一定的地域性：在同一地域范围内，相同的生产环境，相同的生活习俗，相同的文化背景和文化渊源，是人们凝聚在一起，思想上达成共识，感情上产生共鸣的先决条件和有效载体；（3）传承性：中华民族上下五千年的社会文化发展历程，都能在新农村文化活动中捕捉到它的影子，找寻到它的轨迹；（4）原生态性；不同地域、不同民族、不同的生产环境和生活习俗，以及不同的宗教信仰，展现出独具地方特色、民族特色与民俗特色的鲜明的文化色彩与文化魅力，呈现出古朴的、未经修饰与雕琢的异彩纷呈的文化内涵和外延，是适应和满足现代社会返璞归真的文化轮回与需求的最有效形式和重要载体。

二、展望"十二五"，进一步激发新农村文化建设热情

在迎接"十二五"新农村文化建设大潮中，我们要紧紧抓住农村中先富裕起来提前步入小康生活的"小康群体"；从转变"小康群体"的思想观念和文化观念入手，把他们引导、培育、发展成为新农村文化建设的主力军，使他们成为新农村文化建设的排头兵；充分发挥他们的创造才能，激发他们的奉献精神，从无到有，从小到大地创建村、组文化活动室、图书阅览室和农民文化书屋等文体活动场所，建立村、组群众业余文艺演出队伍，推动新农村文化建设蓬勃发展，开创新农村文化建设新局面。

三、创新文化活动，建立"文化联动"长效工作机制和激励机制

一是要抓好继承与创新。在采集、挖掘、整理、排练、演出当地民歌、民间舞蹈的同时，发掘、培养一批本土文艺创作的骨干分子，把这些

从生活中来，有着丰富农村文化生活阅历的骨干分子团结在一起，以当地群众认同的语言和艺术形式，从老歌新唱、旧曲填新词、由浅入深、由易到难地开展文艺创作；挖掘本土文化资源，发挥本土特色文化优势，推陈出新，给古老的、民族的、民俗的、具有浓郁乡土气息和生活气息的艺术瑰宝。

二是要在文艺队伍中牢固树立坚持常年开展活动才有战斗力，积极参加各种汇演和调演才有影响力的思想观念。

三是要创建"文化联动"长效工作机制和激励机制。就是利用农闲循环周期，在农闲时段内，协调、安排村与村、三五个村或十个、八个村之间同时开展文化互访、交流和联动演出，实施文化整体联动，营造浓厚的新农村文化建设氛围，全方位调动全民参与新农村文化建设的积极性，掀起新农村文化建设新高潮。

四、在"推动社会主义文化大发展大繁荣"精神指引下，全面开创"十二五"新农村文化建设新局面

一建立健全人才培养，活动场所建设，信息资源共享等资金扶助投入保障机制，为新农村文化建设与发展插上腾飞的"翅膀"，使新农村文化飞得更远、更高。

二是要进一步建立、健全、丰富和完善新农村文化服务网络体系建设，进一步加强和发展公益性新农村文化事业建设。

三是我们要倍加注重挖掘和开发新农村文化的经济价值，培育、发展和壮大新农村文化产业；我们要鼓励创新，充分挖掘和整合新农村文化的资源优势，把新农村文化与风情园、休闲度假村、农家乐、观光农业基地、历史文物古迹，以及开业庆典、婚丧嫁娶等物质与非物质文化遗产有机地结合起来，以山水、生态、田园风光和文物古迹为形，注入文化为魂，把新农村文化与乡村旅游等有机地结合起来，倾力打造乡村特色文化旅游项目，充分满足人们返璞归真，寻根溯源的探究欲望与追求，走出一条实现文化与资源有效配置，创造效益最大化的新路子，为新农村文化建设与发展补足后劲，增添活力。

四是我们要充分认识到，新农村文化建设是推动社会主义和谐新农村建设的强大精神动力，是寓教于乐、形式多样、潜移默化地开展新农村国民素质教育，全面提高农民群众整体综合素质，建设社会主义和谐新农村的重要措施和主要抓手。

（赵作奎　四川省凉山彝族自治州）

促进就业和调整分配关系

促进就业和调整分配关系是我国"十二五"时期经济社会发展的重要任务。经过调查研究，提出九点建议。

一、统筹兼顾增加就业数量和提高就业质量。在保持就业数量稳中有升的基础上，更加注重提高就业质量：一是改善人力资源在各产业、区域和企业的配置状态，使就业适应和推动经济发展方式的转变；二是改善就业服务和用人办法，更好地发挥各种人才的积极性、主动性和创造性；三是改善分配制度和方式，让劳动者合理分享改革和发展成果。

二、调整就业结构，充分挖掘各层次产业就业潜力。合理确定就业结构目标，注意把握不同产业和区域之间劳动力转移的数量界限。第一产业继续将剩余劳动力转移到第二、三产业，要注意解决农村劳动力老化和补充更新问题，防止因劳动力过度转移而影响农业发展。第二产业特别是制造业要调整研发、制造加工和销售环节的人力资源配置结构，建立旨在创造和掌握核心技术的研发队伍，增强经营自主品牌的销售力量。积极选择技术档次高、市场潜力大，就业机会多的外资项目加以引进，大力发展劳动资本技术混合密集型企业。第三产业充分挖掘交通运输、商贸、会展、住宿、餐饮等传统服务业的就业潜力，积极发展金融、科技、教育、文化、医疗卫生、托儿养老、休闲娱乐和家政服务业，提供更多工作岗位。

三、实行更加积极灵活的招工用工办法。坚持定期举办各种职业招聘会，办好劳动就业网站，充分发挥网络在促进就业中的作用。加强区域之间的劳动就业信息交流，防止信息不真实和不完全造成对劳动力流动的误导。

四、完善就业标准，加强劳动执法监督检查。目前国内关于就业标准的规定分散在不同法律中，有些规定不够明确。全国各地情况差异较大，一时还难以制定全国统一完备的就业标准法。各地可以从实际出发，制定地方性就业标准，对就业的最低年龄、工作时间、最低工资、加班工资、职业培训、公众假期、带薪年假、产假等内容做出更加明确具体的规定，以利于规范劳动就业活动。适当充实劳动执法队伍，建立健全劳动就业检查员制度，对劳动就业法规的执行情况进行更有效的监督检查。当前和今后一个时期要重点检查《劳动合同法》等法律执行情况，特别是对一些企业工人超时工作和工资过低问题给予高度关注。

五、在农村、城镇和企业分阶段抓好劳动技能培训。一是由政府和乡村组织在农村开展劳动力转移前培训，根据城镇就业市场和二、三产业需要进行基本知识技能培训，择优排序推荐到城镇就业；二是由城镇各种职业技术学校和社会培训机构，对进城务工农民和城镇初次就业人员进行就业前培训，为他们就业牵线搭桥；三是由企业组织对新招员工和下岗再就业人员进行上岗前培训，使他们尽快适应岗位工作要求，并开展经常性的教育培训。一般大型企业应建立自己的职业培训机构。

六、做好企业员工心理疏导工作。重点针对80后、90后员工的心理状态，加强心理素质教育和疏导。把劳动技能培训和思想品德教育、心理疏导工作结合起来，继续抓好企业文化建设，丰富员工文化生活，帮助员工以健康的心理状态应对人生的各种挑战。

七、理顺工资利润税收关系，设法提高企业生产一线工人工资。针对目前企业生产一线工人工资明显偏低的问题，政府有必要采取多种措施加强对企业分配的监管和调控，努力实现工资、利润、税收协调增长，争取

"十二五"时期生产一线工人工资有较大幅度提高。

八、改进最低工资制度和集体协商办法。按照现行方法计算的最低工资标准偏低，在执行中被一些企业当作实际工资基准。这些企业按照略高于最低工资标准的水平制定实际工资标准，使得低工资合法化。针对这个问题，在制定最低工资标准时要充分考虑其构成因素的新变化，探索更科学的计算方法。有必要增强工会主席的独立性，探索通过其他方法选择协商代表：一是由本企业职工推举代表（可以是工会主席也可以是其他人）；二是不同企业工会主席交叉代表职工协商（例如甲企业工会主席代表乙企业职工协商，乙企业工会主席代表甲企业职工协商）；三是由政府主管部门从社会聘任有关专家代表职工进行工资集体协商。

九、妥善处理涉外企业中的劳动分配关系。我国发展开放型经济必须充分利用国内外两种资源和两个市场，所产生的收入也必然在中外不同利益主体之间进行分配。目前涉外企业（外资企业和其他外贸企业）存在国际资本对中方收入的挤压，应对这种挤压的办法不是限制外资企业发展，而是加强和改进监管调控。

（郑志国　中共广东省委党校）

浅析保障房建设的主要问题和发展方向

衬托房地产市场黄金十年的，是中低收入人群住房难的"黑色十年"。单靠市场的手段无法有效解决中低收入者住房难问题，已经成为群众、企业和政府的共识。必须在宏观调控的基础上，实现中国房地产格局的彻底转变，规制和引导房地产走上可持续发展的方向。

温家宝总理 2010 年 12 月提出:"房价来讲有政府应该管理的部分,有市场应该管理的部分,总理应该管的主要是保障性住房,解决的主要是中低收入者的问题"。要想使住房市场的发展走入一个健康的轨道,首先还需要弄清楚政府要做什么,市场要做什么。在未来的 5 年中,建议政府将社会保障体系构建的切入点放在解决中低收入阶层基本住房保障上面。

根据资料显示,2009 年全国保障性住房及棚户区改造为 330 万套;2010 年保障性安居工程 580 万套。2011 年计划建设 1000 万套保障房。建议政府以此为开端,在未来的五年内,继续加大保障房建设,力争在"十二五"时期,构建并完善社会主义市场经济条件下的保障房体系。

谈到保障房建设,以下三个问题往往是群众关心、经济学者争吵不休的核心——保障房"为谁而建"、"如何建"和"怎么分"。

首先,必须明确保障房建设的最主要目的是解决中低收入人群的住房难问题,抑制商品房价格和拉动经济增长不过是做好保障房建设带来的"额外礼包",切勿舍本逐末。

其次,资金来源和房屋分配成为保障房建设的两大难题。后者主要涉及分配权的界定和利益再分配过程中的均衡,本文暂略不谈。由于保障房建设的投资收益率远远要低于商品房,所以对于保障房建设来说,最为首要的问题当属资金来源问题。

对此,一是可以进行住房公积金制度改革试点,尝试从住房公积金中提取一定比例资金形成廉租房建设基金,具体比例尚需进一步论证。二是向保障房工程提供政策倾斜与政策优惠,比如对进入保障房建设的房地产企业提供直接补贴或者税收减免,促进、引导民间资本进入。三是立足于"保障"的基础,适当提高保障性住房的投资收益,引导房地产企业将资金投入到保障房的建设中。四是从每年的财政预算中,划出专项专款保证每年度的保障房建设能够顺利实施。五是尽量征收房产税,并将房产税所得资金用于保障性住房建设,这样不仅可以实现富裕阶层与中产阶层向中低收入阶层的转移支付,而且也有助于减少社会贫富差距。

简而言之,加大保障房建设的投入力度,改善保障房建设资金不足的现状；加大执法力度，为保障房建设的发展创造良好的外部环境。这是对政府肩负"人民安居乐业"重任的强调。

最后，在微观运作层面，保障房建设应当采取规模化、标准化、工业化的新思路。

（孙大鹏、龚骏　北京师范大学经济与工商管理学院）

高度重视人文社科研究　大幅提高人文社科项目立项数额

目前，国家正在加快建设社会主义和谐社会的步伐，各项关系国计民生的建设越来越得到重视，如医疗卫生、教育等领域的建设都取得了较大进步。当前，我国各大高校及科研机构中大多数都设有人文社会科学、马克思主义研究机构，其研究人员数目甚至多于自然科学研究人数。但国家对人文社会科学的重视程度却远远不及自然科学。以 2010 年为例，国家自然科学基金仅面上资助项目就有 13030 项，各项资助项目总额合计 965178 万元；而同年国家社科基金资助总数为 2285 项，其中还包括了重点项目和青年项目，且资助金额与资助总额和国家自然科学基金相比也有着天壤之别。为了构建社会主义和谐社会、促进我国各项社会事业和谐发展，在此，恳请各位领导给予社会科学研究应有的重视，大幅提高国家人文社科项目的研究数目和项目基金额度，使社会科学研究与自然科学研究两者能够平衡地和谐发展，共同促进我国社会主义事业建设的进步。

（江疆、杨善发、朱敏　安徽医科大学卫生管理学院）

调节收入分配，引领更多人进入创业市场

目前，我国在初次分配中，资本占分配比重较大，劳动报酬较低。因此，在中央及国务院会议上，许多领导人都指出要提高劳动在初次分配中的比重，并提高劳动者的财产性收入。在我看来，一方面，短期内劳动者的报酬很难大幅度提高。尽管随着人口红利的减少，劳动力市场形势出现扭转，朝着更有利于劳动者的方向发展，但是即使劳动者报酬呈上涨之势，其幅度也是有限的，越过一定的界限可能就会出现机器代替人的现象。另一方面，财产性收入这一块的挖掘空间也十分有限。对城里人来说，自住房都难以解决，莫说投资了；对于农民来说，即使以土地入股，土地承租，年收益也就在每亩 1400 元上下，想富都富不了。

那如何调节收入分配呢？我认为引领更多人进入创业市场是调节收入分配的有效办法之一。让有点积蓄的人（没有积蓄的，金融政策要给予支持和优惠）去创业，然后逐步融入市场，逐步做得大一些、强一些，以增强竞争、平衡收益。这样既让市场健康发展了，又为更多的人提供了获利发展的机会，这样或许能有效调节收入分配状况。

（刘万军　安徽颍上一中）

关注老龄化问题

中国老年人口已近两亿，但就整体而言，政府对相关问题还重视不够，存在的问题依然不少。因此，我建议：

一是要高度重视。请党中央国务院对有关老年人的问题作专题研讨，制定宏观规划，采取有效措施应对老龄化社会带来的新情况和诸多新问题，引起全社会对有关问题的关注。

二是转变观念。老人不是社会的负担，而是社会的宝贵财富，应予以挖掘、利用。

三是要发展老年事业。老年事业的发展会推动整个社会的进步，促进经济发展，解决就业问题，老年人的衣食住行、医疗、旅游、学习都将带动相关产业的大幅提升。

四是要关注退休后的生活问题。不少老年人前半生处于低工资状态下，而他们因为退休年代早，工资底数低，退休后生活较为困难。这些人当年对国家曾作出过无私的奉献，现在请不要忘记他们，理应让他们共同享受改革开放的成果。为此，建议较大幅度地提高退休人员的退休金水平，并按学历、工作年限、职称等划段，重点照顾退休早、工资低、职称高的群体。

（莽克荣　河北省廊坊师范学院）

计划生育改革势在必行

　　计划生育应当努力使生育接近更替水平，可是存在一个认识误区，认为生育率越低越好。多年来，生育率严重偏低，造成了人口老龄化、性别比严重失调等社会问题。如，为了追求较低的生育率，只允许一个女孩的家庭生育第二个子女，不允许一个男孩的家庭生育第二个子女，造成了性别比严重失调；在农村中，一个女孩的家庭允许生育二胎，在城镇中，一个女孩的家庭不允许生育二胎，进一步造成城镇的生育率低于农村，高素质人口的生育率低于低素质人口的生育率，从整体上影响了我国人口素质的提高。

（张庆玉　山东省滕州市）

大力发展科教文卫体等公共事业

　　1. 发展科学技术，在发展高端技术的同时，更要把科技用于人民群众的日常生活中，使人民群众得到更多的实惠。

　　2. 积极发展学前教育，增加义务教育年限。

　　学前教育非常关键，能够影响孩子的一生。现阶段，我国各地区学前教育发展不平衡，农村和城市有很大差距，贫困地区和发达地区也存在很大差距。"十二五"时期，应该重点加大学前教育落后地方的建设力度，使这部分地方的硬件设施迈上一个新台阶；加强政策引导和资金扶持，使一部分有能力的人投身到学前教育的队伍中去，优化学前教育的教师队伍。同时，中央、省、市三级财政按 4∶3∶3 的比例补贴从事学前教育的机构，注意不要划分教育机构等级，尽量要使一个区域内的学前教育机构档次相当，并且要切实减轻每个家庭的学前教育成本。

当前，我国实行的是九年制免费义务教育，即完成初中阶段的学习。"十二五"期间，建议将 7—20 周岁的人群，全部纳入到义务教育的范畴，以提高公民整体素质。具体地说，就是 7—20 周岁的人群，无论就读什么性质的学校，都实行免费教育，以年龄看齐。这样一来，既可以普及到高中阶段的教育，又使人们有更多的选择权。

3. 注意保护和发展好民间艺术。各级政府要通过各种渠道，提供技术和资金等的支持，给民间艺术一个广阔的发展平台。

4. 加强农村基础设施建设。

现在，国家正在开展新农村建设，但农村的生活用水和垃圾处理等问题，是一个棘手的问题。"十二五"时期，应该重点加以改善。

以"镇"为单位，条件好的地区，可以建设"镇级市"。

每个乡镇都要有一个垃圾处理厂，每个村级单位都要建立垃圾排放点，现在乱堆乱放的垃圾要及时处理干净，以后要有专人负责清扫垃圾、并将垃圾送到乡镇上的垃圾处理厂。垃圾处理费以户为单位，每户每月按 2—5 元钱的标准收取，以年为单位收取，作为垃圾清扫人员的工资发放费用的一部分。另一部分，由县乡两级政府负担。

几个临近的村级单位共同建一个自来水站，建设资金由县乡两级政府负担，由乡镇政府负责监督指导工作，水费按国家标准统一征收。

另外，发展清洁能源，主要是使用沼气做饭、取暖。沼气建设费用，由中央、省、市三级财政负担。

5. 发展"健康"的体育事业。

体育运动的本身就是一个让人身体健康的运动，但是有时候一些竞技活动有着比较严重的"健康"问题。选拔体制不健康、比赛过程不健康……这些影响着体育事业的发展，特别是竞技体育领域。

6. 提高城市公共交通运载能力，保证交通运输通畅。

现在的城市交通，特别是一些大的城市，道路拥挤情况十分严重，几乎是瘫痪的状态，这对社会的发展影响相当巨大。发展公共交通，首先就要降低服务价格，让利于民，不足的部分由地级市政府承担；其次，要增加公共交通运输车辆的数量；再次，要增加公路和道桥建设里程，但是建设的使用寿命至少要在 5 年以上。建设之前要做好计划分析工作，充分考虑社会发展的程度等，不能盲目投资建设。

（陈国善）

促进体育事业健康发展

新中国成立以来我国的体育事业取得长足进展，成就辉煌。近些年，我国举办了各类体育盛会，夺得的奖牌数量越来越多，尤其在 2010 年的广州亚运会，我国获得了 199 枚奖牌，可喜可贺！于是乎，在社会上，"体育强国"的呼声越来越强。

但如果将国内外参赛运动员名单进行认真比较，不难发现，我国的运动员几乎都是国家（或省、市体育机构）的职业运动员，而国外的运动员大多都是某某学校、某某单位的非职业运动员。显然，职业选手与非职业选手的竞赛本身就不是在一个起跑线上。另外，我国在奥运会和亚运会上的"金牌霸主"只是表明我国在竞技体育上战果辉煌。但从这些金牌的分布来分析，其含金量也是比较低的。因为，在群众基础特好、而且门槛低、容易普及的田径、游泳、球类、自行车等等体育运动上，中国健儿所获得的金牌寥寥无几。所以，这个"金牌霸主"桂冠并不能表明我国的竞技体育、大众体育、体育教育、体育产业、人民的体魄素质、体育科技、体育文化、体育市场、体育演艺、体育软实力……等等体育强国的要素都强、都好！而且，在中国的偏远省区，尤其是广大农村的体育事业发展还非常落后。即使在大都市的学校，在高考棒的指挥下，中小学生几乎没有时间锻炼身体，"眼镜生"、"白脸生"、"肥胖生"比比皆是。这与"发展体育运动，增强人民体质"的要求相距甚远。为此，建议：

一、修改"精英体育"为"大众体育"

在举国机制运作模式下，我国竞技体育的某些项目成就辉煌。然而，这是在牺牲千千万万体育苗子、淡漠大众体育的前提下，通过培养少数的体育健将，才得以取得的。中国的大众体育发展的空间还很大，我们应及时调整指导思想，在用举国机制继续确保和拓展金牌数量的同时，要加快发展大众体育，大力开展全民健身运动，使全体国民的身体素质、体育精神面貌都达到"小康"——"体育强国"的水平。

二、改"国资体育"为"国资＋民营体育"

坦诚地讲，没有举国机制——不计成本、不计经济效益的培养模式，中国的体育健儿也不可能在短短的几十年内，在竞技体育方面取得如此翻天覆地的成就。但是，如今，我国改革开放三十多年了，民营企业突飞猛进，国强、民富了，为何不让潜力巨大的民营资本涉足体育事业呢？在市场经济条件下，应由国家出台科学的体育激励政策，将国有资本与民营资本有机结合起来、相互促进。即：国有资本重点做那些投入大、回报率低、回报慢的基础的、公益的体育事业（例如，基础体育设施、场馆建设、体育科研、体育教育、大众体育等），民营资本做那些回报率高、回报快的短平快的体育事业（例如，将某某体育健将"养"起来，平时：训练＋做企业或产品的代言人，战时：为国争光夺奖牌）。或者成立各个门类的体育俱乐部，自负盈亏，以商业养体育。严厉打击假球、假赛等违法行为。

三、转变体育教育模式

发展体育最终目的不是参加各种体育大赛、夺取奖牌，而是通过各种体育活动强壮国人体魄、提升国人意志，展示国人民族精神和风貌。体育强国要从孩子抓起，体育人才也要从小实现综合发展。我国参加"大运会"的运动健儿，很难说都是真正的大学生。再者，由于"职业运动员"过于侧重训练，文化课严重缺失，导致他们退役无法另谋职业。即使他们留在体育界做传、帮、带的工作，也只是一种低水平的"轮回"。因为，他们无法将自己的实战经验上升到理论高度而教育他人。这些不尽如人意的地方，都与现有"体育教育"模式的落后有关。所以，应该在"十二五"时期对现有的"体育教育"进行彻底的改革。

（陈彦宏　北京市军乐艺术学校 2012 届声乐班）

改革现有公立中医院，创办新型中西医结合试点医院

一、公立中医院改革的必要性。自 20 世纪七八十年代以来，国家出巨资在省、地、市、县先后建立公立中医院，各省建立中医药学校；公立中医院改革是破解看病难看病贵的最佳捷径。

二、公立中医院改革的目标及拟解决的关键问题。1. 解决公立中医院的发展方向问题。2. 解决公立中医院的运营模式问题。3. 探索中西医结合的新模式。

三、改革方案及可行性分析。1. 政府投资方向应有利于中医药适宜技术的推广与应用，有利于中西医结合成果的开发与推广。2. 公立中医院的

运营模式应参照西医及私立专科医院的运营模式，灵活经营。3. 创办中国特色的新型中西医结合试点医院。

（陈合昌　山东省茌平县第三人民医院）

无国界医生对"十二五"规划的建议

无国界医生是一个非营利的国际人道医疗救援机构。长期以来，在艾滋病治疗与关怀，救灾，基本医疗方面与中国政府保持密切的合作。欣闻国家发改委开展向"十二五"规划建言献策活动，我们真诚地就中国艾滋病防控策略和相关问题，提出如下建议：

1. 优化细节，使现有的"四免一关怀"政策和财政投入的产出最大化。具体包括：

（1）推广复合制剂。现在使用的单一片剂的药品，加重了终身服药的艾滋病人的服药负担，依从性差，容易造成耐药和治疗失败，病人的管理成本也较高。根据世界卫生组织和联合国艾滋病规划署的统计以及其他国际经验，使用复合制剂，不仅减少病人的服药负担，提高病人的生活质量，更由于提高依从性，延长一线药物的使用时间，减少机会性感染的治疗费用，而使整个治疗成本下降，国家和患者个人双受益。正由于此，大多数发展中国家和欠发达国家普遍使用复合制剂。

（2）更加广泛地使用艾滋病快速检测方法。随着快速检测技术的成熟，其准确性和可靠性大为提高，许多艾滋病高负担国家都大力推行和使用该方法。方便、快捷和廉价的快速检测是防控艾滋病的有效手段。我们呼吁政府相关部门研究匿名检测和推广快速检测的可能性。

2. 加强对国家免费供应的抗艾滋病和抗结核药物的质量保证和监管。保持 GMP（良好作业规范）的一致性。国家食品药品监督局应有专门的部署对此类药物进行定期抽样检验。样品从最终环节抽样，不应送检。建立有社区或患者参与的、公开透明的药物采购供应机制以确保药物的质量。

3. 在药品专利的审批中，兼顾公共利益和企业利益，建立平衡和灵活的药品专利制度。充分运用世界贸易组织《与贸易有关的知识产权协定》以及其他国际公约所允许的专利制度灵活性，并借鉴印度和巴西等国家的经验，对治疗艾滋病关系重大的重要药物实行"宽注册，严专利"的原则。事实证明，过于严格的专利保护，已经为中国的艾滋病治疗带来了一些阻碍。拉米夫定（3TC）和替诺福韦（TDF）就是最好的例子。

4. 推动中国制药行业的发展，培养龙头企业，增加研发投入，鼓励有能力的企业通过世界卫生组织的质量预审，为国产药进入国际市场创造条件。中国是最大的原料药和中间体的生产国，但成品药生产的能力和质量控制与发达国家和印度相比还有很大的差距。我们相信，中国制药行业的发展，特别是质量达到国际标准后，一定能为全世界，特别是发展中国家的医疗健康事业做出巨大的贡献。

（陈又丁　无国界医生）

缩小收入分配差距扩大的趋势

解决收入分配不公这个问题是党中央国务院在"十二五"期间要解决的首要问题。

收入分配不公具体表现在：垄断行业企业高管的工资是普通员工工资

的几十倍，而垄断企业职工工资又是其他行业职工工资的几倍；公务员待遇和事业单位待遇相比，公务员工资收入高于事业单位职工收入每年 1 万多元；事业单位职工与企业单位职工相比又有很大差距；再拿农民工收入进行比较，更是有天壤之别。收入差距越来越大，这种社会不公正现象如果长期得不到解决，社会矛盾积累到一定程度会引发群体性事件突发，最近发生的很多事件，深层次的原因其实就是分配不公，差距越来越大的反映。笔者建议，解决收入分配差距拉大问题应分以下几个步骤进行：

一是对低收入者进行适当补助，包括优抚对象、城乡低保户和五保户等弱势群体。增加企业职工、事业单位职工工资。增加企业事业退休职工退休养老金。建立完善农村养老体制，使农村老人真正老有所养，逐步提高他们的生活水平。

二是采取措施稳定物价。大力发展农业生产，稳定农副产品供应，降低农产品流通成本，保障化肥生产供应，规范农产品经营和深加工秩序，加强农产品期货和电子交易市场监管。健全价格监督检查和反垄断法，完善价格信息发布制度。

三是加大对高收入者收入的调节力度。首先对垄断行业的利润进行税收调节，其次对垄断行业企业高管收入进行监管和调节，尤其是中央企业的高管，充分发挥税收调节收入分配差距的作用，实施个人所得税改革，逐步缩小收入差距。

四是逐步缩小收入差别。逐步消除垄断行业职工和其他行业职工收入的差距，消除公务员和企事业单位职工收入差距，消除城市和农村居民收入差距，尤其要消除养老体制的巨大差距。

总之，调节收入分配关系，是群众呼声最强烈、全社会最关注的问题，合理的收入分配是社会公正的重要体现。我相信在党中央的正确领导下，通过发展经济，进一步深化收入分配制度改革，提高居民收入在国民收入分配中的比重，一定会将收入分配差距拉大这个问题解决好。

（董晋会　山西省太原市）

解决廉租房建设资金筹集难题

政府解决廉租房建设资金的办法是：将现行的住房公积金体制，改革为廉租房公益金体制，用征集的资金去建设廉租房。这个廉租房公益金不再归被征集人所有，不再退还给个人，而是由政府支配，用来投资廉租房建设；工商企业要按比例每年从利润中缴纳廉租房公益金；廉租房的启动资金，可以依靠财政拨款或者银行贷款，以后再利用廉租房公益金还贷；廉租房回收的资金，重新纳入公益金，形成资金链的良性循环。

（董起年）

建设文学强国

我是一个煤矿工人，但是酷爱文学。值此"十二五"广征民意之际，建议国家重视文学的发展，建设文学强国。

"十二五"时期，是中国文学发展的黄金五年。我建议，应该加强中国的文学建设，特别是网络文学建设。在资金扶持上、政策上，向草根文学倾斜。在作品评选上、作家扶持上下功夫，对优秀的好作品、有潜力的作家进行重奖。以激励更多作家以文为本，多创造原创精品的力作。作为一个文学爱好者，我知道他们创作和生活的艰辛。所以我代表千千万万个平凡的文学爱好者真诚地建议国家能够设立"中国文学节"或"金笔奖"，重奖作家，动员全民阅读，营造浓厚的阅读和写作氛围。一年一次，由各城市（或省、台港澳也可）申报评选举办。先从北京开始，办得像奥运会一样，有影响力。一年评选一次最佳散文、最佳诗歌等奖项。隆重颁发奖杯和证书，以吸引中国人民和世界人民的眼球。如果党和国家像抓体育一样重视文学，中国写作人一定是好样的，中国作家一定会了不起！

（焦建民）

关爱农村"留守老人"

近年来，许多农民朋友纷纷外出务工，他们在增加收入的同时也为地方的发展积累了资金，加快了农村小康建设的步伐。但是，由于农民自觉执行了计划生育政策，农村的独生子女户、二女手术户大量涌现，其子女结婚后大多外出务工，家中仅剩父母或父母带着年幼的孙子孙女们看守门户。这些"留守老人"易出现三个问题：一是心理问题。由于没有儿女在身边，造成"留守老人"内心自卑、思想封闭、情感冷漠。二是生活困难。有的儿女长期没有给家里汇钱，导致老人的油盐柴米无着落。三是无法就医。地处偏远山区，离医院比较远，老人患病后无人送去治疗。古语道："老吾老，以及人之老；幼吾幼，以及人之幼。"人人都会老，关爱今天的老人就是关爱明天的你我，特别是"留守老人"，他们更需要关爱。因此，我们要着力营造尊老、敬老、爱老、助老的良好社会氛围，千方百计让"留守老人"晚年生活得幸福快乐。一是家庭关爱。"百善孝为先",不要只顾挣钱,丢下老人不管,如挣了钱回家后老人没了,等于留下了最大的遗憾,故夫妻双方应该留下一人在家赡养老人。二是社会关爱。乡镇党委政府要从学习实践科学发展观、构建和谐社会的高度,重视关爱农村"留守老人"工作,乡镇老龄委、团委、妇联等单位要具体抓好落实。村党支部、村民委员会要健全关爱农村"留守老人"长效机制,建立村支"两委"委员和农村党员联系"留守老人"制度,经常深入他们家中了解情况,帮助其排忧解难;同时,还要了解其儿女的电话、手机号码,与他们保持联系,让他们知晓自己父母的近况。只有这样,才能真正把关爱农村"留守老人"的工作落到实处。

(杨顺祥　贵州省大方县响水乡农业服务中心)

关注就业困难群体　积极开展就业扶助

我是一名社区工作者,10年来在与居民接触中,看到了他们的喜怒哀乐,了解他们的所思所想。老百姓最关注的是民生问题。"十二五"规划建议提出,"促进就业和构建和谐劳动关系。实施更加积极的就业政策"。目前,存在一部分失业人员,他们多为下岗职工,年龄偏大、学历较低、就业技能缺乏,同时,家中上有老、下有小,负担很重,成为社区的困难群体。

建议政府研究针对就业困难群体的政策,提供相关岗位。企业实行改革后,企业的福利性、服务性、社会性的属性大大降低,原企业承担的服务、福利职能逐步脱离企业转向社会,那么社会将承担起这部分职能,这就要求我们建立起社会性服务保障体系。10年来做社区工作让我深深体会到，社区承担的社会服务性工作越来越多，如，退休人员的服务与管理、社区的治安与环境、为老服务等。这些都需要有人来做，因此可在社区开拓公益性服务岗位。

目前我社区老年人已占社区总人口的19%，老龄化社区特点突出。现在政府对老年人推出一系列优惠政策，将资金和实物直接补贴给老人，不管有无需求都有补贴。建议将这些资金整合起来，按需求安排人员提供更加温馨的服务，如家庭养老服务、社区养老服务。

此外，还可以开发社区环境治理、社区治安等公益性服务岗位，安排有就业愿望的人员实现再就业。"十一五"期间政府已做了大量工作，采取措施出台了积极的就业政策，但还是不够的。"十二五"期间还要加大力度，切实解决一部分就业困难的失业人员的问题。对自谋职业的人员，要进一步给予优惠政策。

（辛俊高　北京市什刹海柳荫街社区）

关注企业员工特别是农民工的心理健康

我是一名来自湖南洪江市安江镇的农村人，特别高兴有这样的机会关心国家大事，因所有的想法来自于实际生活，可能有些土，还望见谅。我就职于富士康科技集团，从公司发生的一系列不幸事件的解读中产生了一些看法：

当前社会经济变革与"90后"承受的巨大心理压力问题已到了政府和社会必须关心的地步，而不是大家起来指责一下企业就完事。我个人认为，政府及全社会应该来反思教育模式、人口政策、心理干预机制、企业责任等各方面的问题。

（谢启祥　富士康科技集团）

便民窗口应倾斜于基层

农村缺少服务窗口，应把亲民、爱民、便民、为民的窗口放在基层。新农村建设应是给予农村更多的便民举措，不是把优势集中在县城一级，不理解基层、不懂得关注基层。一味地强调集中、规范，只能使政府更加疏远百姓，疏远人民。

建议：第一，办理结婚证应放在乡镇、村级办理，不要集中在县城。第二，缴纳水电费，乡镇可设立代办窗口，不要集中在县城。第三，应在乡镇设立交通警察、配备卫生救护车辆，不要集中在县城。第四，高中设立应向乡镇倾斜，方便农民子女上学，不要把教育集中在县城。第五，社会救助和民政服务应设立在乡镇，不要集中在县城。

（陈新余　甘肃省会宁县）

关注残疾人，构建和谐社会

对制定我国"十二五"总体规划有关残疾人的问题提出以下九方面的建议，诚望给予考虑。

一、将残疾人事业经费列入财政预算，建立稳定的经费保障机制。

二、建立重度残疾人特殊的社会保障机制和居家托养补助机制，保障重度残疾人的生存权，鼓励和鞭策残疾人的扶养人认真履行扶养义务。

三、整合资源、多措并举、各司其职、政府支持，着力推进残疾人康复事业。

四、进一步明确界定"符合国家规定的录取要求的残疾考生"，保障残疾考生接受高等教育的权利。

五、落实"特殊教育教师和手语翻译，享受特殊教育津贴"的政策。

六、建立和完善扶持残疾人就业贷款的发放与管理机制，为残疾人创业提供经费支持。

七、建议将残疾人公益岗位的安排纳入政府的再就业工程加以解决。

八、建议省级以上电视台、广播电台开展残疾人专题节目，展示残疾人的风采。

九、加强和理顺残疾人工作队伍，激发残疾人工作服务的热情。

（李伟荣　云南省新平县残联）

出租房屋与房产税

建议在房产税的征收条款里，加上对出租房屋的减免优惠政策。比如登记备案出租连续满 1 年以上的房屋减免征收房产税，这样一方面增加了出租屋的供给，另外一方面，加强了对出租房屋的有效管理。同时，通过引入第三方机构进行出租房屋的统一管理，以及公租房的一揽子政策办法，缓解中等收入家庭的住房问题。

（网易网友）

发展公共租赁住房的几点建言

一、"发展公共租赁住房"应是现阶段构建和谐社会的基本公共政策之一。公共租赁住房应该成为城市住房的重要构成部分，而绝非仅仅是"补充"；发展公共租赁住房应该成为未来城市建设的重要战略，而非权宜之计。"公共租赁房"与"私有产权房"应该各占城市住房的 50%，这才是符合中国国情的战略架构。公共租赁住房现在仅占 10% 左右，"十二五"时期国家的住房战略应该是重点发展公共租赁住房。大量的公租房不仅可以抑制不合理的房价，而且有利于人才的合理流动。

二、不能将"公共租赁住房"与"廉租房"画等号，前者包含了后者，而"廉租房"仅仅是"公共租赁住房"的组成部分，换而言之，"公共租赁住房"不仅包括"廉租房"，也包括依市场价位租赁的"公共租赁住房"，否则将只能解决低收入家庭的住宅问题，而不能解决被称为"夹心层"中等收入者的住宅问题。另外，"公共租赁住房"是一种带有福利成分的住宅政策，但本身绝不应该成为一种社会福利，要避免"公共租赁住房"成为新的腐败制度根源，成为"走向奴役之路"的社会政策，而且各级政府也不会愿为巨大的财政支出买单。

三、为了调动地方政府建设公共租赁住房的积极性，要一手靠"看得见的手"——行政手段、责任状、问责制、政府规划，一手靠"看不见的手"，即价值规律。因此公共租赁住房的合理定价，将成为地方政府建设公共租赁住房的推动力。所谓合理定价，即非高价格租赁，也非过低价格租赁，必须保证公共租赁住房"保本经营"，这样才可以实行公共租赁住房建设的良性循环、良性发展。任何地方政府都不会为"亏损"长期买单的。正所谓"赔本的生意无人做"。

四、公共租赁住房的承租者，不得重复享受私有产权房的房产税的免税待遇，以保证社会公平。

五、考虑到城市目前住房价格的高位，远超出 85% 城市居民的购买力，因此加快城市公共租赁房建设实属当务之急，应该确保：（一）不完成公共租赁房的城市，不准拍卖、出售"私有产权房"的建设用地；（二）在"十二五"时期，大城市的公共租赁房建设每年不得低于 1000 万平方米，中等城市不得低于 500 万平方米，不然的话，"杯水车薪"又走了一次过场。

（孙青松）

关注城乡"空巢"老年人家庭

建议我们国家在"十二五"时期，关注"空巢"老人这个老人中的特殊群体，大力发展养老服务业，提高"空巢"老人生活质量，让全社会关心和帮助"空巢"老年人，让老人们"老有所养、老有所医、老有所乐、老有所学、老有所为"。具体建议如下：

一、建议在城乡发展中注意统一规划设置老年人服务机构。合理规划，在几个相邻近的小区、农村村庄之间，设立老年人生活、学习、医疗保健及娱乐等的综合服务中心机构。保证在此区域内的老年人只需步行很短的路程就可以满足生活、教育、医疗、娱乐等养老服务需求。建议政府在社区服务用房中优先安排养老服务用房，包括老年人活动室、老年饭桌、医疗室、日间照料室等。解决途径是，利用老旧社区的原有配套设施，对新建社区配套设施在满足商业网点必备项目用房外，必须综合考虑养老服务用房问题。在社区公共活动区域架设适合老年人的健身器材，增加社区老年人的健身场地。大型社区聚集地要建立有一定规模的图书馆，畅通企业、居民捐赠图书渠道。有条件的城市图书馆还可以开通网络服务，利用各社区网点就近办理预约借书、还书业务。开设老年饭桌，包括一日三餐，方便居家养老人员生活。

二、建议完善老年人服务管理机构。发挥社区基层管理机构居委会的作用，建立老年人服务队伍，可由五个方面的人员组成，一是社区专职工作者，二是社区医务室医疗保健医生，三是居家服务养老员，四是志愿者，五是小区保安。建议对这五个方面的人员实行双重管理体制，进行老年人服务时由社区专职工作者统一进行日常调度。居委会可以通过心理讲座、公益广告等宣传手段来引导社区居民关心老人，尤其是关心老人的精神生活。另外还可以通过开展关爱老年人的评比活动，与报纸、电台、电视等新闻媒体合作，对在关爱"空巢"老年人方面做得好的单位和个人进行表扬，鼓励全社会关心老年人。在为"空巢"老年人家庭提供家政服务方面，可以由居委会出面，与家政公司划片、定点挂钩，确保家政服务的质优价廉，确保安全规范。建议政府和社区居委会积极支持社区志愿者组织和各种非政府民间组织参与社区服务，开展对"空巢"老年人的公益活动。建立老人互助小组，提倡低龄老人为高龄老人服务、健康老人为体弱老人服务，促进老年人之间的优势互补。在社区门诊建立"义工"制度，建立医护服务组织。

三、建议提供社区健康医疗支持。完善社区医疗机构，为每一户老人免费安装电子呼叫器，每年为老年人免费进行体检，建立老年人个人身体状况和心理健康档案。建立家庭医生制度，对身患疾病、缺乏自理能力的"空巢"老人设置家庭病床、送医送药的服务项目，提供无偿或低偿医护服务，并为老年人提供定期体检、医疗咨询等多种形式的上门服务。实行对困难"空巢"老年人减免医疗费用优惠政策。通过"完善社区医疗机构，建立家庭医生制度"，有效防范老年人因行为不便或怕麻烦，小病自己凭经验吃点药，往往把病情耽误的情况发生。设立专业的老年人心理咨询场所和服务热线，普及老年人心理知识，及时排除老年人的心理压力。

四、建议重视精神赡养。在社区开展适合老年人参加的各种兴趣小组，开办老年学校，使得老年人老有所学，学有所用，心有寄托，交流有伙伴，心结有同学解，病了有同学探望，节假日有同学问候。师资可由教委安排志愿者或采用教师轮流进驻社区的方式解决。建议电视台设立专门电视频道，针对老年人特点，教授琴棋书画等文化、体育课程。组织老年人开展丰富多彩的文体活动、节日团聚庆祝活动和旅游活动。据专家分析，"空巢"容易引起老人的精神心理疾病，精神慰藉的不足只能在群体中满足。

五、建议提高"空巢"老年人养老收入水平。在调查中，我发现大多数的"空巢"老年人没有雇佣保姆，近半数的老人不愿意住进老年公寓（养老院），而他们排斥的原因中，觉得费用太高的占到了七成。个别的离退休老人家庭，由于退休时间较早、身体不好、医疗支出较多，生活比较困难。因此，要随着物价水平的上涨，不断提高"空巢"老年人的收入水平，增强"空巢"老年人家庭的经济支撑能力。

六、建议大力建设老年公寓（养老院）。建议政府部门统筹规划，通过实施鼓励性政策扶持，引导、鼓励社会力量参与老年公寓（养老院）建设。建议创办特色型老年公寓（养老院），比如可以办理园艺养老院、书画养老院等等，在园艺养老院老人们从事简单的园艺，既可锻炼身体，又可以品尝自己的劳动果实。在书画养老院，学习交流丹青技艺，其乐融融。

七、建议实行老年人"一卡通"。近年来一些城市针对老年人的便民利民方案出台很多，也陆续发放了相应的优惠卡、服务券、助老卡。建议能够对这些证券进行整合，让老年人享受"一卡通"的便利，也避免制卡资源浪费。同时对老年人"一卡通"设置充值功能，方便老年人携带，避免找零。

八、建议大力发展老年人服务产业。比如建立老年人房屋出租、售、置换服务中心，在调查中，我们发现将近半数的城市老人，愿意在适当的时候入住条件较好价格能够接受的老年公寓，而这些老人由于享受到福利分房政策，住房大多较宽敞，如拿出来出租，其租金收入，就足以抵偿老人住老年公寓的开支。还有一些城市老人由于所住房屋住宅结构、设施问题，对住宅置换的意愿强烈。因此顺应老年人要求，建立相应的住房置换、调剂服务中心很有必要。如此，也将有效解决住房资源短缺问题，也为社会创造就业机会。另外建议政府在进行住宅规划时，增加适合老年人使用的"老年套型"住宅建设。

（皮芃）

退休职工养老金问题

今后，国家机关、事业单位退休人员和企业职工退休人员的退休养老金结构可能主要由三部分组成：一是退休时按个人账户办法计算出的退休养老金；二是可能出台的公务员年金、事业年金和企业年金；三是退休后的正常增资。由于这三部分在三类人员中都有不同的变数，为防止产生新的矛盾，制定办法时一定要认真加以研究。

（方贤树　山西省太原市万柏林区）

大力保障食品安全

对如何加强食品安全，现提出以下建议：

一是制定和完善食品生产和流通过程的有关标准，将管理纳入法制化轨道中。在食品安全标准的制定中，有关转基因食品的相关标准是热点和难点。

二是建立食品安全管理的专门机构，促进管理的规范化和长期化，防止打假成了假打。

三是加强对剧毒农药的管理，堵住食品安全问题的源头。具体而言，包括两方面的工作：一方面，要加强对农药生产过程和流通渠道的管理，发挥农村农业技术推广站在农药流通中的主渠道作用，堵住一些国家明令禁止使用的农药在市场中流通，在必要的时候对剧毒农药进行必要的市场管制；另一方面，要加强对农民的科普教育，提高对农药的鉴别能力，促进农药安全合理地使用。其中，可以和最近几年开展的"三下乡"活动相结合，通过科技服务的大学生对农民进行农药使用常识的教育。

四是加强对行业协会的建设和治理，充分发挥其积极作用。行业协会由食品产业链相关企业的主要厂商组成，主要作用是促进行业自律，向消费者推荐优质食品，对不合格食品进行曝光，从而减少市场中存在的信息不对称。政府的作用在于对行业协会进行必要的治理，对其推荐的产品进行突击检查和必要的抽查等措施，对行业协会进行资信评价，并将评价的结果向社会公众公布，取缔信誉差的行业协会，改变目前国内评奖过程混乱的局面。

五是发挥消费者在食品安全问题中的积极作用。鼓励消费者积极举报，并将对不法生产者检查处理的结果及时向公众公布。

六是国家建立重奖举报假冒伪劣食品消费者专项基金，设立专门食品安全问题举报电话，鼓励消费者积极举报。

七是积极探索食品安全信用体系建设。强调企业的自身管理，重视宣传教育，加强对政府、企业和消费者的宣传，消除地方保护主义，增强企业和消费者的法律意识等。

八是建立完善确实可行的质量可追溯的优质安全食品体系，即建立起一条完整的、确实可靠的从农田、工厂、经销商、监管到消费者可追溯的"安全链"（该"安全链"可通过电话和网络查询和证实）。没有"安全链"标志的食品，经销商不能销售，否则将要受到处罚；哪个环节缺失，相应的责任主体就应被追究责任。

九是实行新的食品安全监管体制，将原来的交叉管理变为纵向接力。把食品从田头到餐桌的行程分成种植养殖、生产加工和流通消费三个环节，由农业主管部门、质量监管部门和食品药品监督局分头全面监管；工商管理部门和经济综合部门则分别担负起了对地下加工点的堵与疏；过去由卫生部门统一发放的食品卫生许可证，现在也由各环节的负责部门发放。哪个环节出了问题，就由哪个部门负责。

十是依法成立以盈利为目的的民营的专门打击"不安全食品"的公司。政府立法允许可以成立民营打击"不安全食品"的企业（通过提取"不安全食品"的价值和非法所得而赢利），从而提升打击"不安全食品"的效率和积极性，弥补专由政府进行打击"不安全食品"的不足之处。这就需要政府立法来解决这一问题——政府立法允许民间可以成立打击"不安全食品"的企业，国家强制提成打击"不安全食品"的价值和非法所得作为打击"不安全食品"公司的赢利。

（黄俊泉　国投盘江发电有限公司）

完善医疗卫生和民众健康管理

针对完善医疗卫生和民众健康管理提出以下建议：

一是加快推进深化医药卫生体制改革，尽快完成医疗卫生服务和医疗卫生监管的分离；尽快完成医疗卫生和公共卫生监管的分离。明确卫生部只负责医疗卫生的监管，食品卫生、环境卫生、放射卫生、爱国卫生、职业卫生、学校卫生和公共场所卫生的监管职责则全部交由食品药品监督管理局负责。只有理顺卫生服务、卫生管理、卫生监督的职责和体系，才能让医生更好地工作，让卫生监督管理人员依法履行职责，使卫生预防、卫生服务、卫生管理、卫生监督的体系真正有效运行，更好地为人民群众身心健康服务。

二是建议在三级甲等医院建立起慢性病防控研究所。现在医疗消耗的费用大部分是用在慢性支气管炎、高血压、冠心病、糖尿病、中风、高血脂、高血糖、颈椎病、肩周炎、腰椎间盘突出、尘肺、肿瘤等各种慢性病的治疗上，为此，设置慢性病防控研究所，设立专门的专家库，对慢性疾病在预防、诊断、治疗上进行研究，并每年发布一次"中国慢性病防控指南"，作为医疗机构和普通民众治疗和预防的参考，可有效降低医疗卫生成本。

三是加快推进全民健康管理。个体和群体的健康管理需要有专门机构和人员负责，并用高标准推进健康管理行业稳步发展。由相关部门每年在社区、企业事业单位、农村开展对常见病、慢性病、美容保健、运动与健康、心理卫生、环境与健康、职业健康、养生、家庭急救、体检、健康管理干预等方面知识的教育培训，提高民众的健康意识，建立全民电子健康档案系统，供卫生服务机构和个人使用。

四是加快中医药卫生事业的发展。要尽快地让中医药从防病、诊断、治疗到管理全过程实现标准化，并兼顾其他少数民族医药事业的精华，让中国医药事业尽快体系化。在标准化体系化的基础上，不断进行创新，特别是在慢性病预防、治疗和针灸推拿保健、养生等方面加大创新力度，使其中医药在疗效上更有说服力。要采取措施避免中医医院西医化。不断培养适合民众的真正中医专业人才。

五是建议在民众就医上合理调配医疗资源，异地看病报销应当落实。

（网易网友）

关注社区管理

社区是中国社会的基本单元。社区工作的加强将给老百姓带来巨大的实惠，老百姓的利益将会得到真正的维护。应该在社区之中处理好业主与开发商的关系，切实地保障业主利益，让业主更多地参与到社区的管理和建设之中来。

（王桂林　辽宁省朝阳市）

对住房、出行问题的几点建议

保障刚需公租房，
贷款购买一套房，
重税限购二套房，
杜绝投机三套房，
和谐社会皆有房。

加税限购私家车，
交通不堵事故少；

加大流量公交车，

出行便捷污染少；

倡导国人自行车，

环保健康疾病少。

（中经网网友）

从根本上稳定人民生活资料价格

第一，把目前对农村种粮补贴按耕地面积或人头补贴现金的做法，改为对卖粮农民的直接补贴。

第二，对荒废可耕土地的承包人，按时长、面积实行罚款。

第三，制定政策引导有投资能力的人到农村搞大规模、集约型、绿色、循环、可持续、观赏性的耕地改造（包括目前江河、湖边两岸），建立农、林、牧、渔、经济作物基地。

第四，建立健全城乡之间生活资料流通领域法规，坚决打击不法投机行为。

（邱其谋　湖北省红安电信局）

新农合的起付线能否再降低一些

自 2008 年新农合正式实施以来，有效缓解了我国农村地区"看病难、看病贵"问题。随着新农合筹资水平的不断提高，新农合的保障范围也在不断加大。但对于真正的贫困人口来说，看病贵仍旧是他们沉重的负担。住院所需的医疗费用以及由住院产生的其他花费，如交通、住宿、伙食等费用，是阻碍贫困人口看病的最大问题。而且贫困人口无论是在经济还是社会地位上都处于劣势地位，许多人不愿意也不敢把自己家里的存款借给他们来看病。如此一来，贫困人口的医疗问题仍旧没有得到有效解决，贫困人口"贫病交加"的现状仍旧没有得到改善。降低住院起付线并对贫困人口给予适当的补偿，是切实保障农村人口健康的关键，也是避免"穷人帮富人"的关键之举。

（江疆　jiangjiang5710@126.com）

建立强力的国家公共安全保障体系

我国是一个自然灾害多发的国家，生产事故等人为事件也层出不穷，对国民经济造成极大损失，给人民生活带来很大困苦。"十二五"时期建立起强有力的国家公共安全保障体系是保障经济发展、开创科学发展新局面的一项重要举措。

强调发展是正确的,但是发展需要安全,安全才能保障发展。《中共中央关于制定国民经济和社会发展第十二个五年规划的建议》在第六部分中提到"加强生态保护和防灾救灾体系建设",但重点只是放在自然灾害特别是地质灾害上;在第八部分提到"加强和创新社会管理"着重写了"加大公共安全投入,加强安全生产,健全对事故灾难,公共卫生事件,食品安全事件,社会安全事件的预防预警和应急处置体系"的内容。要实现安全发展,首先需要从体制上加以解决,建立起适应我国社会主义市场经济发展的强力的国家公共安全保障体系。

一要建立和强化全国的公共安全保障体系。改变目前极为松散的各部门、各单位分头把关式的应急组织体系,在中央政府内设立国家民防部(或"紧急情况部",或"国家应急总署",或"民防总局"),统一指挥和处理影响全国的重大、特重大事故事件以及国际影响大的事故事件(如核事故、化学事故等);领导、组织、协调全国的应急管理工作,做到统一指挥、大力协同。

二要加大各级政府对公共安全保障资金的投入,强化各行业保障公共安全的社会责任,建立公共安全基金制度和保险制度。

三要强调科学救援,建立各级各类指挥、管理平台,加大对救灾技术、设备和器材的研发力度,实施科学救灾。

四要从源头抓安全,培育全社会的安全文化氛围,贯彻预防为主的原则,加强安全监督管理体系和服务体系建设。

五要强化各级负责人的忧患意识和安全意识,建立施政问责制度。

六要组织社会力量,支持非政府组织(如红十字会等)发展,协同做好公共安全保障工作。

(王法)

尽量提高民众的生活品质

虽然是网络时代，但每天必读的报纸是《人民日报》(海外版)，因为身处海外，每天接触到的传媒信息，还是有偏见，有丑化的东西在"伤身体"。因此，为保证身心健康，每天读读祖国的报纸，对祖国的了解就会及时，还会有自豪感产生。

我对"十二五"规划的建言是：扩大内需，增加国民收入，尽量让民众的生活品质不断提高。我国是一个大国，是一个影响人类文明几千年的大国，因此，只有国民的教育达到世界水平，我们国家的软实力才会透过每一个个体去影响世界。中国，不仅是世界的工厂，还应是人类文明的主导者。"十二五"规划的重点之一，就是要加大教育的投入。中国与印度是世界经济格局中成长最快的巨人，但印度的农村中，文盲人口较多，造成这一原因是多方面的。中国是社会主义国家，国家在投入上是公正的。中国之所以好过印度，无疑有制度上的优越。未来，中国还会超越美国等西方发达国家。

（欧阳乐耕　日本中文导报执行董事）

切实保障残疾人生活

在美国生活的时间里，我感触最深的是美国政府对于社会公共设施方面的大力投入，特别是用于保障残疾人便利生活的基础设施更是细致和齐全。盲道、残疾人专用车位和卫生间，方便残疾人搭乘地铁的专用电梯等设施随处可见，甚至在一所普通的大学宿舍，都会配备专门的残疾人电梯。

在中国，由于近年来政府一直致力于保障和完善民生，所以这些方面也有了很大的提高。但即使在北京、上海、广州这样繁华的大城市，残疾人的配备设施的覆盖率还很低。我们国家一直在为构建和谐社会而努力，让残疾人的社会生活得到保障是题中应有之义。

（魏一琪　美国旧金山）

改革住房投资主体结构

中国住房价格高得惊人，必须对投资主体的结构进行改革。我建议实施鼎立式三轨并存平行制：一道轨，建筑生产直销。建筑业具有投资主体身份，既是生产者又是直销者，供销一体化。不经过"二传手"——开发商，少了一层加利，自然比开发商的商品房价格要低。二道轨，投资主体是政府，由建筑业承包生产保障性住房，或廉价租屋，供低收入或其他因素不购房的人使用。这类房价，比建筑业生产直销房价格更便宜，符合我国国情，政府动用行政资源，强势发展，缓解平民住房供求矛盾。三道轨，就是眼下最兴盛、最时髦的"商品房"。投资主体是开发商。供应房型多，价格昂贵，只能在少数人手里流转。

（王宪邦　英国）

建立健全基本公共服务体系
推进基本公共服务均等化

《中共中央关于制定国民经济和社会发展第十二个五年规划的建议》首次提出"加强社会建设，建立健全基本公共服务体系"，这标志着我国在"十二五"时期把民生提至战略高度，政策的着力点转到提高居民收入、缩小贫富差距、从国富到民富，使发展成果惠及全体人民。新思路新战略开辟了社会建设、公共服务新时代，体现了科学发展、加快转变经济发展方式新要求，顺应了各族人民过上更好生活新期待。

一、深刻认识加强社会建设和公共服务的重要意义

公共服务滞后是我国当前社会问题的焦点，公共支出结构不适应社会发展的现实要求，公共资源配置不均导致社会分享公共服务的不均衡。当前，我国的城乡差距、地区差距、个人收入差距，在很大程度上是与公共资源配置不均衡有关。从城乡看，我国的公共产品和公共服务基本是以满足城镇居民的需求为主，近几年来，农村居民享受的公共产品和公共服务

水平有所提高，但这种改善只是初步的。2009 年我国城乡差距为 3.33：1，若把基本公共服务算进去，城乡实际差距更大，2009 年年末全国农村贫困人口 3597 万人。从地区看，公共资源的均衡配置依然受到体制方面的制约。在现行的财税体制下，东部、中部、西部的发展差距拉大，财政收入由落后地区向发达地区集中，东、中、西部财政收入继续拉大，中、西部税收收入占全国税收收入的比重一直下降。"十一五"以来，中央对中西部支持力度较大，但是，在中央通过转移支付实施地区间收入再分配后，人均财政支出差距仍然明显，2009 年江苏省人均财政支出是湖北省的 1.48 倍，上海市人均财政支出是河南省人均财政支出的 5.23 倍。从个人看，我国居民收入差距较大，基尼系数达 0.4 以上。

可见，加强社会建设和推进基本公共服务均等化对我国完成"十二五"时期经济社会的发展目标和任务十分重要，对于我国经济社会可持续发展、人民生活质量和水平不断提高，有着重大意义。

二、正确界定公共产品和基本公共服务范围，逐步完善基本公共服务体系

公共产品是指由政府提供的用于满足社会公共需要的产品和公共服务。基本公共服务是指建立在一定社会共识基础上，根据一国经济社会发展阶段和总体水平，为维护本国经济社会的稳定、基本的社会正义和凝聚力，保护个人最基本的生存权和发展权，为实现人的全面发展所需求的基本社会条件。随着经济的发展和人民生活水平的提高，一个社会基本公共服务的范围会扩展，水平也会逐步提高。任何一个国家，在不同的历史时期，在不同的发展阶段，基本公共服务的重点有所不同，公共产品的范畴也有不同。根据我国国情和发展阶段，在"十二五"时期，我国基本公共服务还应包括经济基本公共服务和社会管理基本公共服务。基本公共服务在于它的公共性、普惠性、社会公平和人民的尊严。

从以上分析看，我国"十二五"时期，基本公共服务体系包括公共教育体系、公共卫生和基本医疗服务体系、就业再就业服务体系、公共文化体育服务体系、基础科研体系、住房保障体系、公共安全体系、应急预案

体系和应急管理体系、公共社会管理体系、人口和计划生育服务体系、国家重点经济建设服务体系。要强化社会建设和强化政府基本公共服务职能，逐步构建以人为本、覆盖城乡、符合国情、比较完整、着力保障和改善民生、运转高效、可持续的基本公共服务体系。

三、明确基本公共服务目标，推进基本公共服务均等化

明确基本公共服务的范围，并根据基本公共服务的层次性，相对、动态划分基本公共服务与非基本公共服务，调动中央和地方两个积极性，增加对基本公共服务领域的投资，优先保障和改善民生。根据社会事业发展规律和基本公共服务的不同特点，立足我国国情，按照"广覆盖、保基本、多层次、可持续"的方针，稳步推进基本公共服务体系建设。要重视民生，提高人民福利，即使我国成为发达国家，我国人民福利极大提高，也不能成为北欧那样财政负担沉重的福利国家。而法国、美国也正在进行福利制度改革。

我国的目标是，覆盖城乡居民的基本公共服务体系逐步完善，实现基本公共服务均等化，全民受教育程度稳步提升，全民族思想道德素质、科学文化素质和健康素质不断提高。社会主义民主法制更加健全，人民权益得到切实保障。文化事业和文化产业加快发展。社会管理制度趋于完善，社会更加和谐，城乡居民收入普遍较快增加。到2020年，覆盖城乡居民的社会保障体系基本建立，覆盖城乡居民的公共卫生服务体系和基本医疗服务体系基本建立，基本公共服务体系更加完备，城乡、区域居民基本公共服务差距、收入差距逐步扭转，实现基本公共服务均等化，建立和完善对保障社会公平正义具有重大作用的制度和机制。

四、界定公共服务型政府职能，强化政府责任和主导作用

公共服务型政府的主要职能是：①提供制度供给服务，为社会制定一个权威的、人人必须遵守的制度框架；②提供良好的公共政策服务，从公共需要出发，为解决社会稳定发展和经济可持续发展制定决策；③提供公共产品，提供只能由政府提供而市场解决不了的公共产品；④提供公共服务；⑤保障经济安全、公共安全、国家安全，对突发事件进行应急处理；

⑥最大限度实现就业和社会保障；⑦引导经济建设。通过建设公共服务型政府，不断扩大服务，逐步形成惠及全民、公正、公平、水平适度可持续的基本公共服务体系，更好地实现发展成果由全体人民共享。

构建公共服务型政府的科学分权机制，准确界定政府、市场、社会组织职能。要加快政府职能转变，加快推进政企分开、政资公开、政事分开、政府与市场及中介组织分开，把不该由政府管理的事转移出去，把该由政府管理的事切实管好，从制度上更好地发挥市场在资源配置中的基础性作用。在社会建设和基本公共服务中，政府、社会组织、企业都是公共服务的提供主体，政府要发挥主导作用，引导市场主体、社会组织各自的职能履行到位。要强化政府主导作用，突出政府在基本公共服务供给中的主体地位和责任，加快公共财政建设步伐，提高财政支出用于社会基本公共服务的比重，加大财政投入，形成长效机制。要发挥市场在配置公共资源中的作用，明确政府投入范围，引导企业和社会资金投向民生和社会事业，放宽市场准入，支持民间资本投向基本公共服务领域，形成政府、市场、企业、社会共同推进基本公共服务均等化的大好局面。

五、深化财政体制改革，健全中央和地方财力与事权相匹配的财政体制

财政体制改革的核心是公平、正义，要围绕实现基本公共服务均等化、主体功能区建设和加快转变经济发展方式进行，明确中央政府和地方政府在推进基本公共服务均等化中的责任。要健全中央和地方财力和事权相匹配的体制，合理划分中央与地方的事权和支出责任，进一步理顺各级政府间财政分配关系。完善财政转移支付制度是实现基本公共服务均等化的主要手段之一，要科学设置、合理搭配一般转移支付和专项转移支付，发挥好各自的作用。增加一般转移支付的规模和比重，分类规范专项转移支付，提高资金透明度和使用效益，进一步完善民族地区转移支付制度，改进资源枯竭城市转移支付办法，健全重点生态功能区转移支付办法。完善省以下财政体制，减少财政管理层次，积极推进"省直管县"和"乡财县管"等财政管理方式改革，提高管理效率。要继续大力推动财政体制向

公共财政转型，向实现基本公共服务均等化目标转型，提高基本公共服务投入比重，要增加政府支出用于改善民生和社会事业比重，要扩大社会保障覆盖面，逐步提高社会保障标准，逐步完善基本公共服务体系，要充分发挥财政政策作用直接、定点调整的优势，加大财政制度创新，为建立健全基本公共服务体系、推进基本公共服务均等化保驾护航。

六、改革预算管理体制，建立健全政府预算体系

我国预算管理体制改革的核心是统一国家财政，提高政府和财政基本公共服务保障能力。要落实科学发展观，改革预算管理体制，建立统一的国家财政。①设立国家预算总局，作为国务院特设机构，专职编制国家财政预算，指导地方编制预算，从而把预算的编制部门从财政部门中独立出来，提高预算编制的科学性和刚性。建立国家预算总局编制预算，全国人大批准预算，国家财政部执行预算的决策、执行、监督三位一体的财政预算新机制，细化预算，提高预算支出透明度，维护预算的严肃性和权威性。②统一国家财政，建立国家统一预算体系。要建立公共财政预算、国有资本经营预算、政府性基金预算和社会保障预算，形成有机衔接更加完整的预算体系，统一列入国家预算。统一国家财政和国库集中支付，理顺中央与地方、中央与部门、地方与部门的关系，整合部门资金，维护国家财政统一、公共服务、经济运行和政治治理。③统一预算支出。要建立结构合理、管理规范、约束有力、效益明显的公共支出新机制，整合财政资金，集中力量办大事，继续完善基本支出定员定额标准体系，推进实物费用定额试点，加快项目支出定额标准体系建设，提高公共服务水平。④继续推进部门预算改革、国库集中支付制度改革、政府采购改革。

七、改革和完善税收制度，构建有利于基本公共服务均等化的税收体制

要积极稳妥推进税制改革，建立健全有利于科学发展、公平分配、基本公共服务均等化的税收制度，充分发挥税收筹集收入、调控经济和调节分配的职能作用。①深化税制和税收结构改革。坚持简税制、宽税基、低税率、严征管的原则，优化税收结构，公平税收负担，规范收入分配，逐

步提高我国直接税的比例。进一步推进增值税改革,扩大增值税征收范围,完善企业所得税相关配套政策,健全营业税相关政策,合理调整消费税范围和税率结构,改革个人所得税制度,强化个人所得税调节收入分配作用,逐步建立健全综合和分类相结合的个人所得税制度,完善有利于产业结构升级和服务业发展的税收政策。继续推进费改税,全面改革资源税,开征环境保护税、推进房地产税改革。②逐步健全地方税体系,赋予省级适当的税政管理权限。在统一税政的前提下,赋予地方尤其是赋予省级政府适当的税政税收管理权,培育地方支柱财源,从而尽可能通过增加地方财政本级收入,增强各地特别是中西部欠发达地区安排使用收入的自主性、编制预算的完整性和加强资金管理的积极性,增强地方财力,提高地方政府基本公共服务能力。③改革税收征收政策,缩小地区税收差距。要彻底改革"有税源的地方无税收,无税源的地方有税收"的企业总部为纳税地政策,实行在税源地征收企业税收政策,有效控制税收向东部和大城市集中,缩小地区差距。要进行一系列公平、合理、有利于缩小地区税收差距的税收政策改革,为实现不同区域基本公共服务均等化打下良好的税收制度基础。

八、探索建立县级基本财力保障体制,提高县乡政府基本公共服务能力

县级基本财力保障机制以县乡政府实现"保工资、保运转、保民生"为目标,保障基层政府实施公共管理、提供基本公共服务以及落实国家各项民生政策的基本财力需要。要明确责任,以奖代补、动态调整。中央财政制定县级基本财力保障范围和保障标准。保障范围应包括人员经费、公用经费、民生支出以及其他必要支出等。保障标准根据基本保障范围内各项目的筹资责任和支出标准,以及财政支出相关保障对象和支出成本差异,综合考虑各地区财力状况后分县测算。中央财政根据相关政策和因素变化情况,适时调整和核定县级基本财力保障范围和标准。地方财政采取措施弥补县级基本财力缺口,县级财政要努力发展县域经济,加强收入征管,增加财政收入,努力提高财政保障能力。省级财政要制定科学的机制,加强对县级财政预算安排和预算执行的监督管理,努力提高预算编制

的科学性、完整性以及预算执行的严肃性，对县级基本财力存在缺口的地方，省级财政要制定保障缺口弥补方案和工作计划。中央财政对县级财力保障较好的地区给予奖励，根据各地弥补财力缺口工作计划，按一定比例拨付本年度保障性奖励资金，同时清算上年度地方消化财力缺口的保障性奖励。在建立和完善县级基本财力保障机制的过程中，加大省对下转移支付力度，均衡省以下财力分配。

（徐少明　湖北省浠水县财政局）

"十二五"时期基层医疗机构建设和发展的建议

作为一个普通公民有时确实想为国家的大政方针进言献策，但一直苦于不知道途径。11月初，看到国家发改委开展"十二五"规划建言献策活动，眼前一亮，让我不由自主拿起笔，谈一谈所从事的卫生工作在未来五年的发展。

一、基层卫生机构发展缓慢

我国建设基层卫生机构（城市社区卫生服务中心、乡镇卫生院）已开展四年多，但从整体效果看，社区卫生机构还没有起到"大病到医院、小病进社区"的实际作用，群众不管什么病都往大医院去，依然存在"过度诊断"、"小病大治"等问题。城市社区卫生服务中心普遍存在不够信任、不够理解、不够支持的现象。虽然在2010年8月国家基本用药目录颁布后，情况有所改善，但是城市社区卫生服务中心总的形象和职能距群众要求仍有很大差距。原因主要有：药价先前并不便宜，政府投入经费不足，就诊环境差，医疗设备落后，医疗人员的配备不合理，专业医疗素质不高，患者不信任、怕耽误病情。

我从事基层临床医疗工作三十年，深切感受到社区卫生服务中心缺乏稳定的收入来源，硬件设施亟待改善。医生就诊只靠"三筒"（听筒、电筒、针筒），有时医生出于自我保护，也把一些常见病、多发病（其中只需要有些医疗设备就能明确诊断的病情）推向大医院，间接导致患者看病难、看病贵。

二、关于加强基层卫生机构建设的建议

（一）加大政府投入力度。解决好看病难、看病贵是构建和谐社会的一项重要任务，是党和政府关心群众的重要体现。今后我国基层卫生机构建设和发展的工作重心是，政府加大投入力度，使之拥有必备的设备，提高医生素质，定员、定编、定岗合理配备医务人员。着力降低药品价格，不断地充实、完善、调整国家基本用药目录，切实依照零差率销售，让群众用上安全、放心、价廉的药品，并且提高在医保报销中的比例。只有当百姓真实感受到价廉、便捷、有效的服务，才会信赖基层卫生机构，才会认可政府所做的惠民举措。

（二）提高社区医生待遇。社区卫生服务中心要实施事业单位编制，推行绩效工资，叫停创收行为。现在社区医生普遍待遇过低，积极性严重受挫。我所在的省会城市社区卫生服务中心，工龄三十年、具有中级职称的医生每月扣除三金（医保、社保、住房公积金，其中社保有的单位还未加入）后，工资所得仅1800元左右，真可谓是廉价劳动者。医生职业人命关天，在日常工作中承受着巨大的心理压力，如此微薄的收入的确让每位社区医生都难以接受！建议"十二五"时期国家要像重视教育那样重视基层卫生领域，要像重视教师那样重视基层医务工作者，工资待遇可像中小学教师那样执行绩效工资。此外，建议设置"医师日"，以利于全社会尊医重卫，不要只是在国家遭受重大自然灾害或严重公共卫生突发事件时，才有白衣天使们无可替代的身影，要让全社会都尊重医师，理解医师，这也可缓解当前医患紧张关系，让医生这个职业回归到它应该有的崇高地位。

（三）加大人才引进，重视人才建设。人才是基层卫生机构能否真正发展壮大的关键，是发挥其"六位一体"功能的重要保证。若没有好的人才，即使有好的硬件设备，也只能束之高阁，各项工作也只能低效开展。留不住人才是当前基层卫生机构普遍存在的现象，原因主要是工资待遇太低、工作环境差、社会地位不高。建议"十二五"时期国家加强基层医务人员队伍建设，通过出台各类优惠政策，鼓励年轻医务工作者扎根基层，对其委以重任，为他们发挥专长创造良好空间。

（四）健全双向转诊机制，优化和整合医疗资源。良好的双向转诊机制，是缓解群众"看病难、看病贵"，实现"小病在社区、康复在社区、大病在医院"目标的有效方法。社区医生非常希望得到大医院全面而有真正意义上的扶持，让医疗资源充分优化和整合，这不失为对基层卫生机构人才严重缺乏的一个有效补充和医疗技术力量的有效加强，可以将常见病、多发病、慢性病防治等很好地在社区解决。

（皇甫珍学　湖北省武汉市武昌区徐家棚街社区卫生服务中心）

尽快制定《中华人民共和国卫生法》

我国已制定了多项医药卫生方面的法律法规，并在医药卫生实践中产生了重要影响与作用。但这些法规主要是部门性规章，是"目"，缺乏一个根本性、纲领性、能体现我国社会主义制度优越性的国家卫生工作"总纲"。"纲举"才能"目张"。因此，当务之急是在不断完善已出台的医药卫生法律法规、标准的同时，尽快制定《中华人民共和国卫生法》这一卫生系统的根本法，从根本上解决卫生工作在国家政治、经济与社会生活层面的性质、地位、作用等一系列重大问题。以此为根本依据，才有可能使卫生工作的科学发展有根本的法律保障；才有可能明确政府、社会和居民在促进健康方面的权利和义务，保障人人享有基本医疗卫生服务目标的实现；才有可能真正依法开展卫生工作，严格、规范执法，切实提高各级政府运用法律手段发展和管理医药卫生事业的能力；也才有可能真正做好医药卫生方面众多法律法规、标准的衔接与协调工作，创造有利于卫生工作实施与人民群众健康的法治环境。

（杨善发、江疆、朱敏　安徽医科大学）

有效监管食品药品安全

民以食为天。对于食品安全，可能每个国人都有切身体会却又无可奈何，无论你是什么身份、地位、年龄、阶层都可能是受害者。仅仅靠道德说教、记者暗访、领导过问、运动式的突击检查甚至作孽者良心发现是不行的，必须要有一套可行的制度和法律规范惩恶扬善。建议如下：

一、加快完善标准体系。首先必须建立与国际接轨的食品、药品、保健品标准体系。国人不是蟑螂鼠辈，同为人类，在食品标准方面应该向国际看齐，不能出口产品严而内销产品松，搞双重标准。拿反式脂肪酸这一国际公认的危害健康物质来说，发达国家早就有了成熟的标准，在食品标签中是必须强制标注的内容，有关部门却迟迟不出规定，是害怕严格标准后影响税收？也不知企业效益与人民健康孰重孰轻？

二、大幅加重违法成本。只要造假的收益大于风险，就会刺激人的贪婪和侥幸心理，毒奶粉的屡禁不绝就是证明。因此，必须抬高造假者的违法成本，始终让其风险大于收益，从源头上切断伪劣造假来源。对食品药品保健品造假者必须严刑峻法，不但要没收非法所得，还要加倍罚没个人财产，判刑坐牢，让其倾家荡产、颜面扫地。

三、建立举报奖励制度。伪劣食品药品保健品有完整的产业链，不可能由个别人独立完成，只要任何一个环节受到打击都可以令其崩溃。堡垒最容易从内部攻破，前提是必须要有经济动力刺激链条上潜在的举报者站出来，足够的回报可以覆盖举报行为面临的风险，这就像《消费者保护法》对消费者索赔的条款催生了一批职业打假人一样，主观上为自己牟利，客观上也拯救了别人。奖励报酬就来源于造假者的非法所得和罚没款，设定较高的奖励标准（比如50%），造假者的危害越大、规模越大、非法所得越多，也就意味着举报人的潜在奖励越多。

四、合理利用现有平台。举报不必另设机构平台，完全可以利用现有的12315平台，鼓励举报人报出身份证号码、联系方式便于兑现奖励，当然也利于核实举报的可靠性，防止有人故意陷害守法商家。对证据的搜集、认定，可以结合12315建立专门的网络平台，鼓励举报人将视频、音频等有力证据上传，便于对造假行为、程度的认定。奖励认定以举报时间为序，鼓励及时举报。

通过建立这样一个立体打击、奖励网络，假冒伪劣食品、药品、保健品将面临老鼠过街、人人喊打的局面，最终使国民健康得到保证。

（清华木　qhwood@gmail.com）

加强我国预防性疫苗安全性风险措施的思考

首先，应加强预防性疫苗临床前的安全性评价。一方面，疫苗本质上是药品，且是一种特殊类型的药品。从新药研究和开发的角度，在从试验室研究阶段到临床研究阶段的开发过程中，通过动物试验来考察其安全性，为临床研究提供安全性方面的信息，符合新药开发的一般规律。我们认为，疫苗的安全性应该比药品具备更加严格的临床和准入标准。基于使用人群的特殊性，疫苗的安全性应有更高的要求。由于大部分疫苗的使用人群是健康人群，尤其是健康儿童，因此从药物评价的角度出发，对疫苗安全性方面的要求应高于一般治疗性药物。倘若在临床前研究阶段缺少安全性评价的研究，极有可能会给健康受试者，特别是儿童带来或者增加风险。这无论从科学的角度还是伦理的角度均是不允许的。另一方面，新的制备技术带来新的安全性担忧。随着生物技术和免疫学的发展，疫苗的开发水平不断提高，除传统的减毒、灭活疫苗外，亚单位疫苗、糖蛋白结合疫苗，以及重组蛋白疫苗、DNA 疫苗和病毒载体疫苗不断涌现。这些疫苗由于其自身制备工艺的特点，与传统疫苗相比，可能带来额外的安全性方面的担忧。回顾现有疫苗的临床使用情况，疫苗并不仅仅引起过敏、局部疼痛或发热等使用人群可以接受的不良反应。国外研究报道，Lyme 疫苗可能引起自身免疫性关节炎的发生，流感疫苗可能与 Guillain—Barré 症有关。基于以上考虑，为降低临床受试者的风险，在新疫苗的开发过程中，对疫苗进行临床前安全性评价十分必要。

其次，加强疫苗流通环节的监管。疫苗作为一种公共安全产品，关系到千百万青少年儿童的生命健康和未来，国家应该从较高的地位来重视其生产和流通。疫苗的科研、生产、流通、使用、安全控制等各个环节，应由政府部门全程监管。疫苗作为特殊商品应由政府专管专营，避免疫苗的商业化流通，这样可规避或减少伪劣商品流入市场。对于一些不具备生产条件的生产企业，应责令整改或停止其生产资格；要制定相应的法律法规，加大执法力度，对危害人民群众的不法分子和生产企业予以严厉打击；应健全疫苗接种的组织机构，由过去仅靠卫生部门监管，改变为由公安、工商、卫生、食品安全等多部门联合组织执法，加大监管力度，严格监管措施；要设置专门机构，长期化、规范化地做好疫苗流动的监督、检查工作，铲除腐败土壤，堵住制度漏洞，使伪劣疫苗失去生存土壤。

再次，加强我国公共卫生投入和建设。由于商品经济的发展，不少地方政府淡化了公共卫生事业重要性的认识。卫生事业的发展，往往重视医疗而轻视预防。某些地方甚至出现医院门诊楼高大气派、防保所破烂不堪，名义专家人才云集、公共卫生人才青黄不接的局面。我们认为，人民健康就是生产力，从长远全局高度来看待公共卫生事业的投入，是我国小康社会建设的必然要求。政府应下大力气，加大对公共卫生的投入，特别是对公共卫生设备和人才的投入。应优先保障公共卫生人员的待遇，不断加大其业务学习的力度，使他们掌握过硬的业务本领，以应对突发性公共安全事件。在大规模预防接种的工作中，应建立工作预案，对公共安全事件发生，做到早预防、早发现、早处理。要加强公共卫生人员的职业道德教育，使他们严格自律，遵纪守法，践行白衣战士的崇高使命。

疫苗安全，人命关天，关系着中华民族下一代的健康，也关系着我国公共卫生事业的健康发展。我们要牢记人民的希望和重托，牢牢把握科学发展观，精心组织，统筹规划，严密防控，科学实施，构筑一道牢不可破的安全屏障，把这项利国利民的千秋工程做实做好。

（王执礼　北京市朝阳糖尿病医院院长）

"十二五"应切实降低房价

高房价正在吞噬改革开放成果,阻碍实体经济进一步发展,继续助长通货膨胀的势头,严重损害并持续降低党和政府在广大群众心目中的声誉和威望,应该加大对其的调控力度。具体建议:一是要将问责制落到实处;二是加大加息的频率和力度,这也是对底层百姓存款的保护,为了减轻加息对实体经济的负面影响,可以实行不对称加息或定向加息;三是尽早推出房产税,可以在实施的过程中逐步完善,先对多套房产进行累进制征税,对炒房者进行精确打击。

(Pengyubo　新浪上海网友)

关于进一步推进残疾人就业的建议

《中华人民共和国残疾人保障法》至今已施行20年。实践证明,实行残疾人集中与分散就业相结合,是一条正确的残疾人就业之路。残疾人就业是保障性就业,20年来各级政府着力于保障残疾人就业,体现了党和国家对残疾人发展的高度重视。

残疾人就业保障遇到了瓶颈。目前残疾人就业主要是按比例分散安排，经社会宣传、大会动员、小会座谈后，才能运转到一个单位（安排残疾人就业或缴纳就业保障金）。其中的过程比较漫长，经常要到单位协商，少则6、7次，最多的跑了27次。这种就业形式，虽然能解决部分残疾人的就业需求，但效率不高，解决面不广。市场经济条件下，残疾人劳动就业应实行自主就业和安排就业相结合的灵活就业政策。为此，建议在"十二五"时期，以残疾人安排就业的政策法规为基础，衍生制定一个可操作性强的鼓励和扶持残疾人自主就业的政策法规。

一、强化组织领导。为便于残疾人自主就业与安排就业的互动，残疾人自主就业运转工作，统一由残疾人按比例分散安排就业运转工作的组织领导担任。即：由县级以上人民政府负责残疾人工作的机构主管，残疾人联合会组织实施，残疾人劳动服务机构具体展开工作，做好宣传、指导、鼓励和扶持工作，配合财政、工商、税务等部门加强监督管理。

二、加大经济支持。可在缴纳的残疾人就业保障金中，核拨一定的扶持资金，以支持残疾人自主创业或合伙创业的就业实体发展。由于单位安排残疾人就业越多，就业保障金缴纳越少，安排残疾人就业人数达一定比例或人数后还可享受税收优惠，可考虑应聘就业残疾人的工资高于平均工资水平，并按应聘就业残疾人的实得工资额的100%核定单位残疾人工作专项奖励经费，用于对帮扶应聘就业残疾人同岗职工的补贴和有关管理人员的奖励。

三、发挥市场作用。利用市场机制，合理解决残疾人自主集中就业在经营场地、项目、产品等方面的需求。

通过支持残疾人自主就业的政策法规的制定和实施，形成以国家安排就业为保障，残疾人自主就业为主体，融入市场经济规则的残疾人劳动就业合力，打开"使残疾人劳动就业逐步普及、稳定、合理"的大门。

（陈启生　上海市闸北区残疾人联合会）

以无障碍建设为核心，促进残疾人事业发展

作为一名残疾人，我深深理解并体会到广大残疾人朋友在成长过程中遇到的困难和挑战，并一直关注中国残疾人事业的发展。近日，在中残联的网站上看到关于征求中国残疾人事业"十二五"发展规划建议的公告，十分欣喜。想借此机会表达一下我个人对残疾人事业发展的观点，希望能为中国残疾人事业的发展作出贡献。

残疾人事业的发展水平反映着一个国家或地区的社会文明程度。改革开放以来，在党和政府的亲切关怀和正确领导下，中国残疾人事业取得了令人瞩目的成就，正加快脚步向一个新的发展阶段迈进。然而，受经济条件和社会发展水平等因素的限制，我国的残疾人事业仍处于一个相对初级的阶段。要推动残疾人事业进入一个新的发展时期，需要完善的地方还有许多。只要人类在繁衍，社会在进步，残疾的产生就是一个不可避免的事实。也可以说，社会的进步也必须有人付出这样的代价。所以说，残疾需要整个社会来面对，而并不是某个残疾个体。残疾人之所以被称为弱势群体，是因为他们在身心方面存在的某些缺陷导致他们在学习、工作、生活以及与社会主流群体的沟通方面存在一定"障碍"。在一定时期内，对于残疾个体来说，残疾是不可以改变的，而"障碍"却是可以通过社会为其提供相应的条件和设施来减少乃至消除的。消除障碍是残疾人工作的出发点和立足点，社会应该为广大残疾人营造一个良好的无障碍环境，即无障碍建设是残疾人工作的核心。

无障碍建设要从无障碍意识开始。这需要各级残联等部门加大宣传力度，使得整个社会对残疾人、残疾人事业有一个全新和深刻的认识。只有

社会主流群体敞开心扉，以正常的心态接纳这一特殊群体，才能促进残疾人事业更好更快地发展。

我个人认为，无障碍建设大体包括两方面内容：无障碍硬件建设和无障碍软件建设。无障碍硬件建设是指，为保障残疾人安全出行、使用方便而在建设项目中配置的硬件服务设施。虽然我国的相关法规规定在城市建设中必须要配置相应的无障碍设施，但仍存在一系列问题。以盲道为例，我曾认真观察过某市的一段盲道，发现有以下问题：（1）在建设有盲道的街道的路口处，没有相应的声音提示设备；（2）多处与电线杆等建筑共线；（3）被民用设施占用的现象十分严重；（4）部分路段因施工等原因有严重的破损。虽然该市现为无障碍建设示范城市，但仍有这么多的问题，其他城市的情况便可想而知。这样的无障碍设施，对残疾人的可利用价值极低，甚至反倒成为障碍。不知道这样的无障碍建设意义何在？希望在"十二五"时期，这样的状况会有所改善。建议相关部门加大监督力度，完善立法，对各级城市的无障碍建设覆盖率应该有一个明确的标准。只有这样，才能让更多的残疾人朋友走出家门，更好地参与到社会生活中去。

无障碍软件建设主要指保障残疾人权益、促进残疾人发展的相关政策法规。在"十二五"时期，应继续完善残疾人在就学、就业、就医等方面的相关立法，并提升这些法规的执行力度，真正做到有法可依、有法必依、执法必严。残疾人由于自身条件的限制，维权的意识和能力很有限，需要残联等相关部门站在残疾人立场上，以广大残疾人的利益为出发点，切实维护好残疾人的权利。

无障碍的硬件、软件建设并不是孤立的，而是相互促进、相互依赖的有机系统。软件建设要以一定的硬件建设为基础，而硬件功能的发挥要以完善的软件建设为前提。在"十二五"时期，有两项残疾人工作依旧需要加大投入力度，作为工作的重中之重。一是特殊教育，二是促进残疾人就业。对于广大残疾人来说，知识也许是改变命运的最好方式。我是一个视力四级残障者，生长在一个偏僻的农村，家附近没有特殊学校，一直在普通学校随班就读，经过十多年的摸爬滚打，终于在 2007 年考入辽宁师范大学。在我所经历的学校中，无障碍建设都不是很理想。虽然可以理解，但要想让更多的残疾人有受教育的机会，必须加大对特殊教育事业的人力、财力投入。构建以特殊学校为主，以普通学校的特殊班和随班就读为辅的全面教育模式，以改变当前我国残疾人受教育水平普遍偏低的现状。虽然我们在身体上有残疾，但和健全人一样，我们也有梦想，也有对知识、对技能的渴望。

就业乃民生之本，对于残疾人来说，更是如此。就业机会少、就业领域单一是残疾人就业所面临的主要问题。我现在正是大四上学期，所学的行政管理专业原本就业形势就不太乐观，再加上我个人的特殊情况，压力和挑战更大。一直支撑我走出农村、考上大学的动力就是让父母早日摆脱繁重的农业劳动，过上更好的生活，这样父亲就不用在秋冬这样的寒冷季节下水从事渔业生产，母亲也不用每天四点就起床工作了。这些年家里的积蓄，由于送我读书和治眼睛，所剩无几。作为子女，我很惭愧，至今没能改变家庭的现状。中国8300万残疾人，像阳光、刘玮这样的毕竟是少数中的少数，不能让残疾人和健全人在同一个舞台上竞争，政府应该要创造更多的适合残疾人就业的岗位和机会。只有找到一份适合的工作，广大残疾人才能更好地实现人生价值。

无障碍是残疾人事业发展的最终目的和最高理想。相信在党和政府的正确领导和亲切关怀下，在各级残疾人工作机构的共同努力下，残疾人一定能实现学习无障碍、生活无障碍、共同无障碍！

（于海运　辽宁师范大学学生）

我国"十二五"社会养老保障事业规划建议

社会养老保障事业是国家经济社会发展的重要内容,对社会的发展进步具有十分重要的意义。社会养老事业的发展,体现了执政党以民为本的执政理念,是社会财富再分配和缓解社会矛盾的根本措施。我国的社会养老保障制度刚刚建立,这一制度的优势还没有充分显现,有相当一部分人对这项事业的重要意义认识不足,"十二五"时期社会养老保障事业需要决策者高度重视。养老保障群体是被动的服务对象,政府是主动的决策者。社会保障事业的发展取决于政府的执政理念和执政能力。

从我国现实情况看,更有必要发展社会养老保障事业。我国实施计划生育政策以来,一对独生子女要赡养4—6个老人,这无论从经济、精神、时间上都是不可能的事。养老须由家庭赡养转向社会保障,这是严酷的现实,绝不单是子女尽不尽孝道问题,因为他们确实没有这个能力。养老需要服务,养老需要钱,养老需要情感投入,敬老孝老时不我待。退休老年人以每年5%—8%的速度去世。所以,政府、社会需要负担老年人养老责任,否则,以家庭为主的养老体系遭到破坏,社会养老保障体系又没有得到完善,这必将产生严重的社会道德、经济危机,导致社会秩序的混乱。我国"十二五"时期要实现国家的和谐发展,需要加快发展社会养老保障事业,努力提高人民的生活水平,使更多的人享受到经济发展成果。

实现"十二五"社会养老保障目标需要大量资金,考虑到上水平、扩总量等因素,资金需求量将是一个十分庞大的数字。为此,制定科学的保障措施非常重要。

一是建立科学的决策机制。所有社会养老保障重要政策制度的出台必须经过严密的论证，既要考虑政治因素，也要算清资金账。社会养老保障具有刚性特点，发钱只能多不能少，只能高不能低，只能早不能晚。一旦政策出现大的失误，将可能导致社会动荡的严重后果。"十二五"时期要建立社会养老保障决策评估制度，吸收政府、企业、专家及社会评估机构组成评议组织，监督政府落实各项法律政策。

二是建立可靠的资金筹集渠道。社会养老保障就是资金投入。全国每年需要数万亿的资金支出，除中央财政支持、提高资金征收率以外，各级地方财政要依法建立正常的筹资投入机制，保障资金供应。

三是建设功能完备的社会化服务体系。"十二五"时期，城乡参加社会养老保障的人数将达到几亿人。政府需要自上而下地建立完备的社会化服务体系。发展老年服务产业，支持民间组建社会化服务集团，为参加社会养老保障的人员、退休人员提供服务。发展"银色经济"也是促进社会保障事业发展的重要内容，政府在"十二五"时期利用庞大的养老保障资金和社会化服务体系，建立"银色经济"产业，有助于提高社会保障事业的社会效益和经济效益。

（郭世英　河北省人力资源和社会保障厅）

让养老服务成为全社会最受尊重的职业之一

《中共中央关于制定国民经济和社会发展第十二个五年规划的建议》指出，优先发展社会养老服务，培育壮大老龄服务事业和产业。要做到这一点，必须采取有力的举措，努力提高社会养老服务人员的素质和待遇，使养老服务成为全社会最受尊重的职业之一。

一是尽快在大中专学校开设社会养老服务专业，包括护理、烹饪、心理学等课程，培养大批合格的养老服务人才。

二是成立社会养老服务中心，经费来源实行国家投资、地方补助、个人缴纳部分相结合，按民政牵头、医院派驻、社区联络的模式进行管理。

三是养老服务人员的待遇可以比照医院护士，甚至可以相对优厚，以提高就业吸引力。

（新浪浙江宁波网友）

六、深化改革开放

"十二五"时期要继续深化改革

一、编制可持续发展指数，将其纳入地方政府考核指标体系

美国道琼斯的可持续发展指数，对于我国经济和社会全面的考核指标体系建设提供了重要的参考价值。当然，它是一个企业的可持续发展的考核指标，而我们可以把它加以完善，变成一个评价经济和社会可持续发展状态的指标体系。

在现行的考核指标体系下，某些地方政府只追求当前的短期利益，而忽视经济和社会的可持续发展能力建设，因为每年地方领导面临的只是经济和社会指标增长率的考核，只需要拿出"火箭式"的增长速度，就可以考核评优，加官晋职。而那些把眼光放得长远，注重社会可持续发展能力建设的领导，他们注重的是可持续增长，注重的是未来。比如他们搞绿化，优环境，调整经济结构，注重教育投资，而这些作为是很难在现行的考核指标中体现出来的。

所以，在"十二五"期间，国家亟须设定和编制一个可以评价经济和社会可持续发展能力的指标体系，并纳入地方政府领导考核指标体系，以促进社会和经济的可持续发展。

二、以人均资源占有量为标准，深化阶梯式价格改革

根据统计，2010 年前九个月，全国城乡居民月人均用电量达到了 26 度左右。这样算来，一个三口之家月用电量的平均水平大概为 80 度左右。那么就可以以这个用电量值作为参考，设定一个人均基本生活用电标准，在这个标准之内的电量实行正常或优惠的供电价格，超过这个标准的可以按照超过量的标准逐级增加供电价格。每个人都要到供电部门用自己的身

份证办理一张居民购电卡，卡内记录每个人每月的购电情况，如果是一个三口之家，就可以用三个人的购电卡去购电。然后，供电部门根据每个人的用电情况，在价格上给予优惠。比如一个人在一年内始终没有超过基本用电标准，就可以在下一个购电年度，在购买基本生活用电标准内电量时享受优惠的电价；相反，则不能享受优惠。基本生活用电标准根据社会和经济的发展情况进行相应的调整。其他的资源类价格改革也可以参照这种方式，这体现了全体国民对资源的共同享有，更构建了全社会节约资源的制度化保障，以促进社会和经济的可持续发展。

三、建立高等学校学生在校期间，获得专利或国家级创新奖项抵扣学分制度

当今世界，"经济的竞争就是人才的竞争，经济的国际化须以人才的国际化为支撑。"这一变化的加剧，使我国高等教育的发展环境发生显著变化，人才的现实供给与社会需求的矛盾日益突出，大学生就业率备受人们关注，高校的实用和创新型人才有效供给不足。

高校要在创新型国家建设中发挥其社会职能主要取决于是否能培养高质量创新型人才。普通高校创新型人才的培养是一项系统工程，是传统教育教学模式无法胜任的。为了实现创新型人才培养，需要在转变教育观念、改革人才培养机制、改革教学模式、构建创新型大学文化等方面下工夫。所以，我建议应在制度设计上，鼓励和支持高校学生以理论实践创新为学习的目标和根本，实行创新理论和发明专利抵扣学分制度，以促进学生更加积极主动地参与各项实践和创新。

四、建立全国统一的排污权交易市场

随着国内各地区经济发展和环境保护的矛盾日益显现，建立和完善并推广排污权交易制度，可以看作是利用经济杠杆、促进企业主动减排的有效手段。目前在一些经济较为发达地区，开展排污权交易的条件已日益成熟，"十二五"期间国家应尽快建立全国统一的排污权交易市场、交易制度并加快相关法律、法规建设。

目前，由于排污权交易制度在容量确定、排污权分配、信息平台和交

易市场及法律支持制度方面的不完善等问题，应对于排污权路径选择进行深入思考和科学选择，以期完善。建立和完善排污权交易制度，首先要准确测量环境的实际容量。排污权交易是以总量控制为出发点和归宿的，但实际上，环境容量的确定过程是极其复杂而艰巨的。政府相关环境行政部门和科研机构应克服困难，做大量具体、细致的前期基础理论方法的创新和调研及准备工作。在排污权交易过程中，应正确定位政府的角色。政府是整个排污权交易制度的推进者，应利用各种手段，保证各企业有秩序合理地进行生产和排污及排污权交易，使排污权交易顺利有效地实行。但政府如果行使权力不当就会直接导致非效率结果，所以应加强法律的监督，使政府依法行政，抑制行政权力的膨胀，促进排污权交易市场的健康有序和充分竞争。

（石宁　辽宁）

聚全民智慧　促改革发展

聚全民智慧促改革发展的一大方面为充分凝聚民意促进改革发展，沿着党的十七大与十七届五中全会指引的方向，尽快步入创新型国家发展的轨道。

建议之一，由国家发改委发起，在中组部及中宣部的大力支持下与中央电视台互相配合，建立常年持久的全国建议征集办公室或建议征集中心。

建议之二，建议征集处的人员组成应为具有世界视野与开阔的战略目光的、富有中国历史上伯乐那样宽广的胸怀与特殊视角的人才，借以充分采集所有建议中那些有助于促进国家尽快创新发展的最佳才智。

建议之三，国家发改委应及时协调中组部、中宣部、教育部及中科院等各部门，采用建议中有关组织人事、科教等方面创新的内容，使之得以尽快实施。

建议之四，充分展现中央电视台的传播功能。国家发改委与中央电视台紧密协作，不妨每周定期传播有关促进改革发展中与民众生活紧密相关及科教创新的优秀内容，借以吸引人们关注改革发展并积极迈进改革创新的队伍里来。

建议之五，采编优秀建议、适时编印成书。在长期征集建议的过程中，组织专门人才及时采编有关促进各行各业改革发展的适用内容编印成书出版，并向有关部门预订出售，同时不妨适时从稿费中拨出部分及时奖励提出优秀建议的人才。

建议之六，征集建议与选拔人才同步进行。征集、采用、传播优秀建议不仅具有启发全民参与改革发展的积极功能，更是有关部门发现、起用创新型人才，及时促进部门改革创新体制、机制、组织人事制度的良机。建立面向全民长期征集建议的制度，不仅有助于促进全民积极参与改革发展的事业，更有助于通过采集各行各业的优秀建议，发现不少能够采用的、能够积极促进创新型国家发展的优异卓越的大智慧。

（孙玉国　山东淄博高青劳动局）

加快经济发展方式转变的财税政策

一、构建有利于经济发展方式转变的财税体制。"十二五"时期要加快财税体制改革步伐。主要目标是完善财政体制,在合理界定事权基础上,按照财力与事权相匹配的要求,进一步理顺各级政府间分配关系。健全统一规范透明的财政转移支付制度,提高转移支付资金使用效率。建立县级基本财力保障机制,加强县级政府提供基本公共服务的财力保障。提高预算完整性和透明度。健全税收制度。完善税收制度,完善以流转税和所得税为主体税种,财产税及其他特定目的税相协调,多税种、多环节、多层次的复合税制体系,充分发挥税收在筹集国家财政收入上的主渠道作用和调控经济、调节收入分配的职能作用。实现财政纵向平衡和横向平衡,逐步缩小区域、省域、县域财政收入支出差距,促进基本公共服务均等化,消除地方政府不顾环境污染、资源高消耗而盲目发展经济互相攀比的财税体制根源。

二、完善扩大消费的财政政策。要增加农村居民消费补贴,健全激励机制,加快城乡消费升级、加大财政投入、改善消费环境,支持发展服务经济,培育新的消费热点。

三、完善资源税,开征环保税。扩大资源税征收范围,调整资源税税率。我国现有资源税征收范围小,税率太低,2005 年全国资源税收入仅142.6 亿元,很多资源近乎无偿利用。要适时提高税率税额,实行从价计征,充分发挥资源税的调节作用。同时,完善资源开发的补偿机制和生态恢复的补偿机制,将矿产资源补偿费提高到 6%,石油、黄金、煤矿、天然气补偿费提高到 8% 以上。提高生态环境补偿费标准。建立规范有序的矿业权交易市场，国家垄断矿业权一级市场。开征环保税。用财税政策支持节能产品开发，控制浪费资源的行为。

四、完善出口退税和关税政策。利用出口退税政策控制资源能源出口，减少出口退税产品品种和退税金额，促进出口商品结构不断优化，对高消耗高污染产业产品如石油、煤、焦炭、电解铝、钢材、木制家具、纸品等取消出口退税，有效转变经济发展方式。

五、支持循环经济和环境保护。完善有利于经济发展方式转变的财税政策和制度，建立鼓励风险投资的税收优惠政策体系。实行多种形式的税收优惠，鼓励循环经济和绿色产业发展。改变原来单一的减免税的优惠形式，采取加速折旧、提供贴息贷款、税收支持等多种优惠形式。大力支持服务业、新兴产业和新型业态，对循环经济示范企业实行有效的财政投入。各级政府要将环保投入纳入本级财政支持的重点并逐年增加。

六、积极支持自主创新和新兴战略性产业。实行支持自主创新的财税、政府采购政策，引导企业增加研发投入。国家应制定《财政鼓励高新技术产业发展条例》、《税收鼓励高新技术产业发展条例》，明确财税政策的目标和优惠受益对象。进一步完善新兴战略性产业所得税、增值税、消费税，提高企业折旧率，建立鼓励风险投资的财政税收优惠政策体系，财政投资、贴息用于鼓励风险投资。

七、支持科学技术和教育发展。大幅度增加财政用于科学的投入，综合运用财政拨款、基金、贴息、担保等多种方式吸收社会资金投入，形成多元化投入格局。"十二五"前期，实现全社会科技投入占 GDP 2% 的目标，实现财政教育投入占 GDP 4% 的目标。

八、支持农业发展方式转变。扩大公共财政覆盖农村范围，财政扩大良种补贴范围，支持农村先进技术推广，推进农业产业化，提高农业综合生产能力，减少农业污染。

（徐少明　湖北省浠水县财政局）

改善农村制度生态

　　农村集体土地制度不仅产权模糊，而且城乡分割。我国土地依据城乡不同而被分割为两种制度安排，即国有土地和集体土地。根据《中华人民共和国土地管理法》等相关规定，农村集体土地要变为城镇用地必须经过土地征收，变更为国有土地，政府拥有一级市场垄断权，用极其低廉的征地价格把土地资源集中到城市，然后再通过土地二级市场出让，套取巨大的级差收益。这种征地程序再清楚不过地表明：政府错把自己的"有形之手"当作市场的"无形之手"来使用，由市场的监管者摇身一变成为市场主体。针对这一现象，有两种解决办法：要么政府缩回那只"有形之手"，从市场主体退回到监管位置；要么政府承认农村集体土地是"公共物品"，并前来与民争利。鉴于目前地方政府财力与事权不相匹配的体制，还有一种变通办法，通过制度生态的改善与创新，遏止地方政府和开发商的"圈地"冲动，斩断地方政府与开发商的利益链条。城乡分割的土地制度，使地方政府成为"最大的地主"和建设用地的垄断供应者，农村得到的仅是征地补偿，处于弱势地位的农民得到的又仅是补偿的一小部分，补偿大部分为乡、村两级所分割占有。一级市场补偿偏低，所谓的一级市场远不是真正的市场，因为市场垄断而实际不存在，也就不存在市场的价格发现功能。二级市场的土地出让金成为地方政府的土地财政，有资料显示，2001年全国土地出让金收入占地方财政收入的比重为16.6%，2009年已上升为48.8%。土地财政如同一只体形硕大的"抽水机"，把大量的农村资源抽取到城市，致使城乡和区域发展的差距进一步拉大。征地过程中农民作为被拆迁主体没有参与权和知情权，权益无法救济和申诉，矛盾不断激化引发的大量群体性事件盖源于此。这种城乡分割的征地制度，通过一二级市场对失地农民进行二级剥夺的同时，也给政府自己挖下了透支未来的危险陷阱：政府毕竟不同于企业，科学发展与和谐社会一体两面，社会稳定和保障问题最终只能政府自己埋单，并且成本会愈来愈大。

从制度上改善农村制度生态：

一是完善城乡平等的要素交换关系，将土地增值收益主要用于农业农村农民，逐步做到全部用于"三农"。党的十七届五中全会通过的《中共中央关于制定国民经济和社会发展第十二个五年规划的建议》提出"完善城乡平等的要素交换关系，促进土地增值收益和农村存款主要用于农业农村"。考虑到制度建设不能"大拆大建"，制度生态的改善、制度的改革和创新必须有一个与时俱进的过程，建议"将土地增值收益主要用于农业农村农民，逐步做到全部用于'三农'"。统筹城乡发展的最大障碍，就是长期形成的城乡二元体制。过去，城乡分割的制度，导致资源要素配置向城市倾斜，农村的资源要素向城市流失，主要表现为工农业产品价格剪刀差。近年来，国家强调社会主义新农村建设、推进城乡经济社会发展一体化，并未从根本上扭转这种流失格局，只是表现形式有所变化，主要表现为低价征收农村土地、廉价使用农村劳动力和农村金融存款非农化等。据有关资料显示，2009 年全国土地出让收入为 1.6 万亿元，约占当年 GDP的 5%。这部分巨额资金被地方政府主要用于城镇建设，造成城镇规模无序扩张和土地使用粗放的恶性循环，农村制度生态持续恶化，引发的集体上访甚至群体性事件时有发生，严重影响社会稳定。这是完全有悖于中央关于坚持工业反哺农业、城市支持农村和多予少取放活的政策方针的。将农村土地增值收益主要用于农业农村农民，逐步做到全部用于"三农"，并非是要全部分给农民，而是通过制度安排，将这部分收益从地方政府手中拿上来由国家统一管理，并更多地用于改善民生、推进社会主义新农村建设，更多地用于加快农村基础设施建设、促进城乡基本公共服务均等化。从国有土地的增量最终来源于农村土地来看，逐步做到土地增值收益全部用于"三农"，既是完全合情合理合法的，又可以彻底打消各种社会利益集团分享这块收益的图谋。现在的问题是，土地增值收益的主要表现形态是"土地财政"，而"土地财政"又事实上成为地方政府的第二财政。如何通过体制改革，将这部分增值收益由国家统管，即变"土地财政"为"国家财政"；同时加大转移支付和税制改革力度，保持地方政府财政收入实际上不降低，正是下文要讨论的。

二是加快税制改革步伐，使房地产税逐步成为地方政府的主要税种和财产税类的主体税种之一。为了从制度上真正把将土地增值收益主要用于农业农村农民、逐步做到全部用于"三农"落到实处，要在健全理顺中央和地方财力与事权相匹配的体制、加大转移支付力度的基础上，加快税制改革步伐，在统一税制前提下，培育地方支柱税源，使房地产税成为地方政府的主要税种和财产税类的主体税种之一，保障地方政府政权建设和提供公共服务能力。进一步深化分税制改革，结合清理房地产开发、流转、保有环节各类收费，推进税费改革，加快房地产税改革步伐，实施差别累进税率，对农用地和农村宅基地适用零税率，对工商用地和城镇建筑加大税率，对城镇高档、多套住宅提高税率，地产税前置到一级市场环节进行计征，遏止地方政府和开发商"圈地"冲动，发挥对房地产市场的宏观调节作用。

三是改革土地管理体制，组建各级土地资产监督管理委员会及所属土地经营公司。土地财政的实质，是地方政府向开发商等用地企业一次性收取若干年的出让金（地租），是一种依靠透支未来收益谋取当下增长的发展方式。长此以往，不仅农民权益难以维护、耕地"红线"难以确保，而且地方的可持续发展也将难以为继。为此，必须下大的决心进行土地制度创新与设计，突破现有制度体系，改革土地管理体制，真正解决政府土地管理部门既管理土地又经营土地，集"运动员"与"裁判员"于一身的弊端，组建各级土地资产监督管理委员会及所属土地经营公司。按照政企分开、政府公共管理职能与出资人职能分开的要求，土资委的职能可参照国资委，负责监管土地资产的经营与运作。在政府与企业之间，成立市场化运作的土地经营公司，对土地资产负保值增值责任，并向国家财政上缴土地增值收益。改革出让方式，限制"透支"功能，除房地产开发商和外资企业外，一般工商企业原则上采用年租制和土地参股控股方式；完善土地出让的"招拍挂"程序，不以最高报价中标，而应综合开发资质、方案合理、节约用地等因素进行评估，促使土地价格回归市场价值，化解房地产泡沫。通过土资委及土地经营公司充当"隔离带"和"防火墙"的角色，以市场"无形之手"替代政府"有形之手"，斩断地方政府与开发商的利益链条。

四是探索产权制度改革，推行土地承包经营权股权化和集体资产股份化。前已提及，由于农村集体经济组织发育迟缓，使农村组织结构长期缺失，进而使集体土地经营、管理主体匮乏的矛盾更加突出，这种产权模糊和虚置的状况亟待改变。解决这些问题，必须以农村产权制度改革为突破口，推行土地承包经营权股权化和集体资产股份化，促进产权重组流转和农业产业适度规模经营。土地承包经营权股权化，是在坚持土地性质、用途和承包关系不变的前提下，组建土地合作协会（社），将土地承包经营权量化为股权；集体资产股份化，即将集体所有的企业和其他经营性净资产进行股份（合作）制改造，以人口股、发展（贡献）股、养老保险股等方式量化到个人。这一改革的核心是明晰产权归属，使农民在对农村土地等拥有使用权的基础上又拥有了财产权。S 省正在 L 市进行以上述为主要内容的统筹城乡发展改革试点，该省农工办负责人认为，如果说家庭承包制让农民有其"地"、税费改革让农民有其"利"，那么 S 省L 市的产权制度改革则是让农民有其"权"，是对农民的"再解放"。成立土地合作协会（社），条件成熟时经股份（合作）制改造，成为独立的法人实体和平等的市场主体，变传统小农经济的"一麻袋土豆"为现代农村产权制度下的"一土豆麻袋"，逐步形成乡政村治户营的制度生态与城乡大市场有效对接的良性循环格局，发挥其维护农村集体资产和农民权益的重要作用。

五是剥离土地的社会保障功能，叫停"土地换社保"和"宅基地换房"等政策。社会保障是政府的责任，应在统筹城乡发展、推进城乡经济社会发展一体化的基础上加以解决。农民社会保障不到位是长期城乡二元体制造成的,是这一不公平制度的多年历史欠账。欠账是要还的,前几年国家减免农业税费的政策就是一种"还账"。但"土地换社保"却不是这种"还账"机制,而是一种不平等交易,很容易形成对农民的二次掠夺,并且有可能遗留巨大的社会问题:农民有社保了,变市民了,却下岗失业了。曾因"农民真苦、农村真穷、农业真危险"一声呐喊令国人震惊的前乡党委书记李昌平,前不久在《东方早报》上发文指出:农民转市民是一个长期过程。在这个过程中,十年左右会来一次经济危机,每次经济危机到来的时候,都有数以千万计的农民工返回家园,要是农民工返回不了土地了,有何良策应对呢?沿袭英国历史上"羊吃人"的圈地运动,20世纪70年代以来拉美国家已为快速城市化付出惨痛代价:大量失地农民无法快速融入城市,经济和社会发展长期陷于停滞和倒退,形成"拉美化陷阱"。鉴于此,要不断完善以《中华人民共和国物权法》为基础的财产保护法律制度,以新组建的农村土地合作协会(社)为平台组织进行土地确权,使国家获得土地主物权和最终处分权,农民获得土地从物权和永久使用权,强化对农村集体土地产权的保护。

"宅基地换房"看似公平,然而,一些具有实力不谋私利的地方政府通过农村社区改造推进新农村建设的辛勤政绩。但是,不顾条件,一哄而上,大拆大建,上演了不少农民"被上楼"、"打上楼"的闹剧,令人不得不怀疑其"醉翁之意不在酒"的真正动机。客观地讲,大拆大建的农村社区,难以解决以下问题:大量存在的乡村违章建筑;普遍存在的农村小产权房;包括种植、养殖大户在内的农村适度规模专业农户,必须要有生产资料和农副产品仓储设施,不适宜集中居住;再就是公用设施和地下管网问题。住房和城乡建设部专家陈淮指出,农村公用事业管网的建设和农民向城镇化生活方式的靠拢,不在于就地完善公用事业,而在于适度集中于县城和中心镇。如果不能够解决地下管网和公用设施问题,农民就永远走不到城市。所以,应紧急检讨所谓的"城乡建设用地增减挂钩"政策,在坚决追究地方政府变相滥用政策的同时,切实堵塞政策漏洞,并抓紧出台对地方政府更有约束力、对农民兄弟更有保护性的文件规定，至少要做到土地指标转到城镇用的，其增值收益必须全额返还农村，并配套审计监督机制，防止层层克扣与挪用。

（高焕毅　山东省物化探勘查院）

医疗、养老及其他相关保障制度有待改善

目前我国存在社会保障很难随就业实现跨地区转移的问题，阻碍了人才的自由流动，不利于区域经济发展和城市化进程推进。建议"十二五"时期尽快建立统一化的社会保障体制，实现社会保障"一证化，通天下"，解决社会保障跨地区转移难、接续难的问题，从而更好地维护劳动者正当合法的权益，促进人才流动。

（众神　中经网网友）

要关注撤乡并镇的后续问题

请有关部门关注撤乡并镇后续问题，不要让一些农村成为无治安、无监管、无服务的三不管地方。一些地方撤乡并镇后，政府办公地较远导致

群众办事难，垃圾食品无人监察，哄抬物价无人问津，学校避近就远等等问题。

（新浪网友）

推进国有商业银行收入分配改革

国有商业银行现行的收入分配弊端是干部层次多、内部收入差距大，当权者借绩效工资考核，暗箱操作，为强势群体设计，造成企业内部贫富差距扩大，影响社会和谐稳定，这种分配制度亟待改革。第一，根据"效率优先，兼顾公平"的收入分配原则，缩小领导与员工的收入差距。第二，规范收入分配秩序，绩效工资总行规定是全员工资总额的20%，最高不超过25%，而现在是60%以上并且在扩大，与公平正义相悖。第三，统计部门要改进统计方法，笼统的平均收入掩盖收入差距过大的矛盾，应分层次地统计平均收入。第四，一线员工是财富的直接创造者，收入分配应向他们倾斜，要以工龄为基础，结合学历、技术职称确定薪酬。第五，加强银监会、审计部门的监督，提高收入分配的透明度。

（吴骏　江苏省海安县）

破除垄断　打造服务型政府

一、政治体制改革：以建立现代社会为目标，全面推进政治体制改革。

现代社会，自由、民主、法制三者缺一不可——自由可以最大程度上保障少数人的权利，民主可以保证多数人的利益能够得到最大程度的满足，法制则为社会各项活动提供了一个好的秩序平台。

真理往往掌握在少数人手里，由于不被多数人所理解，他们往往一开始就被视为"异端"。如果包括言论自由在内的人身最基本的自由都得不到社会的尊重和保障，那么他们的思想就会像当年著名思想家顾准的许多真知灼见一样，被冲进马桶里消失得无影无踪，从而使社会大众失去了从更多更好的思想建议中选择最有利于自身利益的机会，失去了建设更加美好社会的机会。另一方面，如果没有民主，社会大众只能眼睁睁看着精英们自由表达自己的思想观点互相争鸣，却无法作出有利于自己的选择，精英们的思想失去了用武之地，也失去了其存在的社会价值。

二、金融改革：金融领域问题的症结，同样在于政府垄断。目前国有银行贷款利息比民间市场贷款利率低20多个百分点——这个巨大的利息差，就是官办银行效率低下的明证。政府垄断金融业，不仅造成了真正意义上的"国有资产流失"，更主要的，是造成资金的不合理流动——大多投向了效率低下的国企，推高了本来已经高得离谱的房价，而不是投向对就业和经济增长贡献最大的民营企业。根据目前政策，外国人可以到中国办银行，国人自己却不能办。笔者认为，越早允许中国企业家办银行，就越有希望使中国经济尽早走向健康发展的轨道。

三、城市交通拥堵问题：包括北京在内的中国大中城市交通逐渐陷于瘫痪，症结在于制定政策的人多是坐轿车上班，倾向于城市道路规划以车为本，而非以人为本。因此，最好把治理城市交通拥堵问题与改革（实际上是基本上取消）公车制度结合起来。这样不仅每年能够节省数千亿元的财政开支，还会促使政策的制定者站在多数人的立场上制订更加有利于公共交通的政策（日本东京人口比北京多、面积比北京小、道路比北京窄，但是基本上没有堵车问题，最重要的原因，就是日本各级公务员几乎没有开车上班的）。这里要强调一点，就是必须明确地把出租车列为公共交通工具，打破交管部门与出租车公司老板对出租车行业的联手垄断，鼓励社会提供更多的出租车，鼓励人们多坐出租、少开私家车（笔者测算过，如果打破垄断，出租车价格会下降一半）。如果能充分发挥地铁、大巴、出租车三位一体的公共交通工具的优势，对道路资源的利用就会更加合理，堵车就不再是问题了。

四、教育改革：教育是国人最为不满的一个领域，症结是政府部门对教育的垄断。因此，教育改革必须釜底抽薪，首先将教育部改革为没有那么多油水的、以数据统计为主要工作、相对超然的部门。现在很多人认为民国时期尽管政局不稳，总统都朝不保夕，教育部长的话更是没人听，但是"没人管"的教育界却百花齐放、百校争鸣，在竞争中人才辈出；同样道理，目前美国高等教育水平领先世界，也是因为其教育部形同虚设、没什么权威，各个学校能够充分平等竞争。

教育部改革后，国立大学也没必要那么多。可以学习日本，基本上各省有一所公办大学就可以了，其余大学一律交给社会；同时恢复并大力鼓励民间办学。这样既节约了资源，又提高了国家整体的教育水平。

五、发展大众体育运动，增强国民体质：历史上，中国人比日本人高大强壮。但是，近20年来，日本年轻一代的身体素质已经全面超过中国。究其原因，奥运金牌战略，以及为竞技体育服务的举国体制难逃其责。首先要破除"奥运金牌振兴中华"的错误观念。体育总局要把全部资金和精力投入到发展大众体育运动中来，竞技体育交给民间去办。

（张跃　北京师范大学经管学院）

应特别重视解决改革进程中出现的结构性矛盾

　　教育、医疗初期市场化取向的改革越过了边界，社会政策的市场化加剧了分配不公。养老、住房制度初期的市场化取向的改革缺乏对建国以来人性化政策的继承和发扬，制度构建的断层损害了底层民众的基本利益。

　　上述矛盾是结构性的，必须要在思想观念更新和回归社会主义传统的基础上，作出重大的战略调整。特别是财政和其他国有资金的投入，要从重点上基本建设项目改为重点上民生项目，在教育、医疗、养老、住房等方面要有大手笔，舍得投入，由此才能疏解上述结构性矛盾带来的人心疏离和结构僵化。

　　一、大幅度增加教育投入，实施12年义务教育。可以分两步走：第一步普及10年义务教育。在现有9年义务教育的基础上，增加1年就业培训和实习，列入义务教育。变商业化的职业教育和培训为列入国家战略的初级人才教育。对小学生、初中生实行国家资助的每个学生每天一顿健康午餐，对低收入层发放免费午餐券，中低收入层优惠低价，中上收入层自费。实施国家资助的每个学生一个上网本工程。方法参照上述国家资助学生健康午餐的做法。这两项工程的实施要向民间开放，广泛吸收民间资金（含慈善资金）和民间公益、慈善组织参与，公办民助、民办公助都应允许，只要其有利于吸收全社会力量。第二步实现12年义务教育，先是国家倡导给优惠政策，鼓励有条件的地方先行，然后全面推开。教育是国家和民族软实力的基本保障，加大投入，惠泽后世，功德无量。

二、进一步完善全民基本医疗保障。农村地区列入基本医疗保障项目的报销范围。审核要透明化、制度化、民主化。基本额度报销规则化、便捷化，大额报销不是由村庄领导个人说了算，而是由民主管理小组按规章审定。提高大病医疗统筹报销额度，国家资助实施大病医疗统筹再保险，低收入者个人承担不起缴费的，由集体和国家资助。人性化处理异地养老退休人员医保关系转移接续。首先实行便捷结算，国家实施医保结算全国联通工程，以居住地为主享受当地医保药物目录，一般额度由居住地医院审核联网报销，住院手术等大额度费用可由医保关系所在地复审，然后实现医保关系向长期居住地便捷接续转移。

三、对住房制度改革作收口和补偿性处理。我国建国后逐渐形成一种被称为福利分房的制度，一直实施到住房制度改革前。相当部分职工工作一辈子，终于分到一间或一套住房，也有少数人员分到了相对宽敞的住房。在这种制度下大体保障了城市居民低水平的住房需求，其政策含义是有条件的机关、事业、企业单位应该为其职工提供最低限度或达标的住房。

住房问题众说纷纭看似复杂，但复杂问题可以化繁为简，即针对症结予以处理，解决之道就是老老实实承认住房的保障性，承认公民平等拥有自住用房几平方米的土地使用权。这不是扶贫、不是恩赐，而是社会主义全民所有制优越性的体现。破解中国住房问题的新思路就是全面落实公民基本住房保障的普惠性，一揽子解决住房问题的分配不公，在回归全民所有制的基础上建立新的身份和国家认同。具体路线如下：

1. 对从未分到房的老职工给予适当的补贴，可采用以工龄为主要根据，发给住房消费券。

2. 对不只一次分到房的给予清理，按照普惠但不特殊的原则，退出多享受的住房分配利益。

3. 考虑与现有制度对接，从扩大经济适用房覆盖面着手，逐步达到普惠目标，即原则上所有买不起商品房的城市居民都可有步骤地享受购买经济适用房的权益。

4. 城市打工一族，包括白领和新生代农民工，只要在城市有相对稳定的工作，在城市居住和参加社会保险达到一定年限，即可同等享有购买经适房的权利。

5. 经适房覆盖面扩大后，供不应求的解决办法：一是调整结构，近几年以建设经适房为主；二是采用打分排号等方法确定顺序，如已婚及婚龄长的优先，男女双方父母均未享受福利分房的优先，工龄、参保年限长的优先等等。

6. 新生代农民工在购买经适房享受城市社会保障后，若其在农村老家还有宅基地自留地的，视实际情况以适当方式交回集体。

7. 建立统一的公民住房数据库，在现有住房交易登记电脑资料的基础上，登记公民住房（公房、售后公房、商品房）等情况。

8. 2009年土地出让金全国1.5万亿元，北京、上海几百亿元，2010年又创新高，是超常，必须善用。一是超额部分留作以丰补歉，二是用作经适房扩大建设后的财政后备资金。

四、对职工养老保险制度实施公平、统一且具连续性的改革。目前实施的机关、事业单位和企业双轨的养老保险制度极不公平。以近几年退休的人员为例，参加工作前多数是中学"老三届"，其中少数恢复高考后考入高校接受高等教育。这些人经历大体相似，基本都是由国家统配参加工作，至于在国家机关、事业单位和企业之间调转，也基本是由组织上安排的。很显然，这些人如果工龄、职称、职级相仿，则退休金也应相仿。而实际上由于实施双轨养老制度，其差距惊人。总体上事业单位超过企业一倍，而国家机关则更高一些。这个制度的改变并没有经过人民代表大会的审议，而是国家机关发布相关规定实施的，而恰恰改变后的养老待遇国家机关处在最高端，其不合理性显而易见。即使从国家机关颁发的养老规章政策思想沿变来看，这个改变也不妥当。养老保险制度改变前一直生效的国家劳动保险条例，其中一个重要的规定就是，退休金低端相当于退休前工资的60%。恰恰是这个重要政策思想，养老保险改革方案没有考虑吸收。在低保障、广覆盖的名义下，企业退休人员退休金只相当于退休前工资的30%。总公司机关中层主管一级退休金只相当于退休前收入的六分之一，这也成为部分经理层人员退休前多方捞取额外收入的诱因，甚至违法违规给自己安排高额天价补充养老保险。

应当承认退休金相当于退休前工资收入的60%，大体适当，这个政策思路应予继承发扬。国家劳动保险条例规定的退休金水平实施多年，公开透明，已经形成20世纪60年代以后直至养老保险制度改变前参加工作的人员与国家间的隐性契约，废除这个隐性契约不具备合法性。与现行养老保险规定融合的办法为：以缴费收入为基数，允许企业职工退休收入达到本人退休前三年或五年缴费收入平均水平的60%，按现行规定计算达不到的，由企业自补或由养老统筹金适当补贴。

（唐来方）

设立科技创新劳动权，促使企业形成"一企两制"

笔者所建议的科技创新劳动权，是指法律规范劳动者的科技创新成果，使企业生产的产品增加了科技附加值，或降低了生产成本、提高了劳动效率，导致企业获得由此产生的资本增殖。该科技创新成果的创造者依法享有企业增殖资本的相应分配权。

笔者提出的"一企两制"，是指在传统的工资关系外，要把科技创新成果作为劳动者对企业的投资资本，使劳动者与企业既是等价有偿的劳动买卖债权关系；也形成劳动者与企业利益共享的合作关系，从而使企业产权制度对简单与重复性劳动或对科技首创性复杂劳动，形成两种截然不同性质的产权结构和分配制度。

为何要进行这种产权制度改革，笔者有以下认识：

富国强兵竞争，导致为劳动者提供生存竞争空间的产权制度竞争。奴隶社会如此，封建社会也如此。现在经济发达国家就是在实施知识产权制度上获得了先机，较早摆脱物权关系的束缚，促使其劳动者有条件完全为自己生存发展进行科技创新活动。我国要实现跨越式发展，就应在企业产权制度、知识产权制度、扩大劳动者生存竞争空间上进行跨越式产权改革。

专利权的产生是产权制度发展史上的革命性变革。专利制度使劳动者摆脱了传统的物权关系束缚，开创了劳动者能够享有为自己生存发展进行的复杂脑力思维劳动。其创新成果不仅作为无形产权能够与物权相对抗，而且作为知识产权也将享有他人劳动。

我国在 1980 年筹建专利制度，1984 年才颁布第一部《中华人民共和国专利法》。而且为了与世界接轨，《中华人民共和国专利法》及有关知识产权制度基本上照抄或者照搬发达国家现在实施的知识产权制度，还没有来得及根据我国国情进行完善和发展，其他发展中国家也基本如此。所以，我国要实现跨越式发展，其前提和保障就应跨越式发展知识产权制度，促使知识产权能够与普通劳动者逐渐结合，扩大产权制度，保障普通劳动者进行科技创新的生存竞争空间。

设立科技创新劳动权，是劳动权与知识产权相结合、劳动权与企业产权相结合的切入点，是企业实行对简单劳动与对科技创新复杂劳动分别形成不同产权关系的"一企两制"。

设立科技创新劳动权后，股份制企业产权制度就演变为"一企两制"：对简单的操作性劳动仍然是企业占有和支配的生产关系；对复杂的科技创新劳动是企业与科技创新劳动者建立利益共享的合作关系。股份制企业实行"一企两制"的现实作用，是将科技创新活动由"让我做"变为"我要做"，以此挖掘广大职工普遍存在的科技创新潜能，在发展规模竞争力的同时，提高企业科技竞争力。股份制企业实行"一企两制"的长远作用，是实际劳动者获得科技创新劳动权后，就具有了被雇者与主人翁的双重身份。主人翁地位和主人翁劳动精神是随着科技劳动权分量增加而增加的。实际劳动者与企业产权相结合，将导致现实劳动者要程度不同地参与企业管理。这不仅会提高企业管理的民主化、科学化水平，而且也有利于避免经济发达国家现在所面临的劳动价格与劳动价值脱节、完全由水涨船高的市场劳动价格竞争控制的弊端，促使劳动工资与劳动价值尽量相一致。

简而言之，知识经济的发展呼唤科技创新劳动权的产生或一企两制的形成。广大劳动者为满足日益提高的物质生活和精神生活需求，热切盼望他们在能够参与的科技创新竞争条件下，设立有保障的、公平的科技创新法律制度。

（王文松）

建设质量型经济：转变经济发展方式的必由之路

质量是经济的基础，是经济工作的生命线。建设质量型经济是质量的内在属性和经济的本质所决定的，是转变经济发展方式的必由之路。建设以质量为基础和主导的质量型经济是转变发展方式，有效解决资源不足、环境污染和民生问题等的重要途径，对于实现我国经济的可持续发展和民族复兴大业，具有重大而深远的意义。

质量型经济是经济发展的理想形态。质量虽然既不是有形产品，也不是具体产业，但是质量在本质上具有更好地满足人们需要的属性。从质量与经济的关系上看，质量和经济具有统一性，都具有"更好地满足人们需求"的属性，而且都源于人们的需求，都是以人为本的体现。单个事物及事物的整体既可以作为质量的载体，也可以作为经济的载体。人们需求的满足首先必须依靠经济增长，要以资源的数量扩张为条件，但经济资源本身必须具有一定的质量，以质量为基础，否则经济增长将是无效的。另一方面，配置资源为的是使资源更好地满足人们的需要，目的在于提升质量。所以从理论上看，经济发展本身就意味着质量提高。特别是伴随着产业发展的高级化，质量总体水平将会随之提升。可见，质量不仅是经济的基础，而且是经济发展的目的和结果。把"质量"范畴引入经济发展之中，目的是要把质量提高与经济发展有机统一起来，使经济发展讲求质量，倡导发展质量经济，实现理想的经济发展状态。

质量型经济也是经济发展的现实选择。从我国现阶段经济发展所面临的情况看，必须大力倡导发展质量型经济，原因主要有以下几个方面：

一是适应贸易自由化和国际化的发展要求。在国际化发展潮流中，贸易自由化和多边贸易体制不断发展和深化，质量安全问题已成为各经济体共同关注的问题，已成为影响贸易自由化和经济国际化顺利发展的主要因素之一。

二是转变经济发展方式的现实选择。因为只有从根本上转变经济发展的形态，真正做到质量第一，以质取胜，才能彻底改变粗放型增长的状态，实现经济向集约化方向发展。

三是增强综合经济竞争力的需要。我国经济实力增强，但经济的质量基础还很薄弱，必须尽快实现从重数量增长到重质量提升的转变，着力于增强经济发展的内涵，提高综合经济竞争力。

四是克服资源和环境约束的需要。发展质量型经济，是合理利用资源，避免资源浪费和节能减排，使生态环境免受破坏的治本之策。

五是关注和发展民生的重要途径。质量型经济与人民健康安全密切相关，必须加快促进质量经济发展，使人民群众生活质量稳步提高。

现阶段，我国建设质量型经济必须坚持安全型发展。质量是基础，安全是底线，质量与安全相辅相成，是确保经济健康发展的两大重要因素。提升质量，确保安全，使抓质量安全成为经济健康发展的有效保障，也成为转变经济发展方式的重要措施。

一是着力维护以产品为重点的质量安全。产品和服务是经济发展的最基本单元和主要载体，维护好产品质量安全，避免发生区域性和系统性质量安全风险是保持经济正常发展的重要任务。

二是着力维护经济发展结构安全。历史经验证明，因经济结构失衡对满足人们需求的损害是巨大的，要大力促进经济结构合理化，使资源得到科学配置，最大限度地满足人们的需求。

三是着力维护国际化发展和国际贸易中的质量安全。这是扩大国际交流与合作，发展对外贸易，充分利用两个市场、两种资源的重要前提和基础。

四是着力维护经济资源安全。坚持经济发展与人口、资源、环境的良性循环，最大限度保护生态链、保护自然环境、合理开发利用自然资源，特别是不可再生资源，保护生物多样性，使各种经济资源不因过度发展而被过度开发利用，造成根本性损害。

五是着力维护经济发展方向安全。以科学的标准和依据，正确评估经济发展的风险，预测经济发展的趋向，及时纠正经济发展的偏差，保持经济快速健康发展。

（徐明焕　国家质检总局进出口食品安全局）

引入非政府组织，搭建城市基层沟通平台

城市的底层人民有很多话想说，也有很多困难的情况需要向政府反映。而非政府组织根据自身特点，可以在其中发挥较大的作用。对于非政

府组织如何构建一个良好的、切实运作的平台，让底层老百姓活得更有尊严、更有保障，个人有如下几点看法：

一、鼓励开展社会工作。我国的城市发展现在迫切需要成立一个组织去倾听底层市民的声音。政府应允许成立一个专门负责城市流动人口的非政府组织，其工作范围及工作准则可以参考香港的社会工作经验。"有困难找社工"这句话在香港家喻户晓，经过近 60 年的发展，香港的社会工作向全体市民特别是弱势群体社会生活的各个方面提供服务，主要集中在家庭和儿童福利服务、安老服务、康复服务、青少年服务、社区服务、医务服务和犯罪辅导等领域。

二、开展信息收集工作。赋予非政府组织一定的权力，深入调查城市中流动人口的具体情况，如医疗保险、养老保险、工作情况、家庭中孩子的读书情况等。政府通过了解与分析这些信息，进一步有针对性地解决问题。

三、明确服务对象。非政府组织要定位好自己的服务群体，使自身更具存在的价值。我国的非政府组织在数量上不少，但是能够发挥出独特作用的却为数很少。从我国非政府组织运营的现况可以看到，非政府组织似乎没有明确定位其服务群体。在城市发展进程中，需要一个非政府组织专门针对城市流动人口（特别是农民工）这一群体来提供服务或咨询工作。非政府组织应走到这一群体中间，大胆地向政府真实地反映他们的生存情况以及他们所需被政府关注的各个方面。

四、引入慈善资助。我国很多非政府组织因资金缺乏不能正常地运作。政府应加大宣传力度，鼓励富人参与到慈善事业当中，号召他们履行富人应有的社会责任，还富于民，形成"我做慈善我光荣"的风气。另外，政府应在资金上给予非政府组织一定的支持，但非政府组织的资金运作来源不能够单一由政府负责。

（Agnes agnes137@126.com）

建立政务村务公开长效机制

看到一些政务村务公开栏内容陈旧,有的经过风吹日晒,字迹已经看不清楚,近乎闲置,其原因是没有建立政务村务公开长效机制所致。如何建立政务村务公开长效机制?

一是深化认识。政务村务公开是一项重要工作,是广大村民知晓乡镇和村里工作的重要途径,是还乡村干部清白、给村民们明白的一个好办法,应引起基层干部的高度重视,要把政务村务公开工作作为实践科学发展观的一项重要内容来抓。

二是定期公开。政务村务公开要定期进行,不能想公开就公开,不想公开就不公开,要形成一个制度,每月公开一次。

三是全面公开。不能避重就轻,乡村的大事小事都要公开,接受广大村民的监督,比如公开救济粮救济款发放、农村危房改造名单、种植良种补贴、农村最低生活保障、农村基础设施建设、计划生育证件办理等情况。

四是检查督促。由乡镇纪委牵头,党政办公室、社会事务办公室等单位参与,做好对政务村务公开工作进行定期检查督促。

(杨勇 贵州省兴义民族师范学院 2009 级)

建议"该废则废",与时俱进

与时俱进、科学发展要落到实处,顺应时代要求、凝聚人民意愿是科学发展的具体表现,城市建设和经济发展中有悖科学发展特别是有损民生利益的原有规则制度要适当修改或废除。例如商品房的预售制度,是20世纪90年代从香港引进的,应该是权宜之计。其初衷是协助开发商开辟融资渠道,缓解资金瓶颈,扶持新生的房地产业快速而健康地发展。

然而,今天预售制度成就了发横财的开发商,并成为开发商融资和转移风险的主要手段,其实这不是初衷之义,而是被异化了的初衷! 1994年7月第八届全国人大常委会第八次会议通过《中华人民共和国城市房地产管理法》,正式确立了商品房预售制度。2004年7月20日建设部修正了《城市商品房预售管理办法》。从此,期房预售成了商品房销售的主要方式。2005年8月15日中国人民银行发布的《2004年中国房地产金融报告》称:很多市场风险和交易问题都源于商品房的预收款制度,并建议"取消现行房屋预售制度,改期房销售为现房销售"。2006年3月,33位全国人大代表提交议案建议取消房屋预售制度;2007年全国两会期间有多位人大代表和政协委员继续建议取消房屋预售制度。鉴于目前房价不理性疯涨的情况,许多学者和专家也纷纷建议是到了该彻底废除期房预售制度的时候了。众口一词要求实行商品房现房销售制度。其实,所有预售行为的法则就是融资和转移风险。经历了10年之久特别是十一五期间的飞速发展,中国房地产开发企业的自有资金方面和10年以前的状况不可同日而语,特别是经历了2009年我国房价的疯涨以后,大多数开发商发了横财,根本不缺钱。

在这种现实情况下,融资手段再向开发商倾斜已毫无意义。取消期房预售制度可有序推进，避免房地产市场大起大落，给开发商一个适当的过渡期，把在建项目和待建项目分别对待，在建项目短期内封顶后可开始预售，并且设定期房预售的最后时限，而新批的待建项目实行现房销售。这样就很自然地人性化地过渡到现房销售的正常轨道上来。

实践证明，任何政策的制定都是在一定的历史条件下产生的。如果说那时候有关政策的支撑点倾向于开发商，那么现在毫无疑问应该转向处于严重弱势的普通购房者。如果说预收款制度是当年为了扶植新生的房地产业，那么在民生利益大于天的今天就理所当然地应该倾向于民众。

（杨成顺　安徽省芜湖市东郊路69号）

对公立医院改革的几点建议

缓解看病难、看病贵的问题需要取得实实在在的结果。关于如何解决好这一重大民生问题，目前还没有可以直接套用的现有模式。这一世界性的难题如何解决？需要人们不断地探索！这其中涉及的问题很多，现仅就以下几个问题谈一些想法：

一、关于改革原则

推进公立医院改革，要以"三个代表"重要思想和科学发展观为指导思想。没有务实态度和创新精神，就难以突破性解决医改问题。加大政府投入确实是解决医改问题的关键，但要花多少钱、多长时间才行？中央和地方要在财政预算中累计几年、以何比例进行投入？中央既然鼓励民间资本参与医疗改革，"鼓励"就需要有实实在在的措施。记得邓小平南巡讲话时，关于社会主义市场经济的讲话，"不要争论市场经济是姓'资'还是姓'社'，发展才是硬道理！"经过三十多年的改革开放，中国经济的发展成就已不容争议。在医改问题上能不能沿用此精神，不要争论公立医院的改革是继续姓"公"还是"私"？难道私立医院就没有公益性吗？中国国有企业改革的成果，足以说明民营企业在满足就业，解决民生问题上的巨大成效和良好效果。只有大力发展医疗事业和产业，切实解决"缓解看病难、看病贵"的现状，这才是实实在在的事情。中国十三亿民众需要的是良好的结果，而不是长期的探索。

二、关于资金投入

医改投入，是采取国家财政单一投入，还是动员全社会力量共同参与？答案肯定是后者。只有包括政府在内的全社会一起投入，才是解决医改问题的有效方法。如何调动、引导全社会参与医改投入，是问题的关键所在。设立医改专项股权基金是一个有益尝试，将资本、先进的管理理念融入医改之中，实现金融创新与医改有机结合，发展壮大医疗机构的实力。通过使之成为公众公司，接受全社会的监督，履行社会职能，让参与医改投入的人们都能分享到中国经济发展的成果。中国资本市场的发展成果足以证明这是一条优选之路。当然，事情没有这么简单，没有政策的大力支持，没有经济成果的分享机制，没有良好的退出渠道等，恐怕良好的愿望与现实还是存在相当距离的。这里尤其注意避免大量的财政投入与实际效果的不平衡问题的出现，否则，将是一笔巨大的学费，代价太大了！因为医改不完全是钱的问题，还有管理、文化等诸多需要考虑的问题。

三、关于改革思路

医改最终要实现机制改革还是体制改革，需理清思路、明确方向。改革会带来阵痛，改革需要勇气和信心。不彻底解放思想，不彻底解决在医疗机构、医务人员中存在的现实问题，改改机制、增加些投入、简单调动医生的积极性，只会走国有企业改革的老路、弯路，看起来四平八稳，但"保基本、强基础、建机制"缺少实质内容。要增强医疗机构的实力，不光是投入的问题，还有医务人员的地位、待遇等诸多因素。要让医疗机构与上市公司一样有社会地位，要让医务人员与上市公司人员一样有良好的收入待遇，不进行彻底改革行吗？现阶段，公立医院改革尤其要注意避免"重形式、轻实质；重表面业绩、轻实质突破"的倾向。公立医院搞集团化，设理事会、监事会很好，但不能简单套用公司化的模式。公立医院的主体性质，多数具有事业单位属性，现在又多出来个医疗集团的主体，医疗集团与其成员之间主体如何界定？是上下级事业单位关系，还是产权投资关系？投资人又是谁？各自盈亏如何处理，是各负其责，还是连带责任？这些都需要明确思路，妥善处理。

（许世可　江苏省南昆仑律师事务所）

改善外出务工人员管理的建议

随着工业化、城镇化的快速发展，外来务工人员越来越多，我国已经进入了人口流动迁移最为活跃的时期，对国家战略规划、政府社会管理和公共服务都提出了严峻挑战，现提出以下改进的建议。

第一，制定更灵活的户籍制度，对于长期外出务工人员，居住地可以考虑放宽户口限制，允许这部分人加入居住地户口。第二，切实解决外出务工人员的子女教育问题。政府可以考虑实行全国学生入学"一卡通"制度，拥有"一卡通"的学生可以在全国任何地方入学。第三，建立全国统一的社会保障体系，打破各自为政的社会养老保险和医疗保险制度。第四，推进我国的政治体制改革。可以考虑让外出务工人员在居住地实现选举和被选举的权利。第五，构建合理的工业产业布局。合理的工业产业布局，可以减少大规模的流动，减少人口流动带来的社会压力。

（段庆旺）

创立医保、新农合、医疗救助一体化管理新机制

目前在我国实施的城镇居民医疗保险、新型农村合作医疗制度和较早推行的城镇职工医疗保险正逐步惠泽整个社会群体，同时，在前三者的基础上对经济仍有困难者再实施医疗救助。这四个制度综合起来就有效地缓解了群众看病难看病贵的问题，尤其对那些经济十分困难的群体效果更加明显。这四种制度在理论上构成了一个较为完善的医疗保障体系，成为我国社会保障体系的重要组成部分，但由于管理体制上的原因，以上这四项制度在实际运行中缺乏统一性，机制性矛盾越来越凸显，具体表现在以下几个方面：

一是四项制度三个部门管理，缺乏协调性，造成管理成本增加，效率低下；二是造成新的城乡差别，与"逐步缩小城乡差别，消除城乡二元结构，统筹城乡发展"政策相悖；三是行政掣肘，监管乏力；四是经办机构分散，行政层级偏低，对所监管的机构缺乏威慑力；五是管理部门不同，政策存在差异，执行时序迥然，造成缴费成本过高。针对以上几点不足，特提出如下建议：

一、在管理机构上实施一体化

1. 在中央层面和省级统一由一个部门管理。根据医保、新农合、医疗救助制度共同构成医疗保障体系，在性质上同属于社会保障这一特点，建议在中央层面统一划归"人力资源和社会保障部"管理，在省级政府统一由"人力资源和社会保障厅"管理，在人保部里可下设"医疗保障司"、在人保厅里可设"医疗保障处"，具体负责管理现行的医保、新农合、医疗救助工作。

2. 在县（市）级设立"医疗保障局"统一管理。建议在县（市）级政府成立与目前的卫生局、人力资源和社会保障局并列的、行政同级的"医疗保障局"，由其专门负责目前的医保、新农合、医疗救助工作，就是将目前由人力资源和社会保障局管理的医保中心（局）、由卫生局管理的新农合管理中心（局）和由民政局管理的医疗救助办公室统一划出，对其人力物力资源进行整合成立"医疗保障局"，由其专事负责医疗保障业务。这样可以有效降低行政成本，提高工作效率，降低基金风险，切实把一系列医疗保障的惠民政策落到实处。

二、在保障制度上实施一体化

具体讲，就是对我国现行的城镇职工医疗保险、城镇居民医疗保险、新型农村合作医疗制度进行整合，减少目前制度多、标准不统一、参保人群划分不合理现象。为此，有两种设想建议：

第一种设想：建议保持现行的"城镇职工医疗保险"制度稳定不变，整合现行的"城镇居民医疗保险"和"新型农村合作医疗"统称为"普通居民合作医疗保险"，改革后的"普通居民合作医疗保险"完全按已经较为成熟的现行新型农村合作医疗制度执行。医疗救助制度仍作为补充，维持现行制度不变。

第二种设想：建议彻底打破城乡差别、职工和普通居民不同身份的差别，将现行的三种医疗保障制度统一为"公民基本医疗保险"一种，分两个档次，希望政府在"十二五"时期把医疗保障事业做得更加贴近实际，更贴近群众，让这一惠民政策最大限度福泽国民。执行统一的现行的《城镇职工医疗保险药品目录》。医疗救助制度仍作为补充，维持现行制度不变。

（许国庆　辽宁省凌源市新农合管理中心）

文化体制改革应避免出现偏差

　　一是防止因文化资源地域分布不均、地区经济实力不同出现不利于经济社会稳定的现象。文化体制改革应当为克服和消除文化贫困创造新的条件，要防止进一步扩大区域文化发展不平衡的差距。二是防止出现新的文化产业资本或经营主体垄断。随着中国加入世界贸易组织后保护期已过去，真正跨地区、跨行业和跨媒体经营的文化市场主体很可能是外资或其他社会资本。而文化市场准入制度管制、国民待遇等问题目前还没有完全解决，文化体制改革需有完备的法制来促进与保护，防止出现新的文化产业资本或经营主体垄断。

（中经网网友）

加强对社会供求总量平衡和需求结构协调问题的研究

　　《中共中央关于制定国民经济和社会发展第十二个五年规划的建议》（以下简称《建议》）提出，"十二五"规划要"以科学发展为主题"，就是要把科学发展观贯穿到改革开放和现代化建设的各个方面。规划编制要全面贯彻科学发展观。科学发展观，第一要义是发展，核心是以人为本，基本要求是全面协调可持续，根本方法是统筹兼顾。统筹兼顾，除了搞好统筹城乡发展、区域发展、经济社会发展、人与自然和谐发展、国内发展和对外开放外，从宏观经济层面看，还需加强社会供求总量平衡和需求结构协调的研究，以加强和完善宏观调控，正确确定宏观调控的基本取向，实现经济平稳较快发展。特别是当前世情和国情继续在发生深刻变化，国际金融危机影响深远，世界正处于大发展大调整大变革之中，我国发展的外部环境更趋错综复杂而且多变；国内经济发展中不平衡、不协调、不可持续问题相当突出，所以对这个问题的研究更应给予高度重视。同时，我国当前实行的是社会主义市场经济体制，市场在国家宏观调控下对资源配置起基础性作用，国家规划对宏观调控起着重要作用。党的十七大报告指出，"发挥国家发展规划、计划、产业政策在宏观调控中的导向作用，综合运用财政、货币政策，提高宏观调控水平"。所以在拟订规划时要重视对如何加强宏观调控问题的研究。

社会供求的总量平衡和需求结构协调是社会再生产得以顺利进行的前提。总量平衡和结构协调紧密相关，总量不平衡，结构就难以协调。总量平衡只有最终落实到结构协调上来，才能保证国民经济的正常运行。如果发现经济运行中出现了总量不平衡或结构不协调的苗头，就要通过各种调控手段，采取有效措施进行预调、微调，以免错过时机，被迫进行大的调整。由于各个时期的主要矛盾不同，宏观调控的重点和政策措施也应有所不同。历史上几次大的经济调整时期，总量失衡、结构失调问题同时并存，但突出的问题是需求过旺，总需求超过总供给，所以在努力增加总供给的同时，着重遏制总需求的膨胀。各个调整时期需求过旺的情况又有所不同。如，1958—1960年三年"大跃进"就存在投资过热，接着是五年大调整，这三年积累率高达39.3%，势必抑制消费，人民生活一度十分困难，1961年降到了谷底，消费水平还低于1952年，因而必须把过大的投资规模压缩下来。又如，1988年面临的问题是投资、消费"双膨胀"，不仅要压缩投资规模，还要控制消费的过快增长。由于当时求过于供，总量失衡对我国经济运行的宏观环境影响比结构失调更为严重，是产生财政赤字、货币超量发行、通货膨胀等问题的根本原因，所以往往先着重从实现总量平衡入手来调整结构。

21世纪以来，我国经济发展保持较快速度，但社会总需求结构变化很大，特别是2009年因受国际金融风暴冲击，社会供求状况发生了明显变化。2000—2008年呈现"两高一低"态势：投资率（资本形成率）、货物和服务净出口不断提高，而消费率（最终消费率）则一路下滑。2009年则净出口升幅下降，投资率和消费率趋势不变。内需与外需、消费与投资结构的失调，导致内需不足、产能过剩问题。需求结构不协调已成为当前的突出问题，宏观调控重点应从总量调控着重向结构调控转变。

近年国内生产总值结构

	2000 年	2008 年	2009 年
消费率	62.3%	48.4%	48.0%
投资率	35.3%	43.9%	47.7%
净出口	2.4%	7.7%	4.3%

制订"十二五"规划时，要深入研究"十二五"时期社会总供求的平衡情况。研究总供给，关键是要准确判断国内外经济发展形势和发展趋势，全面分析各种有利条件和制约因素，注重经济发展速度与质量、效益相统一，促进经济又好又快发展。盲目追求高速度给国民经济带来严重损失的历史教训时刻值得警惕！

研究供求总量平衡时，要把定性分析和定量分析结合起来，通过建立经济模型来测算社会总供给和总需求的数据，并进行跟踪分析和政策模拟，以便比较准确地判断供求状况，为正确制定相应的财政、货币政策提供重要依据。同时，"松"和"紧"也要适度。如，财政赤字、货币供应量、信贷规模等的安排，并要相应考虑就业、物价水平等状况，既要有利于促进经济持续平稳较快发展，又要注意把财政金融风险保持在可控范围内。

要下大力气研究结构调整问题。《建议》指出，制定"十二五"规划要"以加快转变经济发展方式为主线"，并要"坚持把经济结构战略性调整作为加快转变经济发展方式的主攻方向"。调整经济结构，除要调整产业结构、要素投入结构、城乡结构、区域结构等以外，调整需求结构更是一项极其重要的紧迫任务。

一、调整过度依赖外需的经济增长方式，坚持扩大内需战略

改革开放以来，我国经济对外依存度迅速提高，从1978年的9.7%提高到了2008年的59%。我国人口众多、幅员辽阔，过度依赖外需将很难持续发展。外需受国际环境影响很大，2009年国际金融危机就使我国受到严重的冲击。国际金融危机的消极影响在短期难以完全消除，不稳定、不确定因素还很多，必将在一定程度上制约我国外需的增长。我国国内市场广阔、储蓄率高，扩大内需的潜力很大。《建议》明确"坚持扩大内需的战略"非常正确，必须坚决贯彻执行。当然，同时要实施互利共赢战略，积极稳定和努力拓展外需，充分利用好国内国际两个市场、两种资源。

二、调整消费与投资的比例，把扩大居民消费作为扩大内需的战略重点

（一）扩大消费需求，调整优化投资结构。投资、消费的比例是否恰当，关系到生产建设的不断发展和人民生活的逐步改善，也关系到整个国民经济能否协调发展。多年来，我国投资率不断升高，消费率持续下降，致使消费率偏低，主要消费品生产过剩。世界银行的数据显示，2000年世界平均消费率为77%，低收入国家为80%，中下等收入国家为68%，中上等收入国家和高收入国家均为78%，而我国仅为60%。同时，我国最终消费对经济的拉动作用也不断弱化，最终消费支出对GDP增长的贡献率2000年为65.1%，2002年以来则一直低于50%，2009年略有上升，也只达45.4%。消费需求不足已成为当前制约经济发展的主要因素，既不利于实现国民经济发展的良性循环，也制约了人民生活的改善。所以必须努力提高消费率，使消费尽快成为支撑经济发展的主要动力。当然，投资

也应合理增长，但关键是要优化投资结构，提高投资质量和效益。要努力实现《建议》提出的"加快形成消费、投资、出口协调拉动经济增长新局面"。

（二）提高居民消费，合理调整政府消费。总体上，我国政府消费的增长速度快于居民消费，占最终消费中的比例有所提高，1978 年占21.4%，2000 年升至 25.5%，2009 年又升至 26.8%；居民消费比例则相应趋于下降，由 1978 年的 78.6% 降至 2000 年的 74.5% 和 2009 年的 73.2%。在消费率偏低的情况下，居民消费率偏低的情况就更为突出，2009 年居民消费率由 1978 年的 48.8% 降为 35.1%。国外的情况则恰恰相反，据有关数据，发达经济体 1986—1995 年和 1996—2005 年居民消费年均增速比政府消费分别高 0.9 和 0.8 个百分点；发展中经济体居民消费增速总体上也快于政府消费，因而大多数经济体的居民消费率稳中趋升，成为国内最终需求的主体。目前我国人民生活总体上虽已达到小康水平，但还是低水平的、不全面的、发展很不平衡的小康，所以扩大内需的战略重点是扩大居民消费需求，努力改善民生，逐步实现国强民富，以充分调动广大人民的积极性和创造性，投入社会主义建设。

一是要合理引导居民消费。"十二五"时期，居民消费率究竟多高合适，需要很好研究。同时，我国居民储蓄率高，2009 年城乡居民储蓄存款余额高达 26 万亿元，要采取有效措施将相当部分储蓄存款引导到即期消费上来。但需要注意的是，人民生活的改善必须建立在生产发展和劳动生产率提高的基础上，改善的步子不能一下子迈得太大。我国还是个发展中国家，2009 年 GDP 总量虽已占世界第三位，但人均 GDP 在参与排序的 213 个国家和地区中仅占 124 位，所以要振兴中华，仍要贯彻艰苦奋斗的方针，进行长期不懈的努力。何况，消费刚性较强，上去容易下来难，切勿投资下不来、消费又猛上，重蹈历史上投资、消费"双膨胀"的覆辙。拉动消费，提倡的是健康消费、理性消费，而绝非鼓励奢侈消费。2007 年我国奢侈品消费竟占全球市场的 18%，有人建议开征奢侈品税，值得考虑。

二是要坚决降低政府消费占比。我国政府消费在最终消费中的比重居高不下，政府机关浪费相当普遍，群众对此反映强烈，应引起我们的高度重视。今后，在推进行政体制改革中，要坚决刹住一切奢侈浪费的歪风邪气，严格控制公费接待、差旅、出国等行政费用支出，严禁修建豪华办公楼，坚决削砍各项不合理的开支。紧缩行政开支要下达"硬"指标，提倡政府要过"紧"日子，切实把行政成本降下来，提高行政效率。当然，政府消费总额可随着经济社会发展而适度增加，以适应对公共服务不断增长的需求，但政府消费占最终消费的比重则应逐步压缩。

三、努力扭转居民收入差距扩大趋势，坚定地走共同富裕道路

当前居民消费中另一突出问题是收入差距过大，且呈日益扩大趋势。基尼系数在 20 世纪 60 年代还不到 0.2，2000 年就提高到 0.417，超过了国际警戒线，此后还在持续上升，目前我国是世界上基尼系数较高的国家之一。城乡、地区、行业和社会成员之间收入差距都在扩大。居民收入高低悬殊，2009 年，城镇居民中，10% 的最高收入户为 10% 的最低收入户的 8.9 倍；农村居民中，20% 的高收入户为 20% 低收入户的 7.95 倍。特别是近几年富豪家庭剧增，据波士顿咨询公司资料，中国内地拥有百万美元金融资产的家庭数量已从 2001 年的 12.4 万户上升到 2006 年年底的 31 万户，跃居全球第五位；而当年国内还有数千万人在贫困线上挣扎呢！城乡居民收入水平，特别是消费水平差距过大，1978—1990 年为 2.2—2.9：1（农村居民 =1），1991 年以来扩大为 3：1 以上，2009 年达 3.7：1。各地区之间，2009 年消费水平最高的上海为最低的西藏的 7.3 倍。行业之间，2009 年城镇单位就业人员平均工资最高的金融业为最低的农、林、牧、渔业的 4.2 倍。过去，主要由于分配上存在平均主义等原因，居民收入差距过小，因而合理、适度地拉开收入差距是必要的，这在我国加快工业化发展和经济体制转轨的一定时期内也是不可避免的。问题在于这些年收入差距拉开得过大，广大低收入者缺乏支付能力，导致有效需求不足，不利于经济持续增长。有些高收入者则挥霍无度，败坏了社会风气。特别是广大群众对于有些人获得灰色收入、黑色收入而暴富的现象强烈不满，不利

于社会稳定。为切实保障和改善民生，使全体人民真正共享改革发展成果，不仅要把社会财富这块"蛋糕"做大，更要注重把这块"蛋糕"分好，下决心扭转居民收入差距扩大的趋势。为此，要采取切实有效的针对性政策措施，如积极扩大就业、完善收入分配制度、扩大社会保障覆盖面、加强扶贫支边力度、大力发展慈善事业等，逐步提高社会保障水平，逐步完善基本公共服务体系。同时，要进一步加强党风廉政建设、严惩腐败，进一步加强民主法制建设，严厉打击经济犯罪。

在制定宏观指导方针上要着重处理好两个关系。一是正确处理效率与公平的关系。要力争做到既能提高效率，促进经济发展，为改善社会公平状况提供物质基础；又能较好地体现社会公平，以调动广大劳动人民的积极性，促进效率的提高。各个时期主要根据生产力发展水平、人民生活和社会公平状况等因素来探索效率与公平的最佳结合方式。党自改革开放以来对此进行了不懈的探索。党的十三大针对当时分配中吃大锅饭的主要倾向，提出"在促进效率提高的前提下体现社会公平"；十四大改为"兼顾效率与公平"；十五大又改为"坚持效率优先，兼顾公平"；十六大在此基础上补充了"初次分配注重效率"、"再分配注重公平"；十七大全面总结了过去的经验，提出"初次分配和再分配都要处理好效率和公平的关系，再分配更加注重公平"。这一重要指导方针在"十二五"规划中应得到切实落实。

二是正确处理部分先富与共同富裕的关系。邓小平同志指出："社会主义的本质，是解放生产力，发展生产力，消灭剥削，消除两极分化，最终达到共同富裕"。共同富裕是建设社会主义的根本目的，是社会主义区别以往所有剥削制度的基本特征，也是我国劳动人民千百年来梦寐以求的理想。为了实现这个理想，根本在于解放和发展生产力，为其奠定物质基础。小平同志还经过深思熟虑，提出允许部分先富，通过先富带后富，最终达到共同富裕的构想，作为党和国家的重要指导方针贯彻执行，并取得显著成效。目前，一部分地区、一部分人先富起来后，带动了各地区和全国人民逐步奔向富裕，但同时也出现了收入差距过大的问题，如任其发展，就会出现两极分化。小平同志高度重视防止两极分化问题，认为"如果我们的政策导致两极分化，我们就失败了"。同时他认为"社会主义制度就应该而且能够避免两极分化"，主要是努力坚持"经济中公有制占主体地位，实行按劳分配"的原则和政策。当前我们必须把先富带后富、防止两极分化当做全局性的大事来抓，引导全国人民坚定不移地向共同富裕的道路迈进！

（周燊　国家发改委离退休干部）

完善现行总部经济税收相关政策

总部经济是发展区域经济的助推器，经济决定税收，税收反作用于经济，总部经济模式会对一个区域的税收乃至经济社会发展产生显著影响。现行总部经济相关税收政策主要涉及企业所得税、增值税等税种。

一是现行《中华人民共和国企业所得税法》明确了法人所得税制度下的汇总纳税、合并纳税及其税收分配问题，部分区域税收转移问题不可避免，势必影响税源地的财政收入。财政是庶政之母，财政收入受到影响必然波及其余方面。《国家税务总局关于印发〈跨地区经营汇总纳税企业所得税征收管理暂行办法〉的通知》（国税发〔2008〕28号）指出：属于中央与地方分享收入范围的跨省市总机构和分支机构企业缴纳的企业所得税，按照统一规范、兼顾总机构和分支机构所在地利益的原则，实行"统一计算、分级管理、就地预缴、汇总清算、财政调库"的处理办法，总机构、分支机构统一计算的当期应纳税额，50%在各分支机构间分摊预缴，50%由总机构预缴。总机构预缴的部分，其中25%就地入库，25%预缴入中央国库。

二是现行《中华人民共和国增值税暂行条例》第二十二条规定总机构和分支机构不在同一县（市）的，应当分别向各自所在地的主管税务机关申报纳税；经国务院财政、税务主管部门或者其授权的财政、税务机关批准，可以由总机构汇总向总机构所在地的主管税务机关申报纳税。

具体税收实践中，欠发达地区的税源多为二级及其以下分支机构，在总部经济模式影响下，通常这些分支机构流出的税收大于流入的税收。

现行总部经济税收政策不利于区域经济协调发展，有悖税收与税源一致性等原则，导致甚至加剧税收与税源背离问题，还会引发地方恶性竞争、税源不合理流动等问题。

总之，"十二五"时期，从统筹区域协调发展，发挥税收调节经济，维护社会公平正义作用等角度而言，国家应该完善现行总部经济税收相关政策。

（彭竹兵　云南曲靖市财政局；徐路琼　曲靖市第一人民医院）

缩小分配差距构建和谐社会的对策建议

一、积极调整财政支出政策

一是规范职务消费，加快福利待遇货币化。本着"定额补贴、超支自付、节约归己"的思路，改进公务接待、公务用车和公务员福利制度，尽快推出一系列职务消费标准化和福利待遇货币化改革方案。二是建立工资增长的长效机制。提高财政供养人员工资收入水平，在财政收入继续增长的基础上，要挤出部分财力用于进一步提高财政供养人员的工资和工资性补贴，以带动其他行业增加职工的工资性收入。三是要加大财政转移支付力度，向低收入群体提供更多的基本生活保障。四是实施就业优先，提高低收入群体的收入。加大财政对就业再就业的支持力度，以鼓励吸纳就业、扩大就业规模为目标，培育扶持中小企业和非公有制经济的发展，大力发展社区服务、餐饮等劳动密集型产业；加强劳动力市场建设，强化就业服务；建立失业监测和预警体系，搞好失业调控。

二、加快机构改革，压减财政供养人员

一是切实转变政府职能，控制财政供养人口的规模。按照公共财政的要求，放弃那些不该管的事务，缩减相应的机构和人员，使财政供养人口的规模得到有效的控制。在机构设置中引入定量分析方法。根据工作效益、财力情况等测算出财政供养人员占总人口的合理比重并严格加以控制，实现机构和编制的法定化，逐步建立真正的公共选择和公共监督机制。该撤的机构坚决撤掉，应裁的冗员坚决裁掉。二是改变以"养人"为依据的预算编制模式，建立绩效预算编制模式。长期以来，我国实行的是以"养人"为依据的预算编制模式，预算分配与人员挂钩。在此模式下，工作人员的工资由政府拨款，而机关和事业单位的人越多，分配得到的"人头"预算就越多。随着社会事业的发展和人员的不断增加，社会分工更加细化，一些部门和更多的事业单位不断增加，机构越设越多，从而导致机构和人员膨胀。这也是历次机构改革总是陷入"精简——膨胀——再精简——再膨胀"怪圈的一个重要原因。采用零基预算的编制方法以项目为对象，不考虑部门的基数大小，结合采用绩效预算的编制方法将拨款与部门提供的公共服务挂钩，按项目绩效来核算预算支出，这种预算模式以"办事"为依据。彻底改变以"养人"为依据的预算编制模式，以"办事"为依据的零基预算和绩效预算编制模式，作为控制财政供养人口膨胀的主要手段。需要重新界定财政支出范围，认真搞好县乡机构改革，精简机构和人员，促进控编减员目标的实现，从根本上减轻财政负担。

三、建立有效的机关事业单位人员退出机制

要控制财政供养人口膨胀的态势，必须改变当前机关事业单位工作人员只进不出的现象，逐步推行机关事业单位人员辞退制度。辞职辞退制度有利于国家机关事业单位人员的优胜劣汰，有利于提高国家工作人员的素质，也有利于促进干部队伍的廉洁、高效。必须将竞争机制引入国家机关事业单位人事管理，使人有进有出，能上能下，使整个队伍既有压力，也有活力。加大违纪人员的追责惩处力度，给一些在机关事业单位混日子的人员形成一种压力，既可以达到精简人员的目的，又能进一步提高行政机关和事业单位的工作效率。财政供养人口膨胀的一个重要原因是事业单位财政供养人口增长过快，上级对行政机关单位编制控制严格，然而，地方各级均有权自定事业编制，在机构改革中，则以"行政编制不够事业编制补"作为对策，使编制控制往往流于形式。应加强对事业单位编制管理，控制事业单位人员的增加。尤其要加强对财政困难县的编制管理，例如出台财政困难县增人要经过上级财政部门和人事部门审批制度。

四、加大财政转移支付力度，建立多层次的社会救助机制

向低收入群体提供更多的基本生活保障，扩大城镇基本养老、基本医疗和失业保险覆盖范围，帮助困难企业解决社会保险金和医疗费等费用的拖欠问题；出台针对中低收入职工特别是困难职工群体参加的社会保险计划；建立政府与社会共担的医疗救助机制，向社会低收入人群提供最基本的医疗服务；充分发挥群众团体和慈善基金会组织的作用，形成多层次的社会救助机制。

五、与经济发展水平相适应，建立工资增长长效机制

在财政收入增长的基础上，挤出部分财力用于进一步提高财政供养人员的工资和工资性补贴，以带动其他行业增加职工的工资性收入。随着经济的不断发展和改革的深化，建立工资与经济、财政协调增长的良性机制，正常的加薪制度和与人均财政收入增长相适应的正常工资增长机制。每年根据经济发展、劳动生产率水平和新增财力情况以及单位自筹经费能力，确定机关事业单位人员工资性收入增长幅度。

实现政府管理企业工资收入分配方式的四个转变：一是调控方式由直接调控向间接调控转变；二是调控目标由总量调控向水平调控转变；三是

调控手段由行政手段向法律、经济手段转变；四是调控范围由单一国有企业向调控所有企业转变。同时继续加强工资指导线、劳动力市场工资指导价位、工人成本预测预警和最低工资四项制度建设。

六、坚持市场效率与社会公平相协调，构建合理的收入分配调节机制

一是严格个人所得税征收管理。严格执行个人所得税纳税规则，严格规范个人收入的申报制度，明确所得税额计征范围，使过高增长的收入得到合理控制。二是加大垄断行业的改革力度，调节其总体收入水平，积极探索超额垄断所得向全民所有者的转移机制，下大力解决垄断行业与非垄断行业收入差距过分扩大的问题。三是制定和完善相关法规政策，规范收入分配行为，调整收入结构，缩小制度外收入差距。

七、收费项目改革，要与居民收入水平相适应

政府在制定和出台一些与百姓生活密切相关的收费政策时，如制定大学收费标准、医疗收费标准以及煤水电等公用事业产品的价格调整时，应综合考虑居民家庭支出的承受能力，评估这些政策对大多数群体的影响程度。政府要为公众提供利益表达的机制，广泛倾听各阶层的利益诉求，通过相互之间的对话、谈判、协商，求得共识，从而有效地维护公正的社会公共秩序。

八、加强统筹管理，理顺政府内部财力分配关系

尽快实现财政对国家财力的统筹规范管理，规范政府分配行为。把政府各部门分散管理的各种基金和收入，视情况分别纳入财政预算，坚决杜绝不纳入预算管理的财政性收支。加强对科技、教育、文化、卫生、环保和市政等行业的投资，努力改善城市生活环境，通过利用外资和引进技术，鼓励民间投资，促进产业结构的调整和升级，带动经济发展和居民收入提高。

（宋立根　河北省财政厅）

合理、有效、充分地利用党政办公楼等公房

多年来，社会上对屡禁不止的"三公消费"（公款宴请、公费旅游、公车私用）表示强烈不满。经中央多次采取有力措施，眼下这一歪风有所收敛，但仍需持续努力，实现标本兼治。近年来，不少报刊、网站还不时披露有些地方、部门的党政机关讲排场、比阔气，兴建豪华阔绰的办公楼和所谓"培训中心"等建筑设施的信息，公众对此深为诟病。这股风气严重损害了党的艰苦奋斗的光荣传统和公务员形象，败坏了社会风气，使党与政府严重脱离群众。此外，这些建筑设施往往利用率不高，相当部分闲置，造成一定的资源浪费。为继承和弘扬党的优良传统、更加密切党和政府与群众的血肉联系，并为合理、有效、充分地利用现有党政机关办公用房等资源，特提出如下建议：

一是中央国家机关和北京市先行试点。"十二五"时期，党中央、国务院可选择适当时机，授权有关主管部门牵头，组织力量对中央国家机关办公楼等公房的建设、使用情况进行一次检查。同时，也要求北京市委、市政府对其党政机关办公楼等同样进行一次检查。如发现这些公房存在过度建设及阔绰使用等不合理情况，要及时进行整改。

二是各地区逐级推进。在总结试点检查、整改经验后，党中央、国务院适时制定关于各级党政机关办公楼等公房的检查、整改指导性文件，要求各省（自治区、直辖市）逐级开展这项工作。对问题较多或较为突出的地区与部门，要进行复查。各级政府对检查中暴露的问题，要及时研究进行整改。

三是有效整改。在整改方案中，对原占用机关因规划设计上、使用上

形成不合理的建筑面积和闲置的建筑设施，原则上宜调整用于充实基层公共服务设施，如社区图书馆、社区活动中心、居民运动锻炼场所、青少年宫、幼儿园、老年人小餐桌食堂等。其中有的也可考虑采取拍卖、出租等方式变现，并将变现收入投入基层公共服务设施领域，以推动基层公共服务事业的发展。鉴于中央和北京市的党政机关同处于北京市，在工作安排上同时进行检查、整改，有利于整改方案的统筹协调。各省、自治区与其首府所在的城市，也宜同时进行检查、整改。

四是强化监督。各级党政机关在检查、整改过程中，要发动群众监督、舆论监督。典型案件要公之于众，对有关当事官员实行问责，进行严肃处理。

五是完善规章制度。中央适时制定党政机关办公用房和有关各项基建设施的建筑标准指导性原则，各地结合本地区经济、人文发展、发展趋势等情况，再补充制定具体的建筑标准。要运用法规和规范、标准等手段，进一步遏制日后各级党政机关建设豪华公房的奢靡之风。

以上建议内容，可考虑适用于各级党政机关所属的、事业费开支全部由财政拨款的事业单位。建议中央党政机关在办公楼等公房的建设、使用方面率先垂范，带动全国各级党政机关树立"为民、勤俭、廉洁、高效"的良好形象。这对于建设资源节约型社会、构建和谐社会，对于促进"十二五"规划目标和任务的实现，定会产生积极影响。

（邢幼青）

"林权制度改革"要谨慎

当前，在我国的林业生产建设领域，正轰轰烈烈地掀起一场林权制度改革的活动。毋庸置疑，其愿望与出发点是良好的。期望效仿农村改革的成功经验，让林业生产建设活起来，让广大林农逐渐富起来，从而带动与促进林业生产再上新台阶。

然而林业与农业在生产建设领域，既有共性，又有区别。其共性是对象一致，即共同面对的是农民，共同在土地上获得生产成果等。但又有着以下几方面的不同：

一是生产目的有所区别。林业生产的最终目的一方面是追求产值，即经济效益，而另一方面更重要的是追求生态效益与社会效益。应该说，林业生产是以发挥林业的生态功能、社会功能为主要目的的生产过程；农业则是以追求粮食最高产量，解决人们吃饭问题为最终目的的生产过程。

二是生产周期有所不同。林业生产具有生产周期长、见效慢的特点，林地一旦遭到破坏，其恢复周期也是漫长的。而相对林业生产周期讲，农业的生产周期就属于短周期的生产，即使农地受到破坏，短期内即可恢复。

三是改革的历史时期有所不同。农业与农村改革起步于20世纪70年代后期，经过30多年的努力奋斗与探索，已经从以分散（个体）为主与采取落后生产方式的生产阶段，逐步向以大户或农村合作社为主要形式的科学与现代化的集约经营方式过渡。而"林改"则是刚刚起步，远远落后于农村改革。因此"林改"不应低水平重复农村改革的过程，应在吸取成功经验的基础上，实行高起点改革。

四是改革的承载主体性质有所区别。所有的农地都可以对农民开放，进行承包，自由经营。而林地则不同，不是所有的林地都可以对林农开放、承包或自由经营，比如风景名胜区的景观林种、自然保护区的林种、重要生态区域的防护林、国家生态公益林等。这主要由经济规律和生态环境建设需要所决定，在利益驱动下，人们会疯狂地掠夺自然资源、攫取财富，而一旦林地和生态受到破坏，其恢复的代价往往是破坏成本的几倍、几十倍、几百倍、上千倍甚至更高。

错误的设计或错误的决定，必然导致错误的结果，其过程不可逆转。为此，建议政府主管部门谨慎对待"林改"。一是不能完全效仿"农改"，把林地与林权一分了之，由林农自由经营；二是不能一刀切，全面铺开，要先搞试点，总结经验，逐步推开，避免造成大的生态损失（或灾难）；三是国家对林业建设要切实负起责任，建立并强化生态补偿机制，让务林人员能够过上当地（农民）平均生活水平的生活。

（天外　新浪广东珠海网友）

七、其 他

对"十二五"规划指标体系的建议

"十二五"是我国全面建设小康社会承前启后的关键时期，也是推进我国经济结构调整，加快经济建设，实现经济社会发展赶超世界水平的重要时期。为此我们有必要参考"十一五"规划主要指标完成情况，本着以人为本，统筹经济和社会、统筹城市和农村以及人与自然协调发展等原则，着眼于特定的发展时期，结合我国实际确定"十二五"规划指标体系。

一、设置和调整指标体系的总体思路

随着传统计划经济向现代市场经济的转换，我国的中长期规划（包含五年计划）的性质发生了根本变化：由指令性、半指令性向指导性、参考性转变。由于规划性质的质变，规划编制的内容与形式均与以往有所不同，关于规划的指标体系设置应该与以往有所不同。

以往列入规划的指标体系为：①综合经济实力：GDP 绝对量及年均增长速度，人均 GDP，财政总收入绝对量及年均增长速度，社会消费品零售额年均增长速度，物价总水平；②经济结构：高新技术产品和主导产品产值占工业增加值比重，第三产业增加值占 GDP 的比重；③人民生活水平：城镇居民人均可支配收入、农民人均纯收入绝对量和增幅；④科教：科技进步对经济增长的贡献率，教育事业全面发展；⑤固定资产投资总额及增长速度；⑥区域经济布局：城镇化率，城市建设；⑦经济体制改革：非公经济占 GDP 的比重，企业改制，大型企业集团，市场经济体系，社会保障体系，宏观调控体系；⑧协调可持续发展：精神文明，居民生活方式，人口自然增长率，森林覆盖率，污染排放量，民主法制，社会事业。

由以上规划我们可以看到，其所列入规划的指标存在这样几个问题：①指标过多，面面俱到，很难看到规划的主线、重点；②指标过细，把一些属于中观层次的指标列入到宏观层次；③指标过空，有些指标的含义比较抽象。

有鉴于此，笔者认为，"十二五"规划指标体系设置的基本思路是：突出中长期规划发展的系统目标，从全面、系统的角度来考虑区域发展；突出围绕"实力中国"和落实产业结构调整来设置规划的目的；突出考虑中长期与年度指标体系间的目标衔接；突出统筹指标，构建和谐社会目标；确立核心指标和基础指标，并将指标分为调控指标和预测指标。

二、指标体系设计

（一）结构体系

划分三级目标导向体系。依据"十二五"规划指标体系的总体要求，将指标分为系统目标领域、主题目标、具体目标三个层次，形成较为完整的体系结构。

1. 系统目标

从国外经验看，中长期规划的中心指标一般选择如下指标中的一个：改进产业结构，提高城市化，适应全球化，刺激内需，经济快速增长，促进人的全面发展，经济跳跃式发展，推动高新技术产业，改善环境发展质量，发展民营经济，增强农业，大力发展第三产业，改进基础设施，建设数字经济，提高经济自由化水平，改善政府管理，解决温饱问题，建设社会保障体系等等。鉴于我国经济与社会在未来中长期（至少"十二五"时期）内仍面临着经济全面振兴和转轨的艰巨任务，为了保证我国经济的长期稳定发展，笔者建议把促进经济社会协调可持续发展作为总体目标。

2. 主题目标

在促进经济社会协调可持续发展的总体目标下，社会经济发展的着力点应该放在哪些方面，构成了指标体系的主题目标。根据"十二五"面临的形势和所处的特定阶段，建议由六个具体目标领域统领经济社会协调可持续发展，突出中长期规划目标的系统性，即经济发展主题、资源环境利用与保护主题、城市建设发展主题、社会和谐发展主题、民生主题、科教核心竞争力主题。

3. 具体目标

通过具体主题来明确发展优化方向，设置针对性功能指标，突出规划的导向性。根据发展要求和我国实际，每个主题确立 2—3 个具体目标，具体目标下，设置若干个具体指标。若干个具体指标构成规划完整的结构体系。

（二）指标体系

1. 核心指标与基础指标

依据我国经济社会特点、发展面临的核心问题和政府调控重点，每个具体目标下设一个核心指标，体现导向作用。我们过去一直以速度作为规划中心指标的做法需要修正，新的核心指标应修整为以下七个：人均GDP、高新技术产业产值增长率、空气质量好于二级的天数、城市化率、城镇调查（登记）失业率、农民人均纯收入、城乡居民最低生活保障达到的水平。中长期规划是指导各项工作的行动纲领，它不仅要规定我们的中心工作，而且要规定其他重要工作，因此中长期规划还必须包含若干基础指标，与核心指标相对应调换若干基础指标。

把空气质量好于二级的天数列入"十二五"规划的核心指标，原因是：第一，我国的环境质量通过多年的治理取得了一定成果，但今后治理任务还相当艰巨，若不巩固这一成果，不仅今后治理的成本要加大，而且可能失去治理的机会；第二，空气质量监测技术目前基本成熟，相对能体现治理成果；第三，通过对空气质量的检测可以将城建考核工作有效结合。

GDP 增长速度在我国历次五年计划及中长期规划中均是排列第一的最重要指标，之所以"十二五"规划不把 GDP 增长速度而把人均 GDP 列入核心指标是从可持续发展角度，从目前经济社会的主要矛盾，从实现小康社会的目标看，符合辩证法也避免了重复。

把高技术产业列入核心指标是考虑到我国的产业结构调整和今后整体

经济竞争力，国家经济的竞争力关键在于高技术产业。这一点从美国经济的强劲增长得到充分证明，高技术托起了美国经济，相比之下，我国工业设备中技术比较先进的较少。因此，"十二五"时期我们必须把高技术产业发展列入规划的核心指标。

把城市化率列入核心指标是依据全面小康社会建设的需要。提升城市功能，转移农村劳动力，才能缓解直至最终解决城乡二元制的结构失衡问题。

把失业率列入核心指标是适应市场经济发展的需要。就业关系到社会的稳定，综观世界上的市场经济国家，都特别重视失业率，现代宏观经济学之父凯恩斯的"通论"名著，首先就是关于就业的，其中心就是分析非充分就业、促进充分就业。

农民收入相对于城镇居民收入在目前情况下显得更为重要，因为全面小康更多的意义是相对于农民而言的，而目前便于体现农民生活状态的指标只有农民收入。把城乡居民最低生活保障列入核心指标是坚持科学发展观，是解决民生问题的大事，把人的生存问题置于核心指标是合适的。

2. 调控指标与预期指标

将经济目标领域的大部分指标作为预期指标，将经济目标领域的少数指标作为调控指标。如：将 GDP 增长率作为预期指标。将资源环境目标领域、社会发展目标领域中对我国经济发展具有重要战略意义和"瓶颈制约"作用的关键指标作为调控指标。

三、"十二五"规划主要指标的测算

（一）"十二五"时期 GDP 平均增长速度和人均 GDP 的实证预测

1. 基于历史资料分析所作的实证预测

分别就 2006 年以来 GDP 指数与不变价人均 GDP 建立来反映各自发展规律的模型。其中，对人口增长速度的预测，分别以高中低三种方案来进行。由于模型角度不同，预测的结果也不尽相同。将它们的预测结果加以综合，不但可以综合利用各种预测角度提供的信息，而且还可以提高预测精度。

2."十二五"时期GDP平均增长速度的规范分析

规范分析是基于未来发展需要所作的预测，是应该实现的最低目标值。与实证预测不同，规范分析具有刚性，体现人的主观能动性。就GDP的规划而言，必须考虑人口因素、国内因素、环境因素的刚性要求。

3.国际水平比较以及缩小差距

现在我国人均GDP逐年上升，为了保持我国在世界经济格局中的地位再有上升，经济增长至少要高于现有水平。这就决定了"十二五"时期我国GDP平均增长速度不得低于下限值。当前生存并不是发展的主要目的，发展才是硬道理。因此，我国的经济增长速度中还必须考虑到缩小与发达国家差距的需要。

4."十二五"时期GDP增长目标的确定

"十二五"处于我国经济发展的关键时期，其经济增长速度的科学预测与确定对于我国经济发展具有深远的意义。综合上述实证、规范预测结果，可得出"十二五"时期GDP平均增长速度的三种预测方案：低方案、中方案、高方案。由于目前我国经济增长基本上处于一个调整期，决定了"十二五"时期应该是我国经济周期的上升期。这一轮经济周期起点高，与峰值间落差较小，决定了其谷底值不会太低。由于新一轮周期具有平稳增长的特点，其扩张期可望持续到"十二五"的中后期。在上述预测中，中方案是我们的基本预测结果，高方案是我们努力的目标。

（二）其他指标的测算思路

一些指标要依据"十二五"规划的总体目标，由各部门根据现实基础和发展要求来确定。如：一般预算收入增长率、实际利用外资、高新技术产值增长率、水土流失和空气治理、基础设施建设、社保、治安、三农等等。

四、"十二五"规划指标体系调整的政策建议

（一）依托规划指标体系，建立操作性强的调控体系

以新增建设用地（规模和布局）为核心调控指标，以城市化、财政经费调配、产业发展导向、资源利用效率、综合竞争力培育为重要调控手

段，以市场调控为主，行政、法律调控为辅的宏观调控体系。

（二）充分发挥指标体系功能，加强对社会发展监控

实施一定程度的、有计划的"动态规划引导机制"，在评估时，区别对待调控指标与预测指标，围绕实现核心指标目标而及时进行调整。要发挥指标体系的综合功能。除一般性评估外，指标体系具有重要的规划引导功能，充分发挥指标体系多种功能指标的规划引导作用，指导经济社会事业的发展。建立经济社会发展综合评价监测体系，包括社会、经济、资源、环境等各个领域，定期评价经济社会发展综合水平，引导经济社会的统筹发展。

（于东澍　西南大学经济管理学院；

于泽　辽宁省本溪市政府发展研究中心）

关于"十二五"规划编制实施的建议

一、建议发改委设立总规划师制度

一是有利于推进规划体制改革，加快形成以国民经济和社会发展总体规划为统领，以主体功能区规划为基础，以专项规划、区域规划、城市规划和土地利用规划为支撑，定位清晰、功能互补、统一衔接的规划体系。

二是有利于强化规划的实施性、操作性和权威性。

三是有的国家部委、不少省已有设立类似制度的先例。比如，国土部门设有总规划师一职，财政部门设有总会计师一职，环保部门设有总工程师一职，效果比较好。发改委作为规划编制和实施的牵头部门，理应设立总规划师制度，否则将弱化发展规划的龙头地位。

二、关于主体功能区规划的建议

第一，主体功能区规划是国土空间开发的战略性、基础性和约束性规划，是编制各级各类规划、优化空间布局、落实项目建设的基本依据，是各级政府履行经济调节、社会管理和公共服务职能的重要手段。2010年国家财政收入达8万亿元，有必要在中央预算内投资安排主体功能区建设专项推进资金，从2011年开始，每年安排1000亿元集中使用，以体现政策效果。

第二，据说财政部已根据主体功能区功能设立专项转移资金，用于补偿生态功能区和农产品主产区建设。我们认为，若国家发改委与财政部联合发文，明确专项转移资金是源于主体功能区政策，将更有利于引导地方推进主体功能区建设。其他部委今后陆续出台类似政策，国家发改委也应联合发文。

第三，国家发改委不仅要编好规划，更要注重规划实施。不能只编制不实施，更不能编制、实施两张皮两脱节。

第四，一项重大政策的实施有一个循序渐进、形成共识的过程，比如国家当年确定扶贫开发县政策，当时有的县也不理解，后来政策含量高了，很多县要争着挤进国家扶贫开发重点县的盘子。主体功能区战略的推进，也要尽快细化政策措施。

（陈洁　江西省南昌市发改委）

关于政府绩效、经济社会发展综合考评的建议

一个国家必须向人们提出一个规范的、鞭策的、激励的、统一框架的政府绩效和经济社会发展考评模式，以推动社会进步事业发展。宏观的政府一级共性考评指标体系是经济水平、财政收支、社会建设、城市建设、新农村建设、政府机关廉洁指标等；微观的涵盖国民经济各部门、各单位以及广大公务员、企事业员工的一级共性考评指标体系是：业绩（以业绩论英雄）、安全（保业）、素质（强业）、政治文明（兴业）、精神文明（创业）。至于二三级指标，要因地制宜，因单位制宜，因时制宜，设置自己的考评指标。在计算方法上，本着发展是第一要务和与时俱进的要求，应为本期实际比前期实际的动态指数；本期实际比计划或党和国家要求的指标值的与时俱进的静态指数。这个考评指标体系和计算方法，对考评对象起着规范、鞭策、激励和制约的作用。这就是规矩，没有规矩不成方圆，这是固有的哲理。这个考评是砝码主沉浮，自找奖励位次，体现了以人为本，促进社会公平公正。

（刘积芳　吉林省通化市）

转变发展方式　促进科学和谐发展

　　最近国内对发展方式和发展速度的讨论很多，不再片面追求发展速度，这是可喜的进步。"十二五"规划制定过程也更透明更公正，将来的效果一定值得期待。

　　过去，在获得飞速发展的同时，中国也付出了生态环境恶化、社会矛盾聚积等巨大代价。凡事都要讲究个"度"，过犹不及。"十二五"规划一定要兼顾发展方式与速度，社会公平与正义等诸多因素。我个人认为，"十二五"时期，全国经济发展速度不宜高过两位数。东西部地区要有所区别，西部地区的发展速度可以快一些高一点。

（吴卓潮　美国旧金山）

加强消防安全

　　一是健全社区各类消防机构。推动城市街道办事处和派出所以及社区管理单位、社区居委会成立相应的社区消防安全委员会、消防联席会议，理顺消防安全体系的关系。明确六个方面的职责：城市街道办事处将社区消防工作纳入社会治安综合治理内容、督促街道办事处制订社区消防工作计划、组织召开社区消防工作会议、与社区单位层层签订安全责任书，做到有专人抓，有工作计划，有专门的考核；根据《中华人民共和国居委会组织法》的有关规定："居民委员会是居民自我管理、自我教育、自我服务的群众性组织"，发挥相应的功能，进一步完善奖惩机制。由街道办事处对居委会进行年终安全考核，将社区消防工作纳入日常考核内容；由公安局对派出所及民警个人进行考核；由街道办事处对社区消防工作进行考核；积极推动物业管理部门将消防工作纳入管理员雇用考核条件，提高管理人员素质。

二是依托主管部门为载体，理顺关系。即公安消防机构与派出所、派出所与街道办事处、街道办事处与居委会、居委会与物业管理单位的关系，做到分工明确，责任到人，形成社区消防齐抓共管的局面。派出所民警发挥派出所辖区熟悉的优势，实行辖区社区民警分片包干；公安消防机构主动与相关职能部门联系沟通取得支持，建立街道办事处、居委会、居民形成的消防网络，帮助建章立制，针对社区消防管理人员及派出所民警开展培训，加强消防宣传。消防中队要加强社区熟悉工作，制定预案并演练；同时，物业管理公司对居民进行宣传教育，实行防火安全责任制开展检查，按规定配备、维护公共消防设施，为居民提供服务。

三是依托社区群众为载体，加强义务消防队伍力量，编织群防群治网络。依托社区服务和管理机构及各类群众性组织，借助民力加强消防保卫力量的建设，逐步建立以治安联防队、民兵应急小分队为骨干的义务组织。同时，加强消防基础设施和基本灭火器材配备。充分挖掘社区消防资源，形成社区共建合力，充分利用社区有关单位的现有资源来解决社区消防建设的资金、设施、器材等问题，本着优势互补、互惠互利、资源共享的共建原则，开辟社区消防服务项目，提高社区居民自防自救的能力。

四是强化宣传教育。以喜闻乐见的形式，如办消防板报、消防公益广告牌、消防宣传室、消防画廊、办消防宣传栏、发放消防知识宣传单、张贴消防标语等形式宣传消防常识、消防法律知识。采取多层次、多形式、多渠道、贴近生活、贴近群众、贴近实际的方式进行宣传，利用多种多样的消防宣传手段。同时注重加大季节性火灾的宣传教育活动、小学生的消防安全教育活动、社区内老人的消防安全知识教育，确保宣传面大、受益人群广。

（蒋巍　北京春秋国旅）

重建政府信誉的建议

一、从根源制度上减少虚假数据的产生，相关数据的真实性对经济社会的健康发展至关重要。毋庸讳言，多年以来，我国的各类统计数据的真实性是存在不少问题的，"十二五"时期应该采取措施从根源制度上减少虚假数据产生的可能。

二、尽可能减少没必要的考核评比创建创优活动。各类考核评比创建是造假欺瞒的重灾区，一些地方为了自身的形象政绩往往会通过造假欺瞒等手段或主动去争取什么荣誉称号或被动应付自保，而所谓来自上头的检查考核也基本流于形式，走过场。这不但浪费资源，同时影响公众对政府、对权力部门的基本信任，危害到国家的生存发展。

三、重视并充分利用科学民调的作用。"十二五"时期的各项工作应该充分尊重和体现民意。因为国情制度的不同，我国不可能采用西式的票选民主。由于官员是上级任命而非民选，这就不可避免造成各级官员"顾上不顾下"，对民意不够重视。虽然目前有关部门在做重大决策或对官员政绩进行考核时，也会找人了解情况，也会做一些问卷调查之类的工作，但是这些做法的有效性、科学性和公正性值得怀疑。西方国家的民众可以通过选票等方法表达意愿影响政治，那么在国家的政治生活中怎么才能掌握和体现民意呢？一个可行的办法就是让具备一定专业水准的智库和媒体采用科学的民调手段，独立完成有关社会公众对一些重大问题的看法，对重要官员施政的评价等情况进行调查，再将这些相对真实的数据提供给有关部门在做决策和作人事安排时参考。通过这种方法有关部门就可以采集到相对公正准确的民意信息，使民意能够真正在国家的政治和社会生活中发挥应有的作用。

四、加强政府部门国家机关的信誉建设。种种迹象表明，一直以来，由于有些政府部门、国家机关存在着有法不依、执法不严、贪渎腐化、仗势欺人、做事不公等现象，公众对国家机关和政府部门的信任度是有所下降的，这会破坏社会和谐，加重官民对立，增加社会运营成本，威胁国家长治久安。所以，在"十二五"时期要整顿吏治，重振国家的公信力。

（孙红华　浙江省青田县临江西路）

高度重视各行业的心理辅导干预

经常可以看到一些国家干部，特别是一些领导干部由于工作压力和家庭不和谐出现自杀情况。不能排除有一些干部是畏罪自杀，违法后惧怕受到法律惩罚，但同时也应重视对政府工作人员的心理干预，设立专门的心理调解机构，帮助缓解心理压力和不良情绪。另外，对警察、矿工、保安保卫人员等高危行业的心理干预也非常必要和紧迫，关乎社会发展和稳定，希望中央和国务院认真研究，采取有力的措施加强领导干部和高危险从业人员的心理干预机制建设。

（常涛　河北省张家口市）

怎样拒腐防变

权力，是一种具有强制性的政治力量。它的本质就是统治阶级按照一定的政治标准、是非标准，对社会实施管理，主持公道、维护公正。所以，权力只能用来管理社会，管理事务，不能用于谋取私利，否则，就会造成社会秩序紊乱，引发社会矛盾。

下面谈谈笔者在这方面的粗浅认识：

一、谁给的权，为谁服务

首先，我们要认识到权力是谁给的？毛泽东同志曾这样说过"我们的权力是谁给的？是人民给的。"因为我们的国家是人民民主专政的国家，国家的权力是属于人民的，人民是权力的主体。我们各级领导干部，不过是受人民的委托，行使公共权力，管理国家和社会事务。有的人并没有认识到这一点，在权力从何而来、应为谁服务、如何用权等问题上往往出现偏差。有的人认为：权力是凭自己的"本事"获得的，是凭"关系"取得的，是某领导恩赐的。清醒地对待和正确使用手中的权力，不仅关系到个人能否成长进步，更重要的是关系人心向背，关系到我们党的执政地位能否巩固。

二、心怀忠诚，树立"官德"

忠诚并不是一个抽象的政治概念，它包含着忠于党，忠于国家，忠于人民，忠于事业和纪律。作为一个掌权的人，要以党的利益、国家的利益、人民的利益为重，在大是大非面前，敢于坚持原则，实事求是。既要弘扬良好的"官德"，坚定理想和信念，树立正确的人生观和世界观，全心全意为人民服务，以"三个代表"重要思想的要求，作为立身处世的基本行为准则，又要具有甘于清贫、乐于奉献、不计个人荣辱得失的革命精神，还要紧跟时代潮流，与时俱进，勇于改革，努力适应新形势、完成新任务，并时刻保持清醒的头脑，珍惜党和人民给予的权力，保持自己高尚的品格。

三、善待亲情，端正心境

我们回过头来，看看那些贪官的妻子、丈夫以及一同沉沦的子女，他们心目中存在"有权不用，过期作废"的观念，想尽办法利用亲人手中权力捞取个人好处，或者利用亲人的权力影响，到处招摇撞骗，或者与亲人一唱一和，联手犯案，以致在违法犯罪的道路上越走越远。家庭是社会的细胞，它牵涉着方方面面。领导干部的家庭和事务，不同于一般老百姓的家和事，往往与其所拥有的权力和地位、职务连在一起，如果把握不准，很容易出问题，特别是家庭成员和亲情关系，要有一个正确的态度去面对。所以，我们要克服所有不正常的心理，善断家务事，管好自家人，不为家庭和亲朋好友办违法乱纪的事，树立良好的家风。

四、加强监督，自我约束

有权力必须要有制约，没有制约的权力，必然走向腐败。目前解决权力失控问题的根本途径还是在于监督，在于建立一个全方位、宽领域、多环节、多层次的监督网络体系。

一是强化法制监督。大力加强各级干部的法制意识，一方面教育干部知法、懂法，另一方面督促干部守法、执法。既要使干部自觉把自己置于法治之中的主观努力，又要建立防止干部游离于法治之外的有效制约机制。让曾一度"权大于法"、"人治大于法治"、"我就是法"等意识彻底清除。

二是严格现代财政监督，在市场条件下严格财政、审计、申报个人财产及大事等制度，是治理权力腐败、实现廉政建设的有效手段。这种监督的实现以现代民主程序为内容，以国家宪法为依据，由一系列的相关环节所组成，能够在防治腐败过程中起到"警示"、"监控"、"曝光"等作用。

三是发挥纪检监督作用，建立健全有效的规章制度。尤其要落实党风廉政建设责任制，按照责任制的规定，实行分级负责，做到一级管一级、一级监督一级。各级领导干部和纪检监察部门要敢抓敢管，采取过硬措施，从制度上防止贪污腐败现象的发生。

四是实行公开办事制度。领导干部处理的大事要事，特别是老百姓关注的重点、难点、热点问题，要做到公开、公平、公正，主动接受群众监督。

五、注重修养，提高素质

掌握一定权力的领导干部，要切实注重自身素质的修养，争做拒腐防变的楷模。

要善于在工作中学习，在学习中工作。学习是做好一切工作的前提和基础，以工作检验学习，以学习指导工作，要深入系统地学习马克思主义、毛泽东思想、邓小平理论、"三个代表"、科学发展观重要思想，学习党的路线、方针、政策，提高驾驭全局的能力。要认真学习现代科技文化知识，做到博而专。要学会做人，涵养正气，廉洁奉公，以德服人，提高自身非权力性影响。

（张计平　湖南省新化县）

提高政府公信力，发挥媒体作用

国家强调科学发展，一些地方官员为了个人前途不顾一切地盲目发展。但是发展经济的目的不是为了官员升迁，而是为了提高百姓生活。"十二五"规划处在一个非常特殊的时期，这个时期是各种矛盾突发的关键时期。尤其围绕房地产业发生的利益角逐成为导致许许多多暴力事件的深层次因素，"十二五"时期政府必须当机立断，斩断政府与房地产商之间的利益链，秉公执法，才能重新拾起政府的威信，才能让人民心里踏实。现在的情况是，老百姓权益遭到侵害而没有合法渠道可以申诉，个别官员甚至与欺压百姓的利益集团串通一气，长此以往，积压的怨气可能会导致更为严重的社会事件。对此，本人建议：

改革体制，转变观念。现在的政治体制存在严重的缺陷，尤其是人事任免方面，加大执政成果方面的考核，不能一味地以经济发展速度为指标来决定升迁，结合当地居民的反映才能任人唯才。

有法可依，执法必严。只有提高法律的威严才能发挥其约束力，任何机构或个人都不能凌驾于法律之上，触犯了法律就必须受到惩罚。只有实现了法律的公信力才能保持政府的公信力。法律体现了人民的意志，是公平的体现，法律是不能拿来做面子工程的！

放开舆论，发挥媒体的监督作用。现在的舆论媒体，大多都是官方的口吻。媒体是中立的，是积极发表信息的渠道而不应只作为政府的工具。应由相关的法律约束媒体。

我们不能在和谐的口号下任由不和谐的事情发生，公道自在人心，政府在发表官方解释的时候需要更加慎重，不要出现自相矛盾和牵强附会的言辞，那样只会降低政府的公信力。提高政府威信，严格按照法律办事还任重道远，让我们期待在"十二五"期间，国家在转变政府职能方面有大的进展。

（雷刚）

乡镇主要领导不宜从上级机关下派

　　乡镇人民政府是共和国的前沿阵地，是最基层的人民政府，代表党和国家直接体察民间冷暖，维护一方稳定，促进一方发展。历史的经验告诉我们，乡镇的领导和公务员中，还是有基层历练和基层工作经验的中老年干部才有群众基础和威信，才能真正能听懂百姓语言，才能真正为老百姓办实事。可不知道是从什么时候开始，一些地方盲目模仿干部下派，市、县机关的一些干部被安排到乡镇担任主要领导职务，这个做法本无可厚非，但绝大多数的下派干部不能胜任，原因很简单，一是不熟悉农村工作，说外行话，做外行事，让群众失望；二是没有群众基础，哪来的力量源泉？三是直接伤害了在基层辛辛苦苦打拼了大半辈子干部的积极性，由于下派干部挤占了领导位置，导致基层真正能干事、能带领群众干事的人才上不到领导岗位，这些干部对下派的干部不信服，乡镇机关力量怎能整合？同时一些地方片面追求乡镇领导的文凭，要求大专、本科、研究生，可老百姓听不懂书面语言、更不懂什么 X+Y 的。因此，建议停止下派干部到乡镇担任主要领导职务，放宽乡镇领导任职年龄，有能力的人可以放宽到55周岁左右。建议严格乡镇干部的任职管理，不随意把无所作为的庸人派到乡镇领导岗位上来，不随意对乡镇的领导进行调整，从而使乡镇真正成为共和国的前哨，更好地贯彻党和国家的各项惠民政策，把建设社会主义新农村的宏伟蓝图落到实处。乡镇的领导干部人选不容作秀！

　　　　　　　　　　　（赵军　四川省通江县广纳镇人民政府）

加强农村规划立法

　　加强农村规划立法是统筹城乡发展、优化城镇体系、推进城镇化的保证。为解决目前新农村建设中出现的房屋拆迁纠纷、农村建设规划千篇一律、农村公共设施不完善、缺乏建设投资主体等问题，建议加强农村规划立法工作，具体如下：一是加强对地方农村规划立法工作的指导，进一步树立和强化农村管理意识，乡镇政府和村民委员会在建设规划中要从决策者转变为协调者，成立相应的农村建设规划委员会，把规划自主权归还给农民，避免以"长官意识"替代农民意愿，减少规划建设中的拆迁纠纷问题。二是乡镇政府和村民委员会因实施村庄规划给农民造成损失的，应当按照当地政府有关规定的标准给予补偿。三是尊重农村生活习俗、民族习惯、地方风情，设计出体现地方特点，又宜农宜居的房屋类型，结合农村农业生产实际，开发利用当地农业资源，开辟季节性生态旅游，拓宽农民就业渠道，增加农民收入。四是县乡政府、村委员等多方筹集资金，建设和完善农村公共设施，完善农村综合服务功能；或者鼓励企业和个人投资兴建农村公共设施，通过合理收取费用回报投资收益；或者通过引进项目时，附建农村公共设施，明确设施使用年限，以乡镇或村委会回购等方式，解决农村公共设施不健全的问题。

（周健生、姜维　中储粮广西分公司）

"十二五"规划应重视的几个方面

一、改善应届毕业生的就业状况

各级高校的应届毕业生当前的就业问题日渐严峻。应加大对技术人才的培养，对高职和专科学生加强技能培训，以制造类企业的需求为培养目标，把学生向高级蓝领的方向培养，增强其就业竞争力。本科和研究生起点的院校，对于以就业为导向的专业，高校应当开设实用性和理论性结合的学科，在提升学生理论基础的同时，还要让学生适当接触到在企业实际要处理的问题。如果教给学生的只是知识，培养出的人虽有较强的学习能力，但是面对就业的挑战时，还是显得有些准备不足。

二、促进企业转型

当前国家出台的最低工资保障，把一些劳动密集型企业挤出了国门，挤到了越南、缅甸等用工成本更低的地区。有些企业迁移到西部地区，降低用工成本。作为小的制造型企业，转型升级是一个艰难的过程，从劳动密集型转向技术密集型企业需要诸多的条件才能实现。多提供技术上和政策上的支持，减少企业过多地依赖于人口红利和较低人力资源成本等因素作为竞争优势。

三、提高外地务工人员的生活保障

目前，很多落后省市地区的劳动力流向东莞、深圳等经济发达地区，在那里获取打工收入。他们要承担相对高的生活成本，衣食住行都减少支出，生活水平很低，就是为了尽量提高储蓄能力。他们的生活状态如果能得到一些提高，这对改善民生是有推进作用的。

四、改善公路路况条件

随着居民收入水平的提高和汽车产业的发展，大城市过多的私家车和公交体系不完善、道路设计不够便捷等因素是造成堵车的主要原因。汽车尾气排放量导致环境恶化、生态破坏的现实已威胁到了城市的持续健康发展。适时向全国推行政策，多乘坐环保节能的公共车，少用私家车出行，体现"公交优先"的发展战略，做到投资安排优先、站场用地优先、路权分配优先、财税扶持优先、换乘衔接优先"五个优先"。

五、节约用水，提供中水设施

概括的讲，中水是非饮用水标准的水源。在我国，除了洗车用中水以外，大量饮用水资源都被用于诸如洗浴、绿化、冲厕及清洁卫生等中水完全可以胜任的领域。学校和一些企业设有中水管道，如果可以推而广之，在新建的居民小区内也建立中水设施，那么会极大地节约宝贵的饮用水，这对促进污水的循环利用和促进低碳绿色的生活是很有好处的。

六、促进区域经济发展，合理疏导高校毕业生

加快各大省会城市的发展速度，提高其基础设施建设的水平，使得各生源地的高学历人才在就业时会把回去建设家乡作为一个选择，这样也许能缓解北、上、广等大都市的人口过于拥挤的现象。

当前大城市的高校毕业生大部分会力争留在自己学习的地方，有人缘、地缘的优势。劳动供给大于需求，使得就业门槛提高，造成很多高学历的人在大城市做一些很简单又没有前景的工作，这对国家和个人都是一种巨大的人力资本浪费。如果家乡的整体水平能有所提升，那么回到家乡，把自己所学用在更有价值的工作中，可以打开新的局面。

七、提供更多的保障性住房

目前的经适房、限价房等福利的覆盖面有限。很多大城市里一些收入中低等的本地居民，购买首套房屋时都会望房价兴叹。

八、提高低收入者的收入

加大对低收入人群的人力资本投资，尤其是其子女的教育更要重视，避免贫困的"遗传"。接受教育或者学习技术是贫困家庭子女改变命运的

一个好途径。

（庚柏昆）

对国家"十二五"规划的十六个建议

一、政治体制改革。政治改革除弊，民主与时俱进。与狼共舞师长技，坚持洋为中用。东方不是西方，人民不是贵族。制度信仰俱相反，岂能同日而语。

二、国防军事方面。军事致力一流，无论素质装备。国防强大基础牢，方有体面尊严。牢记贫弱受欺，落后挨打定律。从来讲话凭实力，否则任人奴役。

三、农贸一体统筹。农贸一体互惠，适销对路生产。因地制宜抓种植，确保供需平衡。健全信息网络，确保货畅其流。生产消费互惠利，诚信合作双赢。

四、科学一体发展。科学一体互惠，创新提升基础。技术革新促发明，二者互补向前。互为前提基础，不可彼此分离。相得益彰需统筹，完善机制发展。

五、物流一体高效。物流一体统筹，相互配套高效。完善交通打基础，货畅其流生财。东西南北贯通，四通八达便捷。水陆航空互交通，出行货运舒心。

六、城乡一体统筹。城乡统筹和谐，同国同民同制。属地管理便生活，身份平等安宁。取消户籍歧视，就业入籍管理。同工同酬同福利，平等互利齐心。

七、收入分配方面。国家企业职工，三者利益兼顾。税收利润与工资，科学划定比例。立法予以保障，健全机制实施。违法必究不姑息，依法办事兴旺。

八、住房问题方面。住房纳入民生，立法予以保障。土地房产严禁炒，按人定量销售。国土资源有限，珍惜持续发展。按需定量保供应，依法定价收费。

九、社会保障方面。社会保障公平，公民一律平等。同国同民同待遇，消除人为歧视。标准尊重自愿，对称享受待遇。因地制宜定标准，量入为出平衡。

十、教育改革方面。教育改革创新，立足国情为本。顺应时代抓教育，面向社会需求。学思并举育人，培养现代精英。洋为中用强国基，博采众长强盛。

十一、产业结构升级。瞄准时代前沿，立足循环经济。坚持发展可持续，再生资源环保。面向空间着力，开发新兴能源。风光水能取不尽，应予大力开发。

十二、医疗保险方面。医疗保险普及，确保病有所医。医疗机构进社区，上下联网互惠。医疗公平享有，费用平等收缴。无论城乡官与民，一视同仁和谐。

十三、立足转型创新。善于联系搞嫁接，移花接木提高。优势互补出强，强强组合飞腾。更新换代创奇迹，高效节能增收。

十四、节能环保方面。节能环保降耗，开发新品替代。着眼天然寻出路，积极探索发现。凡事自然有解，贵在实践认识。广泛接触大自然，深入研究找寻。

十五、新农村城镇化。坚持科学布局，道法自然发展。因地制宜顺民意，符合实际则兴。不搞长官意志，坚持实事求是。依托经济建城镇，顺其自然昌盛。

十六、扩大内需方面。扩大内需增收，减税让利富民。国家企业与职工，三者职工为主。扩大工资比例，立法予以保证。健全机制抓落实，民富扩大内需。

（吴正江　湖北省老河口市）

对"十二五"规划的几点建言

作为一介平民能够参与规划国家发展蓝图，我感到异常激动和欣慰，这是时代的进步、民主的进步、国家的智慧。我虽处于社会底层，没有太高的学识和理论，但我鼓足勇气还是想把自己的粗浅想法说出来，或许还算不上建议，但却是民声的表达，因为我热爱我们的国家、热爱我们的民族！我的建议如下：

一、必须从国家层面加强思想道德建设

近三十年来，我们国强了、民富了，社会、经济、文化等等很多方面都取得了巨大进步，但思想道德水平却在退步。我们过去太过于注重经济建设了，而忽视了思想道德建设，太过于注重物质生活水平而忽视了精神文明水平。

加强思想道德建设离不开历史、文化、传统的研究、传播和教育，目前这方面的提高恰恰滞后于经济的发展。文化越来越在娱乐功能方面展现繁荣，在教学育人方面却逐渐消沉。整个社会多了几分浮躁，少了几分积淀。为此，必须重视思想道德建设，加大哲学理论研究，加强思想道德教育，净化文化传媒，改革人才培育和选拔机制，树立真正的社会主义新风尚，我们的民族才有希望、国家才有希望、社会才能真正进步！

二、近年来改革取得了很多成果，但也存在不少问题。我们必须正视现实、勇于修正

（一）首先是教育存在很多问题。基础教育投入太少，资源分配不均，供求矛盾突出，让老百姓感觉入学难；教育产业化、市场化让老百姓感觉入学贵；高等教育严进宽出、学历与能力的倒挂让老百姓感觉名不副实；高等教育课程设计老化僵化，不符合用人需求，让老百姓感觉读书无用。这些问题没有解决好，就不能说教育改革是成功的。我个人认为首先要加大教育的投入，投入水平要向中等发达国家水平看齐，向基础教育倾斜，把幼儿教育、高中教育纳入义务教育范畴。基础教育必须坚持公立原则，决不可将基础教育企业化、市场化。高等教育必须打破严进宽出的模式，应该按照供求关系区别对待，当供大于求时采取宽进严出的政策，当供小于求时采取严进严出的政策，总之要把好出口，不能粗制滥造。高等教育的课程设置应更加灵活多样，适应社会用人需求。高等教育要合理定位学历教育、学位教育、职称教育，学历仅是对学习过程的认证，学位应该是对学习水平的评价，职称应该是对学识应用能力的评价。要下大力气培养一支有思想、有爱心、素质高、乐奉献的教师队伍，提高教师的工资待遇和社会地位，严格教师资格评审制度，提高教师配置水平，灵活教师流动机制，保证偏远、落后地区师资，全面提高教学水平。改革现行考试制度，不以中考、高考成绩一锤定音，合理参考平时成绩，注重综合素质评价，促进学生全面发展。

（二）医改取得了很大进步，但还需继续推进。全民医保的理念是值得称颂的，一定要坚定不移地推进，但医疗资源同样存在配置不科学的问题，老百姓看病难、看病贵的问题依然突出；以药养医、医药分离的问题仍然没有得到解决，同时过度医疗、医疗浪费、医疗腐败问题又普遍存在；预防医学没有得到普及和推广，老百姓的健康知识缺乏、保健水平较低，造成盲目医疗、医疗迟延的现象十分普遍。我个人认为应加大医疗卫生投入，特别是基层（包括农村）医疗机构的投入，提高基层医疗机构诊治普通疾病的水平，发挥基层医疗机构体格检查功能、预防疾病功能、指导患者就医的功能；合理配置医药资源，科学分流医患，减缓看病难的现状；规范医药收费行为，改变以药养医现状，整治药品流通环节，消除医药暴利和欺诈，减缓看病贵的现状；改革现行的医保制度，适当降低普通疾病的报销比例，提高重大疾病、慢性疾病的报销比例，整治过度医疗、医疗腐败现象；普及预防医学，开展全民健康教育（为大、中、小学生开设健康课），普及基础体检，建立全民健康档案，全面提高人民保健水平。

（三）人事制度仍然存在一些难点问题，需加大改革力度。人才选拔机制存在一些误区，学历条件成为选拔人才的最大障碍，限制了很多高水平低学历的人才；行政、事业单位严进难出的人事制度缺乏激励机制，基层单位受编制级别限制人员薪酬待遇严重不公；国家机构改革的精神并没有落到实处，行政事业单位"官"多"兵"少、机构庞杂、人浮于事、效率低下的问题依然严重；人事考核评价制度老化、僵化，难以达到客观公正的基本要求，人事晋升论资排辈、关系优先、行贿受贿现象十分普遍。我个人认为在人才培养与选拔方面应放宽学历、资历要求，注重思想道德水平和实际工作能力的评价，延长试用考核期限，灵活人才流动和淘汰机制，逐步形成培育人才、发掘人才、激励人才、善用人才的好制度；积极推动行政、事业单位人事制度改革，精简机构、优化配置、提高效率，降低"官兵"配比，提高"非官"人员待遇，避免形成"官利诱人"、"争官为利"的局面。这方面深圳市的公务员制度改革经验值得研究推广。

三、必须重树政绩观

多年来，在经济建设取得巨大成就的同时，却逐渐出现和形成了政府以 GDP 论英雄的偏颇观念，规划短浅、盲目投资、虚假统计、重复建设、高耗低效、环境受损、结构失衡、寅吃卯粮、发展受限等一系列问题集中显现，虽然政府和民众已经警醒，但依然没有形成强有力的约束力，问责制的缺失更为政府官员个人意志的膨胀埋下了伏笔。个人认为，重树科学的政绩观是可持续发展的首要条件，民生福祉是评判政绩的重要指标，民主集中是政府行为的最好约束，行政问责是纠偏的有力保证。

四、也谈城乡问题

城乡发展严重失衡是当前最突出的问题，城市太过膨胀，乡村太过萎缩。城市规模越来越大、建筑越来越密、人口越来越多、生活越来越不便，尽管"城市综合征"越来越突出，但人们仍然想把乡村都建成城镇、把小城市建成大城市、把大城市建成直辖市，人们在鼓吹城市化进程的诸多好处时忽视了农村的根本是农业，农业的根本是粮食，城市却不能产粮！城乡规划不科学不协调的最终结果是乡村不能满足城市的粮食需求。因此控制城市建设规模、科学规划乡村发展是当前的重大课题，我个人认为应加强农村基础设施建设、保护农村耕地、促进科学种养水平、提高农民生活质量，最终达到城乡协调发展的目标。

五、也谈收入分配问题

首先是必须坚持按劳分配的基本原则，收入分配必须体现劳动价值，不能简单学习西方社会的高福利制度。其次，人们谈到收入分配首先想到的是提高工资收入水平，但如果不考虑物价因素，工资收入水平的提高并没有意义，只有购买力才是消费水平的硬指标，也是收入分配改革的最终目标，因此在提高收入水平的同时保持物价相对平稳至关重要。再次是合理配置国民收入比例，增加居民收入占比，推进税费改革、减轻民众负担，真正让居民的收入水平与经济发展水平相匹配。最后是采取宏观调控措施调节垄断行业、暴利行业利润水平和收入水平，避免财富过度集中，逐步缩小贫富差距，达到共同富裕的目标。

六、也谈政府行政水平

首先政府的行政目标必须定位在为人民服务上。行政管理的职责是维护公共秩序、提供公共服务、促进社会均衡发展。因此政府行政管理范围应该是有限的、动态的，并非管理范围越大越好、管制措施越强越好，而应紧随社会发展的需求及时调整。其次政府必须依法行政、取信于民，其精髓就是发扬民主、规范程序、公开信息、接受监督。此外，政府行政必须摒弃"利益"因素，如果政府的行政行为与"利益"有着千丝万缕的关系，政府行政就难免会丧失公正。而现在政府搞投资、办企业的行为越来越多，产生了巨大的割舍不下的利益，这些现象的存在无时无刻不影响着政府的行政水平。

最后，我想说的是改革已经到了关键时刻、攻坚时刻，我们必须凝聚民心、高瞻远瞩、顾全大局、深思熟虑、周密布置、稳步推进，避免急功近利、偏执失衡、朝令夕改、半途而废、激化矛盾，方能取得理想效果。祝我们的国家越来越繁荣富强！

（张恒　广东省广州市物价局）

对"十二五"规划的若干建言

一、扩大内需，增加居民收入，激活全社会的消费需求和购买能力。包括扩大就业，保障全体就业人员取得与经济增长总量相适应的劳动报酬；提高企业退休人员的养老金待遇，废除退休双轨制；国家要补偿六十多年发展中对一些群体的历史欠账，包括五七回乡人员，残疾军人回乡人员，"六二压"人员等。

二、加快建设社会主义新农村步伐，整合农村土地，保持和增加全国耕地面积总量。在大规模修建纵横交错的铁路公路网络和城市扩充等基础设施消耗大量土地尤其是耕地的情况下，要统筹规划社会主义新农村建设，消灭空心村，提高农村土地使用率。

三、加强环境保护力度，推行低碳和循环经济，实现生态文明和可持续发展。组织科研攻关，解决污染物无害化处理和变废为宝的问题，推行城市垃圾分装并将其一条龙运回回收场所；开发风能太阳能等能源，辅助无资源农村使用沼气。

四、改革退休制度，适当推迟退休年龄。

（郭廷　山西省长治市淮海青年公园）

对教育、医疗、养老、节能等问题的建议

一、关于规划指导思想的建议：落实"以人为本"、"以民为本"理念，让三十年改革开放成果真正惠及广大人民群众。实现由"国富民强"向"民富国强"转变；实现广大人民由经济富裕向精神富裕转变；实现社会主义优越性在中国特色社会主义阶段的充分体现！

二、关于教育的建议：提倡全民教育、终身学习理念，以全面提升国民素质；提倡国学为基础、现代知识为能力的知识结构教育，以国学哺育民心民慧，以现代知识培育国人参与国际行动能力；提倡从幼儿园到普及高中及职业大专的国家义务教育，让最广大青少年受到全面的基础知识培育和立足于社会的一技之长培养。

三、关于医疗的建议：坚持发展中医，保护民族传统医术；按让最基层老百姓能看病、看得起病为衡量标准，建立全民医疗保险机制、农村医疗体系和城市社区医疗体系，真正实现"病有所医"。

四、关于养老的建议：提倡把养老作为社会福利事业，国家引导、鼓励，全民参与，提倡家庭养老与集中养老相结合的养老方式；鼓励大力发展家政产业，鼓励各级医院、医学院及社会其他力量联合开办养老院，真正实现"老有所养"。

五、重视一次能源的 CPI 最终价格推手和"效益（利润）垄断"作用。尤其是以石油和煤炭为主体的化石能源，随着人类经济社会的不断发展，对其为重要实现来源的能源需求愈来愈旺，又由于其不可再生性，供需矛盾愈来愈突出，除非替代能源可以随时大量补充。因此，建议国家必须坚持市场与计划相结合的方针，加以管控，以协调、理顺与其下游其他

产（商）品之间的价值（格）关系，实现所有产（商）品间价值关系的和谐、平稳。

（陶新建　中国电力投资集团公司东北电力有限公司）

对"十二五"时期若干问题的建议

建议一：各省创办一批国家支持、扶植的，以新型农民、大中学毕业生为创业主体的集体所有制的现代农业企业。这种现代农业企业，是农民根据自愿原则，以劳力、土地、资金等生产要素入股，进行民主科学管理，实行按劳分配为主的分配制度。

这种现代农业企业，由农民当家作主，领导机构与管理机构主要成员，均从农民中民主选举产生，也可根据需要聘请职业经理或专业技术人员。

国家制定《农业企业法》，颁发集体所有制（包括农业合作经济）的《现代农业企业示范章程》，以引导、规范现代农业企业的发展，保障农民和相关成员的合法权益。

这种集体经济形式的现代农业企业的建设与发展，可以作为推进现代农业、建设社会主义新农村的新内容、新形式和新路子，统一部署，结合进行。

建议二：关于城市化与城镇化问题。

在城市建设发展和规划中，先后提出了城市团组（组团）、城市群的概念，这在规划设计理论上是一大进步；但它仍处于众说纷纭的阶段，尚未形成一种科学的理论体系。然而，根据我国的特点采用引进生物学的群落概念，从"仿生"的意义上建立和发展城市建设规划的城镇群落理论，是有实际意义的，特别是对于中小城市建设规划，更是有现实意义的。现根据这一理念，提出一些具体建议：

1.重新科学定义城市化，废止单纯以集聚多少城市人口来衡量反映城市化进程，无序地推动人口向大中城市集聚。要建立新的城市化的指标体系，以人和自然的和谐统一、城乡一体化、公共福利和公共服务城乡共享、城市农村化、农村城镇化等思路来设计这个新的指标体系，更符合客观规律。

2.建设要素从向传统中心区无序集聚，转变为在提升中心区城市化水平的同时，重点向各具特色的种群（镇区）集聚，加快镇区城市化进程。这里讲的是镇区城市化建设，不是传统意义上的"小城镇"建设，这是一种"跨越"。

3.城市基础设施建设，从着重为利税大户服务转变为提升城市以劳动大众为主的人群的生活水平、现代化水平，侧重于发展和提升教育、医疗、保健、休闲、文化、交通等公共设施。城镇各种软硬公共设施，都按城市化要求，统一布局、设计，依序推进。对城镇的上下水、交通物流、三电、教育、科技、卫生、休闲、公共活动空间等进行统一规划，"全网设计"依序实施。

4.城镇化过程，在某种意义上是一种重新安排河山的过程，要根据区域发展总体战略和主体功能区战略，重新定位传统中心区与各区镇功能，重新制定不同主体功能区的发展战略方针。

（曾德聪　福建行政学院）

"十二五"规划之百姓建议

一、在中国未来的五年，建议逐步实现如下政府协助养老办法：对全国 60 岁以上，自身无固定收入来源，除自身居住的有限住房外，自身既无离退休养老金又无固定资产或固定财产收益（包括参加社会养老保险等）的老年人，实施养老保障办法。办法是通过调整国家税收政策，提高城镇居民 60 岁以后养老金到每月 200 元，增加 60 岁以后农村百姓养老每月 100 元的补助。

二、根据乡镇、县以及大中城市的人口分布情况，通过政府划定范围，按当地土地租金市场价格补助其土地管理使用者，引进民间资本，规范科学生产操作过程与工具的现代化程度。让蔬菜生产企业有利可图，加大乡镇、县以及大中城市的蔬菜基地建设，尽可能实现高标准的民生蔬菜的企业化经营，通过竞争，逐步实现长期稳定的日常社会经济生活方式。

三、通过政府出政策和生产工具资金支持，包括农民技术培训的农业技术生产升级或农民土地补偿补助，还包括对农业机械企业机械创新与制造补助，鼓励农业科技人才出技术、农业机械生产企业进行投资和管理，农民出土地，建设和扩大股份制的现代化农业生产企业，加快农业农村现代化建设，加快农业机械创新改造，利用现代技术优化结构，使之越来越符合我国农业生产建设的实际需要，在保证我国粮食生产的同时，加快农村和农业现代化建设，努力提高中国百姓的现代经济和文化生活素质。

四、国家在未来的日子里，要努力建设创新型国家。建议设立每年一次的国家级、省级、市级和县级实用创新型设计大奖，通过指定规范程序和环境进行比赛，提高百姓创新能力和意识，使之逐渐成为中华民族的生存之本。

（程继明　贵州省绥阳职业高中）

我为"十二五"规划建言献策

一、以上海世博会展示的世界科技、生活理念和技术亮点为着眼点，请有关专家、学者、人士与有关部门研讨培育新兴产业、提升传统产业，抢占科技前沿阵地，抢先建立新兴产业，提速产业发展、经济发展。虽然上海世博会圆满落幕，但是世博会的重大意义和作用还在继续。每一届世博会都会推动科技与经济、社会的发展，不抓住机遇深挖潜能就会落伍。

二、大力推进沿海带动内地、城市带动农村战略和东部产业向中西部转移战略，优化产业结构和产业布局，推动全面又好又快地可持续发展。随着我国交通网络建设和交通运输业的发展，内地涌现出很多"区域经济增长极"，推动产业结构和产业布局优化、协调，促进经济社会建设发展。要因地制宜、集约发展。淘汰高耗能、高污染、低效益的中小型企业；督促传统产业优化升级技术设备、产品；鼓励和培育或者引进节能环保高效型新兴产业。必要时辅以行政、税收、价格等手段强力推动。

三、大力选拔、培育新型管理人才和新兴产业科技带头人，拉动新兴产业发展。"火车跑得快，全靠车头带"。发展新兴产业，具有现代化新兴产业科技知识和创新理念、能力的科研带头人与同时具有政治、经济、管理、创新知识的管理人才必不可少，是关键所在。产业兴，才能扩大就业。

四、全面推广"直销"模式，减少中间商环节，"让利"于民，以进一步扩大内需，同时适当降低垄断行业工资，缩小收入和贫富差距，稳定生产秩序，促进和谐社会建设。

五、大力宣传上海世博会所展示的世界各国科技、理念和科技造福社会与生活的实例，激发各行各业、干部群众的科技意识、创新意识、环保意识和可持续发展意识，普及科学文化知识，使科技全面助力经济建设发展、造福社会生活。扶持和推广节能环保高效型产品的应用，全面"压缩"高耗能、高污染、低效益的落后产品的市场，迫使企业升级或者淘汰。

六、加快城镇化建设，鼓励"居家创业"、发展"集约经济"、"以点带面"。鼓励居家创业，利于我国人口合理、有序流动，稳定社会治安秩序，利于扶老携幼、家庭和睦；发展集约经济，节约资源、能源，以高效生产促进发展；以点带面，立体化全面发展。

七、健全住房、医疗、养老等基本保障，使人民安居乐业。人们必要的基本生活需求有了保障，才敢于和舍得消费、拉动内需、扩大就业。

八、完善法制社会建设，大力反腐倡廉，建立廉洁高效、求真务实、勇于创新、年富力强的领导干部队伍，落实服务型政府，构建和谐社会，助力经济建设。

九、加强对传播媒体的监督、管理，正确发挥媒体、舆论的导向作用，禁止媒体低俗化、误导化，使各种传播媒体在服务和利于国家、社会、人民的状态中生存定位。

十、加快医药卫生事业改革，维护人民群众身心健康，提高人们的"幸福指数"，增强经济建设动力。药品和医疗器械、设备实行"直销"、"零差价"，降低患者诊疗负担。

（杨胜龙　河北省廊坊市大城县北位乡高家庄村医生）

明确全面建设小康社会的评价指标体系

　　党的十六大以来，全国积极推进全面建设小康社会。从目前情况看，各省区市之间，各省区市的不同县（区）之间，基础差别很大，发展很不平衡。到2020年实现的全面小康目标，相对2000年实现的总体小康，应突出两点不同层次的区别：一是以人民群众生活质量为核心的政治、经济、文化、社会全面衡量的小康标准，体现全面性；二是以县为单位验收的不同类别小康指标，体现均衡性。

　　近几年来，由于发展差别大，东部部分发达城市和县区已超过一般标准上的全面小康水平，西部部分最落后地区的县再用十年二十年也难以在县域范围内实现全面小康标准，全国大部分地区则正在向全面小康标准靠拢。但是至今我国一般标准的全面小康指标体系是什么，大家都不清楚，只是理论界在作一些探讨，部分省份在自订标准，显得比较模糊、混乱，不利于各省份科学推进全面小康社会建设，也不利于2020年评价各省份实现全面小康的评价工作。在"十二五"规划纲要中，确立全面建设小康社会指标体系，很有必要！

　　特别建议在确立全面小康指标体系中，以县为单位评价或验收，在全国分三至五类评价全面小康水平，这样既反映实际国情，又不至于使相当一部分人民群众"被小康"。

（王秀模　重庆市社会科学院）

对"十二五"规划几个方面的建议

响应"十二五"规划建言献策活动的号召，我对"十二五"规划制定提出如下参考意见：

（1）关于国家发展衡量指标：体现以人为本理念，设立以普通公民感受为衡量基础的国家发展指标。

例如，选择与普通公民日常生活幸福感密切相关的房价、医疗、教育、交通、主副食品价格、环境污染、廉政、政府办事效率等项目，设立"普通公民幸福指数"指标，并且交由独立于政府行政体制以外的机构（例如有公信力的民间机构）进行评价，这样可以将共产党执政理念的实现程度用量化的方式和普通公民的真实感受联系起来，减少现在普遍存在的"被幸福"、"被小康"、"被和谐"、"被稳定"等现象。这些现象和共产党的基本执政理念是多么的格格不入！如果有了这种建立在普遍抽样基础上的"普通公民幸福指数"，有利于政府官员扎扎实实做对广大普通公民有益的实事，少做"给上面看"的面子工程。我认为这种建立在普通公民真实感受基础上的指标是支撑可持续发展所不可或缺的。

（2）关于创新：国家的层面已经充分注意到了创新对中国发展的决定性意义。在此提一个具体建议：

加大仿冒产品和学术造假行为的违规、违法成本。同时建立、完善对产品学术创新成果的评价、奖励机制，特别注意从机制上挤掉创新的水分（类似于我国药品工业的"包装创新"要坚决作为水分挤掉），真正使有含金量的创新行为能得到大于仿冒行为的好处。

以我所在的摩托车行业为例，中国发展了30多年，但真正形成了可以和国外品牌相抗衡的自主核心研发能力的企业可以说一个也没有。为什么？

在发展地方经济、解决就业、发展"民族工业"等看似重要的理由下，中国摩托车企业长期采用低成本仿冒加"中国特色"营销策略，虽然体积长大了，但基本是急功近利的"水分、脂肪"构成，能产生核心竞争力的"肌肉"少得可怜。究其原因，中国的市场环境和国家政策导向是重要原因。能通过仿冒达到低成本生产，哪怕是水分，但和长远的、看起来渺茫的创新效益相比，眼前的利益是实在的。

国家的导向、业绩的评价过分强调速度、速效。产品、科研违规的成本又很低，所以中国摩托车制造业可以很快成长，但至今不能做强。听说中国摩托车的专利也不少，但我可以断言，其中少有可以称之为核心竞争力的专利，这从"国3排放"的转换过程就可以看出来。国家需要"面子"，企业缺乏"底气"。仿冒战略造成的"浮躁、虚胖"终究是要付出代价的。

（邹宇波　重庆雅马哈摩托车有限公司）

对我国"十二五"规划的几点建议

"十二五"时期是我国利用重要战略机遇期的关键阶段。党的十七届五中全会提出的《建议》已经对"十二五"时期的社会经济发展作出总体规划，大政方针和主要思路以及目标任务十分明确，广大群众对于实现今后五年的经济社会发展目标，抱有很大的信心和期望。现在关键是各级政府和有关部门如何紧紧围绕党中央、国务院制定的方针政策，认真执行好、落实好，在实际工作中取得实实在在的成效。这里我就基层民众对"十二五"规划中所关心的几个问题提出以下几点建议：

一、在推进行政体制改革方面首先突出抓好五项重点工作。一是加快建立完善实行省直管县的地方行政管理体制。这对于降低政府运行成本，减轻财政负担，增加社会收入调节的财源，提高服务质量和工作效率等都十分重要。二是要继续精减机构和人员。从基层情况看，一些该精简合并的机构还没有合并完成，特别是行政和事业单位人员过多，身份复杂，除一部分人属于正式公务员外，还有相当一些是领导干部子女和特殊背景的人员经过当地主要领导签字特批进入行政事业单位的。甚至有的单位编制人员几乎都是领导职位，缺乏具体业务工作人员，人员队伍结构很不合理，影响工作开展。三是要进一步完善党政机关效能监管制度，提升为社会公众服务的质量。由于现行效能管理缺乏具体可操作性的刚性制度，造成效能监管不到位，效能制度流于形式，考勤纪律松懈现象相当普遍，极大影响了政府服务质量，损害了党政机关形象，群众很有意见，必须采取有力措施加以纠正。四是加快全面推进党政机关公车和公务接待管理改革，既有效减少腐败行为，促进提升政府在群众中的良好形象和公信力，又可以减少财政支出，节约大量资金用于改善民生。以上这两项改革十分紧迫。据有关部门统计，我国每年用于这两项的开支高达几千亿元，其中由于制度缺陷漏洞给腐败分子可乘之机的流失十分惊人。因此，应尽快抓好这两项改革的实施，是刻不容缓的大事，是深得民心之举，对于深入开展反腐败斗争，推进反腐倡廉，建设清正廉洁政府具有非常重要的现实意义。五是加快建立完善社会公共服务体系和工作机制，明确政府公共服务职责，使政府把主要精力放到该管好的公共服务上，改变在公共权力运行中的越位或缺位现象。

二、着重从四个方面入手解决好收入分配不公和差距过大问题。一是首先要把整治官吏权力腐败行为、彻底消除利用公共权力和资源获取非法经济收入造成的不公平收入悬殊差距作为首要问题来解决。目前社会上人们最憎恨、最有意见、最不满意的就是一些掌握权力的领导干部趁国家体制机制和管理制度还不完善，利用手中的权力拼命以权谋私，通过腐败手段使自己富裕起来的现象。现在基层一些有权力的领导干部有好多房产，甚至还拥有店面、别墅。如果按正常工资收入计算，即使工作几十年全部都不吃不用也没有办法购置，收入的合法性理所当然受到群众的质疑，并成为社会广大民众反映的焦点和热点。这种腐败现象不仅造成极大的收入分配不公，严重破坏了社会公平与正义，而且极大损害了党和政府的形象，影响社会和谐稳定，必须引起高层领导的高度重视，采取坚决有力措施加以治理。二是尽快制定规范垄断行业工资、福利待遇的政策，有效遏制收入差别过大问题。我国一些垄断行业职工一直享受着高工资、高福利、高待遇，其他普通企业职工收入与其相比差距太大，其主要原因就是国家缺乏有效的调控政策，垄断行业的企业认为有钱就可以随意自主分配，导致行业收入分配制度秩序紊乱，殊不知垄断行业的高效益是在国家赋予垄断经营和特殊政策保护下取得的，企业内部职工收入应当在国家政策调控下进行合理分配。三是建立健全保障企业职工工资正常增长的制度和机制，确保企业职工收入与经济发展同步，逐步缩小企业与行政单位、事业单位的收入差距。特别是企业的退休人员与行政事业单位退休人员相比工资相差一倍多，既不公平，也不合理。在过去长期的计划经济时代，没有行政事业单位和企业单位之分，工作人员都是拿八级制工资，工作上听从组织分配，不讲条件，无私奉献，哪里需要就到哪里去，共同为国家的经济建设一直奋斗到退休，理应享受同等退休待遇。近年虽然企业退休人员也相应提高了一些待遇，但还是差距很大，应当加大调整力度，使之保持同等待遇。近几年来尽管国家劳动部门一再强调要实行企业职工工资正常增长，但在实际中却很难落实，建议国家有关部门尽快出台保障企业职工工资正常增长的法规，确保企业职工工资收入的合理增长落到实处。四是加大对困难群体生活的保障力度，维护社会稳定和谐。由于企业破产、改制和改革人员分流以及因灾致贫、就业困难等因素，造成社会困难群体增加。如供销、商业、粮食等企业改革下岗分流的人员多，而且又大多数是40岁、50岁的职工，他们上有老，下有小，加上因年龄偏大就业困难，收入低，生活处境艰难。还有一些在改革初期供销合作商店退休的职工，至今仍无退休养老金领取，难以安度晚年，成为社会困难群体的一部分。这些老职工都是解放初期就参加工作，长期辛勤工作在生产第一线，为社会主义经济建设贡献出青春和力量，到老时理应享受国家退休待遇，可现在他们连基本生活保障都没有，这不仅违反了国务院有关合作商店职工退休安置政策，而且给社会稳定和谐带来不利影响，在"十二五"时期应当制定特殊政策，尽快统筹解决好这部分困难群体人员的生活问题，让他们共享改革发展成果。

三、进一步完善扶持加快农村经济发展的政策措施，千方百计促进农民增收，努力缩小城乡收入差别，为增强消费需求提供动力。目前，我国农村农民的收入虽然在"十一五"时期有了较快增长，但与城镇收入相比还是差距较大，"十二五"时期国家要进一步加大完善促进农民增收政策措施的力度，使农民的收入得到较快的提高。一是加大农业投入和对农民种粮补贴的政策力度，使农民在规模化种植中获得较高的收益。二是各地政府要积极引导农民适当进行种植结构调整，提高农民经济收入，如现在有的地方在不改变耕地作用的前提下，通过开展立体养殖业等办法增加农民收益，取得较好经济效益。三是加快推进小城镇建设步伐，为山区农民创业增收创造条件。我国人多地广，自然环境条件差异大，许多农民由于居住在偏僻的山区，条件落后，难以脱贫致富，通过加快城镇化建设将山区农民逐步迁移到城镇，让他们在较好的环境中创业增收。四是制定《农民工工资福利保障法》，实现劳动权益平等。现在我国有大量的农民工在各地城市企业辛勤劳动，为社会经济发展作出很大贡献，但由于他们的身份不同和受包工层的盘剥，经济上无法做到同工同酬，干的是重活，得到的是最差的工资福利待遇，成为不平等的劳动群体，这不仅违背了社会主义制度下劳动报酬原则，而且还因此引发了许多不该发生的群体性事件，影响劳动和谐和社会稳定。建议国家有关部门要高度重视这个问题，力争在"十二五"开局之年制定出一部保护农民工劳动权益的法律法规，维护农民工的合法权益。

四、要从保护全球环境的目标和造福子孙后代的长远利益出发，采取更为全面的、严格的措施，加强环境保护。我国党和政府高度重视环境保护工作，制定了一系列的法律法规，加强环境保护，并取得了显著成效。但由于人们受思想认识的局限和地方片面追求经济发展的利益驱动以及环保监管环节的薄弱等原因，我国环境保护的任务仍然相当艰巨。建议：一是要加大环境保护知识和政策的宣传力度，提高人们对破坏环境给人类造成严重危害性的认识，增强环保意识，努力营造一个人人讲环保、人人管环保、环保人人有责的良好氛围。二是要进一步完善地方政府环保责任制，加大追究破坏环境责任的力度，使之在任何权力和利益面前都不敢越雷池半步。三是建立更为科学、更为全面、更具有可操作性的环保安全技术评价体系，对各地环保情况实行有效的监测和管理，从源头上遏制破坏环境保护的事件发生。四是要把煤气、油烟、噪音扰民和汽车尾气污染影响群众健康等问题列入环保监管范围，建立相关制度保护人民群众身心健康。五是建立健全环保巡查制度，及时了解和掌握各地环保真实情况。六是建立社会环保监督机制。如设立社会环保监督员，及时发现和纠正破坏环保的人和事。又如建立地方环境保护建议平台，让社会群众和有识之士积极参与建言献策，推进环保工作社会化和大众化。

（黄解民　福建省福鼎市海春路 1 号粮食大楼）

对制定"十二五"规划的几点建议

我是一名在校的经济学专业研究生，根据我和我的家庭在改革开放三十年中的经历，我想对"十二五"规划提出如下建议：

我认为改革开放三十年的成功经验已经证明了实行改革的必要性和合理性。毋庸置疑的是,我们应该继续将改革深入下去。三十年改革的结果是:在经济上,我们已经成为GDP世界排名第二的国家,这是一个了不起的成就。

当然我们也可以看到这成功的数据背后存在许多的问题。为此,我们可以从以下几个方面来解决这些问题:

1. 关于经济结构战略性调整。要想构建扩大内需长效机制,就必须让普通百姓都有钱可以消费,并且让大家敢于消费。第一个是要求增加国民的个人收入,收入多了,消费水平才能提高。要解决这个问题,一个有效的方式是降低税收,使个人可以有更多的钱去消费。第二个是要求减轻个人的负担,不必为担心诸如生病、养老、失业的问题而不敢消费,这就要求政府投入更多财政资金到医疗保险、养老保险、失业保险中去。

2. 关于科技进步和创新。我们要实施科教兴国战略,首先要做的就是不断提高教育支出占财政支出的比重。只有这样,才能真正地提高教育和科研的资金支持力度,使得我国的教育水平得到进一步提高。其次要改革资金的投入方式和评估机制,将资金集中在少数的学校和研究机构显然是不合理的,有效的方式应当是公平的竞争机制。

3. 关于保障和改善民生。要想改善民生,推进基本公共服务均等化,加大收入分配调节力度无疑是最重要的。俗话说:"不患寡而患不均。"公平是一个现代社会最基本的要求,虽然我们不能做到绝对的公平,但是那些最起码的公平还是可以做到的。例如消除城乡二元结构,对于广大的农村户口人群无疑是最大的公平,这方面成都已经开始试点,我相信它能带来的效果应当是非常好的,应该将试点的经验尽快推广到更多的地方。另外城镇与农村基础设施投入也应当协调,在科学统计人口发展趋势的前提下,规划好城镇化的步伐,对永久性的农村地区进行基础设施建设,提高农村的生活水平。另一个方面是调节收入分配,一个可行的办法是提高个人所得税起征点,并且实行累进税制。

4. 关于建设资源节约型、环境友好型社会。要节约资源,最好的办法莫过于明晰产权，让资源的价格反映资源的价值。可以将资源的使用权公开拍卖，所得的三分之一留在资源所在地，三分之一留给地方，三分之一交给中央财政。这样地方、中央和资源所在地都得到收益，可以更好地激发三者对资源有效利用的积极性。对于保护环境，仅靠教育是不行的，现在的情况是民众的保护意识不断提高，但是个别企业或部门无视公众利益，破坏环境，所以只有强化监管、提高监督的力度才能解决问题。

（阮祥双）

相关人民团体、社会组织座谈会建言摘编

在本次建言献策活动中，我们邀请了一些人民团体和社会组织共同参与建言的征集工作。他们积极开展工作，组织召开的一系列座谈会成为收集意见建议的重要渠道。现将座谈会上相关代表的建言摘编整理如下，作为公众建言一并刊出。

把保障和改善民生放在最重要的位置

——全国总工会"十二五"规划建言献策座谈会情况综述

为配合国家发展改革委开展的"共绘蓝图——我为'十二五'规划建言献策"活动，全国总工会于 2010 年 11 月 22 日组织召开了"十二五"规划建言献策座谈会，来自北京、天津、河北等地的 16 位全国劳模、农民工等普通劳动者代表和基层工会代表参加了会议。与会人员带着周围人群的嘱托，以自己的真情实感反映了民众在保障和改善民生方面对政府的期待，并对"十二五"规划纲要应着重解决的一些问题提出了意见建议。

一、关于就业

我国人口基数庞大，就业压力长期存在。代表们反映，与十年前大批下岗失业人员需要安置不同，现阶段结构性失业问题比较突出。既有很多人找不到工作，也有大量岗位招不到人。针对这一问题，代表们建议，一是做好就业指导。北京市原崇文区职业介绍服务中心主任刘雁平提出，就业思路与市场需求不吻合是大学生就业难的症结所在。应建立专业的就业指导师队伍，帮助大学生端正就业心态，增强心理调适能力，促使其尽快融入社会。提高农民工就业能力，既要加强针对性职业技能培训，又要着眼于提升整体素质，力争使其实现一专多能，以满足中小企业用人需求。二是增加公益性就业扶助。北京市柳荫街社区居委会主任辛俊高提出，政府应加大投入，在社区内增设公益性工作岗位，优先考虑提供给年龄偏大、学历不高、就业技能不强、家庭负担较重的就业困难人员，帮助他们实现就近再就业。

二、关于居民收入

《建议》提出"努力实现居民收入增长和经济发展同步、劳动者报酬增长和劳动生产率提高同步，低收入者收入明显增加，中等收入群体持续扩大"的目标，在代表中引起强烈反响。大家认为，不断提高居民收入水平，是构建和谐社会的需要，也是扩大内需的前提，"收入上不来，消费是空白"。多位代表提出，希望能在以下几个方面尽快有具体举措出台。一是提高最低工资标准。河北省张家口市总工会党组书记朱立新建议，"十二五"时期应将最低工资标准占当地平均工资的比例由30%提高到40%，并加大劳动执法，保证足额发放。二是建立工资正常增长机制。邯钢公司工会副主席高竞建议国家应尽快出台指导意见，使职工工资与企业利润、政府税收形成合理比例，建立职工工资正常增长机制。朱立新提出要加大企业工资集体协商的力度，建议"十二五"开局之年出台《企业工资集体协商条例》，确保职工工资正常增长。三是保证一线员工同步分享企业发展成果。天津港煤码头公司操作一队队长孔祥瑞建议，采取措施缩小一线职工与领导层日益扩大的工资收入差距，防止差距过大引起心理不平衡，挫伤普通职工的生产积极性。天津市物资集团总公司工会主席张伟也认为，要提高中低收入者的收入，就必须提高一线工人收入在企业工资总额中所占的比例。高竞建议，把提高职工收入作为经营者业绩考核的重要方面，使经营者薪酬与职工收入增长挂起钩来。四是建立工资资金准备金制度。朱立新提出，能否由政府出资建立工资准备金，在企业遇到困难时先用准备金支付职工工资，切实解决工资拖欠问题。

三、关于社会保障

"十一五"是我国社会保障事业发展最快的时期，但保障范围、保障水平与人民群众的期待仍然有较大差距。代表们建议，一是逐步提高城镇职工医疗保险的保障水平。刘雁平认为，医保药品范围较窄，且多是"大路货"，对病人个体缺乏针对性，存在着"报销的药不治病，治病的药不报销"现象。大家建议扩大医保药品保险范围，同时，允许合理置换用药，或对合理使用的自费药给予一定比例报销。提高医保大病报销上限，防止一些家庭因大病致贫、因大病返贫。要中西医并重，解决中医中药进不了医保目录问题。二是完善农民工社会保险制度。中铁隧道公司农民工李小岗说，有的民营、私营企业想方设法逃避为农民工缴纳社会保险。有些企业虽然缴纳了综合保险，但截留了部分农民工的社保卡，让一些参保和没参保的农民工共享一份保险。天津市农民工保洁员刘俊刚也提出，中央的不少政策落实起来还有很长的路要走，如还有很多领域的企业不给农民工上保险，农民工社保城乡接续、跨省接续仍存在困难，新农合县里报销标准只有市里一半等等，建议政府制定办法切实解决这些问题。农民工的住房问题希望也能纳入城镇住房保障体系。三是关注离退休人员的社会保障问题。高竞建议，将企业退休职工门诊治疗费用部分纳入医保报销范围，减轻退休职工看病负担。她还建议关注抗美援朝时期参加工作的退休职工，这些人不够离休条件，收入水平低、家庭负担重，应适当提高他们的退休金和保障标准。

四、关于劳动者权益

保障劳动者合法权益涉及广大劳动者的切身利益，是形成企业和职工利益共享机制、建立和谐劳动关系的基石。与会代表普遍认为，要特别关注两类劳动者的合法权益。一是劳务派遣工。劳务派遣是一种新的用人方式，即由劳务派遣机构雇佣劳动力，将其派遣至使用单位工作；劳动报酬则由使用单位统一结算给劳务派遣机构。这种方式原来多用于临时性工作，但现已为越来越多的领域所采用。多位代表反映，很多劳务派遣工面临同工不同酬、福利待遇低、社会保障不健全的境遇，并且他们大多脱离正式工会组织，权益保障维护存在困难。建议政府针对劳务派遣工的特殊情况制定具体办法，保证他们的合法权益。朱立新提出，政府应尽快从劳务派遣中介领域退出，并出台政策限制滥用劳务派遣。二是农民工。刘俊刚说，干一样的活，本地户口的工人拿 2 千元，外来农民工却只能拿 1 千多，国家一直提倡同工同酬，但是没有本地户口就少这么多。李小岗说，一些建筑施工企业通过包工头管理农民工，农民工合法权益很难得到保障和维护。建议全面推行中铁集团的"架子队"管理模式，企业技术人员、管理人员与农民工共同组成"架子队"，队内成员同吃、同住、同劳动、同学习、同管理，保证其政治权利一样、经济利益一样、思想教育一样、管理要求一样、权益维护一样、技能培训一样、文化娱乐一样、生活防病一样。

五、关于社会管理

代表们还对如何改进教育、交通等问题提出了不少建议。针对公办优质教育"入园难"、"入学难"问题，代表们提出，要着力解决教育资源不均问题，改变好学校、好幼儿园挤不进，农村和民办学校、幼儿园没人上的局面。天津市南开区第一幼儿园园长李淑英建议，政府应整合公办民办幼儿园资源，支持公办优质幼儿园与民办幼儿园合作，同时加大对民办幼儿园的支持力度，以公办带民办，提高民办幼儿园质量，缓解入园难的压力。针对交通拥堵问题，孔祥瑞建议，政府要采取措施控制汽车的销售、购买、使用。刘雁平建议大力发展公共轨道交通，增加投入改善公共交通设施的条件，如在公共汽车上安装空调等。针对食品安全问题，孔祥瑞提出，政府要下更大的决心和力度，打击危害食品安全的违法犯罪行为。对出现问题的企业，要罚至倾家荡产。希望"十二五"规划纲要中能多写这部分内容。针对社会上有人诈骗问题，刘雁平建议，在工商局发放的营业执照上增加防伪标志，提高违法成本，减少诈骗现象。

此外，与会代表还对提高自主创新能力、防止农村土地流失、完善招投标管理，以及加强规划实施等问题提出了意见建议。

既要自强不息　更需社会关爱

——全国妇联、中国残联"十二五"规划建言献策座谈会情况综述

　　作为"共绘蓝图——我为'十二五'规划建言献策"活动的重要组成部分，2010 年 11 月 23 日，全国妇联、中国残联联合举办了建言献策座谈会。全国妇联副主席陈秀榕、中国残疾人联合会副理事长程凯参加了会议并讲话。来自研究机构、企业、专门协会和基层组织的 15 名代表，重点围绕"十二五"时期妇女儿童和残疾人事业发展问题提出了意见建议。

一、关于妇女权益保障和发展

　　与会代表认为，作为"半边天"，妇女对人类的发展作出了不可忽视的贡献，已经越来越成为经济发展、社会进步的重要力量，"十二五"时期应进一步加强妇女权益保护，推动妇女广泛参与经济社会发展，分享改革发展的成果。

　　一是在"十二五"规划中增加有关妇女的内容。全国妇联妇女发展部部长崔郁认为，在"十二五"规划制定和实施中，政府部门应进一步强化社会性别意识，坚持男女平等基本国策，推动妇女广泛参与经济和社会发展，保障妇女获得平等的就业机会、平等的政治权利、平等的教育机会、平等的卫生保健服务、平等的法律保护和社会保障。建议设立促进妇女事业发展的重点项目，纳入"十二五"规划重点建设项目的总体安排。中国妇女研究会秘书长谭琳提出，"十一五"规划将保护妇女儿童权益放在"全面做好人口工作"一章，实际上妇女发展问题已超出了人口范畴，应单独写一节。国务院妇儿工委办公室常务副主任苏凤杰建议，将孕产妇死

亡率、妇女贫血患病率和城镇单位从业人员女性比例等涉及妇女发展的重要指标列入"十二五"规划。

二是努力促进妇女就业。我国目前存在大量的失业失地妇女和农村富余女劳动力,这些人通常教育程度不高,就业能力较差,就业存在困难。北京巧姑靓嫂商会会长张莉华建议,将加强农村妇女培训作为推进"三农"建设的重点之一,纳入国家阳光工程和星火计划,给予专项资金和项目扶持,全面提高农村妇女发展现代农业的能力和致富本领。崔郁认为,妇联开展的"40、50手不停,发家致富在家庭"活动收到了良好效果,应大力扶持手工编织业等适合妇女就业的优势产业,设立专项培训经费。北京甘家口大厦总经理周平建议,对社区商业、家庭服务业等就业门槛低、技能需求相对较低、有利于妇女就业的领域,制定特殊的扶持政策。

三是提高妇女健康水平。妇女的健康不仅关系家庭幸福,而且关系下一代健康。我国每年新出生残障婴儿高达 80 万—120 万,加强妇女孕期保健和检查,可以大大降低出生缺陷发生率。多位代表建议,国家应加大相关宣传、教育以及支持力度,提高妇女健康意识。同时,"十二五"时期应为城乡妇女提供适度普惠的健康服务。如,为城乡妇女提供宫颈癌和乳腺癌免费筛查服务;加强孕期检查服务;将生育保险覆盖所有企业;各类企事业单位定期组织女职工体检。苏凤杰特别提出,在提高妇女健康水平方面也要缩小城乡差距。2009 年,我国城市孕产妇死亡率为 26.6‰,农村则高达 34‰,表明城乡医疗卫生水平还有较大差距。

四是充分发挥女性人才作用。女科技工作者协会秘书长刘碧秀说,我国女科技工作者队伍有 1400 万—1500 万人,绝对值虽然不小,但仍存在不少问题,如参与度过低、高端人才匮乏、横向分布不合理;在人才竞争、评选机制方面,仍有严重的男女不平等现象等。建议国家从法律和纲要层面将女性人才的发展单列,通过制定专门的女性发展计划、设立多种形式的专项研究基金等措施,保障女性人才拥有与男性平等的决策权、参与权、监督权和评估权。

五是完善分性别统计。发达国家非常重视分性别统计,而我国只在参政议政方面有分性别统计，在经济领域则基本没有。针对这一现象，女企业家协会副会长龙江文建议，在统计调查中增加性别因素，完善相关统计。谭琳建议在"十二五"规划中增加"加强分性别统计，全力开发妇女人力资源"的内容。

二、关于儿童权益保障和发展

儿童是祖国的花朵、国家的未来，为儿童成长提供必要的条件，给予儿童必须的保护、照顾和良好的教育，将为儿童一生的发展奠定重要的基础。与会代表建议，在制订和实施"十二五"规划的进程中，充分体现儿童优先原则，确保儿童事业与经济社会同步协调发展。

一是适当增加部分涉及儿童发展的指标和项目。苏凤杰建议，将出生缺陷发生率、5岁以下儿童死亡率、儿童伤害死亡率和致残率、5岁以下儿童生长迟缓率等指标纳入"十二五"规划。设立促进儿童发展的重点项目，纳入"十二五"规划重点建设项目的总体安排。

二是完善儿童福利制度。代表们建议，在覆盖城乡居民的社会保障体系中增加儿童福利内容，提升儿童福利水平，促进儿童福利保障从补缺型向适度普惠型转变。北京市妇联副主席李彦梅建议，通过立法推动学前教育。

三是加强社区有关儿童的设施建设。据调查，儿童有近一半的时间生活在社区，苏凤杰认为应重视发挥社区对儿童成长的作用，在城乡社区普遍建立一所融儿童课余教育、娱乐等为一体的儿童快乐家园；"十二五"时期可在四川灾后重建经验的基础上，选择部分省（区、市）开展试点。

四是重视农村留守儿童和流浪儿童问题。崔郁和谭琳建议，建立健全政府主导、社会参与的农村留守儿童和流浪儿童关爱服务体系，为其健康成长筑起温暖安全的关爱屏障。

三、关于残疾人权益保障和发展

我国现有残疾人8296万人，占全国总人口的6.2%。他们通过自强不息、努力奋斗，克服了常人难以想象的困难，在改善自身生存的同时，为经济社会发展作出了贡献。但整体上看，我国残疾人的生活与工作状况不容乐观，需要社会给予更多关爱。程凯表示，妇女儿童面临的主要问题是发展，残疾人面临的主要问题则还是生存。残联参会的代表都是残疾人，他们以自己的切身体验提出，"十二五"时期一方面要加强特殊教育，提高残疾人的自身能力；另一方面，要通过加大财政投入、加强设施建设和服务体系建设等措施，积极改善残疾人的生存和发展环境。

一是在"十二五"规划中明确有关残疾人服务的建设任务。多位代表提出，"十二五"规划应重视加强残疾人服务体系建设，并将其纳入保障和改善民生的重大工程，特别是要关注0—6岁残疾儿童抢救性康复、残疾儿童少年免费义务教育、残疾人基本辅助器具的研发与适配、残疾人康复和托养机构建设及服务供给，以及残疾人就业能力建设等。残联研究室主任陈新民还建议，针对我国的残疾预防分散在各个部门，彼此之间缺乏统筹的问题，应制订和实施国家残疾预防计划，加强以一级预防为重点的残疾预防工作，从根本上遏制残疾风险加大的威胁。

二是为残疾人提供更多社会保障。据统计，我国残疾人收入是居民平均水平的一半，而人均医疗保健支出则是城乡居民平均水平的1.6—2倍。河北省清县残联理事长王俊虎建议，比照老年人的生活津贴和护理补贴制度，提高对这一群体的生活津贴和护理补贴。代表们提出，应充分考虑不同残疾治疗特点、残疾康复服务资源分布及其水准各地差异很大的情况，针对残疾人及其家庭制定特殊的城乡低保和医保等政策。如成年残疾人特别是成年精神残疾和智力残疾人群很难独立生活，需要依靠亲友，其领取低保、参加新农合就不应受年龄和是否单独立户限制；很多残疾人需要到其他地方就医，相关补贴应"跟着人头走"。王俊虎和温洪还建议，将残疾人基本康复项目纳入新农合、城镇居民和职工医保报销范围。

三是进一步加强公共服务设施建设。中国聋人协会副主席杨洋认为，重视并强力推进关乎残疾人生存和发展的居家无障碍、信息无障碍建设，是残疾人平等参与社会的必须条件。有些事情虽小，但效用很大。如很多有听力障碍的群众反映，每天看新闻联播等新闻类节目，只能从图像中猜测，并不能确切知道发生了哪些事情，希望这些节目能够增加同步字幕，从而避免被"信息边缘化";又如,目前针对妇女儿童的一些免费检查中,医疗设施并没有考虑到残疾妇女和残疾儿童的需求,从而带来因为没有合适的设施而无法享受相关服务的情况,这一情况在农村尤其突出。

四是重视解决残疾人的教育问题。取得一定成功的残疾人的经历表明,他们的成功除自身努力外,与其从小就融入社会密切相关。但我国普通学校通常不接纳残疾人,这对残疾人的社会融入非常不利。杨洋建议,国家应鼓励发展全纳教育,促进残疾儿童特别是那些残疾相对较轻儿童的健康成长。中国盲人协会副主席李伟洪建议将西部盲校发展纳入"十二五"规划,到"十二五"期末争取做到西部每省(区、市)都有一所面向全省招生的省级盲校、一所针对盲人的中专或职校。多重残疾和重度残疾儿童属于被教育所遗忘的角落,入学无门、求教无路。李伟洪提出,国家应按义务教育法的规定,保障这些儿童受教育的权利,切实为他们提供受教育的机会。

五是加大对残疾人福利机构特别是民营残疾人服务机构的支持力度。我国从事残疾人康复培训等机构,大部分是民营机构。从现状看,残疾人服务机构极为紧缺,同时存在着运转成本高、机构良莠不齐、收费不规范等问题。主要原因在于,在我国现有的社团组织管理机制下,这类机构的注册非常困难,有些在民政系统、教育系统注册,有些在工商系统注册,还有近一半没有注册,难以进行规范化管理。青岛市自闭症研究会主任方静反映,他们的机构由于注册在工商系统,在为残疾人提供康复培训服务、艰难维持自身运转的情况下,还要缴纳大量的税费,不仅大大增加了这些机构的运转成本,也极大地影响他们为更多残疾人提供更高质量的服务。针对这一问题,多位代表建议改进社团组织的注册管理,为残疾人服务机构提供一个注册入口,以利于规范管理;同时加大财税政策支持力度,免除对残疾人服务机构的征税和收费,加大政府购买服务的力度,并适当增加对康复培训机构的财政补助。

六是加强各类相关人才队伍建设。温洪建议应重点加强专业医师和社区保健医生队伍、居家养护的社工队伍、学前与学中的不同专业的教师队伍以及专门的康复师队伍等为残疾人服务的人才队伍建设，以满足社会需求。此外，我国目前已进入老龄化社会，城乡出现越来越多的只有老人的空巢家庭，对老年人的专业护理需求急剧增长，而我国养老机构严重不足，很多老人只能在家，依靠社区或家政公司提供一些服务，这些服务人员虽能应对日常生活服务，但对老人护理的特殊性和必备的专业知识却掌握不足，有时甚至出现"好心帮倒忙"的现象，针对这一问题，呼德珍建议应加快老年人护理专业化队伍建设。

此外，与会代表还对加快民营企业和中小企业发展、加快培育创新型农民、加大对农民创业的扶持力度，以及加强对发展目标指标完成情况的督促检查和绩效评估等问题提出了意见建议。

担当责任　共献智慧
——团中央、全国青联"十二五"规划建言献策座谈会情况综述

2010年11月23日，团中央、全国青联"十二五"规划建言献策专题座谈会在京召开，这是"共绘蓝图——我为'十二五'规划建言献策"活动的重要组成部分。团中央常务书记、全国青联主席王晓主持了会议，来自十余个行业的27位代表到会发言。与会代表以高度的责任心和强烈的历史使命感，重点围绕"十二五"时期增强我国产业核心竞争力、提高科技创新能力、提升文化软实力等重大问题，发表了意见和建议。

一、关于发展速度

"十一五"时期是我国经济发展最快的时期之一，"十二五"作为加快转变经济发展方式的攻坚阶段，发展速度应如何考虑？委员们提出，一是

经济可能进入次高增长阶段。中国青年政治学院林江认为，由于国际经济环境较为恶劣，国内经济发展方式加快转变，"十二五"时期中国经济将进入次高增长阶段，GDP增长速度将在7%—8%左右，建议在考虑提高居民收入和处理其他民生问题时，充分考虑这一点，不提脱离实际的过高目标。二是倡导平稳适度较快发展。中国进口汽车贸易有限公司丁宏祥认为，过快增长一方面导致我国在国际上目标较大、风险较高，如经常遭受大宗商品价格上涨冲击等；另一方面导致国内资源能源和环境不堪重负，提倡平稳适度较快增长，有利于缓解国内外的过大压力，创造相对宽松的发展环境。三是倡导从关注增长速度到关注公民幸福感。北极光创业投资基金陈宇键建议在"十二五"规划中增加"公民幸福指数"目标并加以考核，改变以往过于注重经济增长而忽视公民幸福的倾向。北京华威家具制造有限公司汪宏坤认为，"十二五"时期不宜追求过高的经济增长速度，而应进一步加大对民生的投入，尤其是对住房和医疗的保障力度，提高公民的幸福感。

二、关于现代产业体系

来自市场第一线的代表们认为，要完成中央《建议》"发展现代产业体系，提高产业核心竞争力"的任务，一是抓住历史机遇，培育发展战略性新兴产业。应抓住世界科技创新孕育新突破的历史机遇，加强对战略性新兴产业的规划、扶持和管理，推进高新技术产业做大做强。北京创毅视讯科技有限公司张辉建议，要借鉴国际经验，成立相关产业的专门委员会或协调机构，进行战略规划，判断产业发展趋势，理顺发展机制，合理引导企业跟进。中国互联网信息中心李晓东认为，互联网服务是互联网未来的价值所在和新的增长点，要健全互联网服务的法律法规，规范行业管理，加强对名字、IP地址等互联网关键资源的管理，保证行业发展空间。四环生物产业集团有限公司陈军建议国家出台配套政策，提高产业集中度，加强行业标准建设，促进生物医药行业健康发展。二是打造知名品牌，改造提升传统制造业。丁宏祥建议，应发挥我国市场规模大、生产成本较低、资本较为充裕等优势，加快弥补技术短板，改造提升汽车等产业，集中力量打造重点产业，促进产业大国向产业强国转变。北京更香茶叶有限公司俞学文提出，对打造出品牌的企业要给予特殊政策，避免对行业"洒水"式支持。品牌中国产业联盟王永认为，我国目前品牌建设存在管理混乱、商标注册周期过长、法律规范缺乏等突出问题，建议在"十二五"时期加以妥善解决，以品牌建设带动产业升级，推动核心竞争力提升。三是营造体制环境，推进现代服务业发展。北京炜衡律师事务所张小炜以律师业为例，认为近年来律师业在相关政策支持下发展势头喜人，但从行业规模、人均产值来看，与国外先进水平还存在很大差距，建议进一步制定税收优惠等倾斜性政策，促进行业快速发展。

三、关于科技创新

多位代表认为，目前国家对科技创新研发的投入很大，但成果并不显著，关键问题在于没有建立适应科技创新的机制体制。他们建议，一是建立促进技术创新转化为产品的机制。张辉认为，技术创新和产品应用之间需形成良性循环，如果转化不成产品、无法获得利润，技术创新的投入就不可能持续。他建议加强大型央企与技术企业的合作，推进军工和民用领域技术创新的结合，促进金融力量介入技术创新，加大政府采购与行业应用，以促进技术成果的转化推广。二是运用市场手段引导科技创新。北新集团建材股份有限公司王兵认为，科技投入应更多地采取市场运作模式，比如，国有科研院所形成研究成果后，如果有企业愿意投资，科研院可连人带知识产权入股，科研人员拿到股权，政府只收回成本不赚钱。相较于科研经费拨款制度，"拨改贷"或"拨改投"效率更高，能更好地调动科研人员的积极性。三是要加强知识产权保护和转化。张辉建议加大对侵犯知识产权行为的处罚，增加犯罪成本。李晓东认为，目前科研成果知识产权转移转化方式不清晰。虽然国家鼓励，但不知具体怎么办、谁来办，处于"有红绿灯但没有路"的状况。建议在规划中把话说得"透"一些，以便制定具体可行的政策，促进知识产权合理转让以及对科研人员的有效激励。

四、关于教育和人才

与会代表认为，加快教育改革发展不仅是推动科技创新、加快转变经济发展方式的重要基础，也是全社会高度关注的重大民生问题。他们建议，一是促进教育公平和均衡化。中文在线童之磊认为，教育要做到机会公平，更要做到资源投入均衡化，给所有人同等保障。目前投入不均衡存在于不同地区之间、不同学校之间甚至同一学校内部，建议教育投入以中央财政为主。同时建立全国性的教师培养培训制度，加强教育信息化建设，促进共享优质教育资源。二是建立科学的教育质量评价体系。《中华儿女》杂志社魏静茹认为，教育发展不仅要依靠投入，还应建立一套合理的教育评价体系，对教师水平、学生成长、教育质量进行科学评价，促进培养善于思考、具有创造性思维的人才。三是高度关注青少年教育和保护。中国青少年研究中心孙云晓建议将促进青少年教育发展和未成年人保护纳入"十二五"规划。目前我国中小学生的体育活动、野外活动降到了历史最低水平，应学习日本经验，政府为中小学生上意外伤害保险，并为青少年建设活动场地。

针对建设人才强国问题，代表们认为建设人才队伍的关键是要营造尊重人才的社会环境和平等公开的制度环境，同时建立内外结合、城乡互动的人才流动机制。一是推动人才工作立法。欧美同学会陶庆华建议，"十二五"时期要加快人才工作立法，对人才的使用、培养、权益保护等诸方面进行制度性规范。二是积极引进海外高层次人才。陶庆华认为，我国海外人才"千人计划"实施以来，发挥了重要作用。建议进一步建立海外青年人才发展基金，鼓励高层次人员回国从业创业，并继续通过全国青年海外联谊会等平台积极开展海外人才引进。三是促进城乡区域之间人力资源的正常流动。团中央农村青年工作部部长郭祥玉建议，"十二五"时期应对人才回到农村给予更多关注，相关部门要出台政策，鼓励大学生回到农村就业和创业。俞学文认为，大量的农村劳动力非农化是解决"三农"问题的根本出路，要实现农村转移劳动力和农民素质同步提高，让他们在城市进得来、住得稳，能生存、有发展。同时，还要有选择、有指标地放宽对人才回村户籍迁移的限制，让农村真正接收有文化、懂技术、会经营的有志青年，支持他们创办农场、合作社、龙头企业，带动更多农民致富。魏静茹认为目前地区间收入差距过大是导致边远地区人才流失的重要原因，建议要建立人才激励机制，出台优惠政策，促进人才回流。

五、关于推动文化繁荣发展

推动文化繁荣发展，提升国家文化软实力成为代表们热议的话题，他们认为应制订总体规划，坚持文化事业和产业并重，努力促进文化"走出去"，提升我国文化软实力。一是要统筹文化软实力建设。《当代世界》杂志金鑫建议，建立国家软实力建设领导小组，统筹文化、对外宣传、商务、外交、旅游等多部门，明确战略规划和配套政策。二是支持公益文化事业发展。宋庆龄基金会王智慧提出，要充分发挥电视媒体对儿童教育的作用。国外电视媒体已经成为儿童教育的重要平台。建议借鉴美国迪斯尼、芝麻街等优秀儿童节目运作经验，整合我国儿童电视节目资源，构建儿童电视教育平台。三是加强对外宣传和文化交流。陶庆华建议，要加强对中华传统文化核心价值体系的研究，明确其核心价值和内涵，使对外交流中能够有一个统一的口径。王永认为需要深入地了解国外听众的思维逻辑和语言习惯，用他们熟悉的方式来传达我们所要表达的思想。金鑫提出，设立国家层面的文化产品服务出口专项基金，用经济手段鼓励文化产品"走出去"。鼓励文化企业通过投资、合资等方式参股外国文化企业，间接地输出文化产品和服务。设立中华文化传播奖，鼓励海外华人华侨、留学生传播中华文化。他还建议要着力打造具有中国特色的文化精品，培养具有国际影响的文艺人士，使其成为对外文化传播的有效载体。四是推动体育产业和事业发展。国际奥委会委员杨扬认为，中国的体育产业还相对落后，发展潜力很大，要加大体育赛事的开发和传播。要关注青少年体质健康，完善青少年体育经费投入模式，使更多青少年参与到运动中。要加强社区体育总体规划，增加社区体育用地和设施建设，将社区体育与居民休闲紧密结合起来。

六、关于社会建设和管理

"十一五"是我国民生改善最快的时期，但与群众的期待仍然有较大差距。加强社会管理能力建设、创新社会管理机制将是"十二五"的重要任务。代表们建议，一是改善基本医疗服务。北京朝阳医院陈航提出，应明确基本医疗服务涵盖的范围，否则每个人都追求最好的医疗服务，国家和医院都无法负担。建议研究办法，充分调动公立医院医务人员参与医改的积极性。武警总医院郑静晨建议，重点研究关键设备和核心技术，通过医疗卫生科技的自主创新来有效降低百姓的看病成本。中国科学院黄璐琦建议推进中医药事业的发展，发挥中医药在医改中的作用。二是加强应急救援体系建设。郑静晨建议，借鉴美国经验，加快军地融合式医疗应急救援体系建设，推进医疗资源共用，确保救援指挥服从统一调度。三是改进社会服务提供和社会组织管理方式。丁宏祥认为，目前，一些有责任感的企业、民间组织、志愿者团体已开始承担了部分社会服务功能，建议政府出台政策支持引导它们的良性发展，丰富社会服务提供的方式。王永认为，非政府组织（NGO）对公共服务改进具有重要作用，但目前我国对NGO的认识存在偏差，极大影响了它们的健康发展，建议"十二五"时期改善对NGO的管理，充分发挥公众力量对社会事业建设的主观能动性。

此外，与会代表还对现代农业发展、加强节能减排、深化行业改革、提高对外开放水平、加强军队建设等方面提出了意见建议。

转变体制机制　发挥科技引领支撑作用

——中国科协"十二五"规划建言献策座谈会情况综述

作为"共绘蓝图——我为'十二五'规划建言献策"活动的重要组成部分，中国科协于 2010 年 11 月 23 日召开了"科技工作者为国家'十二五'规划建言献策"座谈会。16 名来自科研院所、行业协会及企业的科技工作者参加了会议，对国家"十二五"时期的基础科学研究、战略性新兴产业、能源资源、人力资源、科研体制机制、公共安全等问题进行了深入探讨。

一、关于基础研究

基础研究水平决定着一国科研水平的高度。与会专家一致强调了基础研究的重要性，建议：一是更加重视基础研究。中国科协副主席赵忠贤提出，建设创新型国家，引领一个领域的发展，基础研究是最重要的方面。在科技界，一直有"任务带学科"还是"学科促任务完成"的争论。五六十年代用任务带学科发展确实发挥了很大作用，但现在我们要建设创新型国家，要自主创新，要引领某一个领域的发展，就要求必须有原创性的工作，其中基础研究是最重要的方面。中国机械工程学会秘书长张彦敏提出，我国目前装备制造业大而不强的一个重要原因，就在于基础共性、前瞻性的研究不足。例如，现在大家都强调要把再制造作为工程技术推广，但由于基础性研究跟不上，整个技术共性研究跟不上，大家一哄而上，最后也就仅仅搞成了设备维修。二是加大政府用于基础研究的投入。中国兵器工业集团第 201 研究所副所长杜志岐提出，国家应该支持一批"吃皇粮"的科研院所专门从事基础研究，基础设施投入力度要大。如果老是让科技人员天天找饭吃，就很难作出成果了。赵忠贤提出，政府科研投入中应增加基础研究的比例，而且要提供稳定的支持。减少基础研究项目审批的手续和时间，保证科研人员有更多的时间花在科学研究上。同时，基础研究的项目也不应过多考虑研究成果的商业应用。

二、关于战略性新兴产业

加快培育战略性新兴产业，抢占新一轮经济科技制高点，已经成为世界各国的战略选择。与会专家对如何做好这项工作，结合各自的体会，提出了真知灼见。一是做好国家层面的规划和顶层设计。中交公路规划设计研究院有限公司董事长张喜刚提出，政府应该有一个总体规划，以这个规划为目标，引导整个行业的发展，围绕这个目标，开展重大集成攻关。中国材料研究学会秘书长韩雅芳也指出，对于战略性新兴产业的发展，国家应该有统筹的安排，不能搞成一哄而上。由于缺乏统筹规划，杜志岐说，目前在很多领域，我们是拿着世界一流的设备做世界末尾的事。二是要选准产业。赵忠贤提出，应该着重突破我国有较大需求，同时也有能力突破的产业，比如仪器制造业和固态照明产业。中华预防医学会会长蔡继明指出，应当大力发展生物制品，逐渐摆脱对国际上的依赖性。中国原子能研究院研究员王乃彦提出，新能源产业的发展也要做好顶层设计。包括能源结构、发展的路径图、发展的时间、各种能源优缺点的分析和能源在不同地方的政策支持等。

三、关于能源资源

我国人均占有能源、水等重要资源量比较低，而经济长期较快发展导致资源刚性需求持续增长，供需矛盾不断加剧。针对这一问题，专家们认为，一是要加大勘探力度。中科院地质与地球物理研究所研究员刘嘉麒提出，我们说资源匮乏，是因为我们对自己的资源还不清楚。我国勘探不到500米深度，国际上已达到1500米，如果我们加大勘探力度，把深度搞到800米，资源量就会增加很多。二是加强流域水资源的综合调度。水利水电科学院王浩说，全世界153个有水统计的国家里，我国人均水资源占有量排在 121 位，也是联合国确定的 13 个缺水国家之一。因此，实现资源的持续利用非常重要。建议国家用少量投资，通过卫星遥感等手段统筹现有的基础设施，兼顾防洪、发电、航运、供水、泥沙和生态等多目标，实现流域水资源综合利用。同时，他还建议，加强包括供水、用水、耗水、排水在内的整个社会水循环的监测，为节水提供基础。

四、关于人力资源

我国拥有充足的人力资源，但同时也存在着整体素质不高、人才结构不适应经济社会发展需要等问题。多位与会学者强调，一是要加强科普宣传，对于提高全民科学文化素质意义重大。刘嘉麒提出，我国科普的工作十分薄弱，目前普及率仅为 3% 多一点。科普不仅仅是科协的事，也不是某一个部门的事，而是需要多个部门共同发挥作用。安徽省科协副主席周建强建议，制定相应的扶持政策，推动科普产业发展，建立科普产品研发中心、科普市场和科普集聚区。他提出，目前我国各省市的科普场馆比较雷同，可以建设一些专业性场馆，如新材料馆、工程馆等。中国科普研究所所长任福君认为，我国公民具备基本科学素养的水平，仅与发达国家 20 世纪 80 年代末 90 年代初的水平相当，建议将《全民科学素质行动计划纲要》的主要内容纳入"十二五"规划纲要，至少应写上"进一步加强科普事业，大力推动全民科学素质建设"。二是加大人才培养力度。王乃彦指出，人才稀少已经成为我国核能发展的重要制约因素，非常希望能有一整套的机制来解决这个问题。杜志岐也提出，应该提高大学的教育质量，特别应重视工科院校大一、大二学生的培养问题。韩雅芳提出，国家应该出台一些针对性的政策来缩小沿海和西部的差距，特别是在西部留住人才的政策。

五、关于公共安全

针对我国近年来各种公共安全事件增多的情况，与会专家也提出了针对性的建议。刘嘉麒提出，"十二五"规划应更强调自然灾害的防御。我们国家是个自然灾害十分严重的国家，随着气候变化和地质环境的变化，自然灾害只会增加，不会减少，应该预先把一些抗灾的措施做好。北京望尔生物技术有限公司董事长何方洋提出,应该通过政府、消费者、企业和检测的科研工作站,四个方面共同努力,解决食品安全问题。加强对食品安全的评估研究,开发满足食品企业的快速检测技术和产品,制定和完善适合食品企业的快速检测技术的标准,采用检测技术和检测产品由第三方检测机构进行食品安全检测,建立食品安全检测名录。

六、关于体制改革

与会学者一致认为,解决科技发展中深层次问题,必须依靠深化体制、机制改革。一是改进政府管理。中国自然博物馆协会理事长徐善衍提出,政府应该把主要精力放在抓规划,抓政策,抓监督检查,为科技工作者充分发挥作用创造条件,具体的事情要少管一些。内蒙古科技厅副厅长杨劼建议,建立省部会商制度,有针对性地制定特殊政策和措施。二是大力建设产学研创新体系。张喜刚建议,政府要加强引导、指导,有效整合科研资源,避免盲目合作。张彦敏认为,科研院所转制不要一概而论,还是应鼓励联合。有些过去的研究所也在建厂房、搞生产,这无非是多一个工厂而已。三是充分发挥相关社会组织的积极作用。张彦敏指出,应该充分发挥社团、科技组织或者社会组织的积极作用,把很多具体工作交给他们来做。中国汽车工程学会副秘书长张进华提出,国际经验表明,科技社团能依托其强大的学术和产业背景,参与国际标准制定,组织学术交流和产品展示,对于产业发展发挥重要作用。中国造船工程学会副秘书长林宪东提出,应该更多地引入第三方的评价机制,改变立项、执行、评估都由自己做的局面。

抓住机遇　共促发展

——中华全国工商联"十二五"规划建言献策座谈会情况综述

中华全国工商联等部门于 2010 年 12 月 8 日召开了"为'十二五'规划建言献策"座谈会。中央统战部副部长、全国工商联党组书记、第一副书记全哲洙同志主持会议，国家发改委副主任徐宪平出席会议并发言。来自中华全国工商业联合会、中国国际贸易促进委员会、中国企业联会、中国集团公司促进会等部门和有关企业的 13 位代表围绕加快转变经济发展方式，就"十二五"时期完善企业发展政策环境、培养企业核心竞争力、促进产业发展等问题提出了建议。

一、完善企业发展政策环境

企业是我国调整优化经济结构、加快转变经济发展方式的主体。政府通过行之有效的政策、措施，为企业发展创造良好的条件，与企业的生存发展，产业的壮大升级息息相关。

一是明确政策预期，给企业鼓劲，让企业安心。

企业对宏观经济形势和经济政策导向十分敏感。许多企业认为，今后 5 年甚至更长时间经济政策的稳定性、经济发展的持续性对企业目前投资决策、战略谋划具有重大影响，希望"十二五"规划能给企业带来明确的、积极的政策预期，让企业安心投入，大胆投入。

全国政协委员、北京银行董事长闫冰竹认为，加快经济发展方式转变关系社会主义现代化建设全局。如果说改革开放是中国的第一次转型，那么未来 30 年将是中国改革的第二次转型，"十二五"正值这一重大转型的开局时期，希望"十二五"规划能够从巩固改革30多年成果和应对国内外形势变化挑战的战略高度，为企业发展创造良好的环境。和君创业咨询集团总裁李肃希望"十二五"规划能够像日本20世纪六十年代的《国民收入倍增计划》那样，在经济转型力度、经济发展广度上提出更加鲜明的、有震撼力的政策导向，给企业鼓劲。时代集团公司总裁王小兰认为，无论从企业的角度还是国家层面，转变发展方式都需要顶层设计，从全局把握。例如，中国目前提出要发展电动车，而德国的提法是发展电动交通，也就是从道路、充电站、信号管理、出行方式等方面进行整体规划。20世纪，在进入战略新兴产业方面我们是有成功经验的。比如互联网产业，政府支持央企进行网络基础设施的建设，同时鼓励民企做互联网业务，从而成就了新浪、搜狐、百度、淘宝等一批互联网企业。这是政府与市场共同作用下的体制的成功。

二是落实政策方针，给企业、尤其是非公有制企业提供平等的竞争环境。

远东控股集团董事局主席蒋锡培建议继续规范市场竞争秩序，创造公平、公正、开放的竞争环境，将央企和民企纳入相同的市场环境和竞争机制，给予同样的重视程度和扶持力度。全国工商联副主席、新华联集团董事局主席兼总裁傅军希望国家在制定"十二五"规划时更加关注民营企业的发展，真正落实国务院"新36条"，逐步打破"玻璃门"和"弹簧门"。降低有形的门槛，还要消除无形的障碍，适时制定公平的规则，鼓励和支持有实力、有优势、有信誉的民营企业进入垄断行业，彻底打破国有垄断，使民营企业都能享有市场公平竞争环境。

三是细化政策措施，让企业有规可依。

许多企业提出，政策很重要，但是还一定要有配套的细则，否则在操作层面无法执行，企业只有观望。

在企业"走出去"方面，北京温州企业商会会长叶茂西提出制定"十二五"规划时应该把鼓励民营企业"走出去"放在比较重要的位置上，同时出台配套细则，进一步简化手续，缩短批复时间，给企业以信心，真正让他们感觉到有动力。在新兴产业发展方面，中国中材集团有限公司谭仲明建议加大政策扶持力度，为新兴产业健康发展营造良好环境。建议将新兴产业列入国家优先发展的产业（产品）目录，设立新兴产业发展专项资金，加大财税金融等政策扶持力度。在支持科技创新方面，中国西电集团公司李利认为国家应加大重大科技专项在财政、税收等方面的支持力度。希望国家保持人民币汇率的基本稳定、逐步提高机电产品、高科技产品的出口退税税率，保持融资渠道畅通、及时获得银行的信贷支持。

二、培养企业核心竞争力

"十二五"时期是我国加快转变经济发展方式的攻坚时期，也是企业寻求跨越式发展的关键时期。企业迫切需要以规划为指引，把握战略机遇，适应环境变化，打造核心竞争力。

一是客观看待我国目前产业链水平，大力打造产业链，提升产业链价值。

时代集团公司总裁王小兰认为，对于转变发展方式，目前在存在两个误区。一是把转变说成转行，不做实业做投资，应当吸取华尔街神话破灭的教训，大力发展中国现代化的制造业。二是把转变说成转向，从传统领域转向战略新兴产业就是转变发展方式了。企业升级的本质特征在于技术进步，在于发展内涵的提升。如果从处于产业链低端的传统行业转向处于低端的战略新兴产业，就绝不能说转变了发展方式。从企业角度讲，转变发展方式就是要形成自己的核心竞争力，实现产品升级换代，不断推陈出新。

慧和仕科技公司姚裕德认为，政府在推动产业链演变与重组中发挥着关键作用。例如，碳税、碳交易都是重组产业价值链的一种手段。我们不能简单照搬国际上碳交易的做法，而是应该按照我国的实际，参照产业链演变的趋势，在政府的主导下，明晰商业管制环境，促进技术与商业模式的创新。

二是鼓励兼并重组，推动优势资源集中、集约发展。

中国集团公司促进会马玉良提出要合理兼并重组，提高产业集中度，加快培育发展一批拥有国际知名品牌和核心竞争能力的创新型龙头企业和大中型企业，提升小企业专业化分工协作水平，促进企业组织结构优化。

东方电气集团董事长王计建议支持引导优势资源的合理组合，支持形成研发、设计、制造、销售、服务为一体的大型企业集团，发挥综合优势，向用户提供整体解决方案，真正培养出30家到50家具有国际竞争力的世界领先的大公司、大集团。

中国西电集团公司李利建议借助政策扶持，从延伸产业链、价值链的角度，推进中央企业战略转型，完善中央企业整体功能出发，推进上、中、下游中央企业重组。从优化中央企业内部资源配置、聚焦主业、增强核心竞争力出发，搞好中央企业内部资源调整。加快推动中央企业产业结构优化升级，提高产业集中度，促进规模化、集约化经营，打造具有自主知识产权和知名品牌，具有国际竞争力的大型企业集团。

三是完善科技创新体制机制，促进产学研融合。

北京格林威尔科技发展有限公司顾小锋建议适时调整高科技企业增值税计税方式，允许高科技企业将研发费用作为生产要素成本之一计入增值税的抵扣项。建议国家以法制、体制、机制和舆论引导等多种手段规范、鼓励大企业特别是央企支持自主创新、善待中小企业、善尽社会职责，保护中小企业的合法权益。时代集团公司总裁王小兰建议鼓励各地区进行机制、体制创新的试点。政府要有意识地以投入作为导向，不仅支持具体项目，更要支持体制机制的创新。鼓励中小企业积极参与技术创新。一要调整专家结构，吸收一定比例的中小企业专家；二要实行专家回避制度，作为评审者，设定几年不得获得项目资助，以保证独立性；三要发挥中介组织、社会团体作用，建立评价信用制度；四要将事前支持改为事后补贴，鼓励学校、科研机构及企业拿出真东西来；五要在政府采购中明确采购中小企业技术与产品的比例，通过给市场支持中小企业发展；六要将政府资金与民间投资相结合，支持中小企业进入新兴产业，以民间资金为先导，政府同时跟进，共同推进其发展；七要建立以企业为主体的政府专项研发机制，吸引各类企业加入国家目标、公共目标的研发活动中。

三、促进产业发展

"十二五"时期复杂的内外经济环境，对传统经济发展方式形成了冲击。新的产业格局形成过程中，传统产业提升和新兴产业的发展将带来新的市场份额、创新机遇和发展空间，将伴随行业的兴衰和势力的消长。对此，企业尤其关注，提出很多设想。

一是关于传统资源能源产业。

慧和仕科技公司姚裕德提出，推进技术与商业模式创新，引导能源产业价值链的重组，是由高消耗高污染的经济模式向低消耗低污染的模式转型的关键举措；作为管制主体的政府在推动这一转型中应发挥关键作用。应站在能源产业链重组的角度，审视低碳经济、能源效率提升、技术与商业模式创新。

二是关于装备制造业。

三一重工股份有限公司总裁向文波建议进一步加大对装备制造业核心技术研发、关键零部件开发及知识产权保护的政策与资金支持力度；进一步推进装备制造业的再制造业务，发展循环经济；进一步支持大型装备制造企业的国际化，打造装备制造业的世界级品牌。为我国提升综合国力、实现向"制造强国"的转变奠定坚实基础。中国西电集团公司李利认为，"十二五"时期，以适应低碳经济要求、满足新能源建设需要和培育战略性新兴产业为主要特征，以实现工业化和信息化融合为重要途径，装备制造业面临着调整转型，创新升级，处于由大变强的关键阶段。高端装备制造业是战略性新兴产业的重点发展方向，有利于输配电装备制造业优化升级；新能源、节能环保等战略性新兴产业的培育将给电力电子技术带来广泛应用和市场前景。加快构建立足于输配电行业龙头制造企业的、世界一流的、具有国际竞争力的、开放的国家级研发机构平台，加快提升装备制造业的自主创新能力。重大科技攻关项目由输配电行业龙头制造企业或大型制造企业集团承担，以加快科技创新成果的产业化。

三是关于金融业。

北京银行董事长闫冰竹提出，作为来自中小银行的代表，希望

"十二五"时期，进一步加大金融体系改革，为中小银行发展营造更加良好的环境。建议一要更加突出金融战略，致力于打造国有金融企业、政策性金融企业和中小金融企业共同发展的多层次金融体系。重视金融人才战略储备和培养。二要更加重视中小银行，对中小银行采取宽松的业务准入，实施优惠的财税政策，继续实行差别的监管政策。三要鼓励金融创新。鼓励金融机构开发高附加值业务，鼓励和引导产业资本、民间资本合理、适度进入金融行业，鼓励国内商业银行在投资银行、衍生金融工具等方面的发展，鼓励农村金融机构发展。

四是关于新能源、新材料产业。

全国工商联副主席傅军提出，十二五"时期，国家要特别注重推动新能源的发现与应用，促进新能源产业的发展，鼓励和支持更多的民营企业参与风力发电、太阳能发电、水电、核电、沼气发电等，并拿出切实可行的政策和措施。中国中材集团有限公司谭仲明建议加快发展已成熟的新材料产业，积极拓展应用领域，实现规模化生产，不断拓展新的应用领域，满足国家发展的战略需要。大力推广先进成熟技术，为构建现代产业体系提供技术支撑。以加工制品业为发展重点，积极推进由原材料生产为主向加工制品生产为主的转变。提高自主创新能力，提升行业技术进步水平。提议将水泥窑处理城市生活垃圾产业，作为新兴产业加以推动，向全国推广。

五是节能环保产业。

远东控股集团董事局主席蒋锡培认为，"十二五"时期，要加快产业转型升级的步伐，全力培育新兴低碳环保产业，鼓励节能环保型产品的研发和制造，走可持续发展道路。建议推广碳纤维电缆网络的建设，节约能源和土地，减少铝、铜等资源消耗。

此外，许多代表提出要积极发挥商会、协会的作用，建立政府与企业的长效沟通机制。远东控股集团董事局主席蒋锡培建议鼓励支持行业协会、商会的建立发展，规范行业行为，增强企业国际化的竞争能力。北京温州企业商会会长叶茂西认为，商协会在国际上是很重要的角色，建议在国内设办事机构，帮助企业"走出去"，有些政府不能出面，商协会出面比较方便。中国集团公司促进会会长助理马玉良建议，建立政府与企业家经常沟通的渠道和机制，一是把政府精神告诉企业；二是政府要多了解企业的真实情况，建立长效的沟通机制。

组　　稿：张振明

责任编辑：阮宏波　刘彦青　陈光耀　吴继平　忽晓萌

责任校对：高　敏

图书在版编目（CIP）数据

共绘蓝图——"十二五"规划建言献策选编／"十二五"规划建言献策
　活动办公室、国家发展和改革委员会发展规划司 编.
　－北京：人民出版社，2011.7
ISBN 978－7－01－010023－4

Ⅰ.①共…　Ⅱ.①十…　②国…　Ⅲ.①国民经济计划－五年计划－中国
　－2011～2015－文集　Ⅳ.① F123.3-53

中国版本图书馆 CIP 数据核字（2011）第 124061 号

共 绘 蓝 图
GONGHUI LANTU
——"十二五"规划建言献策选编

"十二五"规划建言献策活动办公室
国家发展和改革委员会发展规划司　编

人民出版社 出版发行
（100706　北京朝阳门内大街 166 号）

北京中科印刷有限公司印刷　新华书店经销

2011 年 7 月第 1 版　2011 年 7 月北京第 1 次印刷
开本：710 毫米 ×1000 毫米 1/16　印张：34
字数：480 千字　印数：0,001～3,000 册

ISBN 978－7－01－010023－4　定价：60.00 元

邮购地址 100706　北京朝阳门内大街 166 号
人民东方图书销售中心　电话（010）65250042　65289539